教师教育通识系列规划教材

苟增强 何兰芝◎丛书主编

心理学基础与应用

XINLIXUE JICHUYUYINGYONG

苟增强◎主编

罗萍 崔健 高全胜◎副主编

北京师范大学出版集团
BEIJING NORMAL UNIVERSITY PUBLISHING GROUP
北京师范大学出版社

图书在版编目(CIP)数据

心理学基础与应用/苟增强主编．—北京：北京师范大学出版社，2016.8 (2021.8重印)
(教师教育通识系列规划教材)
ISBN 978-7-303-21005-3

Ⅰ．①心… Ⅱ．①苟… Ⅲ．①心理学—教师培训—教材 Ⅳ．①B84

中国版本图书馆CIP数据核字(2016)第172996号

营销中心电话 010-58802181 58805532
北师大出版社高等教育分社网 http://gaojiao.bnup.com
电子信箱 gaojiao@bnupg.com

出版发行：北京师范大学出版社 www.bnup.com
北京市海淀区新街口外大街19号
邮政编码：100875
印　　刷：三河市兴达印务有限公司
经　　销：全国新华书店
开　　本：730 mm×980 mm 1/16
印　　张：23.5
字　　数：409千字
版　　次：2016年8月第1版
印　　次：2021年8月第7次印刷
定　　价：38.00元

策划编辑：王剑虹　　责任编辑：鲍红玉
美术编辑：李向昕　　装帧设计：焦　丽
责任校对：陈　民　　责任印制：马　洁

本书编委会

主　编　苟增强

副主编　罗　萍　崔　健　高全胜

编　者（按姓氏拼音排序）

崔　健　高全胜　苟增强　蒋高芳

李佩然　罗　萍　杨方玲　张　蓉

序

教师是国家教育事业发展的基础，是提高教育质量、办好人民满意教育的关键。当前我国正处于急剧的社会转型时期，原有的师范教育模式已不能适应时代发展的需要，开放型的教师教育体系正在逐步形成。我国教师教育的发展模式已经由以前的规模和质量并重的模式，转向以内涵提升为主的模式，这种模式对教师整体质量提出了更高的要求。面对教师教育转型发展的机遇与挑战，高等师范院校必须厘清办学思路、明确定位，积极回应社会转型发展对教师的新要求。教师教育的开放性和教师专业化发展的取向都要求高师院校提高教师教育人才培养质量，向社会提供高水平的师资。

从2001年开始，我国进行了新一轮基础教育课程改革，新课程改革的全面展开和稳步推进，对教师的能力和素质提出了新的要求和挑战。《国家中长期教育改革和发展规划纲要(2010—2020年)》和《国务院关于加强教师队伍建设的意见》(国发[2012]41号)明确提出要大力加强教师队伍建设，到2020年形成一支"师德高尚、业务精湛、结构合理、充满活力的高素质专业化教师队伍"。在当前教师教育开放化、教师教育一体化、教师职业专业化的现实背景下，高师院校原有的课程体系、培养模式和教学方法表现出明显的滞后性，已不能适应时代发展的需要和教育改革的形势。2011年，教育部发布了《教育部关于大力推进教师教育课程改革的意见》和《教师教育课程标准(试行)》(教师[2011]6号)，进一步明确了教师职前培养的课程目标与课程设置；2012年，教育部又颁布了《中学、小学、幼儿园教师专业标准(试行)》(教师[2012]1号)，对教师培养培训提出了标准化的方向和内容；2012年教师职业资格考试开始进行全面改革。这一系列政策的出台，为教师教育改革指明了方向，促使教师教育必须努力提高质量和效率。

教师教育课程在中小学和幼儿园教师培养中发挥着重要作用，是提高教师教育质量的关键环节。传统的教师教育课程存在着重“学术性”轻“师范性”、重理论轻实践、与基础教育课程改革和教师专业发展脱节等问题，致使培养的学生缺乏教育教学实践能力，不能适应基础教育对人才的需要。在当前社会转型时期，高师院校要坚持师范性与学术性的统一，不能厚此薄彼，要做到师范性具有高学术水平，学术性具有强烈师范特色。同时，高师院校还要加强师范性和应用性的结合，应用性是今后我国教师教育人才培养所必需的技术实践能力。

如何遵循教师成长规律、科学设置教师教育课程，保证新入职教师基本适应我国基础教育新课程改革的需要，成为一个现实而又迫切的问题，编写突出实践性、专业性，符合新标准、新精神的教材就成了当务之急。本套教师教育系列教材，分别为《心理学基础理论与应用》《教师学理论与实践》《教育心理学》和《教师专业发展与规划》，并尝试在以下几个方面进行了改革和探索：

本套丛书紧密结合《教师教育课程标准（试行）》和《教师专业标准（试行）》以及教师资格考试等最新国家政策、文件的精神，将教育改革和教育研究的最新成果充实到教学内容中，吸收儿童研究、学习科学、心理科学、学科教学研究等新成果，体现出新理念、适应新标准、满足新需求的时代性特点。

本套丛书力求深入落实“实践取向”“能力为重”的精神，以中小学和幼儿园教师所需要的专业知识和操作技能为着眼点，在保持理论体系完整性和严谨性的基础上，走出知识本位的传统模式，突出实用性和可操作性，关注基础教育改革中的实际问题，注重实践教学环节，设计灵活多样的习题，强化实际操作的训练，强调知行统一、学以致用，培养学生发现问题、分析问题和解决问题的实际能力，突出了实践性的特点。

本套丛书摒弃传统教材知识点设置按部就班、理论讲解枯燥无味的弊端，以图文并茂、清新活泼的风格抓住学生的兴趣点，将案例化思想要融入理论讲解中，以中小学、幼儿园优秀教学案例和应用实例增强教材的可读性，在提高学生学习兴趣和效果的同时，培养学生的职业意识和职业能力，注重了趣味性的特点。

为了落实“终身学习”的理念，培养学生可持续发展的意识和能力，本套丛书将学业规划和教师专业发展规划纳入课程内容，从“认同专业、规划学业，自主学习，追求卓越”入手，指导学生制定大学期间的学业规划和未来的专业发展规划，为学生成长和发展导航，强化了长效性的特点。

在编写体例上，首先，每个单元开头都设计了引子或问题，引导学生对本单元内容有一个概要的了解；其次是本单元的学习目标，使学生了解本单元应该掌握的知识点；再次，增设了实践应用栏目，拓宽学生的知识领域，强化实际操作训练；最后，列出每单元的思考与练习题，和学习目标呼应，帮助学生系统掌握本单元的知识体系和核心内容，呈现了系统性的特点。

本套丛书的写作和出版是一项非常有意义的工作，研究和探索过程本身不仅具有重要的学术价值，而且对于进一步深化教师教育改革、提高人才培养质量具有积极的实践意义。

胡连利

2016 年 5 月

前　言

教材建设是教学改革的核心。在师范类专业开设心理学课，是提高师范类学生自身综合素质，进而适应教师教育专业发展、推进教育教学水平不断提升的重要措施。但一些院校的现状显示，学生普遍对公共心理学课不感兴趣，其主要原因之一在于教材陈旧，跟不上时代前进的步伐，内容上较为枯燥，不能激发学生学习的兴趣，与实际相脱节的现象较为严重。为此，我们根据教育部下发的《关于印发〈幼儿园教师专业标准（试行）〉〈小学教师专业标准（试行）〉和〈中学教师专业标准（试行）〉的通知（教师〔2012〕1号）》文件精神，结合教师资格考试的相关标准与要求，在总结长期从事教师教育教学实践经验的基础上，组织编写了教师教育类系列丛书，意在突出教材的科学性、趣味性、应用性与前沿性，成为广大师生欢迎的优秀的教师教育类教材，《心理学基础与应用》就是其中一本。

《心理学基础与应用》是心理学入门的基础教材，是学生获得心理学基本概念、基本原理和基本理论，把握心理科学发展趋势的重要知识体系，也是进一步学习心理学其他分支学科所必备的知识基础。

在编写过程中，我们注重"学以致用"，把一些实用价值不大的章节做了删减，比如传统教材中的神经生理机制部分、语言部分；增加了一些有针对性的、可操作性的内容，比如第十一章青少年心理健康与教育，第十二章心理评估与测验。整个编写体例力求通俗易懂，尽可能降低教材的难度，便于初学者学习，而将许多理论问题留给了后续课程。同时我们对整体教材结构进行了调整，对部分章节进行了适当的压缩与合并。

《心理学基础与应用》的付梓是集体智慧的结晶，参加教材编写人员均为优秀的中青年学者；最后由苟增强统稿，对本书的体例和风格进行了统一与完善。同时，在编写过程中，得到了北京师范大学出版社领导老师们的大力支持与帮助，对本教材进行了认真的审读与修改，对提升本书的质量作出了贡献。此外，在编写过程中，还参阅了许多心理学专家、教授的著作、教材和研究论文，并引用了一些有关内容，在此一并表示感谢。

《心理学基础与应用》是师范专业学生的必修课程，适用于本专科师范院校学生，也可以作为各级各类教育学院、教师进修学校接受继续教育的中小学老师，以及参加教师资格证考试人员的教材。

由于作者水平局限，编写中难免出现错漏之处，恳请各位专家同行以及每一位读者批评指正，以便进一步修订与完善。

编者

2016 年 5 月

目　录

第一章 绪 论

引言：

在课堂上，经常有学生问：心理学真的是一门科学吗？即使是现在，仍然有一些人认为心理学不是物理学、化学或者生物学那种通常意义上的科学。这种看法主要是源于对“科学”一词的误解。

实际上，科学指的是获取知识的一种普遍的途径，运用某种方法、连同几个关键的标准。这些方法主要包括系统观察和直接实验。关键的标准包括：客观性(对信息的选取是取决于信息本身而不是个体的爱好)、准确性(尽可能仔细和精确地搜集信息)和经得起检验(任何结论的接受都是在一次次的检验之后，并排除了所有的不一致)。

参照上面的标准，心理学是不是科学的答案是肯定的。在研究行为和认知过程中，心理学家主要依赖科学方法并且严密遵循上述标准，因此，最合适的是把心理学定义为“行为和认知过程的科学”。心理学家研究的课题当然要和那些传统以及现代科学不同，但是它们所采用的方法是相似的。这才是问题的关键所在。

学习目标：

1. 识记心理学的概念、性质以及具体的研究对象。
2. 识记心理学诞生的年代，奠基人和标志性事件。
3. 掌握心理学流派的主要代表人物及其基本观点。
4. 掌握心理学研究应该坚持的基本原则，以及常用的研究方法。
5. 理解学习心理学的意义和基本任务。
6. 能够列举心理学的一些分支学科。
7. 正确理解人的心理活动的发生发展机制，树立科学的心理观。

第一节　心理学的研究对象和任务

在还没有开始学习心理学之前，如果要问：什么是心理学？你对心理学有什么认识和期望？你希望通过学习心理学解决什么问题？尽管你们可能做不出很完满的回答，但每个人头脑中都会有一个初步的答案，比如如何提高记忆效果，怎样调节自己的情绪状态，如何塑造良好的个性品质等，这些答案各不相同，彼此大相径庭，但是都有一定的道理。通过这本书的学习，你会发现，原来心理学涉及面极广，内容丰富复杂，它探讨人多方面的心理活动规律，并用以指导实践，是与你、与我、与现代社会生活紧密联系的一门科学。

那么心理学究竟研究什么？它是一门怎样的学问呢？

一、心理学的研究对象

研究对象问题，是每一个学科必须面对而且最基本的问题，心理学的研究对象是心理现象。心理现象是多种多样的，也是非常复杂的。心理学主要研究人的心理现象，也研究动物的心理现象；既研究个体的心理现象，也研究群体的社会心理现象。与物理、化学等现象不同，心理现象不具形体性，是人的内部世界的精神生活，他人无法直接进行观察。但是通过对行为的观察和分析，却可以客观地研究人的心理与行为的关系。因此，心理学是研究人的心理现象及其规律的科学。

心理现象虽很复杂，但它的构成可以划分为既相互联系又相互区别的两个部分：心理过程和个性心理。

（一）心理过程

心理过程有认识过程、情感过程和意志过程。认识过程又包括感觉与知觉、记忆、思维和想象等。

我们在处理事物的时候，用眼睛看，用耳朵听，用鼻子闻，用手摸，这就产生了不同的感觉和知觉。感觉是一种简单的心理现象，是对物体个别属性的反映（如颜色、声音、气味等）。在感觉的基础上，人能分辨出整个物体，如国旗和汽车、花草和树木，那就是知觉。知觉是对事物整体的认知，知觉比感觉要复杂一些。人们不仅能够感觉和知觉周围的事物，同时还能记住它。当这些事物再次出现时，我们能够认出它来，或者虽然事物并没有出现在眼前，而我们能够回忆起它来，这就是记忆。这是比感觉、知觉更为复杂的一种心理过程。人不仅直接感识事物，反映它的表面特征，还利用感知的材料和已有的知识进行分析和思考，间接、概括地反映事物内在的本质与规律，如解决问题、战略决策、创造发明等，这就是思维。思维是一种更为复杂的、高级的心理现象。

我们不仅能直接感觉、知觉各种事物，记住和回忆过去曾经感知过的事物，同时还可以在感知、记忆、思维的基础上，在头脑中加工形成一种新的形象，这就是想象，比如世上本来没有什么孙悟空，但在《西游记》里却创造出一个胆大、可爱、本领高强、敢于和恶势力斗争的孙悟空的形象来。想象和思维一样，也是一种高级的心理过程。想象是人的创造活动的一个必要因素，它与思维有着密切的联系。

我们在感知某一事物，回忆一件往事，思考一个问题，想象一个形象时，心理活动必须有所指向和集中，才能够使我们更好地看清它，听清它，记住它，思索它，这就是注意。感觉、知觉、记忆、思维、想象都属于认识过程。注意是伴随在心理过程中的一种心理特性。它是人们从事任何活动、获取新的信息、提高工作效率的必要的心理条件。

人们在认识客观事物的过程中，不会无动于衷，总会表现出一定的态度和倾向，如愉快、满意、喜悦、难过、气愤、痛苦等，这就是情感、情绪的表现。

对于客观事物，人们不仅要感受它，认识它，同时还要处理、改造它。为了处理、改造客观事物，我们既要提出目标，制订计划，选择完成计划的方式、方法，还要坚持不懈地努力，克服种种困难，以达到预期的目的，这类活动就叫作意志行动。在意志行动中，与达到预期目的并和克服困难相联系的心理活动，就是意志。

认识过程、情感过程和意志过程统称为心理过程，它是心理学研究的一个重要方面。

(二)个性心理

个性心理是指表现在一个人身上的比较稳定的心理特性的综合。它包括两个方面：一方面是能力、性格、气质等个性心理特征；另一方面是个性倾向性。

人在认识客观事物和改造客观事物的过程中，不仅有各种心理活动，而且还形成个人的、不同的个性倾向性和个性心理特征，从而构成人们心理上的差异。例如，有的人才华横溢，善于写作；有的人能歌善舞，富有表演才能，这些都是人们能力上的差异。有的人活泼好动，有的人沉默寡言；有的人暴躁，有的人温柔；有的人自负，有的人自卑；有的人热情，有的人冷漠，这些都是性格和气质方面的差异。

能力、性格和气质统称为个性心理特征。人的个性倾向性则有需要、动机、兴趣、信念和世界观等。个性倾向性决定着心理活动的方向和行为的社会意义。因此，可以说个性倾向性是个性的重要组成部分。

心理过程和个性心理是密切联系、不可分割的。一方面，个性心理是通过心理过程形成的。如果没有对客观现实的认识，没有对外界事物的情感体验，没有对客观现实的积极主动改造的意志行动，人的性格、能力、信念、世界观是不可能形成的。另一方面，已形成的个性心理又可以调节心理过程的进行，并在心理过程中得以表现，如人们的兴趣、动机不同，他们的认识活动的指向、内容也有所不同；性格不同的人，情绪的表现也不同。因此，心理过程和个性心理之间既有区别，又相互联系、相互制约。

人的心理过程、个性心理特征、个性心理倾向统称为心理现象（如图 1-1）。意识是人特有的心理现象，是心理活动的高级形式，是自觉的心理活动。人的心理活动绝大部分是自觉的，自觉性是人的心理活动的特点之一。心理有时作为意识的同义词用，意识则是指自觉的心理活动。

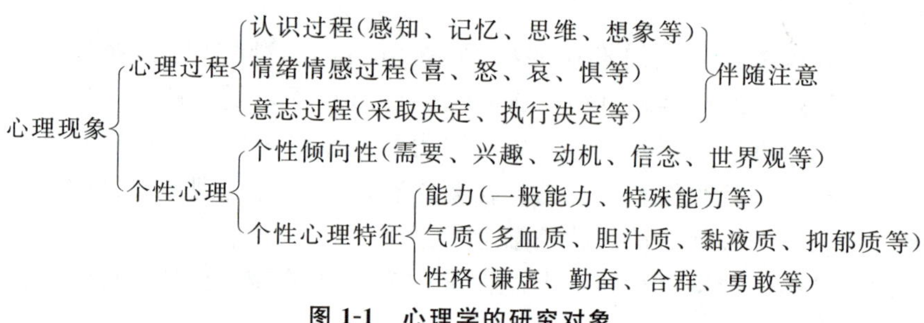

图 1-1　心理学的研究对象

二、心理学研究的意义和基本任务

世界上任何事物或现象的变化发展都是有规律的，人的心理活动同样也有其规律性。心理学作为一门独立的学科，它的任务就是要探索和揭示心理活动的规律。它不仅要研究人的各种心理活动和个性心理是如何形成和发展变化的，心理现象对人的生活实践条件的依存性，心理活动与主体状态的关系，还要研究客观事物如何引起人脑的活动而产生心理现象，并应用这些规律为人类的实践活动服务。

(一)心理学研究的意义

心理学研究的理论作用在于探讨心理活动的发生、发展的规律，揭示客观现实与人的心理的关系，探索心理的起源，从而以最新的科学成就对辩证唯物主义的基本原理起到论证和充实作用。在物质与意识的关系上，心理学以其确凿可靠的研究成果表明人的心理对物质世界的依赖关系，心理是客观现实与人脑相互作用的结果，因而进一步具体地论证了物质与意识的关系，认识与实践的关系，感性认识与理性认识的关系。

心理学所提供的科学事实，对一切封建主义、宗教迷信思想是有力的打击。掌握心理学的科学知识，使人能正确地理解各种精神现象，有助于人们形成科学的世界观，是破除迷信、摒弃偏见的理论武器。

心理学所提供的关于知、情、意活动的规律，关于个性形成的规律以及关于儿童、青少年心理特点及心理卫生等方面的知识，成为教育学阐明教学原理和教育措施的重要理论依据，也是种种教学法的知识基础。心理学对于一些自然科学，如控制论、仿生学、医学、计算机科学、人工智能等有重要作用，它是这些领域的基础学科之一。此外，心理学对邻近的社会科学，如哲学、语言学、社会学、人类学、艺术、法学也有一定的理论意义。因为这些学科和心理学一样都要研究人，研究人的心理，只是研究的侧面有所不同，心理学的知识必然有助于它们认识各自的对象。

(二)心理学研究的基本任务

1. 确定心理事实

心理学研究最起码的一项工作是在质上和量上确定心理生活的具体事实。每一种心理事实都有质上和量上的特点。例如，在研究学生的成就动机时，就要确定成就动机具有哪些质的和量的特点。学生的成就动机包含回避失败倾向、学业达成倾向、克服困难倾向和社会竞争倾向，这四种倾向的组合就表现为成就动机的质的特点。而表示每种倾向强弱的分数则表现为成就动机的量的特点。每一种心理事实都可以从质的和量的方面来描述。从质上和量上对心理事实进行描述是心理学研究的一项基本任务。

2. 揭示心理规律

心理学研究的第二类问题是揭示心理规律。科学研究不能只限于对心理事实的描述，而应从现象的描述进而探求其规律。例如，每当某种心理事实的发生具有相应的条件时，就必然会出现这种心理事实，我们就说，这种心理事实将合乎规律地发生。例如，“遗忘的速度——先快后慢”，就是艾宾浩斯(Ebbinghaus，1885)用实验得出的一条规律。心理的规律有不同的层次，心理学研究的另一项基本任务就是从不同的层次来揭示心理的规律。

3. 揭示心理的机制

心理学研究的第三类问题是揭示心理的机制。“机制”一词，原指机器的构造和动作原理。心理学上借用这一术语是指要了解心理的内在工作方式，包括有关心理结构组成成分的相互关系和变化，以及其间发生的生理生化性质和相互联系。对心理机制的探讨往往离不开对与之相应的生理机制的探讨。但是，对心理机制的探讨和对生理机制的探讨毕竟是属于心理学研究的不同层次，完全可以非同步地进行研究。例如，目前在心理学中对思维的生理机制知之甚少，但这并不影响我们对人类问题解决思维机制的研究。

4. 揭示心理的本性

心理学研究的第四类问题是揭示心理的本性。这类问题，包括各种心理过程、心理状态、个性心理特征和个性倾向性是如何产生的，又如何发展的？这些心理现象有何作用？又如何起作用的？等等。总的来说，就是揭示心理的本性是什么？这可不是一个简单的问题，它涉及哲学的根本问题。具体地说，它涉及心理与客观现实的关系，心理与神经系统、脑的关系，心理与行为活动、社会实践的关系。

三、心理学的性质和分支

(一)心理学的性质

每一门科学的性质，都是由它的对象的特殊的质的规定性所决定的。心理学的对象——心理现象的特殊的质的规定性决定了心理学是一门既具有自然科学性质又具有社会科学性质的中间科学或交叉科学。这是因为：从心理现象的发生的主体上看，人恰是自然属性和社会属性的统一；从心理现象产生的器官上看，人脑固有的自然属性是在人的社会生活方式的影响下变化和发展的，其机能也是自然与社会的统一；从心理现象的内容上看，人所反映的客观现实是社会存在和自然现实的统一；从心理现象的形式上看，人的心理过程具有人类的共同性，表现出更多的受自然制约影响的一面，而人的个性心理则具有人类的个别性(其中包括社会历史性、阶级性、民族性等)，表现出更多的受社会制约影响的一面，因而两者也反映自然制约性和社会制约性的统一；从心理现象的实质上看，人的心理是社会的产物，也是自然的产物，“心理是脑对客观现实的反映”这一科学命题本身就蕴含了自然和社会的统一。

(二)心理学的分支

现代心理学是一个学科体系。在心理学的学科体系中，包含有多种多样的心理学分支。这些心理学分支有些担负理论上的任务，有些担负实践上的任务。根据它们担负任务的不同，可以大致把各分支心理学划分为两个大的领域：基础领域和应用领域。

1. 基础领域

基础领域的心理学分支，研究心理科学中同各分支心理学有关的基础理论和基本的方法学问题，研究心理发生和发展的基本规律问题。基础领域的心理学分支包括普通心理学、实验心理学、比较心理学、发展心理学、生理心理学和社会心理学等。

普通心理学是研究心理现象一般规律的科学。它研究心理学的基本理论，阐述正常成人心理(认识、情绪、意志和个性心理等)的一般规律，同时也概括各分支学科的研究成果。在普通心理学范围内还包括感知觉心理学、记忆心理学、思维心理学、言语心理学、动机心理学、情绪心理学、意志心理学、个性心理学等。普通心理学为各分支心理学提供了理论基础，也是学生学习心理学的入门学科。

实验心理学是以实验方法来研究心理和行为的规律的科学。它研究心理学领域中进行实验研究的原理、设计、方法、仪器、技术和资料处理等问题。

比较心理学是研究动物心理并与人类心理相比较以探求人类心理如何演化而来的科学。与此相类似的一门学科叫动物行为学。它的研究目的是了解各种动物的行为活动规律，如各种动物的迁徙、季节适应、觅食、食物储备、交配、哺幼、营巢、自卫、搏斗、合群、通意、鸣叫、游戏等行为的方式和规律。这两门学科是十分接近的。

发展心理学是研究人类个体心理发展规律的科学。发展心理学按照人生发展的各个阶段，可分为婴幼儿心理学、儿童心理学、少年心理学、青年心理学、成年心理学和老年心理学，分别研究各年龄阶段的心理特点及其形成规律。

生理心理学是研究心理的生理机制的科学。它主要研究各种感觉系统的机制、学习和记忆、动机和情绪等各种心理现象的神经机制以及内分泌腺对行为的调节机制等。

社会心理学是研究社会心理的基本过程及其变化发展的条件和规律的科学。具体地说，它研究社会认知、社会动机、社会态度、社会感情、团体心理(如民族心理、阶级心理、小团体人际关系心理等)，以及时尚、风俗、舆论、流言等社会心理现象的特点及其变化发展的条件和规律。

2. 应用领域

心理学的应用领域甚广。可以不夸张地说，凡属人类的各种社会实践均涉及人的问题，都是心理学应用的领域。属于心理学应用于社会实践的各分支学科，主要的有教育心理学、劳动心理学、管理心理学、医学心理学、商业心理学、军事心理学、司法心理学、运动心理学等。

教育心理学研究教育教学过程中的各种心理学问题，揭示教育教学与心理发展的相互关系，为教育和培养学生服务。教育心理学包括德育心理学、教学心理学、学科心理学、教师心理学等。

劳动心理学是在与劳动对象、工具和环境的相互联系中研究劳动者的心理规律的科学。它包括职业心理学、工程心理学、航空心理学、宇航心理学等。

管理心理学是研究各种管理工作中管理者和被管理者的心理活动规律的科学。它包括行政管理心理学、企业管理心理学、学校管理心理学等。

医学心理学研究疾病的诊断、治疗、护理、预防中的心理学问题，为人的保健事业服务。它包括病理心理学、临床心理学、药理心理学、护士心理学、心理健康咨询学、心理治疗学等分支学科。

商业心理学是研究商品销售过程中商品经营者与购买者心理活动规律的科学。它研究商业人员的选择、培训和职业指导，以及消费者的动机、知觉和决策等。它包括销售心理学、旅游心理学、广告心理学等。

军事心理学是研究军事活动中人的心理活动规律的科学。它主要研究战斗时人的行动、指挥员与下属的相互关系、士气、心理战，以及掌握军事技术等方面的心理学问题，为提高部队战斗力服务。它包括指挥员心理学、战士心理学、军事工程心理学等。

司法心理学也叫法制心理学。它研究人们在法制活动中的心理现象，主要包括在立法、刑事犯罪与诉讼活动、民事法律、社会治安管理、法制宣传及实现其他法律活动过程中的心理学问题。它包括犯罪心理学(刑事心理学)、诉讼心理学、侦缉心理学、审判心理学等。

运动心理学也叫体育心理学。它研究人在体育运动、训练、竞赛活动中的心理特点和规律。要提高体育运动成绩，运动心理学的成果对教练员与运动员都是极为重要的。

还可以列出一些心理学的应用分支学科，例如，创造心理学、文艺心理学、交通安全心理学等。基础学科心理学各分支概括心理学的一般理论，为应用学科心理学各分支提供理论依据；而应用学科心理学各分支的发展又为基础学科心理学各分支的概括提供了新的资料。这两个领域的心理学分支集合是相互联系、相互渗透的。

阅读专栏 1-1

心理学作为一种职业

作为大学的一个学科，心理学的声望正稳步提高。具有心理学学位的毕业生能够从广泛的职业中进行选择。

临床心理学家——从与学习困难儿童打交道到对艾滋病患者的咨询，临床心理学家运用各种技术手段对情绪和行为问题进行诊断和治疗。这通常是社区医生或医疗部门工作的一部分。

咨询心理学家——可能与个人或团体打交道。他们运用心理学理论帮助人们克服自己的问题和控制自己的生活。他们可能受雇于一般的医疗从业者、大型组织或企业，也可能自己开业。

教育心理学家——受聘于学校、医院、幼儿园和其他单位，诊断和解决学习困难及社会情绪问题。他们或独立工作，或在当地机构工作。

健康心理学家——应用心理学原理促进更健康的生活。受聘于医院、健康研究机构、主管健康的当局和大学的院系。

职业或工业心理学家——在产业内工作，帮助选拔合适的应聘人员，开发培训项目，研究功效学，开发健康与安全策略及程序。

【资料来源】M. 艾森克，阎巩固译．心理学——一条整合的途径[M]. 上海：华东师范大学出版社，2000：2.

第二节 科学的心理观

要想了解心理现象的产生和发展的基础与原因，必须进一步认识和理解心理的实质。迄今为止，心理学界对于心理实质的普遍共识是，人的心理是人脑对客观现实的主观能动的反映。这也是我们应该树立的科学的心理观。

一、心理是脑的机能

现代科学研究证明，脑是心理的器官，心理是脑的功能。大脑的健康状况制约着人的心理活动，神经系统的发展水平影响着心理的发展水平，这可从以下四个方面予以说明。

(一)心理是动物进化到具有神经系统和脑以后才产生的

从物种发展历史来看，心理是物质在地球这一特定环境下经历了从无机物到生物、从低等动物到高等动物、从猿到人的漫长岁月的发展而产生的最高级功能。

地球上最早是无生命物质，发展到一定阶段，才由无机物合成为有机物，形成了有生命的物质——生物。生物又分化为植物和动物。动物发展到具有神经系统的无脊椎动物时，开始有了特定的、专门化的感觉，这是最简单的心理现象。自脊椎动物出现脑以后，产生了较为复杂的反映形式——知觉。哺乳动物的脑是动物脑发展的最高水平，开始具有思维的萌芽。人类从类人猿进化出来后，随着人类劳动和语言的发展，人脑得到了高度的发展，成为一种在结构上极为复杂、功能上极为灵敏的物质。在此基础上，人的心理达到了抽象思维的水平，产生了心理活动的最高形态——人类的意识活动。高度发展的人的心理正是在高度发展的人脑这一物质基础上产生的。

(二)心理的发生发展与脑的发育完善程度紧密联系

脑发育得越完善，心理发展所达到的水平就越高。儿童出生时，大脑的形态结构已接近成人，大脑皮层分 6 层，皮层神经细胞数与成人相近。但他们的皮层神经细胞比较简单，分支少，神经纤维未髓鞘化，皮层上的沟回比成人浅，皮层比成人薄，因此脑重只有 390g 左右，约为成人的 1/3。儿童出生后脑发育特别迅速，神经细胞在增大，神经纤维分支在加长增多，神经纤维髓鞘化过程急速进行，脑的重量也随之加大。儿童的脑重在 9 个月时达 660g，相当于成人的 1/2，到了 3 岁时则达到 990～1000g，已相当于成人的 2/3。此后，脑的发育仍不断进行，主要表现为神经纤维增长，分支加多加长，髓鞘化逐步完成，7 岁时脑重 1280g，达到成人的 9/10。脑的发育到此仍未完成，在形态结构上脑的各部分在继续增长，特别是额叶迅速增大(这是现代人与类人猿的重大区别)，脑的重量 12 岁时接近成人，脑的机能有显著发展，与此相应的是儿童的心理水平随之提高，与成人渐趋接近。

从人的大脑皮层细胞的机能成熟情况来看，有两个明显的“飞跃”时期：第一个飞跃时期约在 6 岁，这时全部脑皮层神经纤维的髓鞘化已接近基本完成。第二个飞跃时期约在 13 岁，这时脑电波的波形与频率开始与成人相同，大脑皮层细胞的机能已发展到相当的水平。但到 14 岁或再晚一些时候，脑神经纤维仍在渐渐地变粗、增长和多生分支。与此相应的，儿童的心理水平也随之而提高：从感觉阶段发展到表象阶段，从形象思维阶段发展到抽象思维阶段，从受外部控制发展到自我内部控制。

(三)大量的解剖和临床医学已确切证明心理与脑的活动密切相关

没有脑就没有心理活动，脑不健全心理活动就发生障碍，脑处在不同的机能状态中就有不同的心理表现。医学文献记载，生来就没有大脑的婴儿，一直昏睡不醒，没有心理活动。

脑的生理研究证明，任何心理活动都和脑的一定部位有关，如各种感觉都有相应的皮层感觉区，知觉定位于颞叶后部，记忆定位于海马、颞叶、额叶，意志、人格定位于额叶等部位。

30 多年前，苏联神经心理学家鲁利亚采用的比较解剖法、脑局部刺激法和脑组织损毁法三个途径研究脑的功能和组织，以及利用以分子生物学和脑功能成像为代表的新技术对大脑两半球的功能不对称性研究，裂脑人研究和近年来脑科学的研究，都使我们对脑有了更本质的认识。

大量的临床观察发现，脑的任何一个部位损伤或病变，在发生生理功能变化的同时也发生心理变化，心理活动也会相应地失调。比如，枕叶受损伤者变盲；额叶某部受伤者就不能通过自我意识自觉主动地调节自己的行为；如果左半球中央前回底部受伤就会导致运动性失语症，即病人可看懂文字听懂说话的意思，但自己却不能用语言表示自己的意思。如果损伤大脑额中回后部接近中央前回部，就会导致失写症，即手部功能完好，就是不会写字。如果损伤大脑颞上回后部，就会导致感觉失语症，即病人可以讲话、写字，也可以看书、读报，就是听不懂别人说话。如果顶叶角回受损伤，就会导致失读症，即其他语文能力正常，就是看不懂书面文字。这些事实都有力地证明，心理是脑的功能，脑是心理的器官。

(四)人的一切心理活动就其产生的方式来说都是脑的反射活动

反射就是有机体在神经系统参与下，对体内外的刺激规律性的应答活动，它是脑的基本活动形式。

“反射”的概念是由 17 世纪法国学者笛卡儿提出来的。他认为，动物的一切活动和人的一部分活动都是反射。但笛卡儿只把人的咳嗽、眨眼、打喷嚏等不随意活动看成是反射，而把感觉、思维等心理活动看成是灵魂活动，而不是反射活动。

直到1863年，俄国生物学家谢切诺夫(1829—1905)才在《大脑反射》一书中从科学上发展了反射的概念，明确地提出："有意识的和无意识的生活的全部活动，就其产生方式来说都是反射。"第一次把反射概念推广到人脑的全部活动和人的全部心理活动上。这一论断对理解心理的生理机制具有意义。

人的大脑反射活动包括三个主要的环节(如图1-2)：①开始环节：外界刺激作用于感觉器官产生神经兴奋的过程，并经感觉(传入)神经向脑中枢传导。②中间环节：脑中枢发生兴奋或抑制的过程，在此基础上产生心理活动，如感觉、表象、思维、情感等。③终末环节：神经兴奋从脑中枢沿运动(传出)神经到效应器官(肌肉或腺体等)，引起效应器官的活动，如动作、言语等。所谓终末环节，并不是说活动就此完结，在一般情况下，反应活动本身又会成为某种新的刺激，引起神经活动过程，又返回传入大脑中枢，这一过程称为"反馈"。反馈使人的心理活动成为完整的、连续的过程，这样人才能更完善地反映客观世界。反射活动所包括的三个环节是不可分割的。产生心理活动的是在中间环节，一切心理活动都是整个反射过程的不可分割的部分。

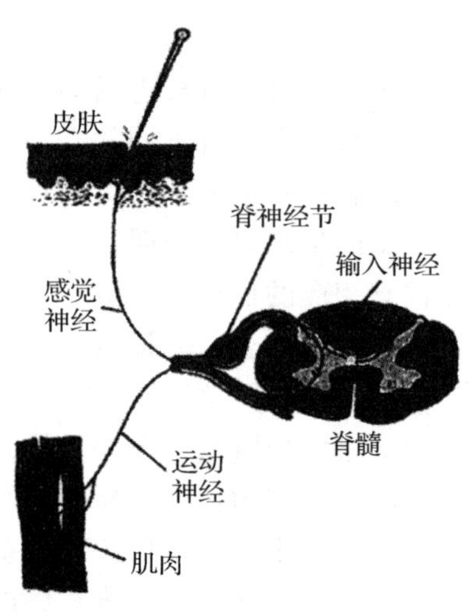

图1-2　反射活动

俄国伟大的生理学家巴甫洛夫继承和发展了谢切诺夫关于心理是反射的思想。他认为，反射有两种，即无条件反射和条件反射。无条件反射是与生俱来不学而能的反射，它是由于刺激物与反应之间有固定的联系，一定的刺激物总是引起某种反应，而且这种联系是由种系发展而形成并遗传下来的，所以这种反应具有刻板的性质，如把奶头放在初生儿的嘴里，他就吮吸；用强光刺激他的瞳孔，就会引起瞳孔收缩；手碰上火就会缩回等。这些都是无条件反射，又叫本能，它具有保存生命的意义，但不足以使有机体应付复杂多变的环境。人的无条件反射为数不多，对于人类来说，主要是条件反射。

条件反射是指那些在后天个体生活环境中学会的，只在一定条件下出现的反射。人和高等动物要适应复杂多变的环境，就必须对各种各样的刺激做出合理的应答反应，如“望梅止渴”“谈虎色变”“学生听到上课预备铃就往教室走”等都是条件反射。

二、心理是人脑对客观现实的主观反映

(一)客观现实是人的心理的源泉和内容

人的心理活动是人脑的功能，离开了人脑就不能产生人的心理。但是，人脑只是产生心理活动的器官，提供了人的心理产生的可能性，如果没有客观现实的作用，人脑自身是不能单独产生心理活动的。人的大脑类似于“加工厂”，客观现实好像是“原材料”，如果没有“原材料”，“加工厂”就无法产生出任何“产品”。这说明客观现实是人的心理的源泉和内容，人的一切心理活动都是对客观现实的反映。

一切心理活动都是反射活动，都是对各种内外刺激的规律性的反映。所有引起反射活动的内外刺激都属于客观现实。

客观现实是指独立于人的心理意识之外而存在的一切客观实际事物，包括自然环境和社会环境。自然环境包括宇宙星球、山川河水、四季更替、飞禽走兽等，这是人类赖以生存的天然现实。也是人类自身服务而进行改造的对象，是人的心理活动不可缺少的源泉。社会环境包括城市、乡村、交通运输、住宅、家庭、学校、同伴团体、各种人际关系、社会规范、风俗习惯等，这些是人所反映的主要现实，是人的心理意识形成的决定性条件。人的需要、兴趣、信念、价值观、道德观、自我意识以及能力、性格，最终乃至个性的形成和发展，都是人们所处的社会环境影响的结果。如果一个人脱离社会环境，只是生存在单纯的自然环境中是不能形成人的心理的，那些从小被野兽叼走而长大的孩子，由于自幼脱离了人类社会的生活条件，就不能形成人的心理和意识。尽管后来对他们重新进行人类文明生活的教育和训练，但他们也未能恢复到正常孩子应有的水平。可见，没有人的社会生活条件，也不可能形成人的心理。

可以说，无论是最简单的心理现象感觉知觉，还是复杂的思维和创造想象，甚至是离奇古怪的思想、幻觉、梦等，它们的产生都离不开客观现实，都可以从客观现实中找到根源。如果没有客观现实的作用，心理也就成为无源之水，无本之木了。

(二)人的心理是对客观现实主观的、能动的反映

人脑对客观现实的反映，并不像镜子和照相机那样是机械刻板被动的反映，而是一种积极的主观能动的反映。所谓主观能动的反映是指人们已有的知识经验、个性特点、当前心理状态等在反映事物中起重要作用，它影响着反映，使反映带有个人主体特点，形成人们之间的个别差异。例如，远处的电线杆在视网膜上的映像是短的，而有知识经验的人则认为两者是一样长的，同是观察一种事物，严谨细心的人比粗枝大叶的人观察到的东西多，这是性格差异在观察中的表现。同样上一节语文课，有的学生兴致很高，全神贯注，心领神会；有的学生因为发生了某种不愉快的事情，心神不定、局促不安，对老师讲的内容模糊一片，这是表示心理状态对反映的影响。又如：对同一个人、同一件事，大家会有不同的看法；对同一本书、同一部电影，大家也会产生不同的评价，这就是各自不同的主观世界在起作用。所以，人的心理就其产生的源泉来说是客观的，就其反映活动的生理过程也是客观的，但就反映的内容和结果来说却带有主观性，是客观现实的主观映像。

人在反映客观现实的同时，还能积极能动地改造客观现实。人类的生存进化，人类社会的进步和发展，都是人与自然环境、社会环境相适应、协调，根据人类需要不断改造自然、改造社会的结果。

三、人的心理在实践活动中产生发展

客观现实作为心理的源泉和内容，脑作为客观现实的反映器官，两者只有遇合和相互作用才会产生心理，同时心理也会随着客观现实的发展变化而发展变化，这种遇合、相互作用和发展变化是在人的实践活动中实现的。

从社会发展上看，在不同的历史阶段、不同的历史时期，由于社会生产力和科学技术发展水平不同，社会实践活动不同，人们的心理又具有不同的水平和特点。现代人的心理活动内容比以往任何一个社会历史发展阶段的人都更加丰富和深化。

现实生活中大量事实表明，人的实际生活过程不同，心理活动也就有所不同。音乐工作者由于经常接触音乐，他对音的辨别就比一般人灵敏得多；印染工人的色彩辨别力比一般人好等；人的记忆、思维甚至能力、气质、性格都可能受所从事的实践活动的影响。如画家善于记忆景色、人物，善于形象思维；数学家可能善于记忆数据、公式，思维中更多地采用

抽象逻辑思维；草原上的牧民性格豪放者居多，而科学工作者则更富于理智和沉静。由于社会生活无限丰富，人所从事的实践活动多种多样，不同的人也就形成了不同的个性。一个人从事社会实践的领域越广，更多地接触现实，他的心理生活就越丰富；反之，一个脱离现实的人，不可能有丰富的心理生活，而且容易形成怪癖。因此，人的心理是在社会生活实践中产生和发展的。离开了社会生活实践，无论人类心理还是人的个体心理的发展都是不可能的。

人的心理不仅在实践活动中发生、发展，同时也是在实践活动中表现出来。一个人的感知、记忆、思维水平是通过他在工作、学习、处理问题的活动中表现出来；一个人的兴趣爱好、情绪、性格等，也是通过他的各种实际活动表现出来。我们运用一定的方法，分析人们从事的实践活动，便能够间接地认识人的心理。我们不但通过实践了解人的心理，也以实践作为检验人对客观现实反映是否正确的标准。人的心理不仅在实践中发展，同时还为实践服务、指导着实践，因此，人能不断地改造客观现实，创造出一个又一个奇迹。

第三节　心理学的发展

一、心理学的历史和流派

人类对心理问题的探讨，许多闻名于世的古代学者的著述中都有过不少论述。因此，心理学可以说是一门既古老又年轻的科学。公元前四世纪古希腊亚里士多德的《论灵魂》和中国古代的《论语》中就有许多关于人的心理的论述。但在一个很长的时期内，心理学一直包含在哲学的母体中。也就是说，几千年来心理学一直是哲学的一部分。直到1879年，德国哲学家、生理学教授冯特（W. Wundt，1832—1920）在莱比锡大学建立了世界上第一个心理实验室，用自然科学中的方法研究心理学现象，使心理学开始从哲学中脱离出来，成为一门独立的

Wilhelm Wundt
(1832—1920)

科学。这一行动标志着科学心理学的诞生，冯特为此被称为心理学的始祖。但心理学到今天才只有137年的历史，与其他学科(物理学、化学、生物学等)相比，它是一门很年轻的、正在发展中的学科。德国著名心理学家艾宾浩斯(H. Ebbinghaus，1850—1909)曾这样概括地描述心理学的发展历程："心理学有一个漫长的过去，但只有短暂的历史"(1885)。

在心理学的发展过程中，各种派别纷争对峙，新的派别不断兴起，可以说心理学每前进一步，都有新兴学派出现。早期的学派，如构造主义、官能心理学、联想心理学、机能主义等，形成了百家争鸣、学派林立的局面。而对心理学发展具有影响的主要有以下几个派别：行为主义学派、格式塔学派、精神分析学派、人本主义心理学派、认知心理学派，了解它们也就抓住了近现代心理学历史发展的线索。

(一)行为主义学派

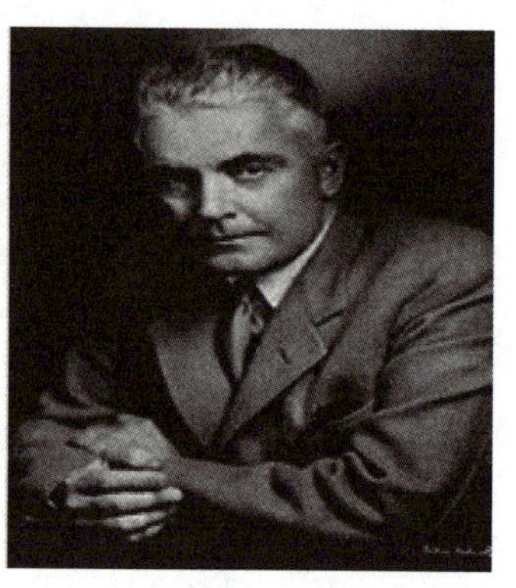

John Watson
(1878—1958)

行为主义是现代心理学中影响很大的一个学派，其创始人是美国心理学家华生(J. B. Watson，1878—1958)。1913年华生在《心理学论坛》上发表了名为"行为主义者所见的心理学"论文，正式举起了行为主义的旗帜。在这篇宣言性的论文中，他提出，心理学是行为的科学，而不是意识的科学。心理学的研究对象是人类和动物行为，而较简单的动物行为比复杂的人类行为更具有根本性。他坚决反对冯特心理学的意识和内省这两个基本概念，认为只有直接观察到的东西才能成为科学研究的对象，只有客观的方法才是科学的方法。而意识不能直接观察，因而就不能成为科学心理学的对象；冯特的内省法不能提供客观的事实材料，因而不能作为科学心理学的方法。他主张只有从可观察到的刺激和反应方面去研究，心理学才能成为像生物学、物理学、化学那样的自然科学。刺激—反应(S-R)就是华生行为主义的公式。他坚决主张把人的心理彻底生物学化和动物学化，"人的行为和动物的行为必须在同一层面来考虑。"他特别重视行为的分子概念，即将行为看作是许多生理细节的组合。华生坚决地认为，传统心理学中的意识、感觉、知觉、意志、表象等是一大堆无用的概念，应彻底加以摒弃，而代之以刺激、反应、习惯形成、习惯联合等概念。他认为，心理学研究的目的，是寻找预测和控制行为的途径。

华生的极端主张虽然没有被人们全盘接受，但是，他所创始的方向却在美国得到广泛的传播。从此，行为主义就成为心理学中的一个重要派别而固定下来。虽然新行为主义与旧行为主义相比，不论在外表上和意向上都有很大的差别，但是仍然遵循着一个信条：对行为进行探讨，而无须涉及意识。

华生彻底否认人的主观世界，以生理反应代替心理现象，把动物和人等同起来，都看成"有机的机器"，这显然与人们的常识相违背的，是错误的。但是行为主义对心理学的发展也有一定的积极意义。华生竭力主张客观的研究方向，有助于心理学摆脱思辨的性质。他所强调的"刺激—反应"模式，容易对心理现象作数量上的描述。他收集的有关婴儿活动的材料，大部也是可以肯定的。

(二)格式塔心理学派

格式塔心理学 1912 年在德国诞生，后来在美国得到进一步发展。其创始人是魏特墨（M. Wertheimer，1880—1943），考夫卡（K. Koffka，1886—1941）和苛勒(W. K. hler，1887—1967)。

Max Wertheimer
(1880—1943)

"格式塔"是德文 Gestalt 的译音，意为"完形""样式""结构""组织"。格式塔心理学派是以似动现象的实验起家的。主持这个实验的是魏特墨，观察者是考夫卡和苛勒。实验用速示器将 A、B 两条发亮的直线先后投射在黑色背景上，两条线放映时间间隔过长，例如，2000 毫秒或 200 毫秒，观察者看到的是先后两条线出现。时间间隔过短，例如 30 毫秒，看到的是两条线同时出现；如果时间间隔在 60 毫秒左右，便可以看到 A 线向 B 线移动，或只看见运动，没看见线。这是一种似动现象，被称为 Φ 现象，与我们看电影时所见相同。他们认为，这种知觉显然是无法用感觉元素的联合来解释的。于是坚决认为，每一种心理现象都是一个格式塔，都是一个"被分离的整体"。整体不等于部分的总和，整体不是由若干元素组合而成的；相反，整体乃先于部分而存在并且制约着部分的性质和意义。他们坚决反对对任何心理现象进行元素的分析，并把冯特的构造心理学称为"砖块和灰泥的心理学"。

那么，为什么每一种知觉都是一个“被分离的整体”呢？格式塔心理学家认为，这并不完全决定于外界事物，而是由于人脑中有一些力量把它们组织起来。当时，物理学中“场”的理论盛行，于是他们认为头脑中也有一个磁场。这个“场”中的力量分布，就决定了人把外界的东西看成是什么样的。他们提出了知觉中的许多组织原则，试图解决格式塔的生理基础问题。

格式塔心理学家认为，学习和问题解决也像知觉一样，是通过整体进行的。魏特墨在其《创造性思维》一书中把格式塔原理应用于人类的创造性思维。他认为，学生在解决问题时之所以产主迷惑不解，是由于没有把问题的细节方面与问题的整个情境结构联系起来考虑；一旦把问题看成一个有意义的整体，就会产生顿悟，问题也就解决了。

尽管格式塔心理学的理论基础是错误的主观唯心论。但该学派反复强调整体并不等于部分的总和，整体先于部分而存在并制约着部分的性质和意义的理论观点则是正确的。此外，格式塔心理学家关于知觉的组织原则及学习和思维中的研究成果至今仍还有积极的意义。

（三）精神分析学派

Sigmund Freud
(1856—1939)

精神分析学派的创始人弗洛伊德(S. Freud，1856—1939)，他是奥地利的一位精神病学家。他的代表作有《梦的解释》(1900)，《精神分析新引论》(1933)，《精神分析纲要》(1949)等。弗洛伊德把一个人的人格看成由本我、自我和超我三部分构成的系统。本我是人先天具有的，其唯一目的是消除或减轻机体的紧张以获得满足和快乐；超我是内化了的道德标准，竭力压抑本我的盲目冲动；自我介于两者之间，负责理智地调节本我、超我和外界三者的关系。一个人的精神状态就是人格的三个部分相互矛盾、冲突的结果。当自我能很好地平衡三者关系时，人格便处于正常状态；当自我失去对本我和超我的控制时，人就会产生各种焦虑。为了减轻焦虑，自我便发展出了各种无意识的防卫机制。在弗洛伊德看来，意识仅仅是人的整个精神活动中位于表层的一个很小的部分；无意识才是人的精神活动的主体，处于心理的深层。无意识是正在被压抑的或从未变成意识的本能冲动，它对人的精神和行为有着重大的影响；通过对失言、梦等的分析可以窥见其一斑。

弗洛伊德关于性本能有许多惊人的叙述。他认为，性欲是人的所有本能中持续时间最长、冲动力最强、对人的精神活动影响最大的本能。根据他的说法，人的性欲不是始于青春期，而是始于婴儿期；在性本能的整个发展过程中，人由爱自己(自恋情结)到爱父母(男孩的恋母情结和女孩的恋父情结)，最后在青春期发展为异性相爱。弗洛伊德认为，婴儿或儿童对性感区(如口腔、肛门、性器官)的各种活动会受到父母的管教而引起冲突，这样就会导致某种人格特征的产生。例如，根据他的说法，婴儿期由于过多或不足的口部满足，就会产生口恋型的性格，如强迫性大吃大喝者、抽烟者、健谈者、自私贪婪者等。他甚至认为，人类的一切创造都是追求性满足的无意识表现；精神病则是由于性欲过分受到压抑的结果。

弗洛伊德的这些观点，在其学派内部意见也不一致。如阿德勒(A. Adler，1870—1937)宁愿强调自我，而不愿强调性欲作用。荣格(G. G. Jung，1875—1961)虽然仍使用“里比多”(Libido)这个概念，但已排除了特定的性欲的性质，指的是所有动机。近年来，新弗洛伊德主义已不再着重强调性本能，而是从社会学的观点出发，强调人与人之间的文化关系。精神分析在西方心理学(如变态心理学、人格心理学、发展心理学)，精神医学和文艺创作中相当流行。

弗洛伊德把心理区分为意识和无意识，对心理的动力因素如需要、动机等方面的注意，这是值得肯定的。但是，他把人的一切活动都归之于被压抑的性欲的表现，认为无意识决定着意识，甚至决定社会的发展，这是缺乏科学依据的。

(四)人本主义心理学派

人本主义心理学产生于20世纪50年代，是美国一些学者出于对当时影响最大的精神分析和行为主义这两个心理学派别的不满，从社会科学的角度，强调人的独特性而提出的一种理论，其代表人物是美国心理学家马斯洛(A. Maslow，1908—1970)和罗杰斯(C. Rogers，1902—1987)。因为人本主义心理学兴起的年代较精神分析学说和行为主义晚，故而被称为现代心理学上的第三势力。

Abraham H. Maslow
(1908—1970)

人本主义心理学既反对精神分析学派贬低人性，把意识经验还原为基本驱力的观点，又反对行为主义把意识看作行为的副现象的观点，主张研究人的价值和潜能的发展。人本主义心理学强调，人在充分发展自我潜力时，力争实现自我的各种需要，从而建立完善的自我，并追求建立理想的自我，最终达到自我实现。人在争得需要满足的过程中能产生人性的内在幸福感和丰富感，给人以最大的喜说，这种感受本身就是对人的最高奖赏。从探讨人的最高追求和人的价值角度看，心理学应当改变对一般人或病态人的研究，而成为研究“健康”人的心理学，揭示发挥人的创造性动机，展现人的潜能的途径。人本主义方法论不排除传统的科学方法，而是扩大科学研究的范围，以解决过去一直排除在心理学研究范围之外的人类信念和价值问题。人本主义心理学是一门尚处在发展中的学说，其理论体系还不完备，但却可能代表着心理学发展的一个新方向。

Carl Rogers

(1902—1987)

（五）认知心理学派

认知心理学是20世纪50年代在西方兴起的一个心理学新流派，并已成为当前心理学研究的主要方向。从广义上说，心理学中凡侧重研究人的认识过程的学派都可称为认知心理学派，如皮亚杰(J. Piaget，1896—1980)学派也被认为属于认知心理学派。但目前在西方大多数指狭义的认知心理学——用信息加工的观点研究人的认知过程的科学，因而也叫认知加工心理学。确切地说，它研究人接受、编码、操作、提取和利用知识的过程，即感知觉、记忆、表象、思维、言语等。它强调人已有的认知结构对当前认知活动的决定作用，并且通过计算机和人脑之间进行类比，像研究计算机程序的作用那样在较为抽象的水平上研究人的信息加工的各个阶段特点，以揭示人脑高级心理活动规律。因此，把关于人的认知过程的一些设想编制成计算机程序，在计算机上进行实验验证的计算机模拟，也就成为认知心理学的一个重要研究方法。

心理学经过了一个漫长的过去，在仅有100多年的历史中，获得了蓬勃发展，而各个心理学派别则在彼此融合的过程中为其各自的发展注入了生机和活力，有力地推动了整个心理研究的科学进程。正如美国当代心理学史专家黎黑(1980)所说的“心理学有一个长期的过去，一个短暂的历史和一个不确定的未来。如果心理学家能够给不同的研究对象下定义，而且用这种研究对象所要求的方式单独地研究它——没有夸张的想法，认为它最终能够解释每一种事物——那么心理学就可能进步”。

阅读专栏 1-2

各派心理学的视角与局限

一个由四位知识渊博的心理学家组成的小组来看一只大象。他们的方法都是盲目的。一位精神分析学徒径直来到大象的身后，看着这个选定的部位，解释大象的行为。行为主义者去敲大象的膝盖骨，被踢得老远。他坐在那里，为大象设计一个建设性的强化方案。认知心理学家开始哄大象做点儿什么，好确定它的发展阶段。人本主义者抚摸大象的耳朵，试图让大象相信它会飞。

【资料来源】Ed. Labinowicz，杭生译．思维、学习与教学[M]．北京：人民教育出版社，1985：163—164．

二、心理学的发展现状

自从 20 世纪 30 年代以来，心理学进入了一个新的发展时期，这个时期的特点可以归纳为三点：

(一)派系融合，兼收并蓄

比如新行为主义修正了行为主义的极端观点，正视意识、内部加工过程的存在，承认在刺激和反应之间存在“中间变量”，并将行为主义的公式 S—R 修正为 S—O—R；后来的格式塔学者也承认了后天经验的作用，修正了格式塔主义者过分强调先天倾向的极端观点；新精神分析派的学者不像弗洛伊德那么强调先天倾向和性欲望的动力作用，而更多重视社会文化因素的作用，强调了环境与人的关系和影响。各派的棱角逐渐被新认识、新观点磨掉，派系之间的区别逐渐缩小，学派的特色开始消失。现在我们再也看不到一本像 30 年代前的“行为主义”或“格式塔心理学”之类的高举某个派系旗帜的书籍。现代的心理学教科书总是把行为主义、格式塔心理学、精神分析等各家各派的观点加以逐一介绍或分散到各章中去加以评价。尽管学派遗产继续流传，但是学派已成为历史的东西，而新的观点、新的发展则建立在兼收并蓄各派精华的基础之上。比如 20 世纪 50 年代兴起的认知心理学，就是吸收了各家之长，融会为一体而蓬勃发展的。现代认知心理学既承认中间环节即经验的作用，也考虑认识的能动性，力图探明人类知识的获得、储存、转换直至使用的完整规律。

由于心理学历史短暂，基础薄弱，加之研究对象的极端复杂性，现代心理学需要各学派的努力，排斥哪一个学派和哪一种方法，都会使这门科学的整体有所逊色。同时，心理学进一步发展需要它摆脱历史争论、求同存异、互相补充、互相增益，只有这样，心理学才能走上新的发展阶段。现代心理学正处在这个新的发展时期。

(二)学科融合，相互促进

心理学吸收了其他学科尤其是新兴学科的新成果、新技术，促进了自身内部的发展，拓宽研究的范围并加深了研究深度。

计算机科学、信息论、系统论等新兴科学对现代心理学的发展产生了重大影响。计算机科学提供的机器模拟法，使探索内部心理过程和状态有了新的途径。现代认知心理学采取了在观察基础上提出对认知的内部加工过程和结构的概念化模型，根据这种模型进行假设，进行预测，然后再按验证结果调整模型本身。一直困扰心理学家的“黑箱”因此有了探索的新途径。信息论提供信息、信息量、信息编码等有用的概念和测量信息量的数学方法，使研究人的认知过程可采用信息和信息量的概念来描述和说明，避免了笼统的刺激概念。控制论的反馈概念对说明人类行为的自我调节过程起了根本性的影响，使传统的反射弧概念变为反射环概念。计算机、脑电图技术、脑功能成像、录音、录像等现代化手段，各种现代心理仪器，使心理学的研究有了 20 世纪所不可能有的先进手段。随着现代科学的发展，心理学日益渗透到各个研究领域，在心理学和其他学科的结合下，新兴的边缘学科陆续出现。比如在认知心理学与计算机科学之间产生了人工智能；在语言学与认知心理学之间产生了心理语言学；在神经生理学与心理学之间产生了神经心理学……这种发展趋势，标志着心理学正朝纵深和横向发展。

(三)注重应用，日益广泛

随着社会生产和社会生活的发展，对心理学的需要日益迫切，这促使心理学从大学讲坛和研究机构的实验室里走出来，与实际生产、生活相结合。人们应用心理学为政府制定政策提供参考性的意见，比如欧洲共同体采用“消费者态度指数”作为预见商业周期转折的可靠指标，并用于制定经济规划。运用心理学作市场预测和政府政策的态度测量，取得人、财、物等多方面的资料，从而更准确地把握社会发展动向。比如美国工业界对工业心理学十分重视，大公司一般都设有工业心理学研究机构，拥有现代化设备的实验室。美国电报电话公司有心理学家300多人，他们的工作在改进产品，协调人际关系，提高工效，防止事故，搞好人事管理，合理使用人力资源等方面起了重大作用。

保障人的心理卫生成为心理学实际应用的另一个重要方面。比如应用心理治疗技术对精神病病人提供临床服务和对心理失调者提供咨询服务。在心理学比较发达的国家如西欧和北美国家、日本、澳大利亚，心理学为劳动者提供职业选择和训练，提高对工作的适应能力，减少事故和减轻工作环境中的紧张情绪，帮助人们正确估价和改善工作的满意程度。应用心理学为在校学生提供心理调节、心理健康服务，也为社会人士提供戒毒、戒烟、戒酒等服务。以上从事临床心理学的人数在英美心理学家中占的比例最大。心理学在教育教学中的应用是最早开始的，在现代更有了迅速的发展，许多教学原则、教育方法都离不开心理学原理，在许多国家，心理学是教育者的必修课。

心理学的广泛应用促使心理学的新分支越来越多。工业管理和组织的需要产生工业心理学，商业流通的需要产生商业心理学，学校教育的需要产生学校心理学，太空探索的需要产生航天心理学等。各种应用性心理学的产生又进一步促进了心理学的实用性。现代心理学再也不是少数哲人的思考和言论，它和人们的社会生活关系越来越密切。

现代心理学正在向广度和深度进军。20世纪80年代末，据国际心理联合会的估计，全世界约有26万受过职业训练的心理学家，不过分布很不均衡，仅美国心理学家就有10万之众。经济发达国家的高等学校中从事心理学专业的人数越来越多，如英国大学生人数中，数学占第一位，心理学占第二位。现代心理学呈现篷勃兴旺的发展趋势。不过，客观地说，心理学不如数学、物理学、化学那样成熟，它还不是一门成熟的科学，还需要进行不断的探索，但是现代心理学的兴盛已属必然。

第四节　心理学研究的原则和方法

研究方法对于一门科学来说，其重要性是不言而喻的。对于心理学来说，研究方法的运用更具有特殊的意义，当初心理学之所以能最终脱离哲学思辨的范畴，成为一门独立的科学，就是得益于自然科学的研究方法在心理学领域中的引入。我们在学习心理学时，了解心理学研究方法，不仅有助于更好地认识心理学，知道心理学的许多规律是怎么来的，从而进一步消除对心理学研究工作的神秘感，而且更为重要的是，也为我们在以后的工作实践中自觉地研究有关心理学问题，提高工作质量打下必要的基础。

一、心理学研究的基本原则

心理学的研究中，必须贯彻以下基本原则：

(一)客观性原则

客观性原则是任何一门科学都必须遵循的重要原则。所谓客观性原则，就是指研究者要尊重客观事实，按照事物的本来面貌来反映事物。对心理学研究来说，就是要从心理活动产生所依存的客观条件及其表现和作用来提示心理的发生、发展的规律。研究心理学，严格遵循客观性原则有特别重要的意义。心理就其映像来说是主观存在的，但作为一种反映过程，是在外部条件与内部因素的制约下，在头脑中产生、变化、发展并以言行等方式表现的历程，它不以个人意志为转移，是有规律可循的，因此完全可以作为科学的对象被人客观地加以研究。所以在心理学研究中坚持客观性原则，要求对人的任何心理活动的研究都必须依据别人可以观察并加以检验的客观事实。人的心理活动是由客观存在引起的，是通过一系列生理变化实现的，是表现在人的实践活动之中的，因此必须从心理产生所依存的这些方面的物质过程中去揭示心理发生发展的规律。同时必须如实地记录对受试者的外部刺激，受试者的反应以及受试者主观体验的口头报告，切不可以自己的主观体验、主观感受来代替客观观察到的事实或附加在客观观察到的事实上面。在做结论时，要根据客观的资料和事实判断，切不能凭主观臆测来肯定或否定某种结论。实践是检验真理的唯一标准。心理学研究的成果和结论是否合乎实际，必须在社会实践中经受检验，在社会实践中发展。

(二)发展性原则

所谓发展性原则，就是要在发展中研究心理现象和用发展变化的眼光去观察心理现象。辩证唯物主义认为，客观事物永远处于不断地运动和变化之中，作为人脑对客观事物的反映的心理活动，当然也不是固定的、静止的。人类的心理、意识从动物演化而来，是人类长期的历史发展的产物。个体从出生到成人，其心理活动也经历着从简单到复杂，从低级到高级的发展过程，这就要求我们把心理看作一个变化发展的过程，在发展中研究心理活动。也就是要研究个体在不同年龄、发展阶段上的心理的发生和发展。在研究中，不仅要注意那些已经形成的心理品质，而且要注意刚刚产生的新的心理特点；不仅要看到心理发展的现状，还要看到心理发展的前景。如果没有发展的观点，而是以静止不变的眼光看待问题，就无法揭示心理现象的本来面目，发现其客观规律。

（三）系统性原则

所谓系统性原则，就是要求在对人的心理现象进行研究时，必须考虑各种内、外因素相互之间的关系和制约作用，应该把某一心理现象放在多层次、多因素和多维度的系统中进行分析。这是因为人的心理是一个极其复杂的、动态的系统，在它内部系统的各因素之间，心理系统与外部环境之间均存在着密切的联系。而只有系统研究这些关系，才能真正把握心理现象的活动规律。

（四）教育性原则

所谓教育性原则，就是从有利于教育，有利于个体身心健康的角度来设计和实施研究，不能做出有损于教育和个体身心健康的事。对我们师范专业学生来说，还应注意研究方向上的价值取向，使心理学研究与人的身心健康紧密结合起来。

二、心理学研究的方法

（一）观察法

观察法（自然观察法）就是在自然情境中对被观察者的行为做系统的观察记录以了解其心理的一种方法。例如，观察学生在听课时的表现，以了解其注意的集中情况。观察法通常是由于无法对被观察者进行控制，或者由于控制会影响其实际行为表现或有碍于伦理道德而采用的。

从观察者和被观察者之间的关系来看，观察有两种主要形式：参与观察和非参与观察。前者是观察者成为被观察者活动中一个正式的成员，其双重身份一般不为其他参与者所知晓。后者是观察者不参加被观察者的活动，不以被观察者团体中的一个成员而出现。无论采用哪种形式，原则上都应在被观察者不知晓的情况下对其进行观察为宜。这样，被观察者的行为表现才自然真实。通过单向透光玻璃或闭路电视录像装置进行观察，被观察者觉察不到有人在观察，就可以观察到其自然真实的行为。

根据观察要求不同，观察法又可以分为长期观察和定期观察。长期观察是指在相当长的时期内进行系统性观察，有计划地积累资料。例如，达尔文(C. R. Darwin，1809—1882)的《一个婴孩的生活概述》，陈鹤琴的《一个儿童发展的程序》就是这一类研究。定期观察是指在某一特定的时间里进行观察记录。例如，在每周中几个特定时间里观察小学生的课业责任心行为表现，待资料积累到一定的时候，进行分析整理得出结论。

为了避免观察的主观性和片面性，使观察时能够获得正确的资料，在使用观察法时应遵循以下几项原则：

(1)观察必须要有明确的研究目的，对拟观察的行为特征要加以明确界定，作好计划，按计划进行观察。

(2)观察必须是系统的，而不是零星偶然的。

(3)必须随时如实地作好记录，严格地把“传闻”与“事实”，“描述”与“解释”区分开来。如果能用录音机、录像机作记录，效果更好。

(4)应在被观察者处于自然状态的情况下进行观察。

观察法是收集资料的初步方法。它使用方便。有经验的教师如能善于运用，是可以收集到所需资料的。但观察法积累的资料只能说明“是什么”，而不能解释“为什么”。因此，由观察所发现的问题尚需用其他研究方法作进一步的研究。

(二)调查法

调查法的主要特点是，以问问题的方式，要求被调查者就某个或某些问题回答自己的想法。调查法可以用来探讨被调查者的机体变量(如性别、年龄、教育程度、职业、经济状况等)，反应变量(即他对问题的理解、态度、期望、信念、行为等)以及它们之间的相互关系。根据研究的需要，可以向被研究者本人作调查，也可以向熟悉被研究者的人作调查。

调查法可分为书面调查和口头调查两种。

书面调查即问卷法，是研究者根据研究课题的要求，设计出问题表格让被调查者自行填写，用来搜集资料的一种方法。这种方法具有向许多人同时搜集同类型资料的优点。其缺点是发出去的调查表难以全部收回，只能得到被调查者对问题的相对完整的答案。

要得到一份良好的问卷，在设计时应注意以下几点：①要针对调查的目的来设计问卷。②提出的问题要适合于调查的目的和被调查的对象。③使用方便，处理结果省时、经济。

口头调查即晤谈法，是研究者根据预先拟好的问题向被调查者提出，以一问一答的方式进行调查。要使晤谈法富有成效，首先应创造坦率和信任的良好气氛，使被调查者做到知无不言；同时，研究者应当有良好的准备和训练，预先拟好问题，尽量使谈话标准化，记录指标的含义保持一致。这样才有可能对结果进行客观的分析和概括。

与问卷法相比，晤谈法有如下优点：①可以直接向被调查者解释晤谈的目的，可以提高他们回答问题的准备程度；②研究者可以控制晤谈进程，可以使调查中的遗漏大为减少；③可以用不同的方式考察被调查者回答问题的真实程度；④可以根据被试的反应提出临时应变的问题，有可能获得额外有价值的资料。它的主要缺点是：①由于在一定时间内只能晤谈数量有限的对象，要收集较多对象的资料太费时间；②研究者必须训练有素，才能掌握晤谈法；③研究者的言语不当，被调查者有可能拒答或谎答问题；④研究者的行为，有时甚至是无意的行为也可能对被调查者的回答有暗示作用。

(三)测验法

测验法就是用标准化的量表来测量被试者的智力、性格、态度、兴趣以及其他个性特征的方法。测验的种类很多。按一次测量的人数，可把测验分为个别测验(一次测一人)和团体测验(一次同时测多人)。按测验的目的，可把测验分为智力测验、特殊能力测验(性向测验)和人格测验等。

用标准化的量表来测量心理特征时应注意以下几点：①选用的测量工具应适合于研究目的的需要。②主持测验的人应具备使用测验的基本条件。如口齿清楚，态度镇静，了解测验的实施程序和指导语，有严格控制时间的能力；并按测量手册上载明的实施程序进行测验等。③应严格按测验手册上载明的方法记分和处理结果。④测验分数的解释应有一定的依据，不能随意解释。

观察法、调查法和测验法都属于心理学问题的相关法。上述这些方法可以用来发现两个(或几个)变量之间的相关程度，即关系的疏密程度；但却不能确定它们之间是否存在着因果关系。确定变量之间的因果关系，必须借助于实验法。

(四)实验法

实验法就是在控制的情境下系统地操纵某种变量的变化，来研究此种变量的变化对其他变量所产生的影响。由实验者操纵变化的变量称为自变量或实验变量(通常是用刺激变量)；由实验变量而引起的某种特定反应称为因变量。实验需在控制的情境下进行，其目的在于排除实验变量以外一切可能影响实验结果的因素(无关变量)。在实验中实验者系统地控制和变更自变量，客观地观测因变量，然后考察因变量受自变量影响的情况。因此，实验法不但能揭明问题的“是什么”，而且能进一步探求问题的根源“为什么”。

用实验法研究心理学问题必须设立实验组和对照组，并使这两个组在机体变量方面大致相同，控制实验条件大致相同，然后对实验组施加实验变量的影响，对照组则不施加影响，考察并比较这两组的反应是否相同，以确定实验变量的效应。

除了在严密控制实验条件下的实验室实验，还有所谓自然实验。自然实验也叫现场实验，是在实际生活情境中对实验条件作适当控制所进行的实验。例如，要研究小学一年级儿童普遍存在着的感知算式错误(把加法做成减法，或把减法做成加法)的原因，实验者在一个班里按一定的计划加强实验性训练，对另一平行班则不进行这种实验性训练，进行正常教学。对获得的材料加以整理和分析，就可以找出影响小学一年级儿童感知算式错误的原因。自然实验的优点是把心理学研究与实际的情境结合起来，具有直接的实践意义，较好地避免了实验室实验的情境人为性。其缺点是容易受无关因素的影响，不容易严密控制实验条件。要精密地控制实验条件，还需用实验室实验。

阅读专栏 1-3

心理学研究中的伦理问题

常见的心理学伦理问题有以下几点：

1. 保护被试。心理学研究中被试的自愿性是前提，不可偏废。这种自愿性是在不受任何强迫并且了解和理解研究内容的情况下自由做出的。

2. 研究中的“欺骗”问题。心理学家在有些情况下，若不使用欺骗就不能进行研究时，也会有目的地使用欺骗。除非在非常独特的情况下使用欺骗，一般说来，欺骗具有虚假的特性，会导致有害的社会结果，不仅有害于研究者，也会在被试之间产生互相猜疑，以及违背知情的自愿性原则。

3. 隐私。在某些情况下，研究可能涉及研究对象的隐私权问题。一般的解决方法是：征求被试的同意，或者采取对数据不提姓名的方式。

目前，尚缺乏可以用来估计具体研究价值的公认的伦理理论。被试是否为特殊的研究所损害，以及在什么程度上受到损害，这些是难以确定的。当前所实施的行之有效的做法是：①加强研究者所在部门或机构的各种形式的同行评论，这是一种既直接又严格的监督形式；②成立专司伦理问题的评论委员会，审查和检讨心理学研究中的伦理问题。

【资料来源】李维等主编．心理学百科全书(第一卷)[M]．杭州：浙江教育出版社，1995：54.

知识点检测

一、单选题

1. 心理现象划分为 ____________ 和个性心理两个部分。

A. 认识过程　B. 心理过程　C. 意志过程　D. 情绪情感过程

2. ________ 年，德国心理学家冯特在莱比锡大学建立第一所心理学实验室，标志着科学心理学的诞生。

A. 1978　B. 1789　C. 1897　D. 1879

3. “心理学有一个漫长的过去，但只有短暂的历史”说法的提出者是 ________ 。

A. 冯特　B. 艾宾浩斯　C. 华生　D. 弗洛伊德

4. 华生行为主义的公式是 ______________ 。

A. 意识—内省　B. 意识—无意识

C. 刺激—反应　D. 部分—整体

5. 精神分析学派代表人物是 ______________ 。

A. 弗洛伊德　B. 华生　C. 魏特墨　D. 马斯洛

6. 魏特墨、考夫卡和苛勒创立的学派称为 ______________ 。

A. 精神分析学派　B. 格式塔心理学派

C. 人本主义学派　D. 行为主义学派

7. 被称为现代心理学第三势力的学派是指 ____________ 。

A. 精神分析学派　B. 行为主义学派

C. 人本主义学派　D. 认知心理学派

二、辨析题

1. 心理学是一门介乎于自然科学和社会科学的交叉科学。

2. 现实生活中，心理现象是非常复杂的，比如想象出一些实际生活中没有的东西，甚至是离奇古怪的思想、幻觉、梦等，所以人的心理是可以离开客观现实而产生的。

3. “望梅止渴”“谈虎色变”是条件反射。

三、简答题

1. 简述心理学研究的基本原则。

2. 心理学研究常用的方法有哪些?

实践应用

你适合做心理学方面的工作吗?

许多人对以心理学某方面的工作为职业颇感兴趣。美国心理学家 Dennis Coon 在其所著的名为:*Gateways to Mind and Behavior* 书中给出了一系列问题来对谁适合从事心理学工作进行测试。通过这些测试,你可以看看是否自己适合做一名心理学工作者:

1. 我对人类的行为非常感兴趣。是真,是假?

2. 我很擅长识别模式,评估论证,得出结论。是真,是假?

3. 我的情绪总是很稳定。是真,是假?

4. 我有很强的人际交往能力。是真,是假?

5. 我觉得各种理论学习总是富有挑战性,也很刺激。是真,是假?

6. 朋友们都说,我对别人的感受特别敏感。是真,是假?

7. 我总是爱设计和实施复杂的项目与活动。是真,是假?

8. 我喜欢参与心理学活动,也喜欢阅读心理学读物。是真,是假?

9. 我乐于与别人一起工作。是真,是假?

10. 清晰的思维,客观的看法和细致的观察对我总是很有吸引力。是真,是假?

如果你的答案绝大部分也就是 8 个以上都是真的,那么心理学领域的工作真的很适合你。我们也知道许多心理学知识已经被广泛和成功地应用于管理,公共事务,社会服务,商业,销售以及教育领域。同时如果要做一名心理学家通常需要拥有硕士或者博士学位。如果你打算从事职业心理学家的工作最好先获得博士学位。哲学博士,心理学博士或者教育学博士都可以。心理学中有着不同的专业和职业。包括咨询心理学家,他们的工作主要是治疗轻度的情绪或行为障碍,这些专家一般的情况是没有处方权。精神病医生则是受过心理和情绪障碍诊断及治疗专业训练的医生,而这些专家是有处方权的。心理学家工作的地方可以是私人开业,也可以是在各类大学里从事研究和教学工作,当然,医疗机构也是吸纳心理学家的地方。

(本测验结果仅供参考,若有需要请咨询专业人员)

参考答案

一、单选题

1.B 2.D 3.B 4.C 5.A 6.B 7.C

二、辨析题

1. 正确。

2. 错误。无论是最简单的心理现象感觉知觉，还是复杂的思维和创造想象，甚至是离奇古怪的思想、幻觉、梦等，它们的产生都离不开客观现实，都可以从客观现实中找到根源。如果没有客观现实的作用，心理也就成为，无源之水，无本之木了。

3. 正确。

三、简答题

1. 简述心理学研究的基本原则。

客观性原则、发展性原则、系统性原则、教育性原则。

2. 心理学研究常用的方法有哪些?

观察法、调查法、测验法、实验法。

第二章　意识与注意

引言：

在一次国际心理学会议正在举行的时候，突然从外面冲进一个村夫，后面追着一个黑人，手中挥舞着手枪。两人在会场中追逐着，突然"砰"的一声枪响，两人又一起冲出门。事情发生的时间前后不过二十秒钟。

在与会者的惊慌情绪尚未平息的时候，会议主席请所有与会者写下他们目击的经过。结果，在上交的四十篇报告中，没有一个人的记载是完全正确的。

其中只有一篇错误率少于20%，有十四篇的错误率在20%～40%之间，十二篇的错误率在40%～50%之间，十三篇的错误率在50%以上。虽然每个人都注意到两人之中有一人是黑人，然而四十人中只有四人报告说黑人是光头，符合事实。其余有的说他戴了一顶便帽，有些甚至替他戴上高帽子。关于他的衣服，虽然大多数都说他穿一件短衣，但有的人说这件短衣是咖啡色的，有的说是红色的，还有人说是条纹的。

事实上，他穿的是一条白裤，一件黑短衫，系一条大而红的领带。

这到底是什么原因呢？接下来我们就开始讨论关于意识状态与注意。

学习目标：

1. 识记意识的含义和意识的几种状态。
2. 识记注意的含义以及注意的种类。
3. 掌握自我意识的表现形式。
4. 掌握青少年自我意识发展的主要特点。
5. 掌握注意规律在教学中的运用。
6. 掌握良好注意的品质及培养途径。
7. 形成清晰的自我意识和自我实现的目标。

第一节 意识概述

科学研究表明，心理现象并非人类个体所独有，一些动物也具有简单的心理现象。但人和动物的心理是有区别的，意识是人类独有的心理活动，形成正确的自我意识是心理成熟的标志。注意是意识的积极选择，在各种心理活动中，注意是确保心理活动进行进而完成各项工作任务的重要条件。

一、什么是意识

(一)概念

心理学和哲学都讲意识，但二者所讲的意识内涵是不同的。哲学中的意识是指与物质世界相对的精神世界，所以强调的是意识的内容。心理学中所讲的意识有两种含义。一种是把它当作心理的同义词使用。例如，构造主义心理学的创始人冯特就把心理学当作研究意识的科学，以分析意识构成的基本要素为研究目的。另一种含义是把意识当作心理的高级层次。例如，20 世纪 50 年代以后，随着认知心理学和人本主义心理学的兴起，意识再度成为心理学研究的重要课题，并被看作是心理的高级层次。本章所讲的意识，就是指意识的第二种含义，即意识是人类所独有的高层次心理活动，是指个人运用感觉、知觉、思维、记忆等心理活动，对自己内在的身心状态和环境中外在的人、事、物变化的觉知。

(二)内容

我国著名心理学家张厚粲指出，意识活动的内容主要包括以下几个方面：

(1)对外部事物的觉知。即个体觉察到外部发生的事情。如觉察到手术室中正在进行的外科手术。

(2)对内部刺激的觉知。即个体感觉到自身内部发生的事情。如吃了不卫生的食品，肚子感到不舒服。

(3)对自身的觉知。即个体觉知到自己是各种体验的主体，这时个体是把自己当成一个客体来认识的，对由这些体验所引起的思维活动的觉知。如在针灸技术方面，由于自己练习不够，与他人相比，自愧不如。

(三)特点

现代心理学认为，意识作为人类所独有的一种高级心理活动，具有两种特点：

(1)自觉性和主动性：意识的自觉性和主动性是指意识能够借助语言实现对客观现实的反映和认识。人可以借助语言把自己和环境区分开来，进而认识自身和环境的关系。这样一来，人类个体适应环境从而获得生存发展的过程就不是完全被动了，反映外部世界时总带有目的性和自觉性。

(2)抽象性和概括性：意识的抽象性和概括性是指意识能够借助语言实现对事物内在本质属性的认识和反映，进而认识事物的规律性和各类事物之间的关系，显示出了较强的抽象性和概括性。

二、意识的状态

现代科学研究的结果发现，在正常条件下，意识本身具有不同的状态。

(1)可控制的意识状态。在这个状态里，人的意识最清晰，最能集中注意，能够有意识地去完成一件事情。也就是在行为进行的过程中，你能够觉知本体正在做这件事情，并可以对自己的行为进行调控。

(2)自动化的意识状态。有时人对自己的行为似乎有所意识，但又不太清晰。例如，你现在一边听课，一边做笔记，你能够意识到你在写字，但并不需要清楚每个字怎么写，你不用很大的努力，就能做好笔记。这和在小学时听写有本质的区别，因为你听写的时候要注意每一笔是怎么样写的。应该说自动化的意识状态是意识的第二种状态，它本身要求很少注意，并且不妨碍同时进行的其他活动。

(3)白日梦状态。我们都有过这样的经验，上课的时候，听着听着就走神了。正当你想入非非的时候，恰巧老师叫你。乍受刺激，你能马上站起来，至于老师刚刚提的是什么问题，你可能一个字都不知道。这就是意识的第三种状态：白日梦状态。它是只包含很低水平意志努力的意识状态，它介于主动的意识状态和睡眠中做梦二者之间，似乎是一方面清醒着一方面在做梦，通常在不需要集中注意力的情况下自发产生。我们不能认为白日梦是无意识的，因为你这个时候还有一定的意识活动，尽管老师在讲什么你没有完全听清楚，但是你还知道老师在讲课。一旦老师叫你的名字，你也可以听到。白日梦的内容与未来的活动有关，带有计划或排练的性质，而且只有自己懂得白日梦不是真正在做梦，而是意识处于一种迷糊状态。白日梦的内容无所谓好坏，一个人的意识实际上是在不断变化的，精力集中是一种，迷迷糊糊又是一种，人在临入睡而没有真正睡着的时候，意识也是处于一种迷糊状态的。

(4)睡眠状态。意识的第四种状态就是睡眠状态。过去一般认为睡眠的时候意识是停止活动的，而大量研究结果表明，人在睡眠时意识并没有完全停止活动。关于睡眠的研究主要是通过脑电波来研究的。当人进入睡眠状态时，脑内神经细胞的电位差仍在变化着，只是出现了不同的波形。在做梦的时候脑电波的变化更为明显，这些都证明人在睡眠的时候是有意识活动的。当然，对此我们自身并没有意识到。

以上所述的是正常情况下所出现的四种意识状态。此外，有时候还可以通过药物使人产生一种特殊的意识状态，如打麻醉针或吃某些药物，都会使人进入一种迷迷糊糊的状态。再如吸毒者吸毒以后开始进入精神恍惚的状态，觉得比较舒服，但是后来就会对毒品产生依赖，直到最后不能摆脱。这实际是一种意识的扭曲状态。人对其内在身心活动状态以及周围的环境变化没有觉知无意识状态。在无意识状况下，人很难意识到自己内在身心状态的变化。心理学中的催眠实际上是一种受暗示的状态，是一种似睡眠而又非睡眠的一种特殊意识状态。

三、自我意识

(一)自我意识的概念

意识可以从不同的方位理解和分类。其中自我意识是意识的重要表现形式。

所谓自我意识，是指个体对自己各种身心状态的认识、体验和愿望，以及对自己与周围环境之间关系的认识、体验和愿望，具体地说，它包括以下三部分内容：

(1)个体对自己身体、生理状态的认识、体验。例如，身高、体重、容貌以及温饱感、舒适感、病痛等，也就是生理的自我。

(2)个体对自己的心理活动、个性特点、心理品质的认识、体验和愿望，如智慧、能力、性格、气质、兴趣、爱好、意志等的认识和体验，也就是心理的自我。

(3)个体对自身与外界客观事物和人的关系的认识、体验和愿望。它包括个体对周围客观环境和人的影响、作用的认识和体验，也包括对自身在客观世界中的地位、责任、力量的认识和体验，也就是社会的自我。

(二)自我意识的表现形式

(1)自我认识。自我认识包括自我感知、自我观察、自我概念、自我分析、自我评价等心理成分。其中自我评价集中代表自我认识的发展水平，是自我意识的核心。

自我评价是个人对自己身心特征的判断和评论。其重要功能就是“人贵有自知之明”。自我评价对个人社会生活和人际关系的协调尤为重要。自我评价形成的途径：①社会上他人对自己的态度与评价；②与条件相仿者比较；③个人对自己的心理活动的特点分析。

自我概念的内容有三个方面，即现实自我、投射自我和理想自我。现实自我是个人从自身立场出发对现实中自我的各种特征的认识，包括对自己的躯体特点、行为特点、人格特点、角色特点等的认识。现实自我又称个人自我，纯属个体对自己的看法，主观性强，是自我概念中的最重要的内容。投射自我是个体所认为的他人对自己的认识。现实自我和投射自我不一定相同，两者之间可能会有距离。当这个距离相差太大时，个人便会感到别人不理解自己，因而产生隔阂。理想自我是个体从自身立场出发构建将来要达到的理想标准，它引导个体实现理想中的个人自我。自我认识主要涉及“我是谁”或“我是怎样一个人”等问题。

(2)自我体验。它是在自我评价的基础上，个体对评价结果是否符合自己的需要所产生的一种情感体验。主要包括自爱、自尊、自信、自卑、羞耻感、责任感、义务感、优越感等。自我体验主要涉及“对自己是否满意、是否悦纳自己”等问题。

(3)自我调节。自我调节是在自我评价指导和自我体验推动下，个体对自己心理行为的自觉和有目的的调节、控制，以达到理想自我的目标。集中体现自我意识在改造主体和主客体相互关系中的主观能动作用。

自我调节又包括自主、自强、自我监督、自我激励、自我控制等心理成分。其中自我控制是最集中的调节手段，也是个体是否具备自制自控良好心理品质和主动积极的心理行为的重要功能表现。自我调节主要涉及“我应当成为一个怎样的人”“我怎样改变现状来成为理想中的那种人”等问题。

(4)自我实现。自我实现在此是指通过自我评价及理想自我的构建和由此产生的自我体验、自我调节控制，不断自我修养、磨炼，达到自我完善的状态，即达到自我实现的心理成熟阶段。

(三)自我意识的心理意义

一个人的心理发展历程一般都要经历从幼稚到成熟的过程。形成正确的自我意识是心理成熟的标志，对心理健康起着重要作用。

(1)促进社会适应，和谐人际关系。大量的心理学实践证明，许多人社会适应不良及人际关系不协调是由于自我意识不健全或不正确造成的。如果一个人对生理的自我、心理的自我和社会的自我认识、体验不正确，尤其是在自我评价及自我概念上与客观的现实差距太大时，就会造成社会适应不良和人际关系不协调，从而影响人的心理健康。

正确的自我意识通过正确的自我评价产生合理的理想自我，并且通过正确认识自己与他人、个体与群体双方不同的地位和需要，采取不同的策略，主动调节人际关系。对己、对人能够知己知彼，从而保持良好的社会适应和人际关系，维护心理建康。

(2)促进自我实现，创造最佳心理质量。健全的自我意识通过合理的自我认识、良好的自我体验、自觉的自我调节和控制，从而促进自我实现，最大限度地挖掘自身心理潜力。按照心理学家马斯洛的观点来讲就是“自我实现是心理最健康和心理质量最佳的标志。”

(3)有助于自我教育和自我完善。当现实的自我和理想的自我不能统一，或在理想的自我实现过程中受到挫折时，有健全自我意识的人能够自省，自觉地寻找其原因。一方面通过自我调节、控制，纠正心理偏差，努力缩小理想的自我与现实的自我的差距；另一方面重新调整认识，形成新的“理想自我”的内容，使自己心理行为的个体化与社会化发展不断协调、平衡和完善。

四、青少年自我意识的发展与培养

青少年时期是个体自我意识迅速发展并趋向成熟的关键时期。在这个时期内自我意识正经历着一个特别明显的、典型的分化、矛盾、统一和转化的过程。

(一)青少年自我意识发展的特点

随着个体心理的不断发展，青少年自我意识的发展达到了新的水平。独立感、自尊心、自信心、好胜心等逐步趋于成熟；自我认识、自我体验、自我控制三方面趋于协调发展；自我意识的核心——世界观和人生观逐渐确立。主要表现出以下几方面的特点：

1. 自我意识发展较快，并且开始分化，自我矛盾开始出现

随着学习、生活方式的不断改变和心理的发展，青少年的自我意识有了明显的变化，出现了理想自我和现实自我的分化。并且迅速发展，导致矛盾冲突日益明显。自我意识的分化，使青少年主动、迅速地对自己的内心世界和行为具有了新的意识，开始意识到自己那些从来没有被注意到的“我”的许多方面和细节。青少年对自己的生活充满信心，对未来抱有幻想，而现实往往不是他们所想象的，于是就出现了所谓理想自我和现实自我的矛盾。当理想自我占优势时，往往会将“客体我”萎缩到实际能力以下，总认为自己事事不如人，从而产生较强的自卑感，甚至放弃努力，形成自我怜悯或伤感的心理状态。相反，当现实自我占优势时，往往表现出较强的虚荣心和自我陶醉，特别在乎别人对自己的评价，担心暴露自己的缺点。另外，青少年自我意识中投射自我意识成分明显增强，人际关系也因此而变得较为复杂，同学之间的矛盾也日益增多，常会产生自己不为别人所理解，常常要求别人理解自己，出现理解万岁的理念。

2. 青少年自我认识的发展特点

(1)自我认识的广度和深度大大提高。现代社会的飞速发展为青少年提供了一个广泛涉猎知识、自由发展、张扬个性、自我实现的广阔天地，为青少年自我认识向广度和深度发展提供了有利条件。

(2)自我认识的自觉性和主动性明显增强。随着年龄的增长，青少年往往会思考许多深刻的课题：我将来做个什么样的人？成就什么事业？我能为社会做些什么贡献？等等。具有强烈求知欲的青少年，总是十分感兴趣而又急切地思考着这些问题，强烈地期待着一个满意的答案。这种思考比儿童时期更主动、更自觉、具有较高水平。

(3)自我评价能力在不断提高。随着青少年知识和社会经验的日益丰富，大多数人对自己的分析、评价逐渐变得全面、客观和主动，对自己的优缺点有了较正确的认识和评价，并能选择自己的长处进行发展，开始具备在自觉基础上的“自知之明”，但是青少年自我评价的能力有很大的个体差异。不少青少年存在过高评价自我的倾向，同时部分青少年存在自我评价偏低倾向。

(4)自我概念更具有丰富性、完整性、概括性和稳定性。

3. 青少年自我控制方面的主要特点

(1)自我控制能力逐渐提高。随着知识积累、生活阅历的增加，青少年自我认识和自我评价水平增强，他们能够根据别人的评价和自己的行动

结果进行反省，及时调整自己的行为和目标。这说明青少年行为的自觉性和自我控制能力明显增强，而盲目性和冲动性则逐渐减少。当然，青少年自我控制水平还缺乏一定的稳定性，还需进一步发展和完善。

(2)自我设计的愿望强烈。青少年有设计自我、完善自我的强烈愿望。他们根据自我设计的“最佳自我形象”而不断地充实自己的知识、培养自己的能力、形成自己良好的性格与品德。有人研究表明(赖文龙，2009)，我国青年大学生的自我设计、自我完善的基本倾向是奋发向上的、积极的。

(3)强烈的独立意识和自信心。青少年在生理发育上已逐渐具备了成人的特点，心理成熟和社会成熟也已达到较高的水平。充沛的体力、旺盛的精力、灵活的思维、较强的记忆力，使得青少年的成人感和自信心是十分强烈的。但由于知识、经验不足，他们易于产生过分的自信，而且容易因一时的挫折而降低自信。

4. 青少年自我体验方面的主要特点

青少年自我认识和自我控制能力的迅速发展，使得他们自我体验的内容和形式发生了极大的变化。从自我体验的形式看，显示出以下几个方面的特点：

(1)丰富性。青少年丰富多彩的学习生活为他们自我体验的丰富性提供了有利条件。一般来说，在自我体验方面，男生比女生更有自信心、更富于活力，但容易急躁；女生则更热情、内心舒畅更明显，但容易多愁善感。总体来说，青少年自我体验的情感基调是积极的、健康的(李济才等，1991)。

(2)敏感性和波动性。青少年由于对自我的认识还在不断进行中，还缺乏驾驭情感的意志力量，因此他们的情感体验表现出明显的敏感性和波动性。进入青年期，自我认识和自我控制比较确定后，这种波动性才逐渐降低。

(3)深刻性。青少年的自我体验是深刻的。他们的自我体验不仅与自己的个性特点相联系，而且还与自己的生活信念和人格倾向相联系。

(二)青少年自我意识的培养

青少年自我意识的培养，是引导青少年按社会要求自觉地对自己进行自我意识的教育，是自我意识的最高表现，是青少年完善自己个性，实现自我价值的重要途径。

(1)全面认识自我。全面认识自我是形成自我意识的基础，如果一个人能够全面的、正确地认识自己，客观地、准确地评价自己，就能够量力而行，确立合适的奋斗目标，并为实现这一目标而不懈努力。因此，青少年只有打破自我封闭，拓宽生活范围，增加生活阅历，扩展交往空间，积极参加活动，扩大社会实践，才能找到多种参考系，才能凭借参考系来多方面、多角度地认识自我，做到不自卑也不过于自信，不骄傲也不过于谦虚，才能充分发挥自己的聪明才智，实现自己的人生价值。

(2)积极认可自我。俗语云："金无足赤，人无完人。"青少年如果以积极的态度认可自己，便会形成自尊，如果以消极的态度拒绝自我，便形成自卑。自卑者往往片面地夸大自身的缺点、短处，甚至否认自我存在的价值，从而极大地阻碍正确自我意识的形成。青少年要学会积极而准确地评价自我，促使自尊感产生，克服自卑感。要学会正确对待挫折和失败，要有勇气面对挫折，从困境中走出来，总结教训，吸取经验，提高自己的能力，认可自己的能力，实现自己的理想。

(3)努力完善自我。自我完善是个体在认识自我、认可自我的基础上，自觉规划行为目标，主动调节自身行为，积极改造自己的个性，使个性全面发展，以适应社会要求的过程。作为青少年一代要确立正确的理想自我，按社会需要和个人的特点来确立自我发展的目标。要努力提高现实自我，不断战胜旧的自我，重塑新的自我，要努力发展自己，绝不能固守自我。青少年要认真进行自我探究，逐步获得积极的自我统一，实现自身的价值。在获取自我统一的过程中，首先要分析和确认"理想自我"的正确性和可行性，然后与现实自我相对照，最后有针对性地、有计划地解决二者之间的矛盾，缩小差距，最终获得统一。

总之，自我意识的发展是一个漫长的过程，青少年阶段是自我意识发展的重要阶段，因此正确认识自我意识发展的特点，引导青少年全面认识自我，积极悦纳自我，努力完善自我具有重要意义。

第二节　注意概述

从无意识到意识再到注意，是一个心理状态的连续体。注意是一切心理活动的门户，是人类进行各项活动的基本前提。认识注意现象，把握注意规律，培养学生良好的注意力，是我们顺利进行教学、提高教学效率的前提。

一、注意的含义

注意是心理活动对一定对象的指向和集中。

注意是大家都熟悉的一种心理现象，例如，学生在上课时专心致志地听教师讲课，仔细地观察挂图，聚精会神地思考老师提出的问题。这里讲的“专心致志”“仔细地”“聚精会神”，都是描述学生在上课时的注意状态。

注意有两个特点：指向性与集中性。每一瞬间有大量事物作用于我们，但是人们并不能同时反映周围的一切事物。人的心理活动总是根据主体的活动需要有选择地指向一定的对象，而忽略了其他无关对象，这就是注意的指向性。当人们选择了注意的对象后，心理活动在一定时间内集中到、深入到该对象上，保持一定的强度和紧张度，并且抑制多余的活动，这就是注意的集中性。有这样一个例子：

阿伯特·卡米洛先生是一位著名的心算家，不管你给他出多么复杂的难题，他都能立即得出正确的答案。在他的心算历史上，还从来没有被人难倒过。

这天，一位年轻的心理学家从远方慕名而来，他要亲自考一考这位著名的心算家，许多人知道了都前来观看。年轻的心理学家微笑着和心算家打过招呼后，心算家很客气地请他随便出题。“一辆载着 285 名旅客的火车驶进车站，这时下去 36 人，又上来 86 人”，心理学家不紧不慢地开始出题了。心算家听后微微一笑。“在下一站上来 101 人，下去 69 人；再下一站下去 17 人，上来 16 人；再下一站下去 40 人，只上来 8 人；再下一站又下去 99 人，上来 54 人。”这时主考人已说得喘不过气来。“还有吗?”心算家非常同情地问主考人。“还有”主考人透了口气说：“请您接着算。”他又加快速度说：“火车继续往前开，到了下一站……再下一站……”他突然叫道：“完了，卡米洛先生!”心算家轻蔑地笑着说：“您马上要知道结果吗?”“那当然!”心理学家点点头，同样微笑着说：“不过，我现在并不想知道车上还有多少乘客，我想知道的是这趟车究竟停靠了多少站?”这时心算家一下子呆住了。

心算家为什么答不出呢？这位心理学家又是怎样把心算家难住的呢?原来心理学家巧妙地利用了注意的特点，钻了心算家的空子。

注意是有指向性和集中性的。当人们注意某项活动时，心理活动就指向、集中于这一活动，并抑制与这一活动无关的事物。心理学家早已料到，根据心算家已形成的心算动力定型，通常只会去注意计算车厢内的乘客数的多少，也就是说他只会对车厢乘客人数的增减感兴趣，而对列车所停靠的车站数却忽视了。于是，他故意以越来越快的速度出题，以更好地引起心算家对车厢乘客数的注意，使他无暇注意到还会有另外一个答案。心算家果然上当，被心理学家难住了。

指向性和集中性是同一注意状态的两个侧面：指向性是集中性的前提和基础，集中性是指向性的体现和发展，两者是不可分割的统一体。

二、注意的本质

注意是心理活动的重要组成部分，但它本身不是独立的心理过程，它只是伴随心理过程的一种心理状态。注意本身没有单独的反映内容，也不能脱离一定的心理过程而单独存在，它总是伴随着认识、情感、意志过程的始终，随着一切心理过程而同时产生、进行、变化。当人在注意着什么的时候，他也就感知着什么，或记忆着什么，或思考着什么。平常我们说“注意黑板”“注意歌声”，并不是说注意就是独立的心理过程，而是把“注意看”“注意听”的“看”字和“听”字省略了。人们不可能脱离具体的感知、记忆、思维等心理活动而独立进行一种纯粹的注意活动。因此，注意只是心理过程的一种共同属性，是一种伴随的心理状态。

注意又是所有心理过程顺利进行的必要条件。任何心理过程的开始，必须以注意为起点，心理活动要有效地进行，一刻也离不开注意的参与。在认识过程中，感知、记忆、思维、想象，都需要集中注意力，才能提高认识活动的效率。感知时缺少注意的就不可能看清听明；思维时缺少注意的就会胡思乱想，以致不能解决任何问题。情感、意志过程也离不开注意，情感是对事物的一种主观态度，无论是积极的态度还是消极的态度，都首先应指向并集中于一定的对象。没有对对象的注意，就不会有态度，情感也就无从产生。意志是人们面临困难、挫折时表现出的一种精神力量，只有集中注意，意志行动才能坚持到底。事实上，注意使心理活动处于积极状态，保证人们对事物进行清晰的认识，做出准确的反应。因此，它是人们认识世界、改造世界的重要心理条件。正如俄国 19 世纪著名教育家乌申斯基所说：“注意是一个唯一的门户，外在世界的印象，或者较为接近神经机体的状况，才能在心里引起感觉来。”

三、注意的种类及规律

(一)注意的种类

根据注意过程中有无预定目的和是否需要意志努力，可以把注意分为无意注意、有意注意和有意后注意。

(1)无意注意。无意注意是指没有预定目的，也不需要意志努力的注意。无意注意一般是在外部刺激物的直接刺激作用下，个体不由自主地给予关注。例如，正在上课的时候，有人推门而入，大家会不自觉地向门口注视；大街上听到警笛鸣叫，行人会不由自主地扭头观望。

一个人在街头散步的时候，也可能无意间注意到许多事物。无意注意更多地被认为是由外部刺激物引起的一种消极被动的注意，是注意的初级形式。人和动物都存在无意注意。虽然无意注意缺乏目的性，但因为不需要意志努力，所以个体在注意过程中不易产生疲劳。

(2)有意注意。有意注意是指有预定目的，也需要作意志努力的注意。我们工作和学习中的大多数心理活动部需要有意注意。工人上班，学生上课，交警指挥交通，都是有意注意在发挥作用。有意注意是一种积极主动、服从于当前活动任务需要的注意，属于注意的高级形式。它受人的意识的调节和控制，是人类所特有的一种注意。有意注意虽然目的性明确，但在实现过程中需要有持久的意志努力，这容易使个体产生疲劳。

(3)有意后注意。有意后注意是指有预定目的，但不需要意志努力的注意。它是在有意注意的基础上，经过学习、训练或培养个人对事物的直接兴趣达到的。在有意注意阶段，主体从事一项活动需要有意志努力，但随着活动的深入，个体由于兴趣的提高或操作的熟练，不用意志努力就能够在这项活动上保持注意。例如，一个学习外语的人在初学阶段去阅读外文报纸，还是有意注意，很容易感到疲倦；随着学习的深入，外语水平不断提高，当他消除了许多单词和语法障碍，能够毫不费力地阅读外文报刊时，可以说达到了有意后注意的状态。

有意后注意是一种更高级的注意。它既有一定的目的性，又因为不需要意志努力，在活动进行中不容易感到疲倦，这对完成长期性和连续性的工作有重要意义。但有意后注意的形成需要付出一定的时间和精力。

(二)利用注意规律组织教学

注意是学生进行学习的必要前提，也是教师顺利进行教学的重要条件。因此，教师在教学过程中，既要利用不同注意的特点和规律，又要充分利用各种注意的相互转化规律来组织教学这样，不仅能保证教学的顺利进行，使教学收到良好的效果，也会使学生的注意力获得发展。

1. 充分利用无意注意的规律组织教学

无意注意是由刺激物本身的特点和人的主体状态所引起的。刺激物的特点和人的主体状态既可以引起学生注意的分散，也可以借助它顺利地进行教学，使学生轻松地学习。为此，教师在教学过程中应当尽量避免那些分散学生注意的因素，同时紧紧地把握住那些吸引学生注意的因素。

(1)优化教学环境，防止干扰因素

无意注意主要由刺激物本身的特点引起：一方面在教学过程中教师要善于利用有关刺激物的特点组织学生的注意；另一方面要消除那些容易分散学生注意的、与教学内容无关的刺激。因此，首先应尽可能地创造有利于学生学习的教学环境，防止干扰因素。例如，学校选址应远离公路、铁路、闹市区；校内环境优美，建立正常的教学秩序，教学区与生活区分开；教室内保持安静，建立井然的教学秩序和常规；教师注意自身形象，衣着朴素大方，避免着奇装异服，并注意教学语言的简洁明快，避免重复单调及口头语的出现等。

(2)教学内容要丰富、新颖，富有吸引力

因为新异的刺激易引起人的注意，要想使学生在课上轻轻松松地集中注意听讲，教学内容要生动有趣、丰富新颖，避免单调重复。事物是否引起人的注意以及在多大程度上引起人的注意还取决于个体的主观状态。因此，教师在教学中要考虑学生的需要、兴趣、知识经验和情绪状态，使教学内容符合学生的需要、学生的实际，引起学生的无意注意。但要注意的是，教师在课上不要过多地论述一些与教学无关或关系不大的内容和笑料，以免学生“借题发挥”，导致注意的分散。另外，教学内容也要有适当的难度，过于高深晦涩的内容会使学生因面临困难而却步，过于简单或详尽重复的内容，会因缺乏新颖性而使学生注意力下降。

(3)教学方法要生动活泼、灵活多样

教学方法是师生之间传递教学内容的桥梁，教学方法也要灵活多样，避免单调呆板。因为，长时间从事单一活动或接受单一刺激，会使神经活动兴奋性降低，导致大脑皮层的抑制，注意力就不容易维持。多样化的教学方法，有利于调动学生的积极性，使学生精神振奋、不易疲劳。教学有法，但无定法，教师要根据教学内容和学生年龄特点以及自己的特长灵活运用和选择教学方法。教师要把课堂讲授、谈话、讨论、学生自学、实验、作业、读书指导等多种方法相结合，使学生做到聆听、思考、笔记、实际操作与作业的结合。

2. 充分利用有意注意的规律组织教学

学习是经验获得及行为改变的过程，是一种复杂的、艰辛的活动。学习过程中会遇到很多困难和干扰，而且并非任何教学内容和活动都是新颖的，都是学生直接感兴趣的，因此要想取得持久的学习成功，还必须增强学习的自觉性，利用学生的有意注意。

(1)明确学习的目的与任务

有意注意是服从于预定目的和任务的注意。活动的目的任务越明确，有意注意便越易唤起和维持。对于教学来讲，不仅教师对教学的目的、任务明确，而且也要使学生同样明确，这样师生才能更好地配合，共同努力，保持注意。因此，要经常地对学生进行学习的目的性教育，明确为什么学，学习内容的理论意义和实践价值是什么，从而增强学生学习的责任心和积极性；还要使学生具体了解本学科、每章节或课题的学习任务及具体要求，目的越明确，要求越具体，有意注意就越容易保持。

(2)正确组织教学活动

在明确活动的目的和任务的前提下，合理地组织教学活动、采取具体措施也有助于学生保持有意注意，如向学生提出问题，在学生刚开始注意分散时给予提示和批评，读书时做笔记，把智力活动与实际操作结合起来等。这些措施不仅利于学生对知识的掌握和理解，对保持有意注意也是非常有意义的。

(3)培养间接兴趣

间接兴趣是对活动结果的兴趣。没有活动的过程就不会产生活动的结果，因而间接兴趣更具有持久的推动力，利于学生保持有意注意。要使学生认识到学习的意义，要把学生当前的学习与学生远大的理想和国家、社会的发展结合起来，这样有助于学生克服困难，专心致志地投入学习。

(4)加强学生意志力的培养和训练

在学习过程中，干扰是随时存在的，排除干扰在很大程度上依靠于人的意志。为了帮助学生排除无关刺激的干扰，提高学习效率，教师应加强学生意志力的培养和训练。心理学家曾做过实验，证明人用意志排除干扰的能力是很强的。

Hover 通过智力测验把一个班的大学生分成平均成绩相等的两个组：实验组和控制组。六个星期后，控制组学生在正常情况下接受一个智力测验，而实验组在视觉、听觉受到干扰的情况下接受同样的测验。其干扰分别是：7种不同声音的电铃在房间不同地方断断续续地响，4个响亮的蜂鸣声，2只风琴管、3只口笛，1个随时被敲打的盘子，1台留声机不停地播放轻音乐，房间后面有一个聚光灯不停地到处照射，穿着奇装异服的学生吵闹着进进出出，等等。这些无关刺激使实验者感到讨厌和疲劳，但是，两个组的智力测验的成绩却相差无几。可见人有较强的抗干扰的能力，这都是人的意志力发挥的作用。

阅读专栏 2-1

课堂上学生注意力的组织

小学生注意的稳定性虽有一定发展，但抗干扰性差，容易分心，一些学生在课堂上不能集中注意学习。为了克服分心，教师不仅应当根据具体情况，从根本上消除学生注意力涣散的原因；还应该灵活运用注意规律来组织教学，使学生集中注意于教学活动。可供参考的做法有：

1. 善于运用无意注意的规律

在教学过程中，教师要善于利用有关刺激物的特点来组织学生的注意，一方面要尽量消除分散学生注意听课的因素，如保持教室周围环境的安静，教室内的布置要简朴等；另一方面则要尽量创造条件使学生注意去听课，如教师讲课时要突出重点，内容重要处要加强语气、适当重复，语言要抑扬顿挫，采用多样化的教法等；而且教师还应了解学生的实际情况，适当考虑学生的需要、兴趣、知识经验和情绪状态等，激发其学习兴趣。

2. 着重培养学生的有意注意

为了搞好学习，不仅要保护和发扬学生对学习的直接兴趣，还要发展他们的有意注意，激发学生学习的自觉性和克服困难的意志。例如，在开始讲授一门新课时说明这门课的目的、任务和意义；在一个新单元开始时明确提出需要解决的问题、任务和要求，在材料比较难懂的地方预先说明问题的复杂性和重要性等。此外，教师还应该根据具体情况，采取不同方法促使学生注意听讲，例如，当学生注意开始分散时，教师可以通过暗示或信号(如眼神、语调、走动等)加以制止；教师还可以通过要求注意分散的学生回答课堂问题的方式来提醒他；对那些认真听讲的学生给予表扬和鼓励，激发其听课的积极性；对于那些严重违反课堂纪律的学生，应提醒他们遵守课堂纪律，并在课下加以批评，指出其不注意听讲的可能后果。

3. 善于运用两种注意相互转换的规律

在教学中，过分要求学生依靠有意注意，容易引起疲劳和注意涣散；但如果只让学生依靠无意注意来学习，则不利于他们的主动性和意志品质的发展，难以完成学习任务。因此，在教学过程中，教师应当考虑使学生的有意和无意注意有节奏地交替轮换。上课之初，教师需要组织教学引起学生对课程的有意注意，以使学生的注意能迅速转移到课堂上来；接着通过教学方式的改变，如适当运用直观材料或趣味性的谈话，让学生对新课发生兴趣，产生无意注意；当逐步进入教材的重点和难点时，又应当设法使学生加强有意注意，认真思考与理解……当然，使学生的注意产生节奏性的变化并没有固定的模式，这需要教师围绕教学的中心任务，依据教学内容的难度、学生注意力的发展水平与表现情况巧妙安排，并培养学生良好的注意品质。

【资料来源】章志光．心理学．北京：人民教育出版社，2002：113.

3. 充分利用有意后注意的规律组织教学，努力提高学生学习兴趣

有意后注意既服从于当前的活动目的与任务，又能节省意志的努力，因而对完成长期、持续的任务特别有利。培养有意后注意关键在于发展学生对活动的兴趣。当我们进行各种较复杂的智力活动或动作技能的时候，我们要设法使学生增进对这种活动的了解，让他们逐渐喜爱它，并且自然而然地沉浸在这种活动中。这样，才能在有意后注意的状态下，使活动取得更大的成效。

4. 充分利用有意注意、无意注意、有意后注意相互转换的规律组织教学

教学中，如果学生完全依靠有意注意来学习，大脑皮层长时间地处于兴奋状态，容易产生疲劳和注意的分散，学生也难以真正长时间地坚持学习。但单凭学生无意注意来学习，会使教学活动缺乏目的性和计划性，当学生遇到困难或本身枯燥单调的内容时，学生很容易半途而废。因此，教学过程中，教师要善于引导学生交替使用不同注意形式。就一堂课来说，上课之初，学生的注意可能还停留在上一堂课或课间活动的有趣对象上，或学生的注意力尚处涣散状态。教师可通过检查提问，提出明确要求使学生做好上课的知识准备和心理准备，以唤起学生的有意注意。或者通过恰当的导入，提出有趣的问题，讲述课题的知识背景、故事，以及对课题的教学目的和意义的阐述、要求完成的学习任务等的表述来调动学生的有意注意。在学习新教材的过程中，教师可通过生动有趣的描述、丰富的表

情、多样的教学方式，伴以直观的演示，引起学生的无意注意。随着学生对学习内容本身兴趣的逐渐增强，注意集中、全神贯注，就会自然而然地转入有意后注意。遇到教材的重点、难点、教师可有意重复或强调以引起学生的有意注意。新课授完后，可让学生进行自由提问、阅读或练习等活动，使学生从紧张的注意状态转入轻松状态，由有意注意转入无意注意。下课前，教师应概括归纳教学要点或要求学生自己归纳整理以引起学生的有意注意。总之，三种注意相互转换、巧妙结合，使学生的注意有松有紧，有张有弛，就能使学生精神饱满地进行学习。

四、注意的功能

注意对人类的实践活动具有十分重要的意义，它对个体的心理活动具有重要的组织和调节作用。注意的功能主要有以下几个方面：

(一)选择功能

当代认知心理学用信息加工的观点考察了人的注意。人作为一个信息加工系统，其加工能力或智源在一定时间内是有限的，因此，人必须在认知活动中对信息进行选择与组织。注意的选择功能使主体选择那些对自身重要的信息进行加工，同时排除其他无关信息的干扰作用，从而实现对当前事物更好的指向，提高大脑对信息加工的效率。

(二)保持功能

外界大量信息输入后，每种信息单元必须经过足够时间的注意才能正确反映，保持在意识之中。注意可以使人的心理活动在一段时间内维持在一定对象上并保持一定的紧张状态，直到顺利完成认识活动或行为动作，达到目的为止。

(三)调节和监督功能

注意能对人所从事的活动进行有目的的控制，根据活动的目的和需要做到注意的适当分配和适时转移，必要时可参与对错误行为进行纠正。注意能够对心理活动的全过程进行监督，使其保持在一定对象或目标上进行。一旦心理活动偏离了预定的目标或方向，人们就会立即发现，并予以调整，从而保证心理活动的顺利完成。

五、注意的外部表现

当人的注意集中在某一事物上时，常常伴随特定的外部表现，有时我们可以根据这些外部表现来判断一个人的注意状态。注意时最明显的外部

表现有以下几种：

(一)适应性的运动

当人们注意某种物体时，有关的感觉器官常常朝向刺激物，以便得到最清晰的印象。如当人注意听一个声音时，就把耳朵转向声音的方向，即所谓“侧耳倾听”；当人注意看一个物体时，把视线集中在该物体上，两眼盯着看，即所谓“举目凝视”；当专心思考某一问题或想象某件事物时，两眼常“呆滞”地望着前方，或表现为“低头沉思”“眉头紧锁”“双手托腮”等。这些表现都是注意时的适应性运动。

(二)无关运动的停止

当人在高度集中注意时，人的全身心处于一种高度紧张状态，人的心理活动只指向于特定对象，与当前注意对象无关的其他动作会停止或消失。例如，学生认真听课时，会一动也不动地看着教师，其他无关运动就停止了，教室里会显得特别安静；反之，学生就会讲话或做小动作。

(三)呼吸的变化

人在集中注意时，呼吸变得轻微而缓慢，一般是吸气的时间变得急促，呼气的时间则向后拉长。注意力高度集中时，个体甚至会出现呼吸暂时停止状态，即所谓“屏息”现象。例如，在音乐演奏会上，人们听得很专心，尽管有那么多听众，却仍然很安静，听不到其他一点响声，甚至自己的呼吸也很轻微，连自己也觉察不到。此外，在紧张注意时，还会出现心跳加快、牙关紧闭、握紧拳头、目瞪口呆、甚至情不自禁地发出感叹声等现象。

根据注意的外部表现，我们可以了解一个人是否在注意，这对从事教育工作和其他行业的人有重要意义。不过，注意的外部表现和注意的内心状态也有不一致的情况。上课时有的学生貌似注意听讲，实则已想入非非或已注意其他的事物，所谓“心不在焉”，就是指这种现象。这时，有经验的教师会发现学生注意的外部表现不是随着教师的讲课内容的进展或教学方法的变化而变化，或者与教师讲课的变化不合拍，或者是毫无表情地端坐着。另外，由于人可以控制自己的表情，内心十分注意而表面上却可装出一副不注意的样子，使外部表现与内部状态不相一致，此时，要想判断人是否在注意，还是要仔细分辨。

第三节 注意品质的培养

一、注意的基本品质

注意的品质也称注意的特征，它是我们判断一个人注意力好坏的标准，主要包括：注意的广度、注意的稳定性、注意的分配、注意的转移四个方面。

(一)注意的广度

注意的广度又称注意的范围，是指同一时间(瞬间)内能够清楚把握的注意对象的数量。它反映的是注意品质的空间特征。

关于注意广度的研究很早就受到心理学家的关注。心理学家耶文斯曾做过这样一个实验：他在黑布上放置了一个白盘子，然后在上面撒黑豆，让被试迅速判断盘内黑豆的数量。实验表明，当黑豆在 3 粒以内时，正确判断率为 100%；当盘子内有 5 粒黑豆时，开始发生估计上的错误；在不超过 8～9 粒时，估计还比较正确，错误次数在 50%以下；但超过 8～9 粒时，错误明显上升，大于 50%。

1830 年哈密顿(W. Hanilton)也做过相似实验：他在地上撒一把石弹子，发现人不容易立刻把握 6 个以上的石弹子。他把石弹子三五个一堆放置，人能清楚把握的堆数和单个的数目一样多。后来心理学家用专门的实验仪器速示器对视觉的注意广度进行了测定，让被试注视速示器，主试在 1/10 秒时间内呈现印有一些数字、图形或字母的卡片。结果表明：成人一般能注意到 8～9 个黑色圆点、4～6 个没有联系的外文字母或 3～4 个几何图形。我国心理学工作者所做的辨认汉字的实验表明，对没有内在联系的单个字只能看清 3～4 个，对有联系的词可看到 5～6 个汉字。当刺激物的数量增多，呈现速度加快时，判断的错误就增加，一般倾向于低估。

影响注意广度的因素主要有以下三个方面：

(1)注意对象的特点。注意的广度因注意对象的特点变化而有所不同。一般来说，注意对象的组合越集中，排列越有规律，相互之间越能成为有机联系的整体，注意的范围就越大。形状、大小、数量相同，规则排列的对象要比大小不一、排列无序的对象更容易清晰把握。

(2)活动的性质和任务。用速示器呈现一些英文字母，其中有些存在书写错误，要求一组学生在短时间内判断哪些字母书写有误，并报告字母的数量；要求另一组学生报告所有字母的数量。结果，前者知觉到的字母数量要比后者少得多。可见，活动任务越复杂，越需要关注细节的注意过程，注意的广度就会越小。

(3)个体的知识经验。一般来说，个体的知识经验越丰富，整体知觉能力越强，注意的范围就越大。专业素养深厚的人在阅读专业资料时可以做到“一目十行”，非专业人士即使逐字逐句阅读也不见得能正确理解。我们知道，围棋高手扫视一下棋盘，就能把握双方的形势和局面变化，这就借助了良好的注意广度；一个初学者由于经验欠缺，就只能一部分一部分来关注棋势。

(二)注意的稳定性

注意的稳定性也称为注意的持久性，是指注意在同一对象或活动上所保持时间的长短。这是注意的时间特征。但衡量注意的稳定性，不能只看时间的长短，还要看这段时间内的活动效率。

注意的稳定性有狭义和广义之分。狭义的稳定性是指注意保持在同一对象上的时间。尽管注意稳定性的标志是在某一段时间内注意的高度集中，但人的注意不可能长时间保持稳定状态。如我们将一只表放在离耳朵一定距离(刚刚能隐约地听到嘀嗒声)，这时会发现嘀嗒声有时听到，有时听不到，或者有时强有时弱。注意的这种周期性的加强和减弱的变化，称为注意的起伏，又称注意的动摇。注意的起伏在视觉中较为明显。如当你注视注意起伏图(如图 2-1)时，会发现位于中间的小正方形时而凸起(位于大正方形之前)，时而凹进去(位于大正方形之后)，不管我们如何集中注意，大小正方形总这样跳跃式地变更着。

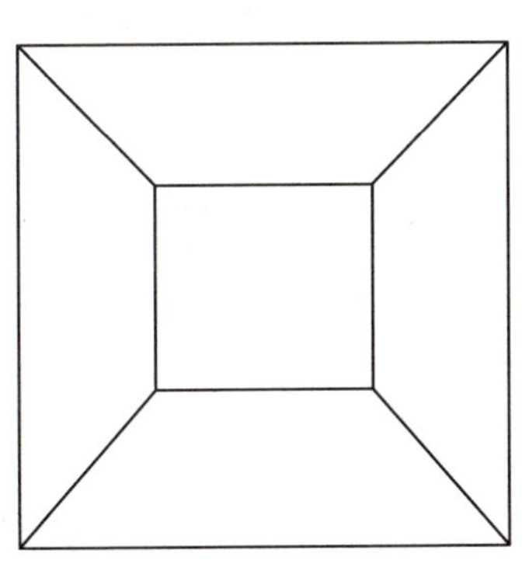

图 2-1

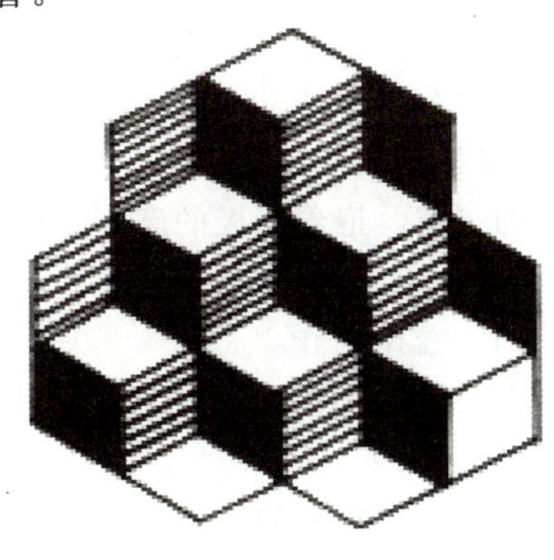

图 2-2

注意的起伏是一种正常的现象。在任何一个比较复杂的认识活动中，注意的起伏总是要发生的。只要我们的注意不离开当前活动和对象，这种起伏就没有消极的作用。但是，在某些要求对信号作出迅速反应的日常活动和实验作业中，注意的起伏有必要引起注意。例如在百米竞赛的预备信号之后，相隔太长时间才发出起跑信号，那么由于运动员发生注意的起伏，就可能使其成绩受到明显的影响。如果预备信号与起跑信号间只相隔2～3秒，注意起伏的不良后果就可以消除。

广义的注意稳定性是指注意保持在同一活动上的时间。广义的注意稳定性不是指一个人的注意要始终指向同一对象，而是指注意的对象或活动会有变化，但注意活动的总方向不变。例如，学生在课堂上时而听讲，时而阅读，时而演算或思考等，这些活动都服从课业这一总任务，他们的注意还是稳定的。

与注意的稳定性相反的状态是注意的分散，又称分心。注意的分散就是注意离开了当前应当指向和集中的对象，而把注意指向其他对象。注意的分散是由无关刺激的干扰或由单调刺激的长期作用所引起的。比如，在上课时，迟到的同学一声“报告”，大家会不由自主地转头观看，就造成分心现象。

影响注意的稳定性的因素主要有以下三个方面：

(1)对象的特点。注意的对象内容丰富、特征复杂、富有变化、不断活动，注意就容易保持稳定。如果是单调的、简单的、静止的，注意就难以稳定。注意的对象的刺激强度和持续时间对注意的稳定性也有显著的影响。

(2)主体的身心状态。当身体健康、精力充沛、心情愉快时，人的注意容易保持稳定。相反，当人在失眠、生病、疲劳或情绪低落时，注意的稳定性就不容易保持。

(3)对活动的态度。如果人对所从事的活动的意义理解深刻，对活动有浓厚的兴趣，抱着积极的态度，进行积极的思维活动，就容易保持注意稳定。

(三)注意的分配

注意的分配是指在同一时间内把注意指向两种或几种不同的对象和活动。

注意的分配对人的实践活动是必要的，在现实中也是可能的。例如，教师一边讲课，一边观察学生听课的情况；学生上课时一边听一边记，还一边思考；汽车司机在双手操纵方向盘的同时，两眼还要注意道路上的行人、车辆和灯光信号等。唐代画家张璪“双管齐下”，一手画青翠葱郁的活松，一手同时画萎谢凋零的枯松。法国心理学家玻朗可以一边朗诵一首诗，一边写另一首诗。

以上可见，注意的分配是可能的，但注意的分配是有条件的。注意的分配的条件有以下两个方面：

(1)活动的熟练程度。在同时进行的几种活动中，其中只能有一种是生疏的，或几种都是熟练的。人们对熟练的活动不需要更多的注意，因此，才可以把注意的中心集中在比较生疏的活动上。如果生疏活动太多，就无从实现注意的分配。也就是说，对同时到达的两种信号的加工不超出大脑的加工容量，人就能对两者都作出反应，注意的分配就成为可能。例如，一个书写不熟练的人，听课、做笔记，总是顾此失彼，不可能做到一边听、一边记。

(2)活动之间的联系。同时进行的几种活动，如果它们之间毫无联系，则同时进行这些活动就很困难；但如果在它们之间已经形成了某种反应系统，同时进行这些活动就比较容易。例如，有的人能自拉自唱、边歌边舞，他已将拉和唱、歌和舞形成系统，就能实现注意的分配。

现实生活中许多复杂的工作都要求人们注意能够很好地分配，如教师、驾驶员、乐队指挥、运动员等工作都需要良好注意的分配能力。注意分配的能力是在实践过程中锻炼出来的。我们应该努力培养和锻炼自己注意分配的能力。

(四)注意的转移

注意的转移是指个体根据新的任务，主动把注意从一个对象转移到另一个对象上的品质。注意的转移是注意的动力特征。例如，第一节是数学课，第二节是语文课，学生根据新任务，将注意从一门课转移到另一门课，这就是注意的转移。注意的转移不同于注意的分散。虽然它们都是注意对象的变换，但注意的转移是根据任务的需要主动地、有目的地把注意从一个对象转向另一个对象。注意的分散是在需要注意稳定时，由于无关刺激干扰或单调刺激作用，使注意离开需要注意的对象。

在进行不同任务时，需要注意及时转移，才能更好地完成新的任务。影响注意转移的快慢和难易的因素有以下几个方面：

(1)原来注意的紧张度。原来注意的紧张度越大，注意的转移就越困难、越缓慢；如果对原来的事物注意紧张度低，注意转移就比较迅速。

(2)新活动的特点。越新的事物或活动越符合于人的需要和兴趣，注意的转移就越迅速；新的事物或活动不符合人的需要和兴趣，注意的转移就困难。

(3)主体的神经类型。前两方面都是外在客观条件引起注意转移，从个体本身来讲，主体的神经类型也是一个影响因素。一般来讲，神经活动灵活的人比神经活动不灵活的人注意转移得快。因而注意的转移存在个体差异。

注意转移的品质对于人类适应环境有重要意义。人既能对原来重要的事物加以注意，也能根据环境的变化将注意及时地转移到新的事物上去。注意的转移对学习、工作都很重要。学生上课时要把注意迅速地转移到该堂课的内容上来，如果还在注意上一节课的内容或课间休息的活动上，就很难学好该堂课所要学的内容。驾驶员、飞行员也需要很好的注意转移。一个飞行员在起飞与降落的5～6分钟时间内，注意的转移多达200次，如不能迅速转移，后果是不堪设想的。

人的注意的品质与先天因素有关，但主要是在后天的生活实践、教育和训练中发展起来的。注意的品质和人们的学习、工作和生活都有密切的关系，因而良好注意品质的培养是重要的。

阅读专栏 2-2

小学生注意的发展

一般认为，小学儿童的无意注意还占有很重要的地位，有意注意正在发展，但还没有完善。有人用不连续图形为刺激材料，研究了小学生无意注意和有意注意的发展。其图形分别为被5条白横道分成6部分的“K”字母图和6条不连续黑线条组成的“狗”的轮廓图。被试为小学二年级和小学五年级的儿童。对无意注意组的儿童，在材料呈现前要求其辨认图形的内容，材料呈现后却要求其报告看到的线条数；对有意注意组的儿童，则明确要求其观察图形中的线条数。研究发现：

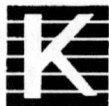

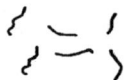

小学二年级无意注意和有意注意的正确判断率大致相当，而小学五年级有意注意的估计正确率比无意注意的高出很多，且差异显著。这就表明

小学二年级的有意注意发展水平还比较低，与无意注意相接近；而小学五年级的有意注意已经有了长足的发展，并已在认识活动中占据主导地位。

在无意注意条件下，对狗轮廓图中线条数的估计正确率，小学五年级明显高于小学二年级；而对 K 字母上白横道的估计正确率，小学二年级和小学五年级很接近。这可能与知觉这两种材料的加工性质不同有关。因为要想看出狗的轮廓，必须要把黑线条组织起来，这样黑线条就成了“组织材料”；而要想认清字母 K，则必须排除白横道的影响，这样白横道就成了“排除材料”。这说明对“排除材料”的无意注意，小学二年级已有较好发展；而对“组织材料”的无意注意，小学二年级的发展水平较低，到五年级时有明显提高。

各年级男、女学生的正确判断率无显著差异，表明男、女学生的注意发展水平是一致的。

【资料来源】阴国恩等．关于中小学生无意注意发展的研究．心理科学通讯，1990，(5).

二、良好注意品质的培养

良好的注意品质是学习、工作活动的重要条件。一个学生如果有较大的注意广度、持久的注意稳定性、较强的注意分配和注意转移的能力，就可以保证心理活动顺利有效地进行。

要扩大注意的广度，需要学生积累本学科相当的知识经验和一定的素养。例如，在外语学习中要提高自己的阅读水平，需要扩大词汇量，熟练掌握语法规则，进行大量阅读训练。此外，了解当前活动的性质和要求，适当安排教学任务，也可以扩大注意范围。

要增强注意的稳定性，就要防止注意的分散。一方面要保证整洁、安静的教学环境，防止外部无关刺激的干扰，另一方面就要注重自己良好学习习惯的形成和意志力的锻炼，克服内部干扰。此外，加强学习目的性教育，端正学习态度，组织内容丰富、形式多样的教学活动，也是提高注意稳定性的重要手段。

要加强注意分配的训练。例如，为提高课堂效率，可以边听课边记笔记，有时需要一边动手操作，一边观察教师的演示。根据注意分配的条件，需要加增强自己的听讲、书写、表达等基本学习能力的训练，当它们达到高度熟练的程度时，就可以在课堂上做到“一心二用”。另外，对于一些特殊技能的分配，需要特别的训练，增强技能间的协调性。

要提高注意的转移能力。注意的转移同人的先天神经活动类型有关，但也可以通过对外在因素的控制和后天训练加以改善和提高。提高注意转移能力，根本上是提高自我行为的监控能力，使我们能够积极主动地服从教学安排，及时转换注意的对象。

知识点检测

一、单选题

1.（　　）是心理活动顺利进行的重要条件，它对心理活动具有选择功能、维持功能、调节功能。

A. 注意　　B. 记忆　　C. 表象　　D. 想象

2. 当个体专注某一对象时，视听感觉器官会产生周期性地加强和减弱的变化，这种现象心理学称为（　　）。

A. 注意的分配　　B. 注意的起伏

C. 注意的稳定　　D. 注意的转移

3. 有明确的目的、不需要意志努力的注意是（　　）。

A. 随意注意　　B. 不随意注意　　C. 随意后注意　　D. 持续性注意

4. 梦多发生在（　　）。

A. 过渡期　　B. 轻睡期

C. 沉睡期　　D. 快速眼动睡眠期

5. 下面对催眠的理解不正确的是（　　）。

A. 催眠是另一种意识状态

B. 在心理医生的帮助下，个体都可以进入催眠状态

C. 催眠状态与睡眠状态是不同的

D. 催眠已广泛应用于心理治疗等行业

6. 只有人类才具有的更积极主动的注意形式是（　　）。

A. 随意注意　　B. 不随意注意　　C. 随意后注意　　D. 朝向反射

7. “一手画方，一手画圆，始不能成”，这说明了（　　）。

A. 人的能力是有限的　　B. 注意分配的规律

C. 人不能同时干两件事情　　D. 动机定律

8. 夜晚的霓虹灯广告主要在于吸引人们的（　　）。

A. 随意注意　　B. 不随意注意　　C. 随意前注意　　D. 随意后注意

9. 注意的转移与人的神经活动的（　　）特性有关。

A. 强度　　B. 兴奋性　　C. 灵活性　　D. 平衡性

二、辨析题

1. 无意注意是不受意识控制的。

2. 无意注意就是没有意义的注意。

3. 由于无意注意缺乏目的性，因此学习中不能依靠无意注意，只能依靠有意注意。

4. 注意的转移就是指注意的分散，是注意的分心现象。

三、简答题

1. 什么是意识？其基本特点是什么？

2. 自我意识的表现形式有哪些？

3. 什么是注意？它的基本特点是什么？

4. 注意的功能有哪些？

5. 简述注意的分类以及注意规律在教学中的运用。

6. 结合实际谈谈良好注意品质的培养。

7. 结合实际谈谈青少年自我意识的发展特点和培养途径。

实践应用

自我催眠简单的三步骤方法

第一步骤：睡前法

1. 从今天开始连续一星期，每天晚上当你躺上床，准备睡觉前，给自己以下的建议 10 次。

“每一天在各方面，我都愈来愈好。”

当你在讲或默念以上建议时，想象你自己变得愈来愈好的样子。

2. 为了避免睡着了或忘记说几次了，每说一次，你就合起一个手指，直到你数完 10 次为止。

3. 这是你开始学习如何让自我建议有效地改变自己。最重要的就是每天一定要做完 10 次的建议，才可以睡觉。

4. 你每天睡前开始建立一种由正面自我建议改变自己的习惯模式，第二天将会发现这些正面的建议，会让你有正面的反应，你会一天比一天更好。

第二步骤：诱导

1. 继续你上个星期所学的睡前法。

2. 自我催眠每天二次(一次上午或下午，一次晚上 6:00～8:00)，持续 2～3 分钟，然后唤醒自己。

如下述：

坐在舒适有靠背的椅子上；

集中注意力在前方比眼睛位置略高的一点上；

做三次深呼吸，缓慢地，当你第三次吸入时，闭气3秒钟，同时数3…2…1；

闭上眼睛，吐气，放松，让你自己进入很深的放松状态。

3. 你持续在催眠状态中2～3分钟，同时慢慢地从25数到1。

(当你在数的时候，想象或在你脑中看见数字在黑板上或计算机屏幕上。)

4. 要唤醒自己时，只要从1数到3，你便会完全清醒，精神振奋、头脑清晰，而精力充沛地继续你的工作。

5. 做这功课一天两次，连续7天之后，你便可以开始给自己有益的建议。

第三步骤：程序化建议

1. 当你完成了一星期的第一步和第二步自我催眠后，开始第三步骤的自我催眠。你不用再做第二步的自我催眠。

2. 在这步骤中，必须准备一张小卡面或空白的名片。这张卡面必需能够让你很方便的随时随地带在身上。你要将你给自己的建议写在这张卡片上。你的建议必须正面的、简单的、可信的、可测量的，而必须带有奖励的，还必须用现在式的语气述说你的建议。

3. 同样的，舒服地坐下，选择你前方比眼睛高度略高的任一点。拿着卡片摆在你选择的那点前，念三次你的自己建议。放下卡片，深呼吸。第二次吸气，呼气。第三次吸、闭气，闭上眼睛，从3数到1。吐气，完全放松，进入催眠状态。

4. 让你的建议在潜意识中一直重复，同时想象你实现你的建议。

你将会发现当你在重复你的建议时，常常整句会变得支离破碎，那表示你进入深的催眠状态，是很好的现象。建议还是会有效的进入你的潜意识。

过了2～3分钟，你会觉得应该停止了(这时间是在步骤2时养成的习惯)。这时数1、2、3，张开眼睛觉得放松，而精力充沛。

持续的做自我催眠，不要急着期待功效，大约两星期后，你便能从你的建议得到益处。

参考答案

一、单选题

1. A 2. B 3. C 4. D 5. C 6. A 7. B 8. B 9. C

二、辨析题

1. 对。

2. 错。虽然无意注意是一种消极被动的注意，但它能使人及时获得外界的信息，保持人对外部环境的警觉。它对人的生存意义重大，并不是没有意义的。

3. 错。学习中是不能仅靠无意注意，因为无意注意缺乏计划性和目的性，而且不能持久和稳定。但也不能全凭有意注意，因为有意注意必须付出很大的意志努力，消耗巨大能量，容易使人疲劳，从而分散注意。因此，教学中要善于转换两种注意，使两种注意有节奏地轮换，才能将注意持久地保持在学习上。

4. 错。注意的转移跟注意的分散不同，前者是在新的需求下，主动地把注意从一个对象转向另一个对象，使一种活动合理地被另一种活动所代替，这是注意的优良品质；而后者则是无意识地、被动地离开了当前应该注意的对象，这是注意的不良品质。

三、简答题(要点)

1. 意识是人类所独有的高层次心理活动，是指个人运用感觉、知觉、思维、记忆等心理活动，对自己内在的身心状态和环境中外在的人、事、物变化的觉知。

特点：(1)自觉性和主动性；(2)抽象性和概括性。

2. (1)自我认识；(2)自我体验；(3)自我调节；(4)自我实现。

3. 注意是心理活动对一定对象的指向和集中。

注意有两个特点：指向性与集中性。

4. (1)选择功能；(2)保持功能；(3)调节和监督功能。

5. 注意的种类：(1)无意注意；(2)有意注意；(3)有意后注意。

利用注意规律组织教学：

(1)充分利用无意注意的规律组织教学。

优化教学环境，防止干扰因素；教学内容要丰富、新颖，富有吸引力；教学方法要生动活泼、灵活多样。

(2)充分利用有意注意的规律组织教学。

明确学习的目的与任务；正确组织教学活动；培养间接兴趣；加强学生意志力的培养和训练。

(3)充分利用有意后注意的规律组织教学，努力提高学生学习兴趣。

(4)充分利用有意注意、无意注意、有意后注意相互转换的规律组织教学。

6. 注意的品质也称注意的特征，它是我们判断一个人注意力好坏的标准，主要包括：注意的广度、注意的稳定性、注意的分配、注意的转移四个方面。

良好的注意品质是学习、工作活动的重要条件。一个学生如果有较大的注意广度、持久的注意稳定性、较强的注意分配和注意转移的能力，就可以保证心理活动顺利有效地进行。

(1)要扩大注意的广度，需要学生积累本学科相当的知识经验和一定的素养。

(2)要增强注意的稳定性，就要防止注意的分散。

(3)要加强注意分配的训练。

(4)要提高注意的转移能力。

7. (1)青少年自我意识发展的特点：

①自我意识发展较快，并且开始分化，自我矛盾开始出现。

②青少年自我认识的发展特点：自我认识的广度和深度大大提高；自我认识的自觉性和主动性明显增强；自我评价能力在不断提高；自我概念更具有丰富性、完整性、概括性和稳定性。

③青少年自我控制方面的主要特点：自我控制能力逐渐提高；自我设计的愿望强烈；强烈的独立意识和自信心。

④青少年自我体验方面的主要特点：丰富性；敏感性和波动性；深刻性。

(2)青少年自我意识的培养：

青少年自我意识的培养，是引导青少年按社会要求自觉地对自己进行自我意识的教育，是自我意识的最高表现，是青少年完善自己个性，实现自我价值的重要途径。通过全面认识自我和积极认可自我，达到努力完善自我实现自我价值。自我意识的发展是一个漫长的过程，青少年阶段是自我意识发展的重要阶段，因此正确认识自我意识发展的特点，引导青少年全面认识自我，积极悦纳自我，努力完善自我具有重要意义。

第三章　感觉和知觉

引言：

此时此刻，我们身处于一个由光线、热量、压力、震动、各种粒子、射线和机械力共同制造的变幻多端的万花筒之中。如果没有感觉系统的外部刺激转译为大脑能处理的信息，那我们只能感受到无尽的宁静与黑暗。因此，当你沉醉于夕阳的绚烂、花朵的缤纷以及朋友的相伴之际，千万别忘记：是你的感觉让一切得以实现。感觉信息以多种形式被认知(以及错误的认知)。这是我们感受世界的第二步。在本章中，我们首先了解感觉，进而了解知觉。

学习目标：

1. 识记感觉、知觉、社会知觉、观察力的概念，认识各种感知类型。
2. 分析感觉和知觉的区别与联系。
3. 理解感受性、感觉阈限、感觉相互作用。
4. 掌握知觉的特性及其影响因素。
5. 尝试在学习中辨析感知规律。
6. 能阐述社会认知的过程。
7. 理解首因效应、近因效应、晕轮效应、刻板印象和投射效应。
8. 掌握常见的社会认知偏差。

第一节 感觉和知觉概述

心理现象是人脑对客观现实的反映，客观现实是十分丰富多彩的，人的心理现象也是复杂多样的。感觉和知觉是比较简单但很重要的心理现象。

一、感觉的概念

感觉是人脑对直接作用于感觉器官的事物的个别属性的反映。

在日常生活中，光线、热量或者声音等物理能量刺激着我们的感觉系统，诸如此类的外界刺激物作用于我们的各种感觉器官，经过神经系统的信息加工在我们的头脑中就产生了各种各样的感觉。瞬息之后，你注意到一束红色玫瑰散发着香味，或者一缕阳光温暖着你的脸庞，又或者一段悦耳音律从收音机里传来。同时，感觉也能够反映机体内部的刺激。我们觉察到身体的姿势和运动，感受到内部器官的工作状况——舒适、疼痛、饥渴等。无论是对外部刺激的反映或是对内部刺激的反映，感觉的共同特点是：第一，感觉所反映的是当前直接影响感觉器官的事物，而不是间接起作用或者过去直接起作用的事物；第二，感觉所反映的是事物某一个具体的特性，即事物的个别属性，而不是事物的全貌或整体。

以上提到的基本感觉，诸如红色和音乐的悦耳，完全是由感觉器官和大脑创造的。这是因为感觉器官与大脑进行的所有通讯都是以神经信号的形式通过大量神经元完成的，而神经元是不能传递光、声波或其他外部刺激的。实际上，玫瑰反射出来的光线最远到达眼球后部，并在这里转变为神经信息，而光线并不能直接到达大脑。在所有感觉器官中，是感受器将外界刺激的信息转变为电化学信号——神经活动，这才是大脑唯一能够读懂的语言。也正是因为此，人对刺激物个别属性的反映，对刺激给予感觉器官的直接感受，往往与自身的过去经验联系在一起。例如，当我们看到某种颜色时，我们知道“这是白纸的白颜色”，“这是红旗的红颜色”；当我们用手接触某个物体时，会说“这是又硬又冷的东西”，“这是一块玻璃”。

感觉虽是一种简单的心理现象，但它在人的心理活动中却起着重要的作用。只有通过感觉，我们才能分辨事物的各种属性，感知它的声音、颜色、重量、温度、气味、滋味等。只有通过感觉，我们才能了解自身的运动、姿势以及内部器官的工作情况。一切较高级、较复杂的心理现象，如知觉、思维、情绪、意志等，都是在感觉的基础上产生的。感觉是我们认识客观世界的第一步，是我们关于世界一切知识的最初源泉。《列宁全集》中说“不通过感觉，我们就不能知道事物的任何形式，也不能知道运动的任何形式”。

与其他的心理现象一样，感觉既是客观的，也是主观的。从感觉的来源和内容分析，它反映着不依人的意识为转移的独立存在的客观事物。从感觉的形成和表现分析，它是在人头脑中产生并存在的，是人的主观映象。可见，感觉既不是主观世界固有的或自发产生的，也不是客观世界移植或注入脑中的。感觉是人的意识与外部世界直接联系，通过社会实践而产生与发展起来的。

二、知觉的概念

知觉是直接作用于感觉器官的事物的整体在头脑中的反映，是人对感觉信息的组织和解释的过程。

我们行走在路上，不仅看到各种颜色，听到过各种声音，闻到各种气味，而且认识到这是繁华的商业中心，那是穿梭如流的汽车，还有来来往往的行人，即在我们头脑中产生了商业中心、汽车、人群的整体形象，这就是知觉。知觉和感觉一样，都是刺激物直接作用于感觉器官而产生的，都是我们对现实的感性反映形式。离开了刺激物对感觉器官的直接作用，既不能产生感觉，也不能产生知觉。

知觉是各种感觉的结合，它来自于感觉，但已不同于感觉。感觉只反映事物的个别属性，知觉却认识了事物的整体；感觉是单一感觉器官活动的结果，知觉却是各种感觉协同活动的结果；感觉不依赖于个人的知识和经验，知觉却受个人知识经验的影响。同一物体，不同的人对它的感觉是相同的，但对它的知觉就会有差别，知识经验越丰富对物体的知觉越完善、越全面。与感觉相比较，知觉具有不同于感觉的特征：第一，知觉反映的是事物的意义，知觉的目的是解释作用于我们感官的事物是什么，是一种对事物进行解释的过程。第二，知觉是对感觉属性的概括，是对不同感觉通道的信息进行综合加工的结果，所以知觉是一种概括的过程。第三，知觉包含有思维的因素。知觉要根据感觉信息和个体主观状态所提供的补充经验来共同决定反映的结果，因而知觉是人主动地对感觉信息进行加工、推论和理解的过程。可以说感觉是知觉的基础，知觉是感觉的深入。

知觉虽然已经达到了对事物整体的认识，比反映事物个别属性的感觉更高级了，但知觉来源于感觉，而且二者反映的都是事物的外部现象，都属于对事物的感性认识，所以感觉和知觉又有不可分割的联系。在现实生活中当人们形成对某一事物的知觉的时候，各种感觉就已经结合到了一起，甚至只要有一种感觉信息出现，都能引起对物体整体形象反映。例如，看到一个物体的视觉包含了对这一物体的距离、方位，乃至对这一物体其他外部特征的认识。所以，我们感觉到的事物的个别成分、个别属性越丰富，获得的有关信息越多样，知觉也就越正确、越完整。

然而，感觉和知觉都只是反映事物的外部特征和外部联系。它们都是人类认识世界的初级形式，都属于认识的感性阶段。

三、感知觉的种类

(一)感觉的种类

可以根据各种不同的标准，对感觉进行分类。对感觉进行分类研究，目的是探讨各类感觉的一般规律。

根据刺激的来源不同，我们可以把感觉分为外部感觉和内部感觉。外部感觉是有机体以外的客观刺激引起，反映外界事物的个别属性。外部感觉包括视觉、听觉、嗅觉、味觉和皮肤觉。内部感觉是有机体内部的客观刺激引起，反映机体自身的状态。内部感觉包括运动觉、平衡觉和内脏感觉等。

1. 外部感觉

(1)视觉

以眼睛为感觉器官，辨别外界物体明暗、颜色等特性的感觉叫作视觉。视觉是人的主导感觉。我们从外部世界接收的信息，约 85%是从视觉器官输入的。同时，视觉器官在参与知觉物体的大小、方位、形状和距离等方面都起着巨大的作用。

产生视觉的适宜刺激是可见光。光是具有一定频率和波长的电波。产生视觉的适宜刺激是波长为 380～780 纳米的电磁波，即可见光，这只是宇宙中各种电磁辐射的一个狭窄区域。

接受光波刺激的感受器是眼睛视网膜上的感光细胞。视网膜上的感光细胞有两种：视锥细胞和视杆细胞。视锥细胞大多集中于视网膜的中央窝及其附近，大约有六百万个，能分辨颜色和物体的细节。视杆细胞主要分布在视网膜的边缘，大约有 1.2 亿个，主要感受物体的明暗，但不能分辨颜色和物体的细节。当适宜的光刺激透过眼睛到达视网膜，引起视网膜中的感光细胞产生神经冲动，神经冲动沿视神经传导到大脑皮质的视觉中枢时，视觉就产生了。

光波的基本特性表现在三个方面：即强度、波长、纯度，与物理属性相对应，人对光波的感知也有三种特性：明度、色调与饱和度(如图3-1)。

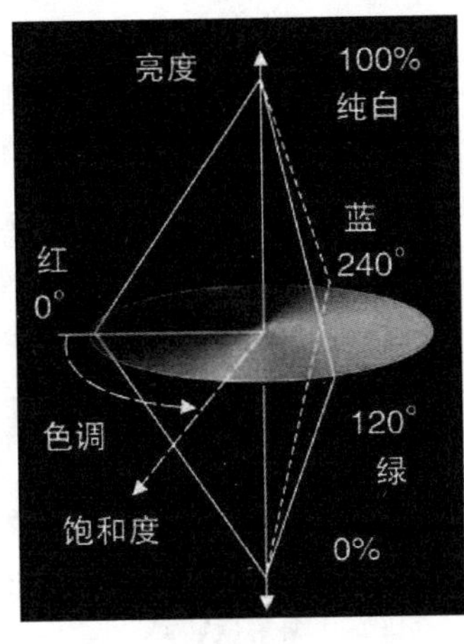

图 3-1

与光的强度对应的视觉现象是明度。明度指由光线强弱决定的视觉经验，是对光源和物体表面的明暗程度的感觉。如果我们看到的光线来源于光源，那么明度决定于光源的强度。如果我们看到的是来源于物体表面反射的光线，那么明度决定于照明的光源的强度和物体表面的反射系数。

与光的波长对应的视觉现象是色调。色调指物体的不同色彩。不同波长的光作用于人眼引起不同的色调感觉，如700 纳米的光波引起的色调感觉是红色，620 纳米的光波引起的色调感觉是橙色，70 纳米的光波引起的色调感觉是蓝色。

饱和度反映的是光的成分的纯度。例如，浅绿色、墨绿色等是饱和度较小的颜色，而鲜绿色是饱和度较大的颜色。

与光的时间特性对应的视觉现象是后像和闪光融合。视觉刺激对感受器的作用停止后，感觉现象并不消失，还能保留短暂的时间，这种现象叫后像。例如，注视亮着的电灯几秒钟后，闭上眼睛，眼前会出现一个亮着的灯的形象位于暗的背景上，这是正后像，后像的品质与刺激物相同；随后可能看到一个黑色的形象位于亮的背景上，这是负后像。而彩色视觉常常有负后像。例如，注视一个红色正方形一分钟后，再看白墙，在白墙上将看到一个绿色的正方形。当断续的闪光达到一定的频率，人们不会觉得是闪光，会得到融合的感觉，这种现象叫闪光融合。例如，日光灯的光线其实是闪动的，每秒钟闪动 100 次，但我们看到的却不是闪动的，而是融合的光。我们看的电视、电影就是因为视觉后像和闪光融合才能看到连续的、稳定的画面。

(2)听觉

听觉是仅次于视觉的重要感觉，我们接收的外界信息，约有 10%是由听觉通道输入的。听觉的适宜刺激是声音。声波振动鼓膜产生的感觉就是听觉。引起听觉的适宜刺激是频率(发声物体每秒钟振动的次数)为16～20000赫兹的声波。低于16赫兹的振动是次声波，高于20000赫兹的振动是超声波，都是人耳不能接受的。以空气为载体的声波，由耳廓收集，经外耳道抵达鼓膜，使鼓膜振动，听骨链和鼓室内的空气也发生振动。听骨链的振动经前庭窗使前庭阶的外淋巴形成液波。液波振动膜蜗管的基底膜，使位于基底膜上的螺旋器(柯蒂氏器)及其毛细胞感受刺激。当声音刺激经过耳朵传达到内耳的柯蒂氏器官内的毛细胞时，引起毛细胞兴奋，毛细胞的兴奋沿听神经传达到脑的听觉中枢，这就产生了听觉(如图3-2)。

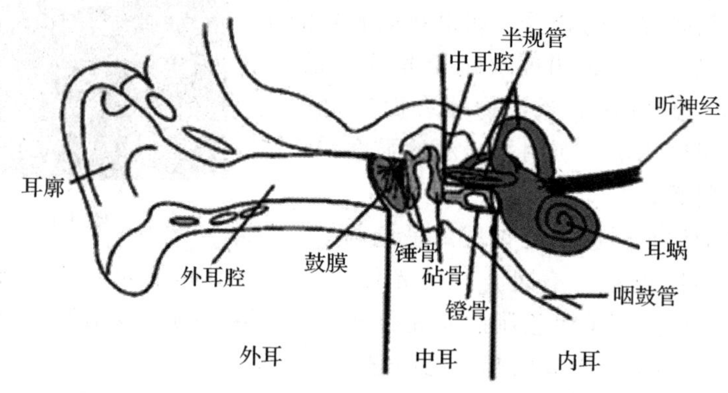

图 3-2

听觉器官对声波的反映表现为音高、响度和音色。音高指听起来声音的高低，主要决定于声音的频率。高频产生较高的音高；低频产生较低的音高。人们所敏感的纯音范围是从20赫兹的低频到20000赫兹的高频。频率(物理现实)和音高(心理效果)之间并不是线性关系。在频率很低的时候，频率只要增加一点点，就能引起音高的显著增高。在频率较高时，你需要将频率提高很多才能够感觉到音高的差异。例如，钢琴上两个最低的音符仅有1.6赫兹的差异，而最高的两个音符之间的差别竟然高达235赫兹。

响度指声音的强弱程度，主要由声波的振幅决定。振幅越大，声音的响度也就越大；振幅越小，响度越小。测量响度的单位是分贝。生活中，耳语声的响度是20分贝，普通谈话的响度是60分贝，繁忙的街道的响度是80分贝，响雷的响度是120分贝。长时间处于85分贝以上环境中的人会产生听力损失。

音色指声音的特色，由声波的波形决定。例如，即使胡琴和小提琴发出的音高、响度相同的声音，听起来还是会感觉不同，这就是音色不同产生的差别。由于声音具有各种不同的特色，我们才可能辨别不同的发声体。

我们的听觉器官还有感觉音响持续的时间长短和分辨声音节奏旋律变化的能力。此外，在日常生活中，我们还感受着各种和谐而有规律的声音（乐音），杂乱而不规律的声音（噪声）以及语音的不同作用，从而形成了我们对声波的某些特殊的反映能力。

（3）嗅觉

某些物质的气体分子作用于鼻腔黏膜时产生的感觉叫作嗅觉。

引起嗅觉的适宜刺激是有气味的挥发性物质，接受嗅觉刺激的感受器是鼻腔黏膜的嗅细胞。有气味的气体物质作用于嗅细胞，细胞产生兴奋，经嗅束传至嗅觉的皮层部位（位于颞叶区），因而产生嗅觉。

许多动物要借助嗅觉来寻找食物、躲避危险、寻求异性。人的嗅觉已退居较次要的地位。例如，德国牧羊犬的嗅觉比人类的嗅觉敏锐一百万倍。但即使这样，人的嗅觉仍为我们的生存提供重要的信息。例如，有毒的、腐烂的物质常伴有难闻的气味，这对于想食用它们的人来说是一种警告。人的嗅觉受多种因素的影响，如刺激物的作用时间、机体生理状态、空气的温度和湿度等。温度太高、太低，空气湿度太小，机体感冒等，都会降低嗅觉的敏感性。

研究表明，嗅觉刺激可以唤起人们的记忆和情绪。做词汇练习时闻着巧克力香味的学生，第二天回忆词汇时，再次提供巧克力香味比不提供者回忆的词汇要多。芳香的气味可以使人心情好，增强自信，提高工作效率。

（4）味觉

可溶性物质作用于味蕾产生的感觉叫作味觉。如果用干净的手帕将舌头擦干，然后将冰糖或盐块在舌头上摩擦，这时你感觉不到任何味道，甚至可以把奎宁撒在干舌头上，只要唾液不溶解它，就不会感觉到苦味。接受味觉刺激的感受器是位于舌表面、咽后部和腭上的味蕾。

味蕾的再生能力很强，所以即使因吃热的食物烫伤了舌头，也不会对味觉有太大影响。但是，随着年龄的增长，味蕾的数量会逐渐减少，因此人的味觉敏感性会逐渐降低。吸烟、喝酒会加速味蕾的减少，加速味觉敏感性的降低。

基本的味觉有酸、甜、苦、咸四种，其他味觉都是由这四种味觉混合而来。舌头不同的部位对不同类型的味觉敏感性存在差异，舌尖对甜味最敏感，舌中对咸味最敏感，舌的两侧对酸味最敏感，舌后对苦味最敏感。

食物的温度对味觉敏感性有影响。一般来说，食物的温度在 20℃～30℃时，味觉敏感性最高。机体状态也会影响味觉敏感性。饥饿的人对甜、咸较敏感，对酸、苦不太敏感。

(5)皮肤觉

刺激作用于皮肤引起的各种各样的感觉叫作肤觉。

引起肤觉的适宜刺激是物体机械的、温度的作用或伤害性刺激，接受肤觉刺激的感受器位于皮肤、口腔黏膜、鼻黏膜和眼角膜上(如皮肤内的游离神经末梢、触觉小体、触盘、环层小体、棱形末梢等)，呈点状分布。

肤觉的基本形态包括触压觉、温度觉、痛觉。其他各种肤觉是由这几种基本形态构成的复合体。

由非均匀的压力在皮肤上引起的感觉叫作触压觉。触压觉包括触觉和压觉。当机械刺激作用于皮肤表面而未引起皮肤变形时产生的感觉是触觉；当机械刺激使皮肤表面变形但未达到疼痛时产生的感觉是压觉。相同的机械刺激在皮肤的不同部位引起的触压觉的敏感性是不同的，额头、眼皮、舌尖、指尖较敏感，手臂、腿次之，胸腹部、躯干的敏感性较低。

温度觉指皮肤对冷、温刺激的感觉。温度觉包括冷觉和温觉两种。冷觉和温觉的划分以生理零度为界限。生理零度指皮肤的温度，随温度的变化而变化。温度刺激高于生理零度，引起温觉；温度刺激低于生理零度，引起冷觉；温度刺激与生理零度相同，则不能引起冷觉和温觉。人体不同部位的生理零度不同，面部为 33℃，舌下为 37℃，前额为 35℃。当温度刺激超过 45℃时，会使人产生热甚至烫的感觉。这种感觉是温觉和痛觉的复合。

痛觉是对伤害有机体的刺激所产生的感觉。有一个灵敏的痛觉系统往往让人喜忧参半。“喜”的是痛觉对生存至关重要，对有机体具有保护作用。天生无痛觉的人常常寿命不长，因为他们体会不到因机体受伤或不适而产生的痛觉，因而不会主动去为医治自己的身体而努力。“忧”的是存在慢性疼痛的人备受折磨。无休止地对慢性疼痛的抱怨以及因忍受慢性疼痛而对自己生活的负性评价都会导致严重的抑郁(Banks & Kerns，1996)。也因此对于痛觉机制的研究至关重要。梅尔扎克(1980)提出解释疼痛调节的门控理论。该理论认为脊髓中的细胞像门一样切断和阻止一些痛觉信号进入大脑，却允许其他信号进入。大脑和皮肤中的感受器向脊髓发送开或者关门的信息。来自大脑的信息提供了所经历疼痛情景的背景。

肤觉在人类的关系中扮演重要角色的一个方面是：触摸。通过触摸，你可以和他人进行交流，相互给予安慰、支持、爱和热情。同时，抚摸还对生存起着重要作用。例如，在医院中，每天抚摸早产婴儿45分钟，不但会使他们比没有受到抚摸的婴儿成长得快，而且他们的智力发展也得到了促进(Field & Schanberg)。

2. 内部感觉

(1)运动觉

运动觉也叫动觉，它是主体辨别自身姿势和身体某一部位的运动状态的内部感觉。

动觉感受器分布在身体的肌肉、肌腱和关节中，如肌梭、腱梭、关节小体等。当机体运动时，由于肌肉的伸缩、关节角度的变化所产生的刺激，作用于肌梭、肌腱和关节小体等感受器，产生神经冲动，传入神经沿脊髓后索上行经丘脑，最后到达大脑皮层中央后回而产生运动感觉。动觉仅次于视、听觉的感觉。没有动觉与其他感觉的结合、协调活动，就不可能形成清晰的视觉映象。视动系统的建立是视知觉的根本保证。动觉与肤觉的结合形成触摸觉，它是非视觉条件下感知事物大小、形状、弹性的必要条件。手感是辨别、判断客体性质的重要依据。言语动觉对声带、舌、唇的调节是正常的言语活动的保证，否则人便无法感知语音。随意运动的进行更是离不开动觉信息的反馈调节。凭借运动觉，我们可以行走、劳动，还可以进行各种体育活动，完成各种复杂的运动技能。各种操作动作的准确进行，都离不开动觉的调节。

(2)平衡觉

反映头部位置和身体平衡状态的感觉叫平衡觉。引起平衡觉的适宜刺激是身体运动时速度和方向的变化，以及旋转、震颤等，接受平衡觉刺激的感受器位于内耳的前庭器官，即椭圆囊、球囊和三个半规管(如图3-3)。半规管位于3个相互垂直的平面上，是反映身体(或头部)旋转运动的感受器。半规管的感受器是按照惰性规律发生作用的。在加速旋转运动时，半规管内的液体(内淋巴)推动感觉纤毛，使其产生兴奋。等速运动并不引起兴奋。前庭器官是与小脑密切联系的。刺激前庭器官所产生的感觉在重新分配身体肌肉紧张度、保持身体自动平衡等方面起着重要的作用。前庭感觉也与视觉有联系。当前庭器官受刺激时，可能会使人看见物体发生位移的现象。前庭器官也与内脏器官密切联系着。那么运动眩晕是如何产生的？根据感觉冲突理论，当大脑从平衡系统获得的感觉不能与从眼睛和身体接受的信息相匹配时，便会产生头晕和恶心(Flanagan，May，&Dobie，2004)。在起伏或颠簸的汽车、轮船和飞机上，甚至是某些计算机游戏里，可能会发生信息间的严重不匹配和冲突，因此引起方位混乱和眩晕。

(3)机体觉

机体内部器官受到刺激时产生的感觉叫机体觉。引起机体觉的适宜刺激是机体内部器官的活动和变化，接受机体觉刺激的感受器分布于人体各脏器的内壁。在工作异常或发生病变时，个别的内部器官就能产生痛觉或其他感觉。内感受器的神经末梢比较稀疏，一般强度的刺激信号，在从内感受器到达大脑时常被外感受器的信号所掩盖，因而引不起机体觉。只有在强烈的或经常不断的刺激作用下，机体觉才较鲜明。可单独划分出来的机体觉有饥、渴、气闷、恶心、窒息、牵拉、便意、胀和痛等。机体觉在调节内脏器官的活动中起重要作用。它能及时报道体内环境的变化和内部器官的工作状态，使有机体能更好地适应环境，维持生命。

(二)知觉的分类

根据事物都有空间、时间和运动的特性，可以把知觉分为空间知觉、时间知觉和运动知觉。空间知觉是人脑对客观事物空间属性的反映，通过空间知觉，我们可以认识物体的形状、大小、远近以及物体的上下、左右、前后等方位。例如，2009 年最成功的 3D 电影《阿凡达》。詹姆斯·卡梅隆导演所运用的一种特殊技术就是立体摄像机，它能够模拟人眼的双眼视差，然后制造深度视觉。当你通过特殊的眼镜观看电影的时候，画面就变成三维的。时间知觉是人对客观事物的延续性和顺序性的反映。通过时间知觉，我们可以认识各种现象的时间距离、时间关系等。时间知觉受到感觉通道的性质、一定时间内事件发生的数量和性质、人的兴趣和情绪的影响。运动知觉，是人对物体在空间位移和移动速度的知觉。通过运动知觉，我们可以分辨物体的静止或运动以及运动的速度。

阅读专栏 3-1

似动

似动是指人们把客观上静止的物体看成是运动的，或者把客观上不连续的位移看成是连续运动的现象。其主要形式有：

(1)动景运动：当两个刺激物(光点、直线、图形或图片)按一定空间间隔和时间距离相继呈现时，我们会看到从一个刺激物向另一个刺激物的连续运动，这就是动景运动。例如，相继呈现一条垂直(a)和一条水平(b)的发亮线段(见图似动现象实验示意)，改变两条线段呈现的时距，并测量对它们的知觉经验。结果发现，当两条线段的距离短于30毫秒时，人们看到a、b同时出现；当时距长于200毫秒时，看到a、b先后出现；当时距约为60毫秒时，看到线段从a向b运动。

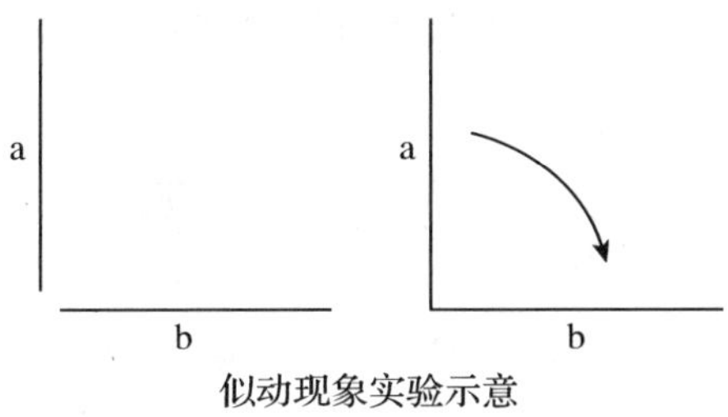

似动现象实验示意

(2)诱发运动：在皓月当空的夜晚，人们只觉得月亮在“静止”的云朵后徐徐移动。这种运动是由实际飘动的云朵诱发产生的，因而叫诱发运动。

(3)自主运动：在黑暗中，如果注视一个细小的光点，人们会看到它来回飘动，这叫自主运动。

(4)运动后效：在注视倾泻而下的瀑布以后，如果将目光转向周围的田野，人们会觉得田野上的景物都在向上飞升，这叫运动后效。

【资料来源】彭聃龄主编．普通心理学．北京：北京师范大学出版社，1987：165.

根据知觉分析器对事物反映的清晰性，知觉分为精确知觉、模糊知觉、错觉和幻觉。精确知觉是对事物或现象作出符合客观实际的、清晰的反映。事物或现象在脑中形成的映象不清晰，这时产生的知觉就是模糊知觉。错觉是人们观察物体时，由于物体受到形、光、色的干扰，加上人们的生理、心理原因而误认物象，而产生的与实际不符的判断性的误差。错觉包括两种：物体错觉和对人的错觉。物体错觉主要有：①时间错觉。当人心情急切或百无聊赖时会产生一日三秋、长夜长如岁的错觉。②运动错觉。当夜晚赏月时，会产生月动云静的错觉。③形重错觉。当掂量一公斤棉花和一公斤铁块时，会产生铁块重的错觉。④视错觉。在视错觉中，主要表现为几何图形错觉(如图3-3)。包括：垂直线和水平线错觉：两线段的长度实际相等，但看起来垂直线显得长。等长线错觉：两条直线长度相等，因加上不同方向的箭头，看起来右边一根就显得长。透视错觉：两条横线长度相等，因两条斜线，使懂得透视原理的人，造成远近知觉，离我们远的那条就显得长些。平行线错觉：几条平行斜线，由于附加在上面的线段横竖方向不同，看起来平行线就不平行了。对比错觉：中间两个圆的大小实际相等，因各被不同大小的圆所包围，看起来右边中间的圆比左边的大。圆环错觉：一个圆形与几组不同方向的斜线相交，看起来不再是圆形了。幻觉是指没有相应的客观刺激时所出现的知觉体验。

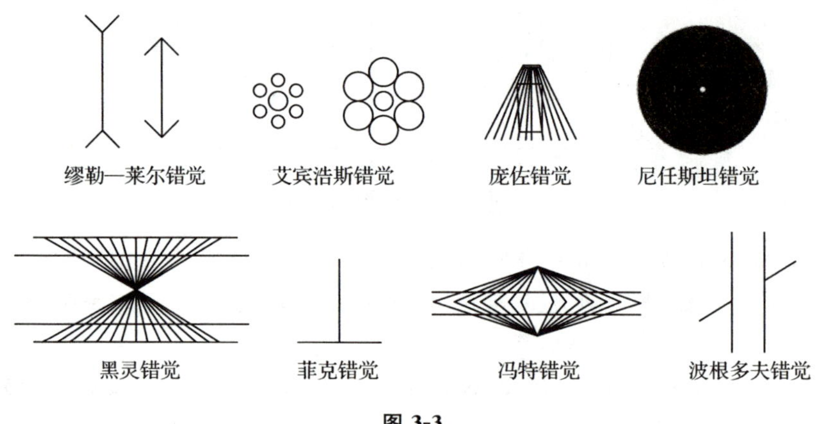

图 3-3

第二节　感知觉的一般规律

一、感受性及其变化

感觉的产生需要有适当的刺激，而刺激强度太大或太小都产生不了感觉。也就是说，必须有适当的刺激强度才能引起感觉。刺激强度和感觉强度之间存在依从关系，心理学用感受性和感觉阈限之间的关系来说明。

感觉器官对适宜刺激的感觉能力叫感受性。能引起感觉的最小刺激量叫感觉阈限。感受性是用感觉阈限的大小来度量的，二者成反比关系，即感受性高阈限值低，感受性低阈限值高。每种感觉都有两种感受性和感觉阈限：绝对感受性与绝对阈限，差别感受性与差别阈限。

(一)绝对感受性和绝对阈限

刺激物只有达到一定强度时才能引起人们的感觉。例如，我们平时看不见空气中的灰尘，当灰尘落在我们的皮肤表面时，我们也不能觉察它的存在。但是，当细小的灰尘聚集的较大较多时，我们不但能看见它，而且能感觉到它对皮肤的压力。这种刚刚能引起感觉的最小刺激量，称绝对感觉阈限。而感官能觉察出最小刺激量的能力，称绝对感受性。一般来说，人类各种感觉的绝对感受性都很高。

(二)差别感受性和差别阈限

假设你受聘于一家饮品公司，他们想生产一种可乐产品。口味比现有的可乐稍微甜一点儿，但是(为了节省资金)公司想尽可能的少往可乐里加糖。公司要求你测量差别阈限。差别阈限即能觉察差异的刺激量的最小差别量称差别阈限，能够觉察刺激物最小差别量的能力称差别感受性，两者也呈反比。

人们对刺激量差异的感觉并不取决于差别的绝对数量，而是取决于刺激的变量与原刺激量的比值。引起差别的刺激变量与原刺激量的比值是一个常数，用公式表示如下：

$$\mathrm{K}=\frac{\Delta I}{I}$$

其中，ΔI 为刺激变量，I 是原刺激量，K 是常数。这就是著名的韦伯(E. H. Weber)定律。对不同感觉来说，K 的数值是不同的，即韦伯分数不同(如表 3-1)。

表 3-1　不同感觉的最小韦伯分数

感觉类别	韦伯分数
重压(在 400g 时)	$0.013=\frac{1}{77}$
视觉明度(在 100 光量子时)	$0.016=\frac{1}{63}$
举重(在 300g 时)	$0.019=\frac{1}{53}$
响度(在 1000Hz 和 100db 时)	$0.088=\frac{1}{11}$
橡皮气味(在 2000 嗅单位时)	$0.104=\frac{1}{10}$
皮肤压觉(在每平方毫米 5g 重时)	$0.136=\frac{1}{7}$
咸味(在每千克 3g 分子量时)	$0.200=\frac{1}{5}$

韦伯定律虽然揭示了感觉的某些规律，但它只适用于中等刺激强度，刺激过强或过弱，刺激变量与原刺激量之间的比值就不再是常数了。

(二)感觉的相互作用

事物是相互联系，相互影响的。对刺激的感受性不仅决定于该刺激的性质，同一感受器接受的其他刺激以及其他感受器的机能状态，都会对这一刺激的感受性产生影响。同一感受器接受的其他刺激以及其他感受器的机能状态对感受性产生的影响，称为感觉的相互作用。感觉的相互作用有两种形式：一是同一感觉中的相互作用；二是不同感觉之间的相互作用。

1. 同一感觉中的相互作用

同一感受器中的其他刺激影响着对某种刺激的感受性的现象，称为同一感觉中的相互作用。同一感觉中的相互作用有两种形式，感觉适应和感觉对比。

(1)感觉适应

感觉适应是由于刺激对感受器的持续作用而使感受性发生变化的现象。适应可以引起感受性的提高，也可以引起感受性的降低。

适应表现在所有的感觉中，但各种感觉中适应的表现和速度有所不同。

视觉适应分为光适应和暗适应。人刚从暗处走到亮处的时候，最初的一瞬间会感到强光耀眼发眩，眼睛睁不开，什么都看不清楚，要过几秒钟才能恢复正常，这就是光适应现象。光适应是视觉器官对强光的感受性下降的过程。光适应的过程一般比较迅速，一般说来，在最初半分钟内感受性下降很快，以后适应的速度有所减速慢，2～3 分钟内即可达到稳定水平。人刚从亮处走进暗室的时候，开始什么也看不见，经过相当长时间，视觉才恢复，这就是暗适应的过程。暗适应是由于光刺激由强到弱的变化，使眼睛的感受性相应地发生由低到高的变化。

与视觉适应相比较听觉的适应就很不明显。较强的连续的声音，像工厂高音调的机器声，持续作用于人，会引起听觉感受性降低的适应现象，甚至出现听觉感受性的明显丧失。

嗅觉的适应速度与刺激的性质有关。一般的气味 1～2 分钟即可适应，强烈的气味则要经过 10 多分钟，特别强烈的气味(带有痛刺激的气味)，令人厌恶的气味，则很难适应甚至完全不能适应。嗅觉的适应带有选择性，对某种气味的适应，并不影响对其他气味的感受性。

味觉的适应也较明显，长时间食用一种食品的人会觉得这种食品的味道越来越淡。

在肤觉中，触压觉的适应最为明显，大约在 3 秒钟后其压力的感受性就下降到开始时的 1/5。温度觉的适应也较快，约 3 分钟之后便能明显地感觉到。痛觉是很难适应的。在引起痛觉的刺激持续作用下，疼痛并不减弱，有时反而会觉得增强。

适应能力是有机体在长期进化过程中形成的。它对于我们感知外界事物、调节自己的行为，具有积极的意义。夜晚的星光和白天的阳光，亮度相差百万倍，正是因为适应能力，人才能够在不断变化的环境中精细的感知外界事物，正确调节自己的行为。

(2)感觉对比

对比是同一感受器接受不同的刺激使感受性发生变化的现象。对比分为同时对比和继时对比。

同时对比是指几个刺激物同时作用于同一感受器产生的感受性变化，马赫带现象就是同时对比的一个突出例子。所谓马赫带(如图 3-4)是指人们在明暗交界处感到明处更亮而暗处更黑的现象。继时对比是指刺激物先后作用于同一感受器时产生的感受性变化，如先吃苦药后吃糖觉得糖特别甜就是继时对比的结果。

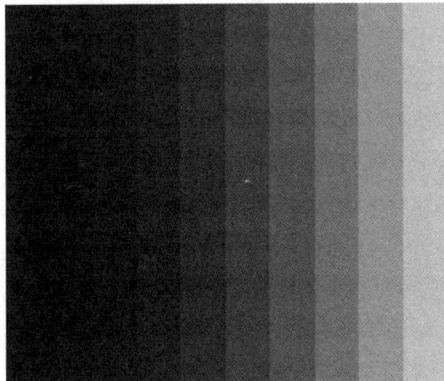

图 3-4

2. 不同感觉的相互作用

对某种刺激的感受性，不仅决定于对感受器的直接刺激，而且决定于同时受刺激的其他感受器的机能状态。在一定条件下，各种感受器的机能状态都有可能发生相互影响，相互作用。例如，用刀子眼玻璃边擦出的吱吱声，往往会使人产生皮肤寒冷的感觉；强烈的声音常使牙痛患者疼得更厉害；举重时，如果伴有轻音乐重物好像变轻了。所有这些现象都是不同感觉间相互作用的结果。

(1)不同感觉间的相互影响

在一定条件下，各种不同的感觉都有可能发生相互影响。例如，微弱声音、清香气味的刺激可以提高视觉对颜色的感受性，而震耳欲聋的声音、浓烈的香气则会使视觉的差别感受性降低；微弱的光刺激可以提高对声音强度的感受性，而强光刺激则降低听觉的感受性。

(2)不同感觉的相互补偿

感觉的补偿是指某种感觉系统的机能丧失后由其他感觉系统的机能来弥补。例如，盲人的听觉、触觉、嗅觉特别发达，以此来补偿丧失了的视觉功能。当然，这种补偿作用是经过长期不懈的练习获得的。感觉补偿的现象从另一个侧面说明了人的感受性存在着巨大的潜力，在长期训练的条件下会表现出惊人的能力。例如，染料工人能分辨四十多种不同的黑色，音乐教师能精确分辨微弱的音高偏差等。这些现象给特殊儿童的教育带来了启示，可以对残疾儿童进行感觉代偿的训练，从而为残疾儿童的生活自立创造充分的条件，这种训练宜早进行。

(3)联觉

联觉是一种感觉引起另一种感觉的现象。联觉是感觉相互作用的另一种表现，类似于文学上的通感。例如，对音乐有一定造诣的人，听到动听的乐曲会产生相应的视觉画面，这就是视听联觉。联觉的形式很多，最突出的是颜色联觉。例如，红色给人以希望、热烈的感觉；绿色给人以生机、宁静的感觉；蓝色给人以广阔、深沉的感觉；黑色给人以恐怖、肃穆的感觉；白色给人以纯洁、安详的感觉等。

3. 视觉后像

对感受器的刺激作用停止以后，感觉并不立即消失，还能保持一个极短的时间。这种暂时保留下来的感觉印象称为后像。我们看电影、电视就是依靠视觉后像的作用。后像是由于神经的后作用而发生的，它存在于各种感觉之中。

后像在视觉中表现得特别明显，如夜晚将火把以一定速度做划圈动作，就出现一个火圈；电扇转动时，几个叶片看上去像一个圆盘，这些就是视觉后像作用的结果。

视觉后像有两种。一种是正后像，它保持刺激所具有的同一品质。如注视电灯几秒钟，闭上眼睛就会感到眼前有一个与电灯相仿的光亮形象出现在暗的背景上，这种现象叫正后像。另一种叫负后像，即随着正后像的出现，再将视线转向白色的背景，就会在白色背景上出现黑色的形象，因与正后像相反，故叫负后像。

视觉后像暂留的时间约 0.1 秒，但延续时间的长短与刺激的强度和作用的时间有关。刺激的强度大，作用的时间长，则后像的延续时间也长。视觉后像还可以使依一定频率断续的光产生连续的感觉，这叫作视觉的闪光融合现象。例如，我国城市民用电灯每秒断续50次，由于视觉的暂留作用(后像)，我们才可以看到连续而不断的灯光。电影胶片是一张一张的间断呈现的，由于后像作用，每秒放映24格底片时我们就能看到连续的活动画面。这种刚能被感觉为连续的最低断续频率叫作闪光融合频率。

二、知觉的特征及其影响因素

知觉活动的特征主要体现在知觉的选择性、知觉的整体性、知觉的理解性和知觉的恒常性等方面。

(一)知觉的选择性

人所处的环境复杂多样。在某一瞬间，人不可能对众多事物进行感知，而总是有选择地把某一事物作为知觉对象，与此同时把其他事物作为知觉背景，这就是选择性(如图3-5)。知觉的选择性有两种形式：一是在众多的事物中选择出某些或某个事物作为知觉的对象；二是在某个事物的许多特性中选择出某些或某个特性作为知觉的对象。

图 3-5

在知觉过程中，由于知觉任务的变化，对象和背景的关系不是固定不变的。在一定的条件下，作为知觉的对象可以变为背景，产生模糊知觉映象，而作为知觉的背景也可以变为对象，产生精确知觉映象。当然，在某些物理特性的影响下，有些事物或事物的属性可以成为相对稳定的知觉对象。例如，在听知觉范围中，熟悉的声音与陌生的声音，强音与弱音，变化的声音与音调不变的声音，基音与伴音，有节奏的声音与单调的声音等，前者较容易被选择出来作为知觉的对象，后者则通常处于背景的地位。

个体对事物知觉的选择性受知觉对象之间关系的影响。一是对象与背景的差异关系。对象与背景的差别越大，对象就越容易从背景中突出出来成为知觉的对象，从而被清晰地感知。例如，绿色军装在雪地中容易被发现，而在草地上就难于被发现；二是对象与背景的相对活动关系。在不动的背景上活动着的事物，容易成为知觉的对象，例如，夜空中的流星。在活动背景中不动的事物也容易成为知觉的对象，例如，集体广播操中站立不动的人。在同时活动着的对象中，速度明显快或明显慢的事物，容易成为知觉的对象，例如，百米赛跑中的最快者与最慢者。

（二）知觉的整体性

尽管客观事物具有各种不同属性，由各种不同部分组成，但我们总是把它作为统一的整体来感知，这一特点就是知觉的整体性。知觉对象的各个部分或属性不论是同时被反映，还是相继被反映，不论是作用于同一分析器，还是作用于不同分析器，知觉的整体性都同样存在。正因为如此，当人感知一个熟悉的对象时，哪怕只感知了它的个别属性或部分特征，就可以由经验判知其他特征，从而产生整体性的知觉。例如，面对一个残缺不全的零件，有经验的人还是能马上判知它是何种机器上的何种部件。这是因为过去在感知该事物时，是把它的各个部分作为一个整体来知觉的，并在头脑中存留了部分之间的固定联系。当一个残缺不全的部分呈现到眼前时，人脑中的神经联系马上被激活，从而把知觉对象补充完整。而当知觉对象是没经验过的或不熟悉时，知觉就更多地以感知对象的特点为转移，将它组织为具有一定结构的整体，即知觉的组织化。其原则是视野上相似的、邻近的、闭合的、连续的易组合为一个图形（如图 3-6）。

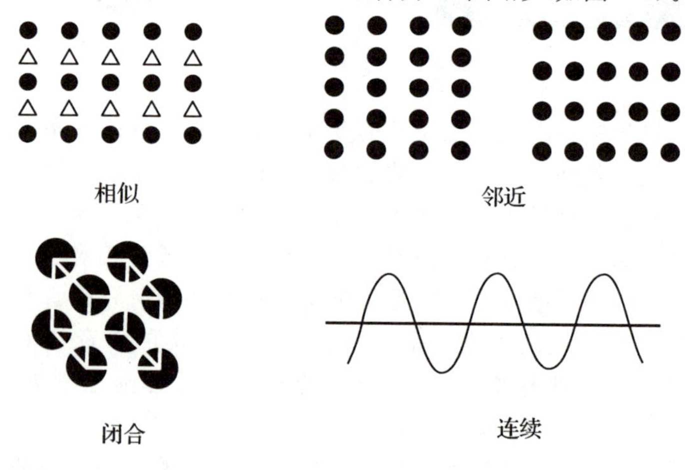

图 3-6

影响知觉整体性的因素来自客观和主观两个方面。

1. 客观因素

一是对象各部分的强度关系。一般知觉对象的各部分与各种属性的刺激强度并不是同等的。其中，有的部分或有的属性刺激强度要大些，有的则小些。虽然各刺激因素都在起作用，但刺激强度大的因素更具有重要的作用。例如，只要我们感知过一个人的面部特征这一强度大的刺激因素，就不管这个人的服饰、发型如何变化，也不会把他认错。生活中具有重要意义的事物及其组成部分或属性都可以成为刺激强度大、易于形成知觉整体性的因素。

二是对象各组成部分或属性的刺激顺序关系。在感知相继的复合刺激成分时，如果其他的条件相等，那么对陌生的对象，头一个刺激成分对形成知觉的整体性更为有效；而对于熟悉的对象，则最后一个刺激成分对形成后继的知觉整体性意义更大。正因为这样，才有所谓的首因效应与近因效应的心理现象存在。

三是对象各部分之间的结构关系。知觉映象的整体性往往不是由个别刺激因素的单一性质决定的，而是受各个组成部分、各种属性之间结构的相互关系所制约。同样的组成部分，如果结构关系不变，知觉的整体性就稳定。例如，一支歌曲不管用什么音调和乐器来演奏，不会改变它原有的歌曲整体性，而如果改变一下它的节拍或旋律的结构关系，尽管还保留着原来的音符，也会变成另一支歌曲。

2. 主观因素

影响知觉整体性的主观因素主要是过去的经验、知识储备和语言的作用等。例如，给动物学家一块动物身上的骨头，他就可以塑造出完整的动物形象；给考古学家一块文物碎片，他也可以恢复整个文物的原貌，而外行人在没有人指导的情况下就难以做到这一点。

阅读专栏 3-2

感觉和知觉的分离

理查德博士是一个受过良好训练和富有经验的心理学家。不幸的是，他的大脑受到损伤，并改变了他对世界的视觉经验。但幸运的是，脑损伤并没有影响他的大脑语言中枢，因此他能相当清楚地描述脑损伤后不同寻常的视觉经验。总体而言，脑损伤似乎影响了他整合感觉信息的能力。理查德博士说，当视野中有几个人而他看其中的一个时，有时会把这个人的某些部分看成是分离的而不是属于同一个单一的整体。在把声音和同一个视觉事件结合时他也有一定的困难。当看一个人唱歌时，他可以看到嘴在运动并听到声音，但是声音却好像来自一个外国电影中的配音。

要把事件的部分看成一个整体，理查德博士需要某些起“胶水”作用的东西。比如，当被看成碎片的那个人走动时，所有的部分都朝同一个方向运动，理查德博士这时就能把那些碎片知觉成同一个人。即使在这时，知觉“胶水”也可能产生荒谬的结果。有时会把空间上分离但是具有相同颜色的物体，如香蕉、柠檬、金丝雀等，看成是在一起的。理查德博士的视觉经验被解体，被切碎，变得很奇怪，与大脑受损前完全不一样。

【资料来源】菲利普·津巴多等主编．心理学与生活．北京：人民邮电出版社，2003：103.

(三)知觉的理解性

我们在知觉任何事物时，总是根据已有的认知或经验来解释它，赋予它一定的意义，并用语言、词把它标志出来，这一特点就是知觉的理解性(如图 3-7)。人对客观事物的理解通常有两种基本形式：一是概括化认知，即把知觉对象归入某个一般的、较广泛的类别；二是分化认知，即把对象归入一个严格的确定的类别。可见知觉的理解性包括思维成分，但它不像思维那样深刻，常常不是在区分出对象的所有标志之后再进行归类，而是根据有限的个别标志就试图去认知与解释。

图 3-7

对知觉理解性产生影响的也有客观和主观两种因素。

客观方面的因素主要是对象本身的特点和他人语言的指导等作用。如果对象的特征明确，我们不需要任何中介也能迅速而准确地认知，则理解就不会发生偏差或错误；如果对象的特征模糊或者我们对它不熟悉，我们则根本就无法理解或常常会产生错误的理解。他人的语词指导也是影响知觉理解性的重要因素(如图 3-8)。

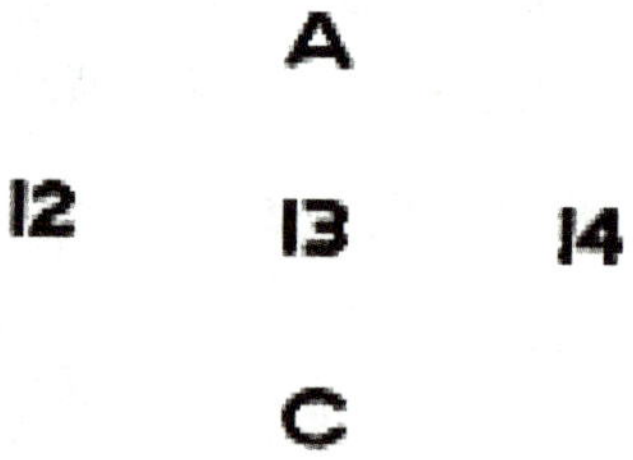

A

12　13　14

C

图 3-8

主观方面的因素主要是受人的知觉任务、知识、经验、态度以及观点等的影响，所谓“仁者见仁，智者见智”就说明了主观因素对知觉理解性的影响。

正因为知觉的理解性，人会作出“不可能图形”的判定。在图 3-9 的不可能图形中，知觉的理解性表现得更为明显。人们根据知觉对象提供的线索，提出假设，检验假设，最后作出合理的解释。当知觉对象是我们熟悉的事物时，人们对对象的理解往往采取压缩的形式，知觉者直接给对象命名，把它纳入一定的范畴之内，如说“这是一个三角形”，“这是一部山地车”等。

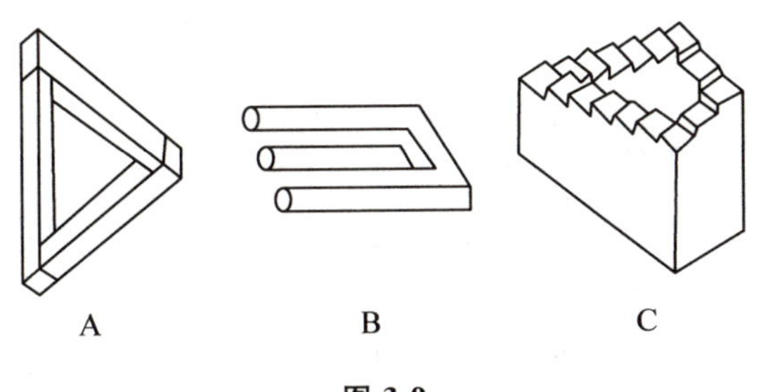

图 3-9

(四)知觉的恒常性

在知觉我们熟知的对象时，尽管知觉条件发生变化，但我们获得的映象却保持不变，这一特点就是知觉的恒常性。在视知觉中，知觉的恒常性十分明显。视知觉的恒常性包括大小恒常、形状恒常、亮度恒常、颜色恒常。例如，阳光下的煤仍然是黑的，暗室里的白纸总是白的。实际上，阳光下的煤所反射的光量要多于暗室里的白纸，其实暗室里的白纸比阳光下的煤要黑。

对知觉恒常性产生影响的因素也包括客观和主观两个方面。

客观因素主要是对象的刺激模式和功能特征。只要是我们认识过的事物，这时尽管眼前事物在脑中的映象与过去的映象有差异，但通过大脑对新旧映象的模式与功能特征的“匹配”，在允许的范围内，我们也能确认其为曾经感知过的某一事物。当然，知觉的恒常性有时也存在理解错误。比如，我们把视野远处匍匐前进的人误认为是动物的现象就是这样的。

主观方面的因素主要是人的经验、定势、期待心理、反馈作用等。如图 3-10 所示，如果你按字母顺序往下看，就会看作是男子的面孔，而如果你是逆着字母顺序看，则会看成是盘腿而坐的女子。

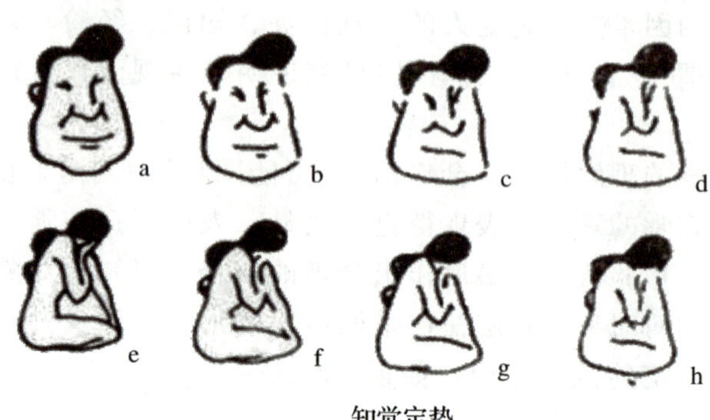

知觉定势

图 3-10

三、感知觉规律在教育中的运用

(一)小学生和中学生感知发展的特点

1. 小学生感知发展的特点

在小学阶段，学生的感知能力已有较大的发展。一年级学生已能分辨红、黄、蓝、绿等基本颜色。6 岁以后开始出现颜色爱好的性别差异。小学生的视觉调节能力有了较大发展，但这种调节能力在 10 岁以后开始降低。言语听觉能力和辨别声调高低能力发展迅速。小学生已能逐渐以客体为中心辨别左右方位。通过教学，能正确说出一些几何图形和概念。对时间的延缓反应较困难。对短时间(如 1 分钟)和过长时间(如，纪元、世纪)的知觉估计不准确。小学生手部关节有了较大发展，但尚未成熟，肌肉力量在不断增强，这为动作的精确性和灵活性提供了一定的物质基础。小学生在观察事物时，往往注意新鲜、感兴趣的东西，尚未达到对事物清晰、精确、本质的认识。

小学儿童感知觉主要表现出以下几方面的发展特点。第一，各种感觉的感受性由低到高迅速发展。以视觉感受性为例，入学前儿童只能辨别红、黄、蓝、绿等基本颜色，而对同一颜色的深浅色度却难以辨认。但一年级小学儿童就能对红、黄分别辨别出两三种色度。如果以 7 岁儿童的颜色差别感受性为 100%，那么，10 到 12 岁的儿童和 7 岁儿童相比，其颜色差别感受性的增长率可以提高 60%。不仅视觉如此，其他各种感觉的感受性都是向敏锐、精细的方向发展。第二，感知觉在儿童整个心理活动中的作用和影响由大变小。越是低年级的儿童，对感知觉的依赖性越强；越是高年级的儿童，对感知觉的依赖性越弱。小学生的思维在很大程度上依赖于感性经验，依赖于直观的、经验的材料，因此，感觉和知觉在儿童整个心理活动中的作用和影响就比较大，随着儿童年级不断升高，知识经验不断积累，抽象思维水平也不断提高，他们对感性经验的依赖程度不断减弱，能比较理智地思考问题，因此，感觉和知觉在儿童整个心理活动中的作用和影响逐渐变小。但总的说来 ，小学生的感知觉更多地具有直观的经验的性质。第三，感知觉的模糊性由强变弱。越是低年级的儿童，感知觉的模糊性越强，越是高年级的儿童，感知觉的模糊性越弱。刚入学的小学儿童，在感知方面明显地具有幼儿知觉的特性，即模糊性，这种模糊性具体表现为两方面：一方面，感知觉内容不丰富，不具体，笼统，不精确；另一方面，感知觉的内容不深刻、不准确，分不清主要方面和次要方面。随着年级的升高和学习的深入，经过学习过程的反复训练，小学生感知觉的模糊性会不断克服，他们的感知觉会变得越来越精确。第四，感知觉的目的性是由弱变强。小学儿童感知觉有意性的逐渐增强具体表现在两方面：一方面，感知觉的选择性逐步提高。初入学的小学儿童感知觉的选择性较差，经常受无关刺激的干扰，这种情况会随儿童年龄的增长和学习的训练而逐步减少。另一方面，感知觉的持续性不断增强。低年级的小学生，由于注意不稳定，不能在较长的时间内持续地感知第一对象，但随着儿童年龄的增长和学校生活的锻炼，他们感知觉的持续性不断增强。第五，儿童感知觉对形象地依赖性由多变少。小学儿童的感知觉，明显地具有具体形象性的特点，年龄越小的儿童，对形象的依赖越多，相反，年龄越大的儿童，对形象的依赖越小。如低年级的小学儿童在知觉复杂事物或不熟悉的几何图形时，往往把它们同具体事物相联系。掌握“左”或“右”的概念时，先记住会写字的手是右手。把正方形联系为方格子，把三角形联系为红领巾。高年级的儿童，对具体形象的依赖逐步减少。逐渐地习惯于运用抽象概念进行思考问题。但整个小学阶段，儿童的感知都具有强烈的具体形象性特点，只不过对形象的依赖程度越来越小。

2. 初中生感知觉发展的特点

初中生的学习、生活发生了较大变化，致使其感知觉在原有的认识水平的基础上，有了新的变化、发展，促使他们的感受性和观察力发展得更好。初中生的视觉感受性在不断提高，辨别各种颜色和色度的精确性在不断增加。到 15 岁前后，视觉和听觉的敏度甚至可以超过成人。初中生辨别音高的能力也在不断提高，对音阶的辨别有很高的准确性。在运动觉方面，学生的关节肌肉得到高度发展，为体育活动、绘画、写字等技能的发展起到重要作用。教师在学生教育中，要注意保护学生的感官，尤其是视感官，注意用眼卫生。

在知觉方面，初中生的知觉出现了许多新的特点。首先，知觉的有意性和目的性有了较大提高，能自觉地根据教学要求去知觉有关事物。其次，知觉的精确性、概括性更加发展，出现了逻辑性知觉。在空间知觉上带有更大的抽象性。比较熟练地掌握三维的空间关系。远距离空间知觉逐渐形成。能够掌握各种地理空间关系，形成地球、世界、宇宙等空间表象。但对更加复杂的空间关系，例如，立体几何、光年等的理解尚有困难。在时间知觉上，可以更精确地理解较短的单位，例如，月、周、时、分等，而对较大的如“世纪”“年代”这样的历史时间单位，虽然也可以开始理解，但常常不太精确。在观察力发展上，初中生观察的目的性、持久性、精确性和概括性都比小学生有了显著的发展。研究发现，初中二年级是观察力概括性发展的一个转折点。在观察中，他们观察细节的感受力、辨别事物差异的准确率、理解事物的抽象程序均在不断地发展。这些为他们更好地认识世界，打下了一个良好的基础。

（二）感觉规律的运用

1. 感觉适应与感觉强度规律的运用

教学环境的变化很大，如果没有感觉适应的机制，学生就不容易在变化莫测的教育教学环境中对各种知识进行精确的分析，对学校各种复杂的生活条件和人际关系的反应也就会发生困难。因此，学校应当在校舍设计，校风、教风、班风、学风建设等方面，努力排除影响心理健康的不良因素的长期存在，创造符合心理要求的良好环境和人际关系，使师生的心理适应产生积极的作用。

在学校的环境中，要避免对视、听等感觉器官过强的刺激因素。教师讲课的音量不能过强或过弱，板书的大小要适宜，演示教具或实验时，要使现象清晰、明显。教师还要学会应用刺激因素的绝对强度与相对强度的积极成分来提高教学质量与组织教学过程。

2. 感官协同活动规律的运用

在教学中，要让学生有尽可能多的感官参加感觉活动。心理实验表明，用视觉识记 10 张画片，平均可以正确再现 70%；用听觉识记同样的材料，平均只正确再现 60%；而利用视、听觉并允许学生大声说出画上物品的名称，则平均能正确再现 86.3%。可见多种感官协同活动是提高识记

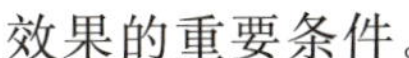
效果的重要条件。

（三）知觉规律的运用

对于知觉选择性规律在教学中的运用，要注意以下几个问题：①应增强感知对象与背景之间的差异，以突出对象的感知效果；②要贯彻独占原则，以避免无关因素的干扰；③要根据需要，使感知的对象具有活动性，以避免单调的刺激使感官的反应性低落。

知觉整体性规律在教学中的运用。这一规律的运用要注意以下几个问题：①课堂组织要严谨，应形成最优化的整体教学结构；②新旧知识要形成有机的联系，使学生形成完整的知识系统；③要合理安排教材的讲授顺序，重点要突出，讲解要有逻辑性和系统性。

对于知觉理解性规律在教学中的运用，要注意以下几个问题：①使用归纳法讲解教材时，应引导学生形成概括化的认知结构；②使用演绎法讲解教材时，应引导学生形成分化性的认知结构；③教师讲授任何知识时，不能发生任何语言误导现象。

对于知觉恒常性规律在教学中的运用，要注意以下几个问题：①在知觉情境发生变化时，教师要引导学生认识知觉映象与情境变化的相互关系；②应用教具时，要设计好教具与实物的恒定比例关系，例如不能在一张挂图中，把猫画得比狗大，把马画得比狗小；③要克服由于定势或歪曲的反馈信息造成的错觉。

（四）树立学生科学的感知观点

1. 用正确的感知观点评价人

在评价人的时候，要防止以第一印象的信息为依据或受近因效应的影响，对人进行以偏概全的评价；也要克服将知觉对象的某一印象不加分析地扩展到其他方面去，造成“一好百好，一差百差”的晕轮效应。

2. 用科学的观点解释某些日常现象

光刺激停止作用后，在视网膜上暂留的印象就是后像。如果你凝视图 3-11 帆船上的“5”字约一分钟，然后再去看一个光亮的平面，这时就会有一只帆船的影子投射在上面。夜间，在田野农舍的白墙上，有时也会晃过人样的影子。那可能是树桩或稻草人的后像，而不是“鬼影子”。

图 3-11

静止不动的东西由于周围其他物体的运动而

看上去好像在运动，这就是诱导运动。在没有参照系的情况下，两个物体中的一个在运动，我们就可能把其中的任何一个看成是运动着的。例如，在夜空中，我们可以把月亮看成在云层里穿行，也可以把云彩看成在月亮前面移动。这是正常的运动知觉的诱导运动现象。

在夜间或暗室里，注视一个静止的光点，过一会儿你便会感到这个光点在不停地游动，这就是自主运动，也叫游动错觉，这也是正常的知觉现象(如图 3-12)。

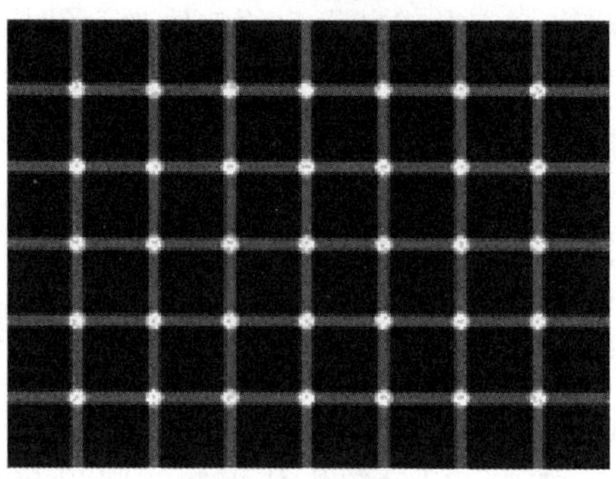

图 3-12

3. 用辩证的感知观点认识模糊知觉

模糊知觉在人的心理生活中是普遍存在的。模糊知觉是人脑以较少的代价传送较多的信息并对复杂事物作出高效率判断与处理的加工过程。利用模糊知觉，画家可以用寥寥几笔就勾画出栩栩如生的人物形象而不会令人感到失真。事实上精确并不永远完美。例如，判断远处走过来的人是谁，只要给大脑输入来人的高矮、胖瘦、走路的姿势等信息就够了。而如果追求完美的精确，让电脑来做这件事，那就要输入人的身高、体重，手臂摆动的角度、频率、速度、加速度等几十乃至几百个数据才能解决问题。

在知觉过程中，模糊与精确是相对的。例如，“老人”是个模糊概念，但我们可以应用模糊原理，以 0～1 的连续变量来描述它的隶属程度，使“老人”这一模糊映象“精确”起来。通过模糊运算与判断，50 岁的人不是老人，其隶属程度为 0；60 岁的人，其隶属程度为 0.8；70 岁的人，其隶属程度为 0.94；100 岁的人，其隶属程度为 0.99 等。可见超过 100 岁的人才称得上是真正的“老人”。在教育教学中，教师对学生的操行或学科成绩进行等级评定，其实就是通过模糊处理之后，用等第隶属程度来加以描述的一种技术。

（五）观察力及其培养

1. 观察的含义

观察是人们认识世界、增长知识的主要手段。它在人的一切实践活动中具有重大的作用。人们通过观察获得大量的感性材料，获得对事物具体而鲜明的印象。观察是一种特殊形式的知觉，它是有目的、有计划、有组织的主动地知觉过程。观察比一般的知觉有更深的理解性，因为思维在其中起着重要的作用，所以观察也被称为"思维的知觉"。这使得观察具有自己特殊的品质特点：

（1）观察的目的性

观察的目的性表现为个体在观察前能否清楚地意识到观察的目的与任务，在观察过程中能否排除干扰、有始有终地完成观察任务。观察目的强的人能主动、独立地提出观察任务，并能克服困难，持久专注地完成观察任务。反之，观察目的弱的人意识模糊，容易受到刺激物的特点和个人兴趣、情绪的支配，游离于观察的过程。

（2）观察的精确性

观察精确性强的人能细致全面地观察客体，能发现事物间的细微差别。而观察精确性弱的人则观察粗疏、笼统，容易遗漏对象的特征，对有细微差别的事物常作泛化的反应。

（3）观察的全面性

观察是否全面取决于观察是否有序以及是否动用了多种感官。观察有序的人观察系统，能捕捉到事物的全部信息，表达也有条理。而观察无序的人观察零乱，容易遗漏事物的重要细节，表达也很混乱。只动用视觉器官进行观察的人，只能获得关于事物在形状、颜色、大小等方面的属性，而善用各种感官进行观察的人，就能获得事物的各种属性，获得对事物的完整认识。

（4）观察的深刻性

观察肤浅的人往往只注意到事物外在的联系和表面特征。观察深刻的人却能透过现象看本质，发现事物内在的联系。

2. 观察与感知的区别与联系

观察与感知既有联系又有区别。观察是在感知的基础上形成的，没有感知活动就不会有观察，这是两者的联系。两者的主要区别是：①观察是一种主动认识对象的形式，而感知是由对象的特点或人的兴趣所指引的；②观察是知觉、思维和语言相结合的活动过程，而感知只是在分析器的综合活动中体现了思维和语言的作用，所以，观察比知觉更具有理解性；③观察过程要求观察者保持稳定的有意注意，而感知过程不必有这一要求；④观察活动常常受到人的情感和意志的影响，而感知活动则较少受到这种影响。

所以，观察力是一种有目的地、主动地去考察事物并善于正确发现事物的各种典型特征的知觉能力。培养学生的观察力要从训练他们的知觉技能入手，并为学生良好知觉能力的形成打好基础。

3. 观察力的培养

观察力不是自然而然生长起来的，而是在观察活动中潜移默化地培养起来的。观察力的培养应体现在整个观察的过程中。

培养观察力应以学生观察力的个别差异为依据，因此，要了解他们观察力的不同类型差异，才能有针对性地采取相应的有效措施。学生的观察力一般有以下的类型：

(1)分析型

这种学生观察事物时，注重对事物的细节和局部情况作分析，能细心地考察事物发生发展的原因和过程，但不善于对事物作概括性的说明。

(2)综合型

这种学生善于对事物作概括性的认知和描述，但却不注意对事物的细节进行深入的考察。

(3)分析—综合型

这是分析型特点和综合型特点相结合的类型。在现实中，这种类型的学生占多数。

(4)情绪型

这种学生在观察事物时注意自己的情绪体验，对于各种刺激都容易表露出过高的兴奋性，并喜欢凭自己的好恶来下结论。这样的学生也善于对事物作情境性的描述。

虽然造成观察力类型差异的原因与人的感官结构和机能特点有关，但是，差异不是固定不变的，通过培养或训练，每个学生都可以获得观察力的高度发展。

观察力是智力的基础成分，通过各门学科培养学生的观察力是最有效的途径。培养学生的观察力，教师要加强指导：即①明确目标与任务。观察事物时，要指点学生观察什么，观察的重点在哪儿，应当收集什么材料，让学生明确观察的任务；②培养观察技能。要教给学生观察的方法，观察前要让学生定出计划，做好必要的知识准备，安排好观察的顺序和步骤，充分利用多种感官，避免学生在观察时顾此失彼；另外，要启发学生积极思维，鼓励学生对观察到的每一个细节都应当从不同的角度、不同的侧面加以分析，提出自己的见解，不要满足于现成的答案；③观察后及时总结观察结果。要指导学生做好观察总结，总结的形式可以是书面的，也可以是图表、图解的，要提倡学生之间相互交流观察的心得，以便相互学习，也要鼓励学生就观察涉及的问题进行比较与评价；④要加强课堂与社会生活的联系，创造有利于发展学生观察的条理性、敏锐性、精确性和创造性等优良品质的机会。

第三节 社会知觉

一、社会知觉的一般概述

(一)社会知觉的概念

1947年美国心理学家布鲁纳首先提出了“社会知觉”的概念，该概念的提出，主要指出人的知觉过程受到其他社会因素的制约。

社会知觉与普通心理学的知觉的含义有所不同。后者是指个体对直接作用于自己的客观刺激物整体属性的反映，不包括想象、判断等过程；前者则包括整个认知过程，既有对人外部特征的知觉，又有对人格特征的了解以及对其行为原因的判断与解释。社会知觉是一种基本的社会心理活动，人的社会动机、社会态度、社会化过程、社会行为的发生都是以社会知觉为基础的。

在“社会心理学”中，社会知觉是指人“对社会对象的知觉”。所谓“社会对象”，包括个人、社会团体以及大型的社会组织。所谓社会知觉是指个人在社会环境中对人(某个个体或某个群体)的心理状态、行为动机和意向(社会特征和社会现象)作出推测与判断的过程，也称为社会认知。

(二)社会知觉的类型

社会知觉主要是指对人的知觉。包括对他人的知觉、人际知觉、角色知觉和自我知觉。

1. 对他人的知觉

个体在社会交往中，通过与别人的接触，感知别人的外部特征，了解别人的内心世界，从而形成对别人的知觉。这种知觉，主要是通过一个人的仪表、风度、表情、姿态、言谈、行为举止等外部特征来认识这个人的需要、动机、情感、观点、信念、性格等心理特点与内在品质。

2. 人际知觉

个体在生活实践过程中对人与人之间相互关系、彼此作用的知觉。人际知觉有两个方面，一方面是对自己和别人相互关系的知觉，另一方面是对他人之间的相互关系的知觉。

3. 角色知觉

个体对人们在社会上所扮演的角色(社会分工)和有关角色行为的社会标准的知觉。

角色知觉包括：对别人扮演角色的知觉和对自己扮演角色的知觉。对自己扮演角色的知觉主要是包括对自己在社会上所扮演的角色和这种角色所应遵循的行为的社会标准的认识。

4. 自我知觉

个体在生活实践活动中，自己对自己的行为和心理活动的知觉(认知和评价)。包括对物质自我的知觉即对自己的颜容、体态、健康、装扮的关注和追求；对精神自我的知觉即对自己的智力、个性、道德、思想政治水平的认识；对社会自我的知觉即对自己在社会生活中的地位作用、自我的社会价值和相应的名誉的认知。

(三)社会知觉的特征

每个人都有其独特的背景和经验，这些背景和经验会随时间而不断地变化而积累，因此人们对同样的社会信息可能会做出不一样的反应。首先，社会知觉具有选择性，人会根据自己的喜恶选择某部分信息，而忽略其他信息。对于会使人压抑或难受的人或事，人往往会采取逃避的方式忽略它们。比如对于路边的乞丐，一些人会假装看不见，来避免可能产生的消极情绪。其次，人对于信息的知觉反应会随其与自己的相关程度不同而有强有弱。人对与自己相关度较高的社会信息的反应通常更强烈，比如走在一个陌生的城市，忽然耳边传来熟悉的乡音，这时的反应就会比听到其他声音的反应强烈，个体可能会因此注意知觉对象的信息，甚至上前攀谈，产生“老乡见老乡，两眼泪汪汪”的感觉；又比如，招聘者对与自己来自同一学校的应聘者的信息的知觉反应也会更强些。而当社会信息与自己关系不大时，比如城市白领对于新颁布的农民优惠政策的知觉反应就会相对较弱。再次，个体对信息的知觉反应会随个人的情绪状态不同而不同。比如，对于一个刚失恋的青年而言，即使自己曾感兴趣的信息，他(她)这时也会漠不关心。而情绪好的人就很容易“吃什么都香”。最后，社会知觉具有完形性。人倾向于在见到认知对象之后就开始勾勒对他(她)的印象，通过已知的各种信息和自己的推想或幻想来丰富被知觉者的特性，使之规则化、完整化，并在今后的接触中检验这种知觉印象。如果知觉对象给人的印象是自相矛盾的，比如一会儿亲和友善，一会儿冷酷无情，那么人就会试图寻找更多的信息来协调这种认知矛盾。

(四)社会知觉的影响因素

影响社会知觉的因素大致可分为个体因素和情境因素两大类，我们先来看看个体因素。

从知觉主体来看，首先，知觉主体与信息的关联程度不同，情绪状态不同，就可能使他在应对同一社会信息时，产生不同的反应和应对方式，这在前面已经说过，不再赘述。其次，知觉主体的背景和经验也是影响社会知觉的重要因素。知觉主体的背景和经验牵涉个体的身份、成长经历、专业等相关概念，它制约着个体看待信息的角度，比如，对于一个合唱团体，经纪人注重的是合唱团体背后所具有的唱片市场潜力，音乐制作人注重的是这个合唱团体的演唱实力，听众或歌迷注重的则是这个合唱团体的形象是否合自己的心意，歌曲是否符合自己的口味，而合唱团体的成员则注重自己是否可以在演唱事业上实现自己的梦想，以及自己的受欢迎程度。已有经验还能使个体的社会知觉更有效率，比如，面试考官就会比一般人对于求职者实力的判断和评估更准确，这是因为面试考官已阅人无数，丰富的经验提高了他们社会知觉的效率。再次，知觉主体的价值观也会影响社会知觉，比如，“跳槽”这种行为，或许在一些人看来是一种“人往高处走”的选择，但在另一些人看来，这却是一种不忠诚的行为。最后，知觉主体固有的知觉偏差同样会影响社会知觉。

从知觉对象来看，其外表特征、人格特征、身份地位、自我表现方式等都会影响社会知觉过程。首先，知觉对象的外表特征很快可被人认知。“爱美之心人皆有之”，所以，对于外表特征姣好的知觉对象，知觉主体容易有比较好的认知。其次，知觉对象的人格特征也会影响知觉主体的社会知觉，一般来说，外倾性的人比内倾性的人更容易给人以热情活泼的感觉，也更容易受欢迎。知觉对象的外表特征、人格特征以及相应的行为态度构成了其魅力指数。如果知觉对象的行为习惯或表现出的态度恰好与知觉主体接近，那么他们之间的人际距离就可能被拉近，相互之间就可能产生较好的人际关系知觉，因为人们通常喜欢与自己相似的人。再次，知觉对象的身份地位能够为社会知觉提供心理捷径，比如人们通常喜欢按照职业来对人群分类，就是因为职业相同的人常常具有一些相同的特点，当我们得知某个人所从事的职业时，就会依照他的职业信息来判断他的其他相应特征。最后，知觉对象的自我表现对社会知觉的影响也很大，因为人与人之间是互动的关系，知觉对象并不会被动地等着别人去知觉，知觉对象总是会通过自我表现来影响别人对自己的印象。“见人说人话，见鬼说鬼话”这句俗语，就说明了知觉对象在通过一定的自我表现策略(语言)来控制不同的知觉主体(人、鬼)对自己的印象。

二、社会认知的过程

社会认知主要包括社会知觉、社会印象和社会判断等三个不同加工水平的认知阶段。

社会知觉是对社会对象的直接反映，是社会印象和社会判断的基础。社会知觉容易被复杂纷纭的表面现象所迷惑，产生社会错觉。

社会印象则是在社会知觉素材的基础上，经过一定的加工概括而在记忆中保持下来的主观印象，是人对社会对象的一种间接反映。

社会判断是社会认知的高级阶段，是对某种社会对象的定性或定论的过程。

从认知心理学的角度来看，社会认知实质上就是研究人们如何根据周围环境中的社会信息进行推理。这一过程可以划分为两个子过程：搜集、选择信息过程和整合信息过程。

(一)搜集、选择信息过程

人们要做出社会判断必须要获取足够的信息。在社会情境中，获取信息的途径是很多的，他人的言谈举止、表情、声调，扮演的社会角色，所处群体中成员相互之间的关系，群体的气氛等，都是信息的来源。

人们的先前经验会影响他对信息的搜集和选择。如你新到一个工作单位，同事们对你很冷淡，你便有了这里的人很冷漠的印象。你总要去寻找一些与先前经验一致的信息，如自己不知道去哪里打水而没人告诉你等。其实，水房就在办公室的隔壁，而且门口有醒目的标牌，别人以为你已经知道了，才没告诉你。先前的经验使你忽略这些信息。先前经验容易使人得出错误的判断，因为先前经验本身可能是错误的，而认知者意识不到自己的先前经验是在信息搜集时就产生了误差，下的结论是不合适的。

认知者搜集到许多信息后，还要对其加以选择。这一过程往往也受到先前经验的影响。第一，个体根据先前经验决定哪些信息是有关的，而先前经验很可能是错误的或者有误差。第二，个体没注意到信息中的偏差。他所搜集的信息往往是从少数人身上得到的，一个人在短时间内的行为表现，并不能代表一个群体或一类人的总体特征。第三，个体往往抓住那些最显著的个案信息，忽略基于多数人的统计信息。例如很多人都认为到沿海地区可以发大财，他们总拿某某人去南方一年赚了300万等作为论据，却忽视了大多数人都在那里辛苦打工的事实。

(二)整合信息过程

完成了信息搜集、选择之后，人们就将信息放在一起，对被知觉者进行判断和推测，以便形成关于人和事的完整印象。然而由于先前经验形成的某种印象，个体在整合信息的过程中，往往为了迎合已形成的印象而将不符合印象的信息去除掉，出现错误的认识。认知错误往往由于判断时使用的信息量少或使用的信息本身有错误造成。然而，个体在形成判断的过程中，不可能运用完全理性的推理模式。即便这些信息既可靠、完整，又无偏差，社会知觉者本身也不能做到不出错误。

三、社会认知中的几种效应

个体在对社会的人(包括他人和自己、个体和群体)和事物的认知过程中表现出的对认知结果有明显影响作用的社会心理效应。具体表现为首因效应和近因效应、晕轮效应、刻板印象、投射效应等。

(一)首因效应和近因效应

1. 首因效应

首因即首次或最先的印象，即我们日常生活中所说的第一印象。在社会心理学中，首因效应指的是在社会认知过程中，最先的印象对人的认知具有极其重要的影响。如某人在初次会面时给人留下了良好的印象，这种印象就会在很长一段时间内左右人们对他以后的一系列心理与行为特征进行解释。由于首因效应的存在，使得人们对他人的社会认知往往表现出这样的倾向，即当人们只获取了有关他人的少量信息时，就力图对他人的另外一些特征进行推理、判断，以期形成对他人的一致印象。

S. E. 阿希是最早进行有关首因效应对认知影响的社会心理学家。

1946年，他以7种描述个人人格特征的词为刺激物，以大学生为被试研究了有关人格印象的形成过程。这7种人格修饰语为“精干、坚信、健谈、冷酷(热情)、机智、进取、有说服力”。实验分A、B两组进行，除第四个人格修饰语不同外(A组为冷酷、B组为热情)，给予两组被试的刺激语没有区别，提示的方式、时间间隔、重复次数也一概相同。实验结果发现，两组被试都很快根据7种人格修饰语描述了该人的人格形象，但两组的印象大相径庭。不仅A组被试说该人是个“冷型”的人，B组被试说该人是个“热型”的人；而且两组被试都咬定，在这7个修饰语中，最关键的是冷酷或热情。而阿希将这个词抽出后，用另6个词进行的实验表明，两组被试此时形成的印象转变为中性的了，已不再具有前述褒贬性质。(Asch，1946)。据此，阿希得出这样两条结论：其一，印象形成是所有人格要素综合作用的结果；其二，在这些人格要素中有一种是左右印象形成的主要因素，最早出现的中心词(如冷酷/热情)决定第一印象。

两年以后，另一位社会心理学家A.S.卢钦斯对阿希的观点提出了批评。他认为，决定人们对他人认知的关键因素与其说是“中心词”，不如说是人们的知觉顺序。换言之，第一印象是由人们所先接触的人格修饰语所决定的(Luchins A.S，1948)。在他的实验中，卢钦斯用了两段杜撰的描写一个叫詹姆的学生的生活片断的文字做实验材料。这两段文字描写了两种截然相反的人格特征。卢钦斯以不同顺序对这两段材料加以组合：一种是将描写詹姆性格内向的材料放在前面、描写他性格外向的材料放在后面；另一种顺序则正好相反。接着，卢钦斯将材料让两组水平相当的中学生被试阅读，并让他们对詹姆的性格进行评价。实验结果表明，先阅读的那段材料对被试进行的詹姆性格的评价起着决定作用。

可以认为，阿希和卢钦斯的观点并不矛盾。在社会认知过程中，可能“中心词”和接受“顺序”都在不同程度上左右着人们对他人人格特征的认知。在没有进一步的证据时，我们没有必要在这两者间选择“非此即彼”的答案。

2. 近因效应

近因即最后的印象，近因效应指最后的印象对人的认知具有重要的影响。印象形成中的近因效应，最早是由卢钦斯1957年在《降低第一印象影响的实验尝试》一文中提出的。在该文中，他以另一种方式重复了前面提到的那个经典实验。具体的做法是，在让被试者阅读有关詹姆性格的两段描写文字之间，有一时间间隔。即先阅读一段后，让被试者做数学题或听历史故事，再读第二段。实验结果与前述实验正好相反，这时对被试者进行的詹姆性格的评价起决定作用的已不是先阅读的那段材料，而恰恰是后阅读的那段材料(Luchins A. S，1957)。

在社会知觉中既存在首因效应，又存在近因效应，那么，如何解释这似乎矛盾的现象呢？换言之，究竟在何种情况下首因效应起作用，何种情况下近因效应起作用呢？

社会心理学家对此进行了多种解释，具体说来有这样几种看法：①卢钦斯认为，在关于某人的两种信息连续被人感知时，人们总倾向于相信前一种信息，并对其印象较深，即此时起作用的是首因效因；而在关于某人的两种信息断续被人感知时，起作用的则是近因效应；②也有人指出，认知者在与陌生人交往时，首因效应起较大作用，而认知者与熟人交往时，近因效应则起较大作用；③怀斯纳则认为，首因效应和近因效应究竟何者起作用，取决于认知主体的价值选择和价值评价。他在1960年的一项实验中，使用了两套刺激语做实验，一套是前述阿希实验的7种人格修饰语，另一套是测验被试者选择能力和比较能力的测验表。让被试者对两套刺激语进行评价，然后计算被试者对人物人格修饰语的评价值和每对测验表中各项内容的评价值之间的关系。结果发现，被试者对人物性格特点的评价取决于对测验表各项内容的评价，即被试者究竟喜欢哪一种人格特点取决于他们的价值观念。

(二)晕轮效应

当认知者对一个人的某种特征形成好或坏的印象后，他还倾向于据此推论该人其他方面的特征，这就是晕轮效应。好恶评价是印象形成中最重要的方面，在知觉他人时，人们往往根据少量的信息将人分为好或坏两种，如果认为某人是“好”的，则被一种好的光环所笼罩，赋予其一切好的品质；如果认为某人“坏”，就被一种坏的光环笼罩住，认为这个人所有的品质都很坏。后者是消极品质的晕轮效应，也称扫帚星效应(forked-tail effect)。我们已经指出，人的社会知觉往往受到个人“内隐人格理论”的影响，他们常常从个人具有的一种品质去推断他的另一种品质。尤其当存在“核心”品质时，人们更具有这种推论倾向，这使得在社会知觉中人们对他人的评价往往具有很高的一致性，即认为好者十全十美、坏者一无是处。

戴昂等人(K. K. Dion，E. Berscheid&E. WaLster，1972)分别让被试者看一些很有吸引力的人、没有吸引力的人和一般人的照片，然后要求被试者评定这些人的特点，要评定的这些点与有无吸引力并没有关系。结果发现有吸引力的人得到了很高的评价，而没有吸引力的人则得到了较低的评价。

晕轮效应是一种“以偏概全”的评价倾向，严重者可以达到“爱屋及乌”的程度，即只要认为某人不错，便认为他所使用的东西、跟他要好的朋友、他的家人都不错。近年来流行“追星族”便是青少年因喜欢某位歌星的某一特征(唱的歌、长相、头发、行走姿势等)而盲目崇拜、模仿歌星，甚至不惜代价去搜集歌星使用过的物品。

(三)刻板印象

刻板印象也叫“定型化效应”，是指个人受社会影响而对某些人或事持稳定不变的看法，按照自己所设定的标准评估他人，对人群进行分类，形成固定形象。它既有积极的一面，也有消极的一面。积极的一面表现为：在对于具有许多共同之处的某类人在一定范围内进行判断，不用探索信息，直接按照已形成的固定看法即可得出结论，这就简化了认知过程，节省了大量时间、精力。消极的一面表现为：在被给予有限材料的基础上做出带普遍性的结论，会使人在认知别人时忽视个体差异，从而导致知觉上的错误，妨碍对他人做出正确的评价。

苏联社会心理学家包达列夫做过这样的实验，将一个人的照片分别给两组被试看，照片的特征是眼睛深凹，下巴外翘。向两组被试者分别介绍情况，给甲组介绍情况时说“此人是个罪犯”；给乙组介绍情况时说“此人是位著名学者”，然后，请两组被试分别对此人的照片特征进行评价。评价的结果，甲组被试认为：此人眼睛深凹表明他凶狠、狡猾，下巴外翘反映着其顽固不化的性格；乙组被试认为：此人眼睛深凹，表明他具有深邃的思想，下巴外翘反映他具有探索真理的顽强精神。

两组被试者之所以对同一照片的面部特征作出的评价差异巨大，是由于人们对社会各类的人有着一定的定型认知。把他当罪犯来看时，自然就把其眼睛、下巴的特征归类为凶狠、狡猾和顽固不化；而把他当学者来看时，便把相同的特征归为思想的深邃性和意志的坚忍性。刻板效应实际就是一种心理定势。

(四)投射效应

投射效应是在人际交往中，认知者形成对别人的印象时总是假设他人与自己有相同的倾向，即把自己的特性投射到其他人身上。是指以己度人，认为自己具有某种特性，他人也一定会有与自己相同的特性，把自己的感情、意志、特性投射到他人身上并强加于人的一种认知障碍。投射能使我们对其他人的知觉产生失真。人们在对他人形成印象时，有一种强烈的倾向就是假定对方于自己有相同之处，通俗地说就是“以己推人”“以己之心，度人之腹”，反射的就是这种投射效应的一个侧面。比如，一个心地善良的人会以为别人都是善良的；而敏感多疑的人，则往往会认为别人不怀好意。

心理学家罗斯做过这样的实验来研究投射效应，在80名参加实验的大学生中征求意见，问他们是否愿意背着一块大牌子在校园里走动。结果，48名大学生同意背牌子在校园内走动，并且认为大部分学生都会乐意背，而拒绝背牌的学生则普遍认为，只有少数学生愿意背。可见，这些学生将自己的态度投射到其他学生身上。

投射效应的表现形式是多种多样的，主要有两种：

一是感情投射，即认为别人的好恶与自己相同，把他人的特性硬纳入自己既定的框框中，按照自己的思维方式加以理解。

二是认知缺乏客观性，比如，有的人对自己喜欢的人或事越来越喜欢，越看优点越多；对自己不喜欢的人或事越来越讨厌，越看缺点越多。因而表现出过分地赞扬和吹捧自己喜欢的人或事，过分地指责甚至中伤自己所厌恶的人或事。这种认为自己喜欢的人或事是美好的，自己讨厌的人或事是丑恶的，并且把自己的感情投射到这些人或事上进行美化或丑化的心理倾向，失去了人际沟通中认知的客观性，从而导致主观臆断并陷入偏见的泥潭。

由于社会知觉受其对象的复杂性、知觉者的主观性以及知觉者加工信息能力的有限性等因素的影响，人们在知觉他人或自己时不可避免地会产生偏差。应当说明的是，偏差往往是人们简化信息加工程序的结果，它并不一定总是不好，它有时可以加快信息加工的速度，并有效地保护个人的自尊。除了前面我们所讲到的首因效应、近因效应、晕轮效应、刻板印象、投射效应之外，社会知觉的偏差还有许多。

1. 积极性偏差

个体在评价他人时，往往更多地对他人作出积极的、肯定的评价，即评价他人时总有一种特别宽大的倾向，这就是积极性偏差(positivity bias)，也称“宽大效应”(leniency effect)。对他人作出积极的评价会使被评价者和评价者都感到愉快，因此人们宁愿积极地评价他人。在缺乏其他信息资料的情况下，认知者一般对人会作出宽大的估计。宽大作用的发生是因为人们在社会生活中遵循“波利阿纳原则”(pollyanna principle)〔波利阿纳是Eleanor Porter 所写的小说中的人物，他是一个过分乐观，并总以主观善良的愿望看待一切事物的人。作为一项原则，它是由马特林等(K. E. Matlin & D. Stang，1978)提出的〕，愉快的事情总比不愉快的事情更平常，由于人们在生活中所遇见的事情大多是好的(如好事、愉快的经验、好人、好天气等)，即使他们偶尔遇见一些不好的事情(如生病、同事对他不好、天气很阴沉等)，他们仍然较好地评价周围的环境，在大多数时间里对大多数事件作出“高于平均水平”的评价。

2. *证实偏差*

人们既有的观念或期望会影响他的社会知觉和行为。他们总是有选择地去解释并记忆某些能够证实自己既存的信念或图式的信息，此为认知证实偏差(cognitive confirmatory bias)。例如，当我们认为某个人是外向型的，以后对该人所表现出的与外向有关的品质(如热情、好交际等)注意得更多，并容易回忆起来。而对该人所表现的与外向无关的品质(如谨慎、敏锐等)则不怎么注意。同样，人们根据社会刻板印象去评价个体也是要证实个体与其头脑中既存的图式是相吻合的。证实偏差导致个体过分相信自己判断的准确性，评价一旦形成便不轻易改变，这种偏差在错觉相关效应(illusory correlation effect)中最明显。如果两种因素相互联系，人们就更容易注意并记住它们相互联系的信息，这种期望歪曲了人的知觉和记忆，使人将两种因素之间联系只觉得比实际上更强烈。

3. *后视偏差*

人们在回忆自己的判断时，倾向于认为其判断比实际上更为精确。这种现象称为后视偏差(hindsight bias)。在社会知觉中，人们大多是事后诸葛亮，事情发生后总觉得自己事先的判断很准确，而实际并非如此。比如以前对某个人的评价并非很贴切，而当这个人作出某种行为之后，他就说：“看，我以前就认为他是这样的人”。对事物的判断也是如此，如果让一些人预测一场足球比赛谁将获胜，大家猜测 A 队获胜的概率很高，结果 B 队胜了，事后让大家回忆自己当初估计哪个队获胜，很多人认为自己当初就认为 B 队能胜。事件发生前后人们的判断不一致。

后视偏差并非人们有意让别人知道其评价比较恰当，即便不当着他人面，让个人在单独情况下说出自己原先的知觉时，这种现象也会发生。它是一种真正的记忆歪曲，说明个人在社会知觉中不由自主地倾向于认为自己的判断是正确的。

4. 虚假一致偏差

人们常常高估或夸大自己的信念、判断及行为的普遍性，这种倾向称为虚假一致偏差(false consensus bias)，它是人们坚信自己信念、判断的正确性的一种方式。当遇到与此相冲突的信息时，这种偏差使人坚持自己的社会知觉。人们在认知他人时总好把自己的特性赋予他人身上，假定自己与他人是相同的，例如，自己疑心重重，也认为他人疑心重重；自己好交际也认为别人好交际。

5. 自我中心偏差

人们常常夸大自己在某种事物中的作用的倾向，称为自我中心偏差(egocentric bias)。夫妻两个人各自都认为自己在家务中做的事情更多，大学集体宿舍的同学都认为某次宿舍获得“文明卫生奖”的大部分功劳应归于自己，篮球队员总认为自己在比赛中的地位很重要等，这些都是自我中心偏差。有时人们通过言语或行为表达出这种偏差，而有时虽不公开表露，心里却认为自己在合作中的地位更重要，因此对本来是公平的分配很不满意，认为没有“按劳分酬”。汤普森和凯利(S. C. Thompson & H. H. Kelley，1981)研究发现夫妻双方中的每一方总认为自己在一些活动中承担的责任大于1/2，这些活动包括当两人单独时谁会主动与对方聊天以消除寂寞、解决冲突及对对方需要的敏感性等。

6. 自我服务偏差

人们常常有对自己的良好行为采取居功的态度，而开脱自己的不良行为的倾向，这称为自我服务偏差(self-serving bias)。自我服务偏差包含自我中心偏差，是个体对自我知觉的一种偏差，人们都倾向于提升自我的形象来提高自尊。

知识点检测

一、单选题

1. 随着时间的推移，戴着腕表的皮肤下的那些神经会向大脑传递越来越少的信号，你就会逐渐感觉不到腕表的存在，这种现象被称为________。

A. 传导　　B. 差别阈限　　C. 逆向注意　　D. 感觉适应

2. 感受性与感觉阈限之间的关系是__________。

A. 反比关系　　B. 正比关系　　C. 相等　　D. 无关

3. 下面__________属于躯体感觉。

A. 味觉　　B. 嗅觉　　C. 触觉　　D. 运动觉

4.“阳光下的煤仍然是黑的，暗室里的白纸总是白的”这一规律体现知觉的__________。

A. 理解性　　B. 恒常性　　C. 整体性　　D. 选择性

5. 当认知者对一个人的某种特征形成好或坏的印象后，他还倾向于据此推论该人其他方面的特征，这就是__________。

A. 首因效应　　B. 晕轮效应　　C. 近因效应　　D. 刻板印象

二、辨析题

1. 眼球的感觉传导首先发生在角膜，然后是晶状体，最后是视网膜。

2. 红色看起来让人觉得温暖，蓝色看起来觉得清凉，这是感觉的对比。

三、简答题

1. 简述知觉的基本特征。

2. 如何树立学生科学的感知观点？

实践应用

梦中为什么没有气味：嗅觉味觉对想象不敏感

外媒称，1896 年发表的一项研究结果考察了在梦中各种感官体验出现的频率，结果显示视觉体验在梦中占优势，听觉体验位居第二，而触觉、嗅觉和味觉体验的出现频率相当低。可是为什么？实际上没有人试图用实验找出原因。不过，以下是根据对大脑已知知识给出的一些可能原因。

据英国《独立报》网站 2014 年 9 月 13 日报道，视觉和听觉处理与大脑的关系要密切得多。多达 2/3 的大脑皮层(大脑主要的认知和感知部位)以某种方式参与视觉。因此，视觉如此频繁地在梦中出现不足为奇。听觉处理与语言密切相关，而语言对我们内在体验的概念结构极为重要，尤其是对意义的形成和与他人的交流。语言处理也完全在大脑皮层中完成。

而嗅觉和味觉几乎与大脑皮层无关。科学家认为，嗅觉可能是大脑中最原始的知觉系统。与其他感觉不同，嗅觉直接连接进入记忆和情感系统，这就是为什么某种气味能如此清晰地唤起某个记忆。

或许更为重要的是，嗅觉、味觉和触觉对想象不是很敏感。闭上眼睛，想象某个东西的样子，或者回放一段对话和“听到”人们说话，这相当容易做到。但想象一种气味、味道或者触觉却不那么容易。这可能是因为这些感觉不那么“有生产力”。

视觉和听觉需要大脑生成一个内部感知模型，并将其映射到来自感受器的信息模型上。这可能涉及许多“自上而下”的处理过程。嗅觉是一种测量空气化学组成的相当直接的手段，而触觉是一种测量皮肤压力的直接手段。由于嗅觉不涉及多少“想象”，它受梦中大脑活动的影响较小。

最后，有人提出，做梦可能是大脑重组信息——即所谓的记忆巩固的——副产品。结构最为复杂、因此最需要重组的信息可能是视觉和空间信息，还有语言(听觉)信息以及事实、事件、意义和人际关系的信息。无独有偶，梦中似乎充满这些信息。

(此内容转自医脉通)

参考答案

一、单选题

1.D 2.A 3.D 4.B 5.B

二、辨析题

1. 错误，尽管角膜和晶状体都会折射进入眼球的光线，让它们聚集在视网膜上，但它们并没有改变能量的形式。在视网膜将光线转化为神经冲动之前，能量形式的转换都没有发生。

2. 错误，这是联觉。联觉是一种感觉引起另一种感觉的现象。联觉是感觉相互作用的另一种表现，类似于文学上的通感。

三、简答题

1. 简述知觉的基本特征。

知觉的选择性、知觉的理解性、知觉的恒常性、知觉的整体性。

2. 如何树立学生科学的感知观点?

用正确的感知观点评价人、用科学的观点解释某些日常现象、用辩证的感知观点认识模糊知觉。

第四章　记　忆

引言：

记忆在人类历史及每个人的自身发展中都起到重要的作用。试想一下，如果没有记忆，我们将不会记得自己的亲人，自己的面孔，我们将永远处于外界未知的神秘状态中。而正是因为有了记忆，我们才会有那么丰富的人生经历让我们体验。所以，记忆是生物进化赋予人类的礼物，是个体保持和利用所获得的刺激信息或知识经验的一种能力。

记忆与学习紧密联系，一个人的记忆需要通过学习来获取信息、知识或经验，而学习意味着需要识记、保持和回忆这些信息，即记忆。我们都希望自己有良好的记忆能力，但是究竟怎样才可以记得更多，忘得更少呢？下面就来看看心理学是怎么研究记忆和遗忘的吧。

学习目标：

1. 识记记忆的概念。
2. 理解记忆的分类。
3. 掌握记忆的基本过程。
4. 掌握遗忘规律及其影响因素。
5. 如何培养学生的记忆品质？
6. 能够运用记忆规律进行自我教育。
7. 记忆规律在教学中如何应用？

第一节 记忆概述

一、什么是记忆

记忆是人脑对过去经验的识记、保持和再现（回忆和再认）的心理过程。从信息加工观点来看，记忆就是对外界输入信息的输入、编码、存储和提取的过程。

记忆是由识记、保持、再认与回忆组成的彼此紧密相连而又统一的心理过程。也就是说，记忆从识记材料开始，识记是学习和取得知识经验的第一步；知识经验在大脑中存储和巩固的过程即保持；从大脑中提取知识经验的过程可以表现为回忆或再认。其中识记和保持是人脑对外界输入的信息进行编码与储存的阶段，即记的阶段，其目的是使外界信息通过心理加工转换成大脑可以接受的编码形式。再认和回忆是将信息从脑中检索出来并经过译码加以运用的阶段，即忆的阶段。没有记就没有忆。记是忆的前提，忆是记的表现。此外，如果我们过去经历的事情不能再在头脑中反映出来，这就是记忆的丧失，即通常所说的遗忘。

二、记忆的测量方法

人脑的记忆容量惊人。据估计，人脑有140亿个神经细胞，可以储存全世界图书馆所有的藏书。而一般人只使用了大约10%的大脑功能，绝大部分潜能尚待开发。为了了解个体的记忆力，心理学常采用以下的测量方法。

（一）再认法

这个方法用来测量再认能力。其具体做法是：先向学生呈现识记的材料，如单词或图片等，时间通常为30秒钟，然后，把识记过的材料与等量的未识记的材料混杂起来，再呈现给他们辨认并说出哪些是已经识记过的材料。再认的成绩可以用以下公式计算出来：

再认能力(分数)=(正确再认数－错误再认数)/识记材料的总数

（二）回忆法

这个方法用来测量学生的回忆能力。可以用一连串的数字作为实验材料，如表4-1所示。让学生从表4-1中任选一行，在1分钟内读完，然后把记住的数字写出来(可以不按顺序)。回忆的成绩可以用下面公式计算出来。

表 4-1 测量记忆能力的数字表

第一行	15	22	84	57	65	23	58	97	26	36	77	98	64
第二行	32	55	87	97	41	58	19	62	34	75	93	85	43

回忆能力(分数)=(正确回忆数－错误回忆数)/提供回忆的总数

(三)再学法(节省法)

具体做法是：先让学生学习一些材料，经过一定的时间后，让他们重新学习这些材料，然后比较先后两次学习所用时间(次数)的相差数值，以节省的时间(或次数)多少为指标来衡量记忆的效果。节省的效果可以用以下面公式计算出来：

$$\text{保持量}=\frac{(\text{初学所用时间或次数}-\text{再学所用时间或次数})}{\text{初学所用时间或次数}}$$

三、记忆的分类

根据记忆的不同特性，可以把记忆分成多种类型。类别的划分不仅有利于对记忆的研究，也可以从一个侧面反映记忆研究的趋势、热点和新成果。

(一)根据记忆内容划分

根据记忆具体内容的不同，可以把记忆分为形象记忆、语义记忆、情景记忆、情绪记忆和动作记忆。

1. 形象记忆

以感知过的事物的具体形象为内容的记忆就是形象记忆。它以表象的形式储存，具有比较鲜明的直观性。

从各种感觉器官输入的各种事物的信息都可以形成形象记忆。只不过人脑对视觉、听觉和运动觉形象的记忆发展得最好。值得注意的是，通过从嗅觉、味觉、肤觉等通道输入的信息所形成的形象记忆，主要是与职业活动相联系，例如，品酒师的嗅觉和味觉形象记忆就高度发展，演员在表演过程中就极大地运用了视觉、运动觉的形象记忆。因此，形象记忆是我们从事艺术创造时进行构思、创作与表演的基础。

2. 语义记忆

语义记忆又叫语义—逻辑记忆，是个体对主要以词语为表达方式的知识的记忆。即语义记忆是用语词概括的各种有组织的知识的记忆。如概念、定理、公式等。可见，这种记忆在我们的学习过程中是最常见的一种记忆。由于词语本身的抽象性、概括性等特征，使得个体通过词语能够了解事物的意义。在获得知识的过程中，语义记忆显然起着主导作用，它不容易受到各种因素的干扰，比较稳定，提取也比较容易。它是我们获得系统的科学知识体系、主动并有意识地解决现实中问题的主要手段。

逻辑记忆可以归入语义记忆中，它是指人对客观事物之间的关系以及客观事物本身的意义和性质，使用概念、判断、推理等为内容的记忆。它以词语为中介，是人类所特有的。

3. 情景记忆

情景记忆是指对个人亲身经历过的、发生在一定时间和地点的事情(情景)的记忆。情景记忆对应于语义记忆，但与语义记忆有很大区别。语义记忆涉及词和概念的含义。情景记忆涉及个人生活中的特定事件，它所接收和保持的信息总是与某个特定的时间和地点有关，并以个人的经历为参照。此外，情景记忆比语义记忆更易受到时间和空间的干扰，而且抽取信息也较缓慢、记忆也不够稳定，往往需要努力搜索。

4. 情绪记忆

情绪记忆是以个体对曾经体验过的情绪或情感为内容，并以亲身感受和深切体验为形式的记忆。个体在过去特定情境下体验过的情绪，在一定条件下又会重新体验到，说明了情绪记忆的存在。典型的情绪记忆甚至把引起情绪的事物全部忘却，而只把某一情境和某种情绪联系起来。当这一情境或类似情境出现，就会引起不由自主的情绪体验，如怕黑的恐惧情绪体验。强烈的、对个体有重大意义的情绪体验保持的时间会很长且容易被再次体验。

5. 动作记忆

动作记忆又被称为运动记忆，是以个体过去经历过的身体运动状态或动作形象及其系统为内容的记忆。和其他记忆类型相比，动作记忆的保持和提取一般比较容易，也不容易遗忘。例如，一个人从小学会游泳，长大后多年不游，也能较快地恢复，这是过去习得的运动技能得以保持的结果，动作一旦掌握并达到一定的熟练程度，会保持相当长的时间，这就是动作记忆最显著的特征。

在人的实践活动中，不同类型的记忆都是相互联系着的，只是每个人都有自己主导的记忆类型。根据苏联学者涅恰耶夫对1000多个10～20岁学生进行的研究发现，在被调查者中约有2%的人属于视觉表象记忆类型，1%的人属于听觉表象记忆类型，3%的人属于运动觉表象记忆类型，16%的人属于视—听觉表象记忆类型，33%的人属于视—动觉表象记忆类型，9%的人属于动—听觉表象记忆类型，还有36%的人属于无差别的综合记忆类型。因此，每个人所擅长的记忆类型不同，对于其教育的方式方法也应不同，应重视个体差异性，让每个人的记忆特长得以发挥。

(二)根据信息加工和储存内容划分

安德森根据信息加工和储存内容的不同，将记忆分为陈述性记忆和程序性记忆。

1. 陈述性记忆

陈述性记忆是对陈述性知识的记忆，是对有关事实和事件的记忆。它可以通过语言的传授而一次性获得，它的提取往往需要意识的参与。我们学习的各种知识、日常掌握的各种常识多属这类记忆。

2. 程序性记忆

程序性记忆是对程序性知识的记忆，是对如何做事情的记忆，主要包括认知技能与策略、运动技能等内容。这种记忆往往需要通过多次尝试才能逐渐获得，而且在提取、使用时可以不需要意识的参与。例如，我们在学习游泳的过程中，可以通过翻看书籍、教练示范等掌握动作要求而获得陈述性记忆，而后经过不断练习，形成一定的运动技能，学会游泳。这时的记忆就是程序性记忆。

(三)根据记忆时有无意识参与划分

根据记忆过程中意识参与程度的不同，可以将记忆分为外显记忆和内隐记忆。

1. 外显记忆

外显记忆是指个体有意识地或主动收集某些经验来完成当前作业的记忆。这种记忆是个体有意识回忆的，因此又被称为意识控制的记忆。我们平时的学习，有意识地收集有关知识经验，用的记忆都是外显记忆。

2. 内隐记忆

是指在无意识的情况下，个体过去的经验自动对当前作业产生影响的记忆，又称自动的无意识的记忆。如人际交往中的印象形成。由于这种记忆对行为的影响是自动发生的，是个体无法意识到的，因此又被称为自动的无意识记忆。

研究表明，内隐记忆和外显记忆在认知加工方面具有很大的差异。主要体现在以下五个方面。第一是加工深度，内隐记忆受学习者认知加工深度的影响远小于外显记忆；第二是保持时间，内隐记忆和外显记忆的保持时间不同，内隐记忆保持更持久；第三是记忆负荷量，对外显记忆而言，记忆的项目越多记忆的效果越不好，但对于内隐记忆而言，记忆的效果并不受记忆项目数量的影响；第四是呈现方式，感觉通道的改变，如以听觉形式呈现，以视觉形式进行测验，对内隐记忆显著影响而对外显记忆的影响不大；最后是干扰因素，干扰因素更容易对外显记忆产生影响，但对内隐记忆的影响不大。

(四)根据记忆保持时间的长短划分

根据记忆保持时间的长短，可把记忆分为感觉记忆、短时记忆和长时记忆。

1. 感觉记忆

感觉记忆在记忆系统的第一阶段，是一种原始的感觉形式，是记忆系统在对外界信息进行进一步加工之前的暂时登记。感觉记忆也叫瞬时记忆，当客观刺激停止作用以后，感觉信息在一个极短的时间内被保存下来的记忆。例如，后像就是感觉记忆产生的，储存时间大约为 0.25 秒～2 秒。

感觉记忆的特点是：记忆极为短暂，若加以加工，就会转入短时记忆；容量较大；形象鲜明；记忆痕迹易衰退。

2. 短时记忆

短时记忆又称操作记忆或工作记忆，指信息一次呈现后，保持时间在 1 分钟之内的记忆。它是感觉记忆和长时记忆的中间阶段。它包括两个部分：一部分为直接记忆，指输入的信息没有经过进一步的加工，它的容量有限，大约为 7±2 个组块。另一个成分为工作记忆，即输入信息经过再编码，使其容量扩大，保持时间为 5 秒～1 分钟。

短时记忆的特点是：时间很短，一般不会超过 1 分钟；容量有限，约为 7±2 个组块；易受干扰。

3. 长时记忆

长时记忆是指信息经过充分和有一定深度加工后，在头脑中长时间保存下来的记忆。长时记忆又叫永久性记忆，信息在记忆中可以保持很长时间，从一分钟以上，甚至终生。长时记忆构成了个体关于外界和自身的全部知识经验。

长时记忆的特点是：容量无限；保存时间长久。

四、记忆的形式

客观现实的刺激物所具有的是物理特征，这些物理特征必须转换成具有心理特性的形式，才能被储存，日后才能被取用。经过转换的具有心理特性的记忆形式主要是记忆表象和语词，人依靠这两类形式储存知识。

(一)记忆表象

曾经感知的事物不在面前，而在脑中再现出来的心理形式，就是记忆表象。

客观现实是记忆表象形成的源泉，也是检验记忆表象是否符合实际的标准。感知是记忆表象形成的基础，因此，知觉形象越丰富，在脑中储存的记忆表象就越多样、越复杂。然而记忆表象与知觉形象有着本质的不同，两者的不同主要表现在以下两个方面。

1. 直观性

知觉形象和记忆表象都具有直观性，但是知觉形象是在客观事物直接刺激下产生的。记忆表象以知觉形象为基础，是经多次感知并由大脑加工概括之后形成的，因此它比知觉形象更高级。所以，知觉形象较清晰、鲜明，记忆表象较模糊、暗淡；知觉形象较完整、全面，记忆表象较零碎、残缺。

2. 概括性

记忆表象与知觉形象在概括性方面也有区别。知觉形象概括的是事物的个别属性，它是当前事物的具体映象。记忆表象是曾经感知过的事物留在脑中的映象，这种映象是对相关事物进行概括之后而形成的，它反映的是同一事物或同一类事物在不同条件下经常表现出来的一般特征。

记忆表象的直观性特点，与知觉相似；而它具有的概括性特点，则与思维相似。由于记忆表象所概括的事物形象包括非本质的属性，概括水平并不高，因此与思维有本质的不同。记忆表象实质上是从知觉过渡到思维的必不可少的中间环节。记忆表象的作用是使人的认识活动可以摆脱当前事物直接影响的限制，为想象、思维等心理过程提供感性支持。

(二)语词

利用语词形式记忆是人类所特有的，人的大量记忆属于这类形式。语词形式更符合人脑对信息的储存，据推算，一个语词可以推演出1000个表象性信息。

语词具有高度的概括性，它可以标志客观事物，所以记住了语词，也就记住了它所代表的事物。语词可以概括具有相同本质属性的同类事物，用不同的语词可以区分不同的事物。例如，“笔”这个词概括了所有用来书写的工具，包括钢笔、毛笔、铅笔等，但它们又是不同的，用不同的材料制成，有各自不同的适用性。语词可以起信号作用。语词的音、形、义都可以作为信号，用来预示与揭示所标志的事物及其复杂的联系，使我们能够把事物与事物、表象与表象联系起来，也可以把语词与语词联系起来构成记忆“组块”，形成逻辑系统或联想链，便于人们进行思想交流并掌握记忆的规律和方法。

记忆表象与语词两者之间有着密切的关系。首先，记忆表象可以使语词富于形象化和具体化，并使语词的活动更具有稳定性。其次，语词对记忆表象有改造和说明的作用。离开语词表征的记忆表象往往是不够精确的、片断的。同时，借助于语词，人可以唤起记忆表象并对它进行控制，也可以利用它与别人交流。最后，记忆表象和语词可以相互结合，互为依据，相得益彰使记忆效果更佳。心理实验表明，具有由记忆表象系统和语词系统共同标志的内容，可以获得最佳的记忆效果。不同人的记忆加工方式不同，研究发现，有人善于以表象形式进行记忆，有人则善于以语词形式进行记忆。但更多的人属于两者结合的中间类型。

五、记忆的神经生理学说

记忆加工是在我们的大脑多部位中进行的。以前对记忆的储存方式或组成因素的讨论很容易使人觉得记忆似乎仅仅位于大脑的某个地方——大脑有一种保存记忆痕迹的神经“文件夹”。但事实上，神经心理学的研究发现，记忆并非是只储存在一个固有地方的。下面让我们看看关于记忆的神经生理学说有哪些？

(一)脑损伤的研究

(1)拉什利(Lashley，1929)最早提出关于记忆的非定位理论，或称为整合论。该理论认为记忆是整个大脑皮层活动的结果，和脑的各个部分都有联系，而不是皮层上某个特殊部位的机能。他用实验证明：大鼠的记忆损失程度与切除其大脑组织的数量成正比，即皮质损伤的面积越大，记忆损害程度就越严重。该实验表明：记忆机制并不存在于特定的脑区，而是广泛分布于整个大脑中。

(2)定位论认为，记忆是由大脑的一定脑区负责的。支持脑定位的研究有：

①1861 年法国医生布洛卡发现了导致运动性失语症的言语机能区。

②威尔尼克发现了导致接收性失语症的言语技能区。

③潘菲尔德等用微电极刺激患者大脑颞叶区，引起了患者对往事的鲜明回忆。

④鲁利亚对脑损伤病人及对其恢复训练过程中的研究证明，丘脑下部组织及部分边缘系统受到损伤，其短时记忆出现明显障碍，网状激活系统则保证了记忆所要求的最佳紧张度或充分的觉醒状态。

⑤麦克高夫等人的实验研究证明，前额区受到损伤的猴子，选择性反应发生混乱。

⑥认得左半球言语运动区受到损伤，将造成言语记忆的缺陷，右额叶受损伤却造成非言语刺激记忆的困难。

(3)德斯蒙(Desimone，1992)对脑损伤病人的研究发现：

①小脑损伤会损坏经典条件作用中动作反应的获得，进而影响程序记忆；

②纹状体是习惯的养成和刺激—反应间(S-R)的联系的基础，它的损伤和病变会降低习惯的刺激—反应学习效果；

③大脑皮质负责感觉记忆及感觉间的关联记忆，其中颞上回皮质的损伤会损害听觉识别记忆；颞下回皮质的损伤会影响视觉辨识和联想记忆。杏仁核与海马组织负责名字、日期、时间等的表象记忆，也负责情绪记忆。脑的其他部位，如前额叶、前脑叶基部和丘脑也都与不同种类的记忆有关，是不一样的记忆机制。

(4)神经心理学研究中有一个著名脑损伤案例：H. M. 是一位 27 岁的癫痫病人，手术前他的智力正常，手术中切除了其大脑两侧颞叶内部的许多组织，包括大部分的杏仁核、海马体，以及一些联结地带(如图 4-1)。脑切除手术明显减轻了 H. M. 的癫痫病发作，但手术让他丧失了形成新的情景记忆的能力。这使得 H. M. 仅能记住语义信息和手术前几年经历过的事情，却再也不能形成对新情节、新事件的记忆(Schacter，1996)。

(5)科尔萨克夫综合征(Korsakoff syndrome)是由长期酗酒导致的，患这种病的人海马体受损严重，并患有较严重的遗忘症。给这种病人和正常被试对照组呈现一组词汇表，让他们判断是否喜爱这些单词。在线索回忆测验中，病人组与对照组存在显著差异，且遗忘症病人的成绩显著低于正常组被试。但在词干补笔测验中，两组之间并无显著差异。这一结果表明，科尔萨克夫综合征的脑损伤降低了病人的外显记忆水平，但其内隐记

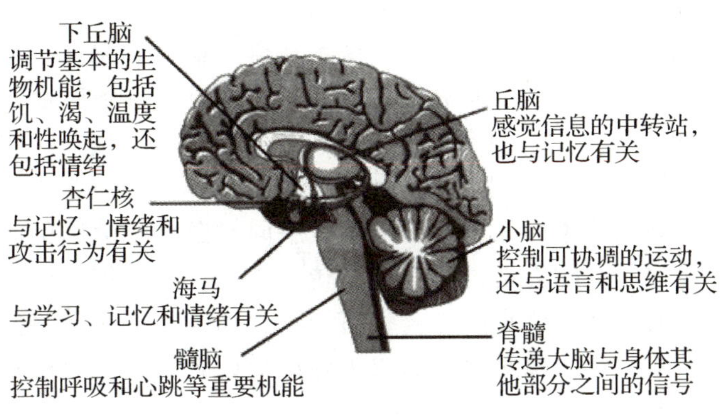
下丘脑
调节基本的生物机能，包括饥、渴、温度和性唤起，还包括情绪
杏仁核
与记忆、情绪和攻击行为有关
海马
与学习、记忆和情绪有关
髓脑
控制呼吸和心跳等重要机能
丘脑
感觉信息的中转站，也与记忆有关
小脑
控制可协调的运动，还与语言和思维有关
脊髓
传递大脑与身体其他部分之间的信号

图 4-1 大脑皮质下结构

忆保存完好(Cave & Squire，1992)。

(二)脑成像的研究

1. PET 扫描

正电子成像术也叫 PET 扫描，它能为我们提供更多的关于记忆的神经基础的信息。如果要对人脑的记忆加工过程进行 PET 扫描，首先要给被试注射一种含有示踪物的放射性同位素的溶液。示踪物溶液注射后约 15 秒便可被被试的血液吸收并进入大脑，从而放射出正电子。正电子与大脑中的负电子碰撞产生光子，这些光子被环绕在被试头部的一圈传感器记录下来。这就是对人脑 PET 扫描的工作机制。

PET 研究表明，情景记忆的编码和提取过程在大脑两半球之间有显著的不同。情景记忆编码过程在左前额叶表现出不对称的高度脑活动，在右前额叶表现出不对称的低度脑活动；而情景记忆提取过程在右前额叶表现出高的脑活动，在左前额叶表现出不对称的低度脑活动(Nyberg. et. al.，1996)。还有研究表明，右大脑前额叶更多地涉及情景信息的提取，左大脑前额叶则更多地涉及语义信息的提取(Buckner，1996)。

2. 核磁共振成像技术的研究

功能磁共振成像研究可以发现大脑中的血液在磁化状态下的变化，这类变化取决于大脑中氧化的程度，而氧化程度的变化又可以用来推测大脑局部血液的变化。

在一项研究中，要求被试者看一些场景或单词，并对刺激作一些简单的判断(如判断这个词是具体的还是抽象的)。在被试者执行这些任务的时候，对他们进行功能磁共振成像扫描。结果显示，前额叶皮质和旁海马皮质(离海马很近的一个皮质区)在扫描中的激活水平越高，被试者对所呈现的场景或单词的再认成绩就越好。被试者在语义信息编码过程中，左前额叶显示出很高的激活水平，而进行知觉判断时却观察不到这种现象(Brewer. et. al.，1998)。

伊登等(Eden. et. al.，1996)对比了阅读困难儿童和正常人阅读时的大脑激活情况。阅读困难的儿童在阅读过程中同时激活了大脑的听觉区以及视觉区，好像他们很吃力地需要将字母转化为声音，再把声音转化为理解层面的意义，而熟练的读者则完全省略了听觉加工这一步。将儿童刚刚学习阅读时的大脑激活情况对比他们成为熟练的读者时的大脑激活情况，也存在着类似的差异。

(三)记忆的脑细胞机制研究

1. 反响回路

反响回路是指神经系统中，皮层和皮层下组织之间存在的某种闭合的神经环路。反响回路是短时记忆的生理基础。贾维克和艾斯曼用小白鼠跳台的实验为这种反响回路的学说提供了证据。

2. 突触结构

神经生理学家普遍认为，长时记忆的神经基础是神经元突触的持久改变。因为涉及结构的改变，所以它发生的过程比较缓慢，并需要不断地巩固。这一观点得到了实验的证明，在丰富的环境中生活的白鼠比在单调环境中生活的白鼠的皮层厚且重。

3. 长时程增强效应

在海马内的一种神经通路中，存在着一系列短暂的高频动作电位，能使该通路的突触强度增加，这种强化称为长时程增强(LTP)效应。这种LTP具有专一性，它只对受到刺激的通路起强化作用。并且这种作用使海马能对新习得的信息进行长时间的加工，然后再把这种信息传输到皮层相关的部位，作更长时间的存储。进一步研究显示，海马是长时记忆的暂时性存储场所，海马受到损伤就会影响短时记忆向长时记忆的转化过程。

(四)记忆的生物化学机制研究

神经心理学家认为，记忆是由神经元内部的核糖核酸的分子结构来承担的。此外，还有一些研究发现，一些激素，例如肾上腺素的分泌能够促进记忆的保持。

第二节　记忆的基本过程

我们所说的记忆过程分为识记、保持、再认和回忆几个过程，每一个过程都有其不同的特点和规律。

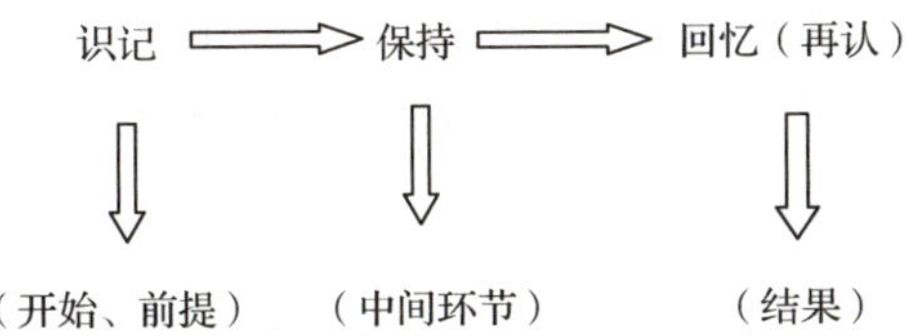

记忆的过程中，识记、保持、再认和回忆这几个环节是相互联系、相互依存的。识记、保持是再认和回忆的前提与保证，再认、回忆是识记和保持的结果与证明。

一、识　记

通过反复感知而识别、记住某种事物，并在头脑中形成比较巩固的暂时联系、留下映象的过程，就是识记。识记是整个记忆过程的开端，更是保持的必要条件。外界刺激的信息在这一环节中进行编码，就像收音机将声音信息转换成电磁信号一样，大脑把进入识记环节的信息转换成便于储存与提取的心理表征形式。根据识记时的自觉性和目的性的不同，可以把识记分为无意识记(不随意识记)和有意识记(随意识记)。

(一)无意识记

没有预定的目的，也不必经过意志努力的识记，叫作无意识记。

无意识记的心理基础是无意注意。无意识记这一心理事实表明，心理活动对有些信息的输入能够自动操作和编码，同时不知不觉地储存起来。以后，在适当的刺激条件下，这些信息也可以解码恢复。所以，幼儿的一些不教而能的行为和表现，就是通过——潜移默化、耳濡目染这样的无意识记途径获得的。

当然，并不是生活中的任何事物都可以经由无意识记途径进入记忆，只有那些对人的生活具有重要意义的、符合人的活动需要的、与人的兴趣密切相关的、能够引起人的强烈情绪情感反应的事物，才容易在人的头脑中留下深刻的印象。这说明无意识记具有一定的选择性。正因为这样，通过无意识记获得的知识和经验往往缺乏系统性和完整性。

(二)有意识记

有预定的目的，采取一定的方法和步骤，并经过一定的意志努力所进行的识记，叫作有意识记。

有意识记是积累系统的知识经验，形成成套的技能、技巧的主要途径。有意识记的心理基础是有意注意，它是一种复杂的智力活动和意志活动，它在人们的工作和活动中，特别是在学习中占有重要的地位。根据材料的性质以及对材料的理解程度，人们通常采用机械记忆与意义记忆两种办法进行有意识记。

1. 机械记忆

机械记忆是指人根据材料的外部联系或表现形式，采取机械重复的方法所进行的识记。机械识记的基本条件是重复的感知材料。

采用这种办法进行识记的材料一般有两种情况：一是材料本身是有意义的，但是有的人由于缺乏必要的知识，没有发现材料之间的意义联系，而采用了机械识记的办法，如死记硬背定理、课文等；二是材料之间没有任何意义联系，如外国地名、姓名等。

2. 意义记忆

意义记忆是指通过理解材料的意义，找出材料之间的本质联系、因果关系或者新旧知识经验之间的联系之后而进行的识记。采用这种办法进行识记的材料一般也有两种情况：一是材料本身有意义，虽然有时也难于发现材料的内在意义联系，但通过理解把它挖掘出来了，如数学公式；二是材料本身并不具有意义联系，但通过联想或人为地赋予材料某种意义。

机械记忆和意义记忆两种方式的合理配合与运用，可以增进识记效果。意义记忆的效果不论在全面性、准确性、巩固性或速度方面都优于机械记忆，因为它能把要识记的材料与头脑中已有的知识建立联系。学习过程中如果将机械记忆的内容，人为地赋予意义，就可大幅提高识记效果。

(三)影响识记的因素(良好识记依赖的条件)

(1)识记的目的：识记目的是否明确，影响识记效果。

(2)学习态度：识记客体成为主体智慧活动的对象或结果，就会激发学习动机，从而提高识记效果。

(3)识记材料的数量和性质。

一般地，识记材料越多，用的时间也越多。一般来说，成人对文字材料识记效果较好；儿童对直观材料识记优于文字材料。

(4)识记材料的难度和理解程度。

如果识记材料是容易的，一般开始较快，后来变慢。如果识记难懂的材料，开始时进程慢，后来逐渐加快。

理解是识记的基础。理解了材料，识记就比较迅速和牢固。

(5)学习的方法。

识记有三种方法：整体识记法、部分识记法、综合识记法。整体识记法是将识记材料整篇阅读成诵；部分识记法是将识记材料分段阅读，再分段背诵；综合识记法是将整体与局部相结合，即先进行整体识记、再进行部分识记、最后进行整体识记，直到成诵为止。一般说来，如果材料较短且具有密切的意义联系，可用整体识记；如果材料本身没有多少意义联系，可用部分识记；如果材料较多，而且是有意义的，可采用综合识记。

(6)不同感官的识记效果不同。

一般来说，多种感官协同的识记效果要好于单一感官的识记效果。

二、保 持

识记所获得的知识经验在头脑中保留与巩固的过程就是保持。保持是记忆过程中的中间环节，是过去经历过的事物在头脑中巩固的过程。经验的巩固不是一个被动的过程，随着时间的推移和后来经验等因素的影响，会在质量和数量上发生某些变化。

一般来说，随着时间的推移，保持的内容在数量上呈减少趋势，但在儿童中也存在记忆的恢复现象，即识记某种材料经过一段时间后测得的保持量大于识记后即时测得的保持量。这种现象也叫作记忆回涨。此外保持内容的质也发生了变化，有人用实际图形做实验，把回忆的图形与识记的图形相对照，发现有的更简略了、有的更完整了、有的更具体了、有的部分更突出了。

(一)信息的三种储存系统

信息加工理论认为，保持过程有三种信息储存系统。

1. 瞬时储存系统

保持在瞬时储存系统的信息有以下特点：保持的时间很短，一般只有一秒钟左右；以感觉的形式被保持，以事物的物理特性进行编码，后像就属于这种形式；容量大，据实验推算，瞬时储存信息的容量可达刺激信息量的76%左右；如果受到特别注意，信息就能转入短时储存系统，否则，就会很快消失。信息的消失有积极意义，可以避免与后面输入的信息混杂在一起。

2. 短时储存系统

短时储存系统的信息可以获得更高水平的加工。短时储存系统的特点是：对语言材料，以听觉形式(即音码)为主进行编码与储存，对非语言材料，则以视觉形式(即形码)为主进行编码与储存；保持的时间一分钟左右；信息容量约为7±2个意义单位(组块)；储存的内容可以被意识到，经过有意复述可以转入长时储存系统。

3. 长时储存系统

长时储存系统的信息有以下特点：保持时间长，从一分钟到几年甚至终生；容量极大，以义码为主进行编码，以组块形式储存信息；系统中的信息可以是几分钟以前的事物，也可以是很久以前的事物，但如果不去有意回忆就不会意识到它的存在；系统中的信息来源于对短时储存系统内容的复述和再编码。

以上三种储存系统分别对应感觉记忆、短时记忆和长时记忆。通常刺激信息从瞬时储存系统进入短时储存系统，再进入长时储存系统。

三、再　认

过去经历的事物再次出现时，仍然可以被识别出来，这就是再认。

再认是“忆”的初级表现。再认要比回忆容易，因为再认时，要识别的事物就在眼前，会提供回忆的线索。如果由于保持在脑中的材料发生较大的变化或者识别条件不具备，那么发生“误认”的现象也会出现。

再认的速度和正确性取决于三个主要条件：一是识记的准确性与保持的巩固性；二是再认的事物与识记时留下的映象的一致性，当呈现在眼前的事物与原来的事物映象一致时，再认就不会太困难；三是环境线索的类似性，如果再认时，提供了与识记时相类似的环境或有关联的情境，则再认就容易。

四、回　忆

回忆是把以前曾经感知过的事物在头脑中重新呈现并加以确认的心理过程，也叫重现。

回忆不需要过去感知过的事物重新出现便可以进行。它可以在没有预定目的的情况下发生，也可以在有预定目的的情况下产生。前者是无意回忆，后者是有意回忆。有时，有意回忆要经过较大的努力，进行比较艰苦的思索，才能在脑中呈现出过去感知的事物映象，这种现象叫作追忆。

人在追忆时，总是以联想为基础。所谓联想是在头脑中由一事物想到与之相联系的另一事物的心理活动。客观事物是相互联系的，根据事物的相互联系进行联想记忆有助于改善记忆效果。联想有以下规律。

1. 接近律

时间、空间上接近的事物易产生联想。如京津、沪杭是空间上的接近。

2. 相似律

性质接近或类似的事物易产生联想。例如，由月亮的盈亏想到人生的聚散。

3. 对比联想

性质上相反的事物易产生联想。如由严寒想到酷暑。反义词的对比，可加深对词义的理解记忆。

4. 关系律

具有果因果、从属等关系的事物易建立联想，如由动物想到鱼虫鸟兽(从属关系)等。

形成联想与利用联想是提高记忆能力的有效措施。教师在分析教材时，应注意揭露事物之间的各种联系和关系，使学生在再认和回忆知识时能充分地利用各种联想规律。

回忆的速度和正确性与三个因素有关。①材料的数量。要回忆的材料量越多，所需时间就越长，即重现速度就慢。实验发现，平均从储存系统中搜寻和提取一个记忆项目，要花 38 毫秒的时间。②识记时材料的组织。一项心理实验表明，识记有层次关系的词语，回忆正确率为 65%，而识记随机排列的词，回忆正确率只有 19%。③情绪的作用。愉快的情绪有利于回忆，不愉快的情绪会干扰回忆。此外，重现时的情绪状态若与获取信息时的情绪状态相同或相似，便可促进回忆。反之则阻碍回忆。

不论是再认或回忆，如果在搜寻与提取信息时发生错误，就会以遗漏、篡改或歪曲原材料的形式表现出来。正是这样，所以在教学中再认和回忆都可以作为检查学生知识掌握情况的手段。试卷中的是非题、选择题等是再认的考查形式；问答题、填空题等则是回忆的考查形式。

第三节 遗 忘

一、什么是遗忘

遗忘是指对过去识记过的事物不能再认或回忆，或表现为错误的再认或回忆。

遗忘也是正常的心理现象，有积极和消极之分。对正确的知识经验、技能技巧、行为习惯的遗忘有消极的作用，对一些无关紧要的东西，还是把它忘掉为好，以免大脑信息超载。

二、有关理论学说

遗忘有生理方面的原因，例如，脑的器质性损伤会导致识记困难或回忆障碍等。遗忘也有心理方面的原因。目前，关于遗忘的心理原因有四种最主要的假说，即消退说、干扰说、动机说和提取失败说。

(一)消退说

这种假说认为，遗忘是因为记忆痕迹随着时间推移，因得不到强化而逐渐衰退，以至于最后消失。在该理论中，时间是造成遗忘的决定性因素。记忆痕迹的消退一般是从细节开始，而后扩展至其他部分。消退说强调，记忆痕迹一旦消失，则记忆将不能恢复，若想恢复需要重新学习并再建立神经联系。

现在也有人把这种遗忘理论称之为“渐退理论”，即认为，不常回想起的或不常使用的信息，相较于常用信息，往往容易从记忆中失去。

(二)干扰说

这种假说认为，遗忘是因为在学习和遗忘之间受到内外因素的干扰，使记忆痕迹产生抑制作用而产生的，而不是记忆痕迹的消退。干扰说强调，干扰性抑制主要有前摄抑制和倒摄抑制两种情况。并且记忆的神经联系一经建立，痕迹就可以永久保持，即使暂时受到抑制，一旦抑制解除，记忆便可恢复。

1. 前摄抑制

先前学习的材料及学习活动对识记和回忆后来的学习材料产生的干扰作用叫作前摄抑制。

研究前摄抑制所用的实验模式是：

实验组：学习字表→学习字表→重现字表 A

控制组：休 息→学习字表→重现字表 A

大量的实验结果表明，控制组重现字表的成绩优于实验组成绩。这说明实验组受到了学习字表的干扰，产生了前摄抑制。前摄抑制对无意义材料的学习干扰较大，因为先后学习两种无意义材料容易产生泛化作用。对于有意义材料，由于材料之间的联系较多，易于建立起有意义联系与保持分化，因而前摄抑制对有意义材料的影响较小。

2. 倒摄抑制

后学习的材料对识记和回忆先前的学习材料所产生的干扰作用叫作倒摄抑制。

研究倒摄抑制所用的实验过程是：

实验组：学习字表→学习字表→重现字表 A

控制组：学习字表→休 息→重现字表 A

实验表明，实验组的重现量比控制组少，这说明实验组受到倒摄抑制作用的干扰。

上述前摄抑制与倒摄抑制所产生的影响，发生在两种材料的学习之间。对此，有两种解说：一种解说认为，在一段学习停止后，原来学习所引起的神经活动仍然在持续地加工输入的材料，因此，紧接着学习另一种材料，就会同时影响对先后两种材料的保持与巩固。另一种解说认为，学习不同的材料，意味着大脑要分别对它们进行不同形式的加工活动，由于不同的加工之间可能会出现混淆，因此对回忆材料的质量和数量都会有所影响。

(三)动机说

前两种遗忘理论都没有涉及个体的欲求、需要、需求等动机因素。即它们都没有考虑到人们记忆某种信息时会在一定程度上受动机所驱使。比如，我们会有意识地去记忆那些可能引发我们积极情绪的信息，而那些会引起我们消极情绪的信息很可能会被遗忘。

动机说认为，有些信息可能对我们自己很重要，所以大脑很轻松地记住了这些信息；而有些信息可能会引发我们的痛苦或不快等消极体验，因而不大可能被记住。例如，有人对持两种截然相反观点的学生在辩论中的论点作了记录，事后测验这两组学生所持的论点数量。结果发现，每一组学生记住的赞同自己意见的论点远多于反对自己意见的论点。

弗洛伊德根据他对精神病人的观察结果提出了动机遗忘说，又被称为压抑说。该学说认为，遗忘是由于情绪或动机的压抑作用造成的，若这种压抑解除了，记忆还能得到恢复。弗洛伊德认为，人们之所以遗忘那些特别令人不快的事情比较容易，是因为这些记忆内容沉入到潜意识中去了，或者说，被压抑住了。压抑是一种自我防御机制，它的作用是通过阻止不愉快的记忆内容进入意识，从而避免发生不愉快的体验。但是，尽管人们没有意识到潜意识中的那些不愉快的经历，它们仍然还会继续影响人们的某些情绪、情感，从而影响学习效果，如果被压抑的事情太多，就会产生心理障碍。精神分析学派认为，通过催眠或其他方法，可以揭示出这些被压抑的记忆，进而帮助患者用正确的方式对待这些经历，克服心理障碍，维护心理健康。

(四)提取失败说

该理论认为，在长时记忆中保存的信息是不会丢失的(即不会失去信息、受到干扰或抑制)，之所以回想不出某种信息，仅仅是由于在提取时没有找到良好的提取线索而已。

可见，从信息加工的观点来看，遗忘是一时难以提取出所要求的信息，一旦找到正确的线索，经过搜索，那么需要的信息就能被提取出来，这就是提取失败说。

综上所述，信息被遗忘，可能是由于不用而消退，或者由于受到其他信息的干扰，也可能是由于某种动机方面的原因或由于没有适当的提取线索所致。

无论从哪一个角度来讲，在传授知识、技能和技巧时，使学生更好地记忆各种知识并有效克服遗忘，是教师的主要职责之一。因此，全面地了解学生遗忘的原因，有助于教师高效地进行教学。如果学生是由于不常用而遗忘(衰退说)，那么，教师可以提供练习或回忆的机会，或采用适度过度学习(过度学习 50%最佳)的方法。通过指出新知识与学生已有知识之间的共同性和差异性，可以有效地防止前摄干扰和倒摄干扰(干扰说)。当然，教师最好不要使学生产生受压抑的体验(压抑说)。最后，如果教学内容组织得当且有助于学生看到前后之间的联系性，或教师在教学过程中适时地提供合适的线索，会有助于学生克服提取信息时所遇到的困难(提取失败说)。

三、影响遗忘进程的因素

(1)识记材料的性质、数量和意义。从识记材料的性质来看，对动作、技能遗忘得最慢；从识记材料的数量来看，识记材料的数量越大，遗忘的越多；从识记材料的意义来看，若识记材料枯燥无味，往往遗忘得快。

(2)学习的程度。在完全识记了材料并足以正确回忆之后，又继续增加学习或练习的次数，使学习的巩固水平超过刚能背诵的程度，这就是超额学习。超额学习在50%～100%保持的效果最佳，遗忘的就少。

(3)识记材料的系列位置。一般来说，识记材料的首尾容易记住，不易遗忘，而中间部分则容易遗忘。

(4)记忆任务的长久性和重要性。需要长久记忆的材料和重要的内容不容易遗忘。

(5)识记者的态度。识记者对识记内容的需要、兴趣等，对遗忘的快慢也有影响。

四、遗忘的规律

最早研究遗忘规律的人是德国心理学家艾宾浩斯。他用两千多个无意义音节作为学习材料，以自己为被试，用节省法测量了遗忘的进程。结果发现，遗忘的发展是先快后慢，到了一定的时间，几乎不会再遗忘了；遗忘的进程是不均衡的，总的趋势是最初忘得多，以后忘得少。根据这一遗忘规律，他绘制了著名的艾宾浩斯遗忘曲线。

后来，一些心理学家的重复实验结果与艾宾浩斯遗忘曲线的描述一致。而且对于有意义的材料，其遗忘规律仍然是先快后慢，先多后少。此外研究还发现，最先被遗忘的是那些没有重要意义的部分、材料的细节部分、不能引起兴趣的部分、不符合需要的部分、学习时不思牢记的部分，以及采用不符合科学记忆方法的部分。

第四节　良好记忆品质的培养及应用

一、良好记忆品质的培养

(一)记忆品质的个体差异

良好的记忆品质包括记忆的敏捷性(即在单位时间里比别人记忆的数量多)、记忆的持久性(即对记忆的材料能长久地保持)、记忆的正确性(即回忆的准确无误)、记忆的备用性(即善于从储存系统中迅速提取所需要的材料)。

记忆的品质在不同的个体身上有不同的结合，这反映了个体记忆能力的差异。所以，记忆的品质可以用来作为衡量个体记忆能力好坏的综合性指标。

记忆的数量多、保持牢固、善于准确回忆的类型是最理想的记忆类型。这类学生一般学习比较专心，能够在理解的基础上记忆材料。当然，也有记忆数量多、保持牢固，但不善于准确回忆的学生，这主要是由于思维品质的差异造成的。

记忆数量多、保持不牢固类型这类学生往往满足于追求记忆的速度，缺乏对材料的分析与比较，记忆过后又不及时复习，因而很快就把材料遗忘了。

记忆数量少、保持牢固、善于准确回忆类型这类学生常常要花较多的时间才能记住材料。然而依靠毅力和耐心，他们能够持之以恒地进行熟记，一旦记住就经久不忘，也能准确地回忆所需要的材料。也有的人记忆速度慢，保持虽然牢固，但不善于准确回忆，这主要是个性因素的影响造成的。

记忆数量少、保持不牢固类型这类学生虽然比别人多花几倍的时间去识记材料，但收效甚微。产生这种现象的原因可能是多方面的，比如，学习目的不明确，识记材料时心不在焉，缺乏正确科学的记忆方法，知识基础太差，丧失学习信心以及心理或生理上有某种疾病等。

学生记忆品质类型的差异不是一成不变的，经过培养，人人都可以具备理想的记忆品质。

(二)如何培养学生良好记忆品质

积累知识经验，巩固和运用知识经验，都与良好的记忆品质关系密切。记忆品质是智力的重要组成成分。教师要把培养学生良好的记忆品质作为一项重要的任务。

(1)要帮助学生认识自己记忆上的特点。教师可以通过观察或必要的心理测试，来了解学生记忆品质的状况，发挥学生记忆上的优势，并依靠优势去克服记忆上存在的劣势，让学生树立信心，鼓励他们成为具有理想记忆品质类型的人。

(2)要指导学生严格按照记忆规律学习知识。记忆的规律反映着大脑在信息输入、编码、储存、加工、检索、译码等过程中的一系列活动特点，按照这些规律去学习，就会事半功倍。熟能生巧，习惯成自然，养成符合大脑活动特点而进行学习的习惯，必然会形成记忆的良好品质。

(3)要指导学生在实践中运用储存在头脑中的知识，只有通过应用，知识才能巩固与更新。学生已经形成的良好记忆品质也只有在实践中才能不断地完善与发展。在教学中，知识的应用一般包括两个方面：一是理论应用，即学生在识记教材之后，通过理解进行解题、问答、作文、实验等形式的作业来运用知识；二是实际运用，即让学生在社会实践、生产实践或生活实践中将所学的知识运用到实际中。

二、记忆规律在教学中的应用

(一)合理安排教学

首先，学校在排课时应尽可能避免把性质相近的课程排在一起，这样可以避免相似学科的相互干扰。

其次，教师要保证学生的课间休息。课间休息有利于学生巩固上一节课所学内容，提高保持效果，同时，也有助于减少前摄抑制、倒摄抑制对记忆活动的影响。此外，教师应控制每节课的信息投入量。过多的信息投入不利于学生在课堂上对学习内容的消化、吸收和记忆。过少的信息投入不利于学生获得更多的知识。

(二)向学生提出具体的识记任务，增强学习的主动性

有意识记是教学活动中最主要的识记种类，教师应根据不同的教学内容，提出明确的识记任务。因为，教师每节课讲的内容要求学生记忆的内容程度是不同的：有的需要完整记忆；有的需要部分记忆；有的需要记忆大意，有的需要精确记忆；有的需要短时记忆；有的需要长时记忆。这就

需要教师向学生提出具体的识记任务，要让学生知道应该记什么，记忆的程度如何。但提出这种任务要适时，不要在讲新知识之前强调记忆的要求。此外要注意培养学生直接和间接的学习兴趣和求知欲。

（三）使学生处于良好的情绪和注意状态

情绪对记忆活动有明显的影响，尤其是识记和回忆两个环节，容易受到过分紧张、焦虑等情绪的干扰，因此教师要善于调节课堂气氛，使学生在轻松、愉快、平和的气氛中学习和记忆，尽可能排除不利于记忆活动的情绪干扰。教师在要求学生识记时要特别引起他们的注意，因为，注意对记忆具有门户、选样和组织的作用，材料只有受到注意才能被记住。

（四）充分利用无意识记的规律组织教学

无意识记可使学生轻轻松松地获取知识。教师在教学中使学生无意的记住更多的内容，是一种更高级的教学艺术。我们知道，难度适中而新颖的题材、令人感兴趣的东西、激动人心的生动形象或事件、成为活动对象的内容以及多种感官参加认识的对象等，都不需要付出太大的意志努力而容易被记住。所以，教师要讲究教学艺术，调动学生的无意识记。

（五）对材料进行精细加工，使学生理解所学内容并使之系统化

只有被理解的、系统的知识，才能长久地保持在记忆中，并在需要时很快地提取出来。因此教师在教学中，要使学生通过思考去理解所学内容，使所教内容在学生头脑中建立多方面的联系，使知识系统化，不要让学生死记硬背，需要对材料进行分析，把观点、论据以及逻辑标示出来，然后概括并确切的叙述出来。对于没有明显意义的学习材料，如历史年代、外文单词等要尽力找出其间的联系，甚至人为地赋予意义。

（六）运用组块化学习策略和多重信息编码形式，合理组织学习材料

对材料的组块化实际上就是把若干的组块组合成数量更少的、体积更大的组块的心智操作，它能使输入信息有效的进入长时记忆。常见的组织加工方式是类别群集，把一系列项目对信息进行转换，使之适合于记忆储存，有语义编码又有形象编码的材料易记忆。

（七）重视复习方法，防止知识遗忘

第一，及时复习，当天进行复习。艾宾浩斯得出的“遗忘先快后慢”结论提示我们，学生应当做到当天的功课当天就要复习。以后的复习时间间隔逐渐延长。

第二，合理分配复习时间，在识记后不久，复习的次数要多些，时间间隔要短些。

第三，做到分散和集中复习相结合。难度小的材料可适当集中，难度大的材料可采取分散复习的方式。

第四，反复阅读和尝试回忆相结合。

第五，复习方法多样化。如正确运用集中复习与分布复习的方法。

第六，运用多种感官参与复习。把看、听、写、读、思结合起来。这样，在回忆信息时，可以保证从其中的某一脑区部位提取信息。

第七，适当超额学习。在完全识记了材料并足以正确回忆之后，又继续增加学习或练习的次数，使学习的巩固水平超过刚能背诵的程度，这就是超额学习。超额学习在50％～100％时效果最佳。

三、记忆规律在自我教育中的应用

(一)个体的身心调节策略

1. 增强自信心

在识记材料时，首先要有自己一定能记住的信心，如果对自己的记忆力缺乏信心，就会对产生消极的自我暗示，从而影响个体内在潜能的发挥。

2. 调动积极性

这涉及个性动力系统的动机激发上。有明确的记忆目的，具体的记忆目标，持久的记忆任务等，都是调动个体记忆积极性的具体而有效的措施。

3. 调节情绪状态

情绪不仅对认知活动具有动力功能，而且还有调节功能。过分紧张或低沉的情绪会抑制人的记忆活动，只有在愉快、有兴趣而较平静的情绪状态下，带着对当前记忆的紧迫感，才能更有利于提高记忆的效率。

4. 集中注意力

注意对心理活动的选择、保持和调控作用，同样表现于记忆过程之中。特别是注意的集中程度，对识记的效果有直接的影响。因此，在记忆时，要尽力做到集中注意力。

5. 保证充足睡眠

睡眠的充足与否不仅取决于时间，也取决于质量，尤其是看睡眠中含快速眼动波的多少，即有梦睡眠与恢复大脑机能关系密切。充分的睡眠对识记时的注意和保持的巩固有积极作用，是提高记忆不可忽视的重要因素。

(二)记忆材料的优化处理策略

对记忆材料的处理，是决定记忆效率和效果的关键，此策略可分为三个方面。

1. 记忆材料的性质转化

记忆材料性质是影响记忆的一个重要因素，因此，在对记忆材料进行加工处理时，要尽可能转化为有利于记忆的性质。

记忆材料的操作化，即把要记忆的材料转化为操作活动的对象。例如，活动记忆法——通过手操作来记住有关材料；笔记记忆——通过抄写、批语、做卡片等笔记形式来记住有关材料；朗读记忆法——通过出声朗读来记住有关材料等。

记忆材料的形象化，即把要记忆的材料转化为形象材料。记忆材料的诗歌化，即把要记忆的材料转化为诗歌。记忆材料意义化，即把要记忆的材料转化为意义材料，也就是赋予机械性材料以一定的意义性。

2. 记忆材料的数量简化

记忆材料的数量是影响记忆效率的因素，一次识记的数量越多，记忆的效率越低。同时，人的记忆潜力虽然很大，但毕竟时间和精力有限。因此在对记忆材料进行加工时有必要加以简化。

记忆材料的概括化，即对记忆材料进行提炼、抓住关键进行记忆。它包括主题概括、内容概括、简称概括、顺序概括、文字概括等。记忆材料的规律化，即对记忆材料进行分析、抽象，以便抓住规律进行记忆。记忆材料的特征化，即抓住记忆材料中的特征来加强记忆。

3. 记忆材料内容的系统化

大脑中记忆材料的储存犹如资料室里的文件存放，文件只有分门别类摆放，才能便于寻找；人们大脑中的记忆材料同样需要有序储存，否则很快就会忘记。这里就涉及记忆材料内容的系统化问题。所谓记忆材料的内容系统化，就是在头脑中把识记的材料归入一定的顺序使之彼此发生一定的联系。

记忆材料的归类化，即把识记材料按一定的标准组成或纳入不同的类别。记忆材料的网络化，即把识记材料编成或织入某一网络，构成某种认知结构。

(三)记忆痕迹的有效建立策略

加工处理后的记忆材料以怎样的方式迅速储入头脑并得以牢固保存呢？这便涉及记忆痕迹的有效建立问题。这一策略包括记忆痕迹的初建、加固和不断强化三个方面。

1. 初建痕迹

要尽可能快而准确地初步识记材料。首先，在识记的总体安排上，可采用综合识记法，即进行整体—部分—整体的识记，使人在相互联系中对各部分材料的理解与记忆变得较为容易。其次，在具体识记时，又可采用试图回忆法、交替进行识记和尝试回忆，使人能及时了解识记对错，以提高每次识记的针对性和积极性。实验表明，无论是识记无意义材料或是记叙文，将全部学习时间的4/5用于尝试回忆的记忆效率最高。

2. 加固痕迹

要尽可能当场巩固识记材料。如前所述，识记越巩固，日后回忆效果越好。这里可采用超额学习法。若以初步识记(即刚能背出)所需花的识记次数为100％计算，那么在达到初步识记后应再用50％的超额学习来巩固识记内容。

3. 强化痕迹

要尽可能日后不断复习识记材料。可采用超比例循环记忆法。这一方法的特点是做到及时复习、先多后少，恰好能够对先快后慢的遗忘过程进行强化。

(四)运用记忆的技术和方法

记忆的技术和方法也叫记忆术。让学生掌握并能运用一些符合自己习惯的记忆术，对于完善记忆操作和避免遗忘是有好处的。特别是对于历史年代、外国地名、外语词汇、运算数据等近乎无意义的材料，采用合理的记忆术，可以达到经久不忘。学生常用的记忆术可以归纳为以下几类。

第一类，以获得鲜明、具体的事物形象为目的的记忆术，如直观形象记忆法、图解记忆法、发掘特征记忆法、形状记忆法等。

第二类，以获得对抽象概念、理论、定理等的理解为目的的记忆术，如索引记忆法、人工意义记忆法、口诀记忆法、列表对照记忆法、表解记忆法、改错记忆法、卡片记忆法、自问自答记忆法等。

第三类，以获得强烈的情绪体验为目的的记忆术，如夸张记忆法、争论记忆法、情境联想记忆法、趣味记忆法、对比记忆法等。

第四类，以巩固行为动作为目的的记忆术，如交谈记忆法、读写记忆法、实践记忆法、朗读记忆法等。

知识点检测

一、单选题

1. 记忆是人脑对__________。

A. 客观事物的个别属性的反映　B. 客观事物的概括的、间接的反映

C. 客观事物的超前反映　D. 过去经历过的事物的反映

2. 学习一系列单字后，把学过的与未学过的单字随机混在一起，并呈现给被试，要求被试辨认学过的单字。这种检测记忆效果的方法是________。

A. 系列回忆法　B. 再认法　C. 自由回忆法　D. 对偶联合法

3. 所谓“潜移默化”是通过__________。

A. 无意识记而接受的　B. 有意识记而接受的

C. 无意回忆而接受的　D. 有意回忆而接受的

4. “触景生情”是__________。

A. 有意回忆　B. 无意回忆　C. 间接回忆　D. 机械回忆

5. 标准化考试中常用问答题方式测验学生对知识理解和记忆的巩固程度，这是利用记忆中的__________。

A. 有意识记　B. 无意识记　C. 再认　D. 回忆

6. 校庆时两位老同学相会，虽然叫不出名字，但彼此能认识，此时主要是__________记忆活动。

A. 识记　B. 保持　C. 再认　D. 回忆

7. 学习程度对保持和遗忘有较大影响，实验证明，既不产生疲劳又使保持的效果最佳的过度学习为__________。

A. 100%　B. 150%　C. 200%　D. 80%

8. 记忆是通过__________、保持、再认或回忆等基本环节在人脑中积累和保存个体经验的心理过程。

A. 复述　B. 识记　C. 注意　D. 知觉

9. 长时记忆系统中编码信息的方式为__________。

A. 听觉编码　B. 视觉编码　C. 形象编码　D. 语义编码

10. 遗忘最快的记忆材料是__________。

A. 无意义音节　B. 诗歌　C. 事物的形象　D. 熟练的动作

11. 曾经感知的事物不在面前而在脑中再现出来的心理形式，是______。

A. 想象　B. 直觉　C. 记忆表象　D. 想象表象

12. 对一首乐曲的节奏、旋律的记忆是__________。

A. 形象记忆　B. 逻辑记忆　C. 情绪记忆　D. 运动记忆

13. 属于人类独有的记忆类型是__________。

A. 形象记忆　B. 逻辑记忆　C. 情绪记忆　D. 运动记忆

14. 对于材料较多，而且有意义的材料，最好的识记方法是________。

A. 分记法　B. 全记法　C. 综合法　D. 谐音记忆法

15. 短时储存系统中的信息，如果是语言材料，其编码形式主要是__________。

A. 音码　B. 形码

C. 义码　D. 事物的物理特征

16. 短时记忆的信息容量是__________组块?

A. 9±2　B. 7±2　C. 5±2　D. 6±3

17. 先前学习的材料对识记和回忆后学习材料的干扰作用叫________。

A. 前摄抑制　B. 倒摄抑制　C. 遗忘　D. 系列位置效应

18. 短时记忆又称为__________。

A. 感觉记忆　B. 工作记忆　C. 程序记忆　D. 活动记忆

19. 后学习的材料对保持和回忆先学习材料的干扰作用叫__________。

A. 前摄抑制　B. 倒摄抑制　C. 正迁移　D. 负迁移

二、辨析题

1. 材料本身不具有意义联系，但通过联想或人为地赋予材料某种意义进行的识记属于意义识记。

2. 先学习的材料及学习活动对后来的学习产生的干扰作用叫倒摄抑制。

3. 俗话说:“一朝被蛇咬，三年怕草绳”，这是形象记忆。

4. 学生在考试时，回答选择题的记忆活动主要是再认。

5. 故地重游往往让人触景生情，回忆起许多在其他情况下不太容易想起来的事情，逆行性遗忘可以解释此现象。

6. 向被试先后呈现两道个位数的加法题，在每道加法题呈现后，要求被试报告结果；同时，在连续呈现两道加法题后，要求被试按顺序报告出每道加法题的第二个数字。这种方法测定的是工作记忆。

三、简答题

1. 简要说明瞬时记忆的特点。

2. 试述记忆的三个系统。

3. 试述记忆过程的几个环节及其相互关系。

4. 简要说明短时记忆的特点。

实践应用

某初中生记忆力问题案例分析

一、案例呈现

小明(化名)，男，初中二年级学生。学习成绩中等，但偏科严重，历史政治之类需要大量背诵的科目成绩很差。据该生自述，由于升入初中之后各科作业量明显增多，所以在课余时间里，对于历史政治之类的学科根本没有时间复习。每次都是在考试前一个月开始复习背诵，但由于学科内容很多并且又很长时间没有复习过，导致其背诵效果极差。一些知识点连续背了十几遍还是记不下来，记下来的又很容易就忘记了，往往是前一天晚上背的东西第二天早上起来就不记得了。小明总是感觉头很沉，对需要背诵的科目产生了恐惧情绪，看到历史政治就头疼。

二、案例分析

很多初中生都有和小明一样的困扰。进入初中之后，像历史政治之类的需要背诵的学科知识很多。这使得许多学生都很头疼，好不容易背下来的知识考试时却又想不起来了，或者很多知识都记混淆了。这些情况都是因为他们的记忆效率很低，没有形成和良好的记忆习惯和掌握必备的记忆技巧，同时还形成了恐惧畏难的心理。

对于小明的情况我们可以给出以下建议：

1. 消除恐惧，摆正心态

很多同学都有这样的感受，只有拥有良好的精神状态我们才能更高效的背诵，如果我们对所要背诵的东西感兴趣，并且我们是在愉悦放松的心情状态下去背东西的话效率会很高，记忆也会更持久。而当我们心情不好时，进行背诵的效率会很低。所以，恐惧情绪只会降低我们的学习兴趣，进而影响记忆效率。因此，我们应该摆正心态，消除畏惧心理，要相信自己有能力掌握所学的知识，在平时学习生活中锻炼自己的政史素养，逐渐培育政史的学习兴趣，坚信自己一定能够应付政治历史中庞杂的知识。

2. 掌握遗忘规律，适时进行复习

我们对知识的遗忘是有规律的，心理学家研究表明，遗忘的速度不是均衡的，在记忆的最初阶段遗忘的速度很快，后来就逐渐减慢了，到了相当长的时候后，几乎就不再遗忘了，这就是遗忘的发展规律，即“先快后慢"。所以小明应该在老师讲过之后就要及时进行复习。同时还应正确分配复习时间，因为分散复习要优于集中复习。如，下课后把课上讲的再浏览一遍，晚上睡觉前将知识再回忆一遍等，这样既不会占用很多时间，也可以加深知识在脑海中的印象。值得注意的是，复习应持续两周以上，只有这样，知识才会逐渐进入到长期记忆中，这样在复习时就不会觉得好像在学习新知识一样。

3. 注意用脑卫生，适当放松大脑

由于精神紧张和长时间的背诵，我们会感到大脑昏昏沉沉的，这严重降低了我们的记忆效果。这时我们要学会适当的放松我们的大脑，方法很简单，首先端坐在椅子上，将两手用力搓热，然后两手十指交叉叠放在后脑部，背部后靠在椅背上。还可以将手掌在两侧太阳穴及感觉难受的部位都焐一会儿，直到感觉舒适为止。一般只需 2～3 分钟的时间即可消除疲劳及不适感。

小明可以根据建议及时调整自己的心态和复习策略，再搭配适当的大脑放松法，记忆效果会有很大改善的。同时，好的记忆力也会帮助他减轻对政治历史的畏惧心理，各科平衡发展才能在中考时取得满意的成绩。

除了以上一些大脑放松法和提高记忆效率的方法，下面我们再给大家提供其他一些方法。每个人的生理特点和学习特点都很不一样，所以找到适合自己的消除大脑疲劳以及提高记忆力的方法才能让记忆力更好。

(一)消除大脑疲劳的方法

(1)想象放松法。学习疲劳时，可舒适地坐在凳子或床边，全身自然放松，两手放在膝盖上，想象着蔚蓝的大海，宽广的草原等美丽的景色。让大脑完全处于放松愉悦的状态。

(2)注视转移法。学习或思考问题一两个小时后，要自右向左转动头颈五次，再自左向右转五次，或者注目凝望远处的景物，提高眼睛对不同距离的视觉适应性。此法可以改善脑部血液循环，使精力充沛，记忆力增强。

(3)手指梳头法。两手五指分开，微屈手指，从前额沿头顶向后梳理头发，直到头皮感觉放松为止。这种方法能刺激头部血液循环，消除大脑疲劳。

(4)音乐欣赏法。紧张的学习之余听一段舒缓音乐，能够使昏昏沉沉的大脑得到缓解休息。因为音乐调节大脑神经细胞的兴奋抑制过程，有助于减轻大脑的疲劳。尤其是听音乐时再配以全身的放松训练，效果会更好。

(二)记忆技巧

1. 分割记忆目标法

有目标才会有方向有动力。因此要学会分割记忆目标，把大的远的目标划分成若干个小的近的目标，一个一个地实现。每当达到了一个小的近的目标时，就能增强信心。当多个小的具体的目标达到之后，大的远的目标也就近在眼前。而对大的远的目标的靠近，无疑会更强有力地增强记忆效能，从而更有效地提高记忆能力。

2. 意义记忆法

很多知识仅靠死记硬背是行不通的。如一些需要理解的概念，定理，规律等。因此，要在理解的基础上，借助已有的知识经验，通过思维进行分析综合，继而把握材料中各部分的特点及其内在的逻辑联系，使之纳入已有的知识结构，以便保持在记忆中。

3. 关键词记忆法

这种方法适用于语文和政治内容的背诵。将每一段中几个有代表性和串联性的词记住，再逐渐将其他内容填充到背诵提纲中来，这样能够提高记忆速度，就不会出现一个词想不起来就整段都回忆不起来的情况了。

4. 谐音记忆法

初中学科中的许多知识很难记忆，是由于在它们之间不易找出有意义的联系。就拿历史来说，要学好历史就必须记住历史年代，而如此之多的时间与事件之间很容易产生混淆。这时就可以用谐音记忆法，例如甲午战争爆发于1894年，那么我们可以谐音“一把揪死”，这样就使枯燥的数字变得很有趣，而且也非常容易记住。这种方法适用于一些抽象难记的材料。

三、家长应该怎样帮助孩子提高记忆力

首先，要为孩子提供充足的营养。初中孩子正处于身体和心理的发育期，需要很多营养的摄入，尤其是一些健脑的营养物质。家长在孩子的日常饮食中可适当增加胡萝卜、南瓜、海带、黄豆和牛奶等的补充。这些食物中含有大脑发育所需的大量营养物质，能够提高孩子的记忆力，使孩子大脑的发育更健全。此外，核桃仁和葵花籽也有很好的健脑的作用。

其次，训练孩子掌握提高记忆力的方法。帮助孩子了解自己的生理特点和学习特点，与孩子共同探讨孩子在记忆过程中遇到的困难，并帮助孩子找出适合自己的记忆方法，同时还可以将自己的记忆技巧与孩子分享。

最后，要监督、避免孩子染上不良恶习。抽烟、酗酒、吸毒等不良行为会严重威胁孩子的身心健康，对大脑记忆力的损伤也是极大的，家长应做好相关方面的引导教育工作，避免孩子染上恶习。同时，一经发现，应及时制止，避免进一步危害的发生。

总之，每个人的记忆潜能是无限的。人的记忆能力的差距，在很大程度上是由用脑卫生和记忆方法的差距引起的。所以家长要协助孩子发现并掌握最适合自己的记忆方法，同时注意孩子的用脑卫生与健康，使孩子在学习过程中相信自己的能力，通过训练逐步提高其记忆能力。

参考答案

一、单选题

1. D　2. B　3. A　4. B　5. D　6. C　7. B　8. B　9. B　10. A　11. C　12. A　13. B　14. C　15. A　16. B　17. A　18. B　19. B

二、辨析题

1. 正确。

2. 错误。先学习的材料及学习活动对后来的学习产生的干扰作用叫前摄抑制。

3. 正确

4. 正确

5. 错误。编码特异性原理可以解释此现象。

6. 正确

三、简答题

1. 简要说明瞬时记忆的特点。

瞬时记忆又称感觉记忆或感觉登记，是指外界刺激以极短的时间呈现后，一定数量的信息在感觉通道内迅速被登记并保留一瞬时的记忆。

瞬时记忆的特点：①具有鲜明的形象性；②信息保持的时间极短；③记忆容量较大；④信息的传输与衰变取决于注意。

2. 试述记忆的三个系统。

认知心理学按信息的输入、加工、存储、提取方式的不同，以及信息存储时间长短不同，把记忆费为瞬间记忆、短时记忆和长时记忆 3 种记忆系统。

瞬时记忆又称感觉记忆或感觉登记，是指外界刺激以极短的时间一次呈现后，一定数量的信息在感觉通道内迅速被登记并保留一瞬时的记忆。瞬时记忆的特点：①具有鲜明的形象性；②信息保持的时间极短；③记忆容量较大；④信息的传输与衰变取决于注意。

短时记忆：又称操作记忆或工作记忆，是指信息一次呈现后，保持时间在 1 分钟以内的记忆。短时记忆的特点：①信息保持的时间很短；②记忆容量有限，一般为 7±2 个组块；③短时记忆易受干扰；④短时记忆的信息可被意识到；⑤短时记忆的信息经复述可能转入长时记忆中。

长时记忆是指学习的材料，经过复习或精细复述后，在头脑中长久保持下来的记忆。长时记忆的特点：①记忆容量无限；②信息保持的时间很长；③长时记忆中的信息是不被意识的。长时记忆的信息编码有两类：语义编码和表象编码。

3. 试述记忆过程的几个环节及其相互关系。

识记、保持和回忆是记忆过程中的几个基本环节，他们之间有着密切的联系。识记是保持和回忆的前提，保持是识记和回忆的中间环节，回忆是识记和保持的结果和检验，通过回忆，还有助于进一步巩固所识记的内容。

4. 简要说明短时记忆的特点。

①信息保持的时间很短；②记忆容量有限，一般为 5～9 个；③短时记忆易受干扰；④短时记忆的信息可被意识到；⑤短时记忆的信息经复述可能转入长时记忆中。

第五章　思维与想象

引言：

亚里士多德被誉为西方的“圣人”，其著作被奉为“经典”不容置疑。亚里士多德说过：推动一个物体的力取消后，原来运动的物体便归于静止。伽利略对此提出质疑，他看到这个事实：有人推小车走，如果他忽然停止推车，小车不立即停止，而是继续走一段路，要使路面平滑，还会走得更远。由此他进一步推论，如果毫无摩擦，小车将会永远走下去。这个观点为后来牛顿的第一定律奠定了基础。

亚里士多德另外一些观点，例如：物体从高空落下的快慢与其重量成正比，也提出了有根有据的质疑。结果通过事实推翻了亚氏的“圣言”，提出自由落体定律。

想象和思维在科学研究中起到怎样的作用？这是什么思维品质，有什么意义？

学习目标：

1. 了解思维和创造思维概念、思维的过程及思维的分类。
2. 掌握问题解决的思维过程、影响解决问题的心理因素。
3. 创造性思维的过程、创造性思维在行为上的特征。
4. 培养良好的思维品质克服不良思维品质。
5. 青少年思维与想象的特点及学生创造性思维的培养。
6. 了解想象概念、想象的分类。
7. 了解概念学习的有关知识。
8. 能够运用思维规律进行自我教育。

第一节　思维概述

一、什么是思维

思维是人脑对客观事物的本质属性与内部规律性的间接和概括的反映。它反映的是事物的本质和事物间规律性的联系。

思维是人类所特有的认识世界的高级形式。虽然思维是在感觉和知觉的基础上产生与发展的，但它的反映内容和形式都与感知不同。就反映的形式看，思维是通过一定的推理、判断间接地去反映客观事物，而感知是对客观事物的直接反映。就反映的内容看，思维概括了事物的本质属性、内部规律性及其必然的联系和关系，而感知反映的是事物的个别属性和外部联系与关系。所以，间接性与概括性是思维的两个重要特征。

(一)思维的间接性

思维的间接性是指人们借助一定的媒介和知识经验对客观事物进行间接的认识。因为思维具有间接性，所以我们能够以间接的形式去推知过去、认识现在与预测未来。

思维的间接性有三个作用：一是使我们能够超越感官结构与机能的局限去认识客观事物。比如，我们能够认识超声波的存在。二是使我们能够突破时间与空间的限制去了解遥远的过去或宏观与微观世界物质的结构与运动。比如，我们能够知道珠穆朗玛峰地区在四千万年前是一片汪洋大海。三是使我们能够触及由于事物的内隐性特点而无法直接被感知的那些属性与规律性。比如，我们能够了解大脑皮质高级神经活动的特点与规律等。

(二)思维的概括性

思维的概括性是指在大量感性材料的基础上，把一类事物共同的特征和规律抽取出来，加以概括，表现在两个方面：第一，思维反映的是一类事物所共同的、本质的属性。第二，思维还可以反映事物的内部联系和规律。通过思维活动，把同一类事物或现象共同的、本质的属性抽取出来，加以概括；同时，把概括出来的认识推广到同类事物或现象中去，这就是思维的概括性特征。

思维的间接性和概括性是相互联系的。当我们离开具体事物而进行抽象、概括活动时，基本上都表现为间接认识的形式；而我们间接认识客观事物的基础是思维的概括性活动。当然，思维之所以能够进行间接与概括的活动，是因为它有感知提供的材料，并经过“去粗取精，去伪存真，由此及彼，由表及里”的加工过程。所以，感性认识是思维活动的基础。

二、思维的品质

（一）思维的广阔性和深刻性

全面地看待问题，了解事物之间的各种联系与关系，遇事能从各个不同角度去分析、研究再得出结论的表现就是思维的广阔性。在学习、生活中，善于从繁杂的现象中抓住解决问题的最本质与最核心的要素，经过深入钻研达到对问题的深刻理解，从而想出解决问题的最佳办法，这是思维深刻性的表现。

与思维的广阔性相反的是思维的狭隘性。思维狭隘的人往往看问题片面、主观，只凭有限的知识经验思考问题并急于对问题下结论。与思维的深刻性相反的是思维的肤浅性。这种人常常被一些表面的现象所迷惑，满足于一知半解，在未触及事物的实质之前就想解决问题。这两种不良的思维品质应加以克服。

（二）思维的独立性和批判性

独立地发现问题、分析问题和解决问题这是思维的独立性，具有这一品质的学生常能创造性地运用新方法去解决学习中遇到的问题。根据客观标准和实践观点来检查自己思维活动及其结果的正确性的表现是思维的批判性。这样的学生能正确地评价自己的一切言论和行动，有明确的是非观念，既敢于坚持正确的东西，又勇于质疑错误的东西。

与思维的独立性相反的是思维的依赖性。这是习惯于人云亦云、盲从迷信、易受别人暗示影响的不良品质。与思维的批判性相反的是思维的任意性。这种人总是自以为是或者随波逐流、毫无主见。这两种不良的思维品质在办事不讲原则的人身上最容易表现出来。

（三）思维的灵活性和敏捷性

善于根据客观条件的发展变化，灵活地采取有效措施，及时地去处理和解决问题这是思维的灵活性。这样的学生在面对问题时，能够因时、因地、因人调整解决问题的方案，使之获得最佳的效果。善于当机立断采取必要的措施迅速处理问题这是思维的敏捷性。这样的学生在解决问题时能准确而迅速地作出判断。

与思维的灵活性相反的是思维的固执性。这种人墨守成规，固执己见，不顾条件的变化仍按老一套办事。与思维的敏捷性相反的是思维的迟钝性。这样的人遇事优柔寡断，反应迟钝。不思进取、缺乏改革创新精神的人一般都具有这两种不良的思维品质。

思维品质是构成人的智力的核心因素，因此，在学校的素质教育中，应当重视良好思维品质的培养。

三、思维的种类

(一)根据思维过程中的凭借物的不同，可将思维分为动作思维、形象思维与抽象思维

动作思维也称直觉行动思维，是以实际操作来解决问题的思维。它的特点是所要解决的问题是直观的、具体的，解决问题依赖实际动作。例如，3 岁前的幼儿的思维属于动作思维，他们思维是离不开触摸、摆弄物体的活动。成人也有动作思维，例如，“修理机器设备”这个问题十分具体：机器的毛病出现在什么地方，如何排除故障等。问题的发现与解决在拆开机器之后进行的实际操作之中，即在操作中思考、发现与解决问题。还有，体操运动员进行训练和表演时，也主要靠动作思维。

形象思维也称直观形象思维。它以表象或形象作为思维的主要材料。表象是记忆中所保持的客观事物的形象。事物的表象包括视觉表象、听觉表象、触觉表象、嗅觉表象、味觉表象和动觉表象等。其中最主要的是视觉表象和听觉表象，尤其是视觉表象。例如，幼儿计算应用题：“小明有 5 个苹果，吃掉 3 个，还剩几个?”他们在头脑中往往是利用苹果的直观形象数来数去解答问题。作家和画家等的文艺创作更多地运用形象思维。

抽象思维是依赖概念、判断和推理的形式解决问题的思维。这种思维是借助于语词、符号来思考问题，故又称为语词逻辑思维。例如，学生运用数学符号和概念进行数学运算的推导，常常是以抽象思维为主来解决问题。科学工作者运用抽象思维解决一些理论与实践问题。抽象思维又分形式逻辑思维和辩证逻辑思维两种：前者具有确定性，并反对思维过程本身自相矛盾；后者则具有灵活性，并强调反映事物的内在矛盾的统一。两者既有区别，又有联系，辩证逻辑思维是在形式逻辑思维基础上逐渐发展起来的，它属于抽象思维的高级阶段。

(二)根据思维探索的目标和方向不同，可分为集中思维与发散思维

集中思维也称辐合思维、求同思维。它是将问题所提供的种种信息或

者条件朝着一个方向集中，从而得出一个正确的答案或者一个最优的解决问题的方案。

发散思维也称求异思维、逆向思维或多向思维。这种思维是沿着不同的方向去思考，对信息或者条件加以重新组合，找出几种可能的答案、结论或者假说。

阅读专栏 5-1

创造性思维训练

创造性思维训练主要包括：

1. 发散思维的训练

(1)大脑激荡法(brainstorming)。这一方法是指以集思广益的方式，在一定时间内采用极迅速的联想作用，产生各种主意。

(2)类别变动法。这种方法是用来克服定势和功能固着的影响，以提高思维的变通性。

(3)创造性的问题解决。该方法具体有四步：①界定问题；②开放头脑；③确定最佳构想；④付诸实施。

2. 直觉思维的训练

创造性思维常以直觉思维的形式表现出来。训练直觉思维的方法有鼓励学生大胆猜测和假设；展开合理想象，即兴回答问题；教师进行直觉思维示范，提高学生对直觉的敏感性；教给学生捕捉直觉的方法，如即时记下一些偶然出现的新异念头；让学生尽可能多地获得一些解决问通的经验等。

3. 形象思维能力的训练

训练形象思维能力除了结合不同的学科特点外，还要到大自然中去接触各种各样的事物，接受大自然对视、听、嗅、触觉等方面的陶冶，发展表象系统，提高对事物的敏感性，从而促进形象思维能力的发展。

【资料来源】俞国良．创造力心理学．杭州：浙江人民出版社，1996：328—330.

集中思维强调指向唯一正确的目标，即要求思维内容、思维成果应集中、统一到传统观念或原有概念、原理上来，否则视为错误或异端；而发散思维则强调思维内容和思维成果应与传统观念或原有概念、原理不同，甚至相反，其思维目标事先不能确定，可以是一个也可以是多个。发散思维是一种不依赖常规寻找变异的思维，在探索几个可能的答案时，一般很难确定哪个是正确的，只有通过验证才能肯定下来。

(三)根据思维的创新程度，可分为常规性思维和创造性思维

常规性思维也称再造性思维，它是运用人们常用的思维方法来解决问题，具有再造性的特点。这种思维缺乏新颖性和创造性，是运用已有的知识、经验，用现成的方法来解决问题，一般不会产生新的思维成果。

创造性思维，是用创造性的方法来解决问题，一般能产生新的思维成果。创造性思维是人类思维的高级过程，是多种思维的综合表现。

(四)根据思考步骤和过程是否清晰，可分为直觉思维和分析思维

直觉思维也称非逻辑思维，它是一种没有完整的分析过程与逻辑程序，依靠灵感或顿悟迅速理解并作出判断和结论的思维。这是一种直接的领悟性的思维，具有直接性、敏捷性、简缩性、跳跃性等特点，可以认为它是逻辑思维的凝聚或简缩。

分析思维也称逻辑思维，它是一种严格遵循逻辑规律，经过仔细研究、逐步分析，最后得出明确结论的思维方式。例如，警察通过线索、取证、对证等找出犯罪对象的思维；学生推理论证几何题的思维。

四、思维和语言

语言是人类最重要的交际工具，是词汇和语法规则的总和。思维是人脑对客观事物的本质属性与内部规律性的间接和概括的反映。它反映的是事物的本质和事物间规律性的联系，是人类大脑特有的一种机能。

思维离不开语言：①思维以语言为工具。②思维的成果需要语言来巩固。③语言可以帮助思维逐步深化。④语言可以帮助思维条理化。⑤语言可以帮助将思维成果传递给别人。

语言对思维具有很大作用，但不应估计过高：①语言的形成和发展都依赖于思维。②语言的交际过程同样依赖于思维。

思维和语言有着很大区别，思维的职能终于反映客观现实，认识客观事物的特点、规律及相互间的联系和区别，语言的职能终于为交际和思维提供工具。思维作为大脑的一种机能，其构造对全人类而言是相同的，客观世界对全人类而言是统一的，人类认识活动的基本过程也是一致的，都是由感性认识上升到理性认识，都必须遵循思维的基本规律，因此，思维具有全人类性。语言是社会约定俗成的，不同民族可以有不同的语言，因此，语言具有民族性。语言是交际和思维的工具，思维是反映客观事物的认知过程。

第二节 想象的一般概述

一、想象的概念

想象是人脑对头脑中已储存的表象进行加工改造，而创造出新形象的心理过程。如读白居易的诗句“日出江花红胜火，春来江水绿如蓝”，头脑中也能浮现出祖国江南秀丽景色的形象。

可见，人通过想象可以创造出自己没有经历过的、现实中尚未存在或者根本不可能存在的事物的形象。想象的形象无论多么新奇，但构成想象的材料都是我们过去感知过的现实中存在的客观事物的表象。

想象过程所产生的新事物的形象，叫作想象表象。有想象才有创造，任何文学艺术创作、科学发明都需要想象。

二、想象的功能

(一)想象有预见功能。它能预见活动的结果，指导人们活动进行的方向。小时候想象自己成为科学家、音乐家、教师，由此奋发学习，长大后实现自己的理想。

(二)想象具有补充知识经验的功能。实际生活中有许多事物不可能直接感知，通过想象可以补充这种知识经验的不足。

(三)想象有代替功能。当人们某些需要不能得到实际满足时，可以利用想象的方式得到满足和实现。例如，幼儿园小朋友相当汽车驾驶员，由于能力所限而不能实现，于是把小凳子想象成小汽车。人们在精神失常时，也能通过想象得到寄托和满足。

阅读专栏 5-2

运用想象解决修道士爬山问题

一天清晨日出时，一个修道士开始沿着盘旋的山路爬山，到山顶的一个寺庙。山路狭窄，只有1～2尺宽。这个修道士爬山时，时快时慢，一路上歇了好几次。他在太阳快落山的时候到达了寺庙。在寺庙停留几天后，他开始沿原途下山，也是日出时起程，以变化的速度行走，同样在路上休息多次。当然，他下山的平均速度要比上山时快。

你能运用想象，证明路上有一地点，在白天中的同一时刻，修道士上下两次都正好走到那儿吗？

（读者可以想象为：在清晨日出时，有一个修道士开始上山，而同时有另一个修道士开始下山。虽然他们爬山的速度不同，但肯定会在白天中的某一时刻相遇。）

【资料来源】E. R. 希尔加德，R. L. 阿特金森，R. C. 阿特金森，周先庚等译，林方校．心理学导论．北京：北京大学出版社，1987：447—448.

三、想象的种类

根据想象时有无预定目的，可以把想象分为无意想象和有意想象。

（一）无意想象

事先没有预定的目的，不由自主产生的想象，叫作无意想象，也叫不随意想象。

语言诱导是引起无意想象的主要因素。无意想象也可以由疾病或药物引起。人在意识减弱昏昏欲睡时容易产生无意想象。看到天上的白云，根据它的变幻，不由自主地将其想象为一群绵羊，一堆棉花；学生根据教师绘声绘色的描述而不由自主地展开的想象，都是无意想象。

梦是无意想象的极端形式。梦在睡眠中发生。人有两种睡眠，一种叫慢波睡眠（普通睡眠），另一种叫快波睡眠（异相睡眠）。慢波睡眠有四个阶段，即似睡非睡阶段、浅睡眠阶段、较深睡眠阶段和深睡眠阶段。经过慢波睡眠之后，人就进入了快波睡眠。这时人的面部和四肢肌肉紧张，有时会出现全身性运动，心跳和呼吸节律加快，出现与人觉醒时相似的脑电波。根据研究，这是做梦的表征，如果这时把人叫醒，几乎所有的人都会报告正在做梦。快波睡眠大约经历半小时，慢波睡眠大约经历一个半小时。在慢波睡眠过程中，只有在第三、四阶段，有的人才会做梦，但往往梦中的细节记不起来了。

梦是脑的正常活动，它不仅无损于人的健康，而且对脑的正常功能的维持是必要的。研究过梦的心理学家认为，在创造性的活动中，梦境可以给人以灵感。在正常的情况下，人每晚在睡眠时约做五个梦。由于梦不受意识支配，因此它有离奇性。但梦境是由自己经历过的事物构成的，所以它又具有逼真性。对梦的研究发现，梦中的环境、人物、情节等都与个人的生活经验相关。有人统计了梦者在梦中的情绪表现，结果是愉快情绪的占41%，不愉快情绪的占25%，混合情绪的占11%，没有情绪的占23%。这与被调查的个体在日常生活中的情绪体验完全一致。

(二)有意想象

事先有预定目的和自觉进行的想象，叫作有意想象，也叫随意想象。有意想象有时还需要一定的意志努力。根据观察内容的新颖性、独立性和创造程度，有意想象又可分为再造想象、创造想象、幻想。

1. 再造想象

再造想象是根据语词的描述或图像、符号的示意在脑中形成相应事物形象的过程。

再造想象的特点是再生性，它的形象不是自己创造出来的，而是根据某种需要或任务重新去塑造的。语词的调节与已有的知识经验是塑造某种事物形象的关键。因此，不同的人在相同的情况下，由于语词的调节和个人知识经验不同，再造出来的形象可能是不相同的。这也说明，再造想象中也有创造性的成分。

再造想象在人的认识活动中有着重要的意义。凭借再造想象，我们可以摆脱狭小的经验范围和时间、空间的限制，去获得自己不曾感知或无法感知的有关事物的形象及其知识。进行有效再造想象的基本条件：一是能正确理解词与符号、图样标志的意义；二是有丰富的表象储备。

2. 创造想象

按照一定目的、任务，使用自己积累的表象，在大脑中独立地产生新形象的过程。

通过创造想象产生的新事物形象应具有新颖性、独创性和奇特性，还要有一定的社会价值，才会得到人们的认可与肯定。创造想象是创造性活动的必要因素，它使人在问题具有不明确性的情况下，能够拟定活动的程序，并且将创造过程结束时可能得到的结果事先呈现在创造者的头脑中，指导着创造活动的进程与方向。发展创造想象，需要具备以下的条件：

(1)社会需要与个人的创造欲望

社会需要是激发创造想象的源泉和动力，也是产生创造想象欲望的基础。一旦社会需要与个人的强烈创造欲望结合起来，在正确观点的指导下，就会产生创造新事物的实际行动。

(2)高水平的表象建构能力

在创造想象中，要获得具有新颖性、独创性的想象产品，只有一般的表象建构能力是不够的，它只能产生平淡无奇的想象产品。平时对有关事物认真观察，积累丰富的材料，并有意识地在头脑中就储备的表象进行想象建构演练，这有助于人的表象建构能力的提高，从而发展创造想象的水平。

(3)原型启发

进行创造想象时对解决问题起启发作用的事物就是原型。原型之所以有启发作用，原因有两个：一是原型与所要创造的新事物形象有共同的特点，能够成为创造新事物形象的起点；二是在原型的基础上，便于依靠各种联想。

(4)积极的思维活动

创造想象要由思维调节，才能更有效地展开。例如，工程师研制新机器，要思考各种部件之间配合的协调性，并根据有关的理论和数据来绘制新机器的蓝图。这些想象过程都伴随着积极的思维活动。

3. 幻想

创造想象的特殊形式幻想：与个人生活愿望相联系并指向未来的一种想象。幻想是创造想象的特殊形式，它有两个特点：体现了个人的憧憬或寄托、不与当前的行动直接联系而是指向于未来。

幻想有积极和消极之分。切合生活实际、符合事物发展规律、具有社会意义的幻想，是积极的幻想，也叫理想。它是创造力实现的必要条件；是激励人们创造的重要精神力量；是个人和社会存在与发展的精神支柱。这种幻想是可以实现的，它是促使人们进行创造活动的心理力量。脱离现实生活实际、违背事物发展规律的幻想，是消极的幻想，也叫空想。这种幻想是有害的，它只能引导人们脱离现实生活，成为崇尚空谈的空想家。

第三节　思维的一般规律

一、解决问题的思维过程

解决问题就是按照一定的目标，应用各种认知活动，经过一系列的思维操作，使问题得以解决的过程。心理学家对问题解决的研究，是为了了解人们在解决问题的过程中所采用的策略，以及影响问题解决的各种因素，并有助于分析创造性思维所包含的各种心理成分。

问题解决的思维过程包括分析与综合、比较与分类、抽象与概括、具体化与系统化等过程。其中，分析与综合是思维的基本过程，其他过程是通过分析与综合来实现的。

(一)分析与综合

分析是在头脑中把事物和现象分解为各个组成部分或个别属性的过程。

分析包括两种具体的方式：一是在脑中把事物或现象分解为它的各个组成部分；二是在脑中把事物或现象的属性分解出来。

通过分析，我们才能具体地认识某个事物，并使这种认识从事物的表面开始深入事物的内部。

综合是在头脑中把事物和现象的各个组成部分或各种属性结合起来进行思考的思维过程。

综合也包括两种具体的方式：一是在脑中把事物或现象的各个组成部分综合为一个整体；二是在脑中把事物或现象的属性综合为一个整体。

通过综合，我们才能了解事物和现象的各个组成部分与各种属性之间的联系和关系，使我们的认识更加全面与完整。

分析与综合是彼此相反而又相互联系的辩证统一的过程。分析中有综合，分析要以综合为前提。反之，综合中也有分析，综合是以分析为基础的。总之，分析与综合是认识事物和现象的基本手段和方法。分析得越细致、越精确，综合也就会越全面、越完善。同样，综合得越贴切、越完备，就会对事物的各个部分、各种属性认识得越深刻、越准确。

在认识活动中，人的思维一般按照“综合(最初的整体)—分析—综合(被认识得更充分的整体)”这三个阶段展开，并进行着多维度的分析与综合活动，分析与综合可以在不同的水平上操作。第一种水平是通过直接摆弄物品而进行的分析与综合，例如，把玩具的零部件拆开，检查后又装配起来。第二种水平是通过图表、图像、表象进行的分析与综合，例如，学生用作图的办法统计数据。第三种水平是通过语词、符号而进行的分析与综合，例如，学生使用数学符号解答数学方程式。

(二)比较与分类

比较是在头脑中确定事物或现象之间存在异同的思维过程。

客观事物之间存在着同一性和差异性，这就为比较提供了前提。当我们为了解决诸如事物或现象之间性质的异同、数量的多少、质量的好坏、品质的优劣等问题时，就必须运用比较。

分析与综合是比较的基础。没有分析与综合，就无法进行比较。比较可以在同一类事物或现象中进行。通过这种比较，可以把该类事物的本质特征与非本质特征区别开来，这有助于概念的形成与鉴别。比较也可以在不同类但具有相关特性的事物或现象中进行。通过这种比较，有助于确定不同事物或现象之间的关系及其区别。

比较有两种形式，即纵向比较和横向比较。把现在与过去进行比较，这是纵向比较。把现在的或某时的此事此物与彼事彼物比较，这是横向比较。纵向比较有助于发现变化；横向比较有助于找到差异。

进行比较时，应遵循以下规则：①相互比较的事物或现象必须在性质上有联系；②比较必须始终按照同一标准进行；③在比较的事物或现象中，至少要有一种事物或现象是熟悉的。此外，利用语言提示有利于获得正确的比较结果；为了使比较顺利进行，比较最好从差异点开始。

分类是在头脑中依据事物或现象的本质特征，把它们归入适当的类别中去的思维过程。

分类是一种变式的比较，同时也是一种特殊的分析和综合。通过分类，可以揭示事物或现象的从属关系和等级系统以及概念的内涵与外延。

进行分类的规则是：①必须根据事物或现象的内部特征和本质属性进行的分类；②分类要自始至终使用统一的标准。

（三）抽象与概括

抽象是在头脑中把同类事物或现象的共同的、本质的属性抽取出来，并舍弃非本质属性的思维过程。

抽象主要在分析、比较的基础上进行。抽象的作用就是使我们认识事物的本质与内部规律。

概括是在头脑中把抽象出来的事物的共同的、本质特征综合起来并推广到同类事物中去，使之普遍化的思维过程。概括主要在抽象、综合的基础上进行。概括的作用是让我们的认识由感性上升到理性，由特殊过渡到一般。

概括有两种形式：一种是概括事物或现象的外部特征，并通过初步比较，舍弃互不相同的那些特征，然后把共同的特征加以概括，这是知觉、表象水平的概括；另一种是根据事物或现象的本质特征，通过科学的比较与抽象，然后加以概括，这是真正思维水平的概括，是概括的高级形式。

抽象与概括是彼此紧密联系的，通过抽象与概括我们就可以把有限事物的本质特征推广到一类无限多的事物中去。所以，通过抽象与概括就形成了概念、原理、定律等，同时，我们也才能发现事物或现象之间普遍存在着的联系以及这些联系的规律与规则。

(四)具体化与系统化

具体化是在头脑中把抽象、概括出来的概念、原理、理论运用到实际中去的思维过程。

在具体化过程中，我们可以把一般与个别、理论与实际、抽象与直观等结合起来，把理论转化为能够实际应用的技能、方法或策略，从而促使问题更容易被理解。具体化的作用是使初级的理性认识上升为更具体、更理性化的认识，并赋予这种理性化认识更真实、更可靠的特征。

系统化是在头脑中把具有相同本质特征的事物，按一定程序归入一定类别系统中去的思维过程。

系统化一般采用分类来完成。首先，按事物的相同本质特征，把它们区分出较小的类别，然后再组合成为较大的有层次的类别。这样，逐层逐级地进行分类，最后才形成层级分明的完整的系统结构。系统化的作用，是使知识经验形成有规则的网络和认知结构体系，使之便于储存、记忆、提取和运用。

教师可以指导学生对学习的材料进行归类、编写提纲、绘制知识结构图或知识分类表，就是系统化的实际操作。

在解决问题的过程中，上述各个思维过程是相互补充、协同活动的。它们往往既是思维过程，也是思维方法。对于学生来说，甚至可以说是学习方法。

二、解决问题的思维形式

思维形式是相对于思维内容而言的。人的各种思维内容都有其一定的思维形式。由于人的思维活动极其复杂，因而相同的思维内容可以用不同的思维形式来表达，不同的思维内容也可以用相同的思维形式来表达。解决问题的思维形式有概念、判断、推理。

(一)概　念

概念是人脑反映客观事物本质属性，以及对具有这些属性的事物的概括反映的思维形式。

概念是思维的成果。概念是在表象的基础上形成的。概念是思维的最基本形式，是构成人类知识的最基本成分。

一切思维最终都以概念及其联系的形式表现出来，所以人可以利用概念去推演事物的那些不可见的特征。当然，概念不是一成不变的，它是在人类社会历史的进程中不断地形成和发展的。我们每一个人都要通过掌握这些具有发展性的概念来获得前人积累的知识经验，在这个基础上，才能进行正常的心理生活并参与社会活动。

(二)判　断

判断是用概念去肯定或否定事物具有某种属性的思维形式。

判断大都借助于语言和词汇并用句子的形式来实现。常用两个或两个以上的词，加上“是、不是、有、无”等词组成的句子来表示。例如，“他是大学生”，这是肯定形式的判断；“他不是大学生”，这是否定形式的判断。

判断分为直接判断和间接判断两类。一般以感知方式或具体动作表现出来的，不需要伴随复杂思维过程的那种判断，就是直接判断，例如说“香蕉是黄的”。间接判断反映着事物内部的一定关系和联系，需要通过对事物表现在时间、空间、条件或因果等方面的关系和联系作复杂的思考。例如，我们常说“天将雨，而群石燕飞”，从“群石燕飞”而判断出“天将雨”，这是复杂的思维过程，是间接判断。

(三)推　理

推理是从已知判断推出新的判断的思维形式。

推理是我们间接认识客观事物的基本途径。推理由前提和结论两个部分组成。在推理过程中，所运用的已知判断叫前提，根据前提引出的新判断叫结论。例如，运用“足球是圆的”(大前提)与“这个球不是圆的”(小前提)，引出新判断“这个球不是足球”(结论)。

推理可分为归纳推理、演绎推理和类比推理。从特殊事例出发，推导出一般原理的思维形式就是归纳推理。比如从金、银、铜、铁等金属受热后膨胀的事例，得出“金属受热膨胀”的结论。从一般原理出发，推导出特殊事例的思维形式就是演绎推理。比如从“所有的大学生都有学生证”和“张三是大学生”的事例出发，推导出“张三应当有学生证”的结论。归纳推理与演绎推理是相互联系的。归纳得出的结论，可以用演绎去验证，而演绎的前提是从以往的归纳获得的。从某个特殊的事例推导出另一个特殊事例的思维形式就是类比推理。比如把鱼类的特征与鲸鱼的特征比较，再把哺乳动物的特征与鲸鱼的特征比较，得出鲸鱼是哺乳类动物，不是鱼类，这就是类比推理的过程。

要获得正确的推理，有两个要求：一是推理材料要真实可靠，二是推理过程要合乎逻辑。如果推理的材料不真实可靠，或者推理过程违反逻辑，就会发生“误推”。从心理因素的角度分析，造成推理错误的原因往往有两个：一是“气氛效果”的影响，即由于前提形成的气氛，使人不顾逻辑步骤而得出错误的结论；二是“情绪偏见”的影响，即明知结论是错误的，但符合自己的情绪要求，因而也认为是正确的。

在教学过程中，教师应当对学生在学习时运用概念进行推理、判断的内部思维活动加以考察，而不能满足于只看学生回答或演算的结论。这样，教师就可以对学生理解教材、分析问题与解决问题等思维活动作更有针对性的指导。

三、影响解决问题的心理因素

问题解决是思维的重要体现。影响解决问题的因素主要有如下几方面：

(一)迁移的作用(已有的知识经验)

迁移是指已有的知识经验对解决新课题的影响。迁移有正迁移和负迁移之分。正迁移是指已获得的知识经验对解决新问题有促进作用。例如，会骑自行车的学生，电动车也会骑。负迁移是指已获得的知识经验对解决新问题有阻碍或干扰的影响。例如，学过汉语拼音的学生在初学英文时往往有一些困难。一般来说，知识经验越丰富，概括水平越高，新旧情境间共同因素越多，越易于将知识经验迁移到解决新问题的情境中去，促使问题解决，产生正迁移；相反，知识经验片面、概括水平低或使用不当，会妨碍问题的解决或把问题解决的思路引向歧途，导致负迁移的产生。

(二)问题的特征

个体在解决问题时，常常受到问题的类型、呈现的方式等因素的影响。不同的呈现问题的方式将影响个体对问题的理解。解决抽象而不带具体情节的问题时比较容易，解决具体而接近实际的问题时比较困难。此外，由于问题的陈述方式或所给的图示的不同，也会影响解决问题的过程。

(三)原型启发的作用

原型启发是指在其他事物或现象中获得的信息对解决当前问题的启发。其中具有启发作用的事物或现象叫作原型。作为原型的事物或现象多种多样，存在于自然界、人类社会和日常生活之中。例如，人类受到飞鸟和鱼的启发发明了飞机和轮船，由蒲公英轻飘飘随风飞行的启发制成降落伞，模拟蝙蝠的定向作用而设计出了雷达。科学家们从动物的形态、动作和某些机体结构中获得启发，解决了大量的生产、生活和军事上的问题，并形成仿生科学。

(四)定势的作用

定势是指由先前的活动所形成的并影响后继活动趋势的一种心理准备状态。它在思维活动中表现为一种易于以惯用的方式解决问题的倾向。定势在问题解决中有积极作用，也有消极影响。当问题情境不变时，定势对问题的解决有积极的作用，有利于问题的解决；当问题情境发生了变化，定势对问题的解决有消极影响，不利于问题的解决。心理学家卢钦斯(A. S. Luchins，1942)的水杯量水实验可以很好地说明。该实验要求被试用三个不等容量的杯子去解决“取一定数量的水”的问题。共有 8 个问题，每题时限为 30 秒。

该实验将被试分为实验组和控制组两组。实验组从第 1 题连续做到第 8 题，控制组只做 6、7、8 三题。结果，实验组被试用 B－A－2C 的方法解决了 1～5 题，接着又有 81％的被试用 B－A－2C 的方法解决了 6、7 两道题，在用这种方法解第 8 题时遇到了困难；而控制组被试由于不受先前活动的影响，他们采用 A－C 和 A＋C 的简便方法很顺利地解决了 6、7、8 题。实验说明，实验组大多数学生在解 6、7、8 题时之所以没能采用简便的方法，是由于受到在解 1～5 题时形成的思维定势的影响。思维定势阻碍了对新问题的解决。

破除定势消极影响的办法要具体情况具体分析，一旦发现自己以习得的方式解决问题发生困难时，不要执意固守，应换一种思路和方法，寻求解决问题的新途径。

(五)功能固着的作用

功能固着是指个体在解决问题时往往只看到某种事物的通常功能，而看不到它其他方面可能有的功能。这是人们长期以来形成的对某些事物的功能或用途的固定看法。例如，对于电吹风，一般人只认为它是吹头用的，其实它还有多种功能，可以做衣服、墨迹等的烘干器。功能固着影响人的思维，不利于新假设的提出和问题的解决。有这样一个实验，让被试把三支点燃的蜡烛，沿着与木板墙平行的方向，固定在木板墙上。发给被试的材料是三支蜡烛、三个纸盒、几根火柴、几个图钉。把发给第一组的所有材料分别装进三个纸盒里，而发给第二组的所有材料放在三个纸盒之外。结果是：第二组有 86％的被试按时解决了问题；第一组只有 41％的被试按时解决了问题。为什么第一组被试的成绩不如第二组被试呢？原因在于第一组被试一开始就把纸盒的功能固定地看成装东西的容器，而没有看到纸盒还有当烛台用的功能，所以没能顺利解决问题。第二组被试一开始就没有把纸盒看成仅仅是装东西的容器，在解决实际问题中想到了当烛台用，所以顺利地解决了问题。

(六)动机的强度

在学习较复杂的问题时，中等偏低的动机强度最有利于问题的解决；在学习中等强度的问题时，动机强度与学习效率成倒 U 型曲线关系；在学习任务非常简单时，动机强度和学习效率的关系是线性关系，动机强度越大，学习效率越佳。

总之，影响问题解决的心理因素有很多。比如问题解决的策略、已有知识的数量、知识的组织表征方式、心理定势、功能固着，甚至动机、态度、情绪、人际关系等都会影响问题的解决。

四、创造性思维

创造性思维是指以新颖、独特的方式来解决问题的思维方式。它是在创造性活动中，应用新的方案和程序，创造新的思维产品的思维活动。与创造活动相联系的创造思维过程包括准备期、酝酿期、豁朗期(产生灵感期)和验证期四个阶段。

创造性思维是在一般思维的基础上发展起来的多种思维的综合，高创造性思维者具有如下四个特点：

(一)发散思维和集中思维的统一

创造性思维主要是发散思维和集中思维的统一。我们要解决某一创造性问题，首先要进行发散思维，设想种种可能的方案；然后进行集中思维，通过比较分析，确定一种最佳方案。在创造性思维中，发散思维和集中思维都是非常重要的，二者缺一不可。然而对于创造性思维来说，发散思维更为重要，它是思维的创造性的主要体现。发散思维可以突破思维定势和功能固着的局限，重新组合已有的知识经验，找出许多新的可能的解决问题方案。它是一种开放性的，没有固定模式、方向和范围的，可以“标新立异”“海阔天空”“异想天开”的思维方式。没有发散思维就不能打破传统的框框，也就不能提出全新的解决问题的方案。

1. 发散思维有三个指标

(1)流畅性，指发散思维的量。单位时间内发散的量越多，流畅性越好。

(2)变通性，指思维项目的范围或维度。范围越大，维度越多，变通性越强。

(3)独特性，指思维发散的新颖、新奇、独特的程度。

例如，让学生说出“砖”都有哪些用途，学生可能回答：盖房子，筑墙，砌台阶，修路，当锤子，当武器，垫东西，吸水……在有限的时间内，提供的数量越多，说明思维的流畅性越好；能说出不同角度的用途，说明变通性好；说出的用途是别人没有说出的、新异的、独特的，说明具有独创性。发散思维的这三个特点有助于人消除思维定势和功能固着等消极影响，顺利地解决创造性问题。

2. 集中思维在创造活动中发挥着集大成的作用

当通过发散思维，提出种种假设和解决问题的方案、方法时，并不意味着创造活动的完成，还需从这些方案、方法中挑选出最合理、最接近客观现实的设想，这一任务的完成是靠集中思维来承担的，集中思维具有批判地选择的功能。

(二)多有直觉思维出现

直觉思维是指不经过一步步地分析，而迅速地对问题答案作出合理猜测、设想或突然领悟的思维。它是创造性思维活跃的一种表现，它不仅是创造发明的先导，也是创造活动的动力。直觉思维往往从整体出发，用猜测、跳跃、压缩思维过程的方式，直觉而迅速地领悟。许多科学家的发明创造都是从直觉思维开始的。例如，达尔文通过观察植物幼苗顶端向阳光弯曲，直觉提出“其中有某种物质跑向背光一面”的设想，以后随科学的发展被证明确有“某种物质”即“植物生长素”。数学领域中的哥德巴赫猜想、费尔马猜想等都是当初数学大师未经论证而提出的一种直觉判断，但为后人所确信，并为此进行了论证。直觉思维作为创造性思维中的一个重要思维活动，具有三个特点：一是从整体上把握对象，而不是拘泥于细枝末节；二是对问题的实质的一种洞察，而不是停留于问题的表面现象；三是一种跳跃式思维，而不是按部就班地展开思维过程。直觉思维是在知识经验累积的基础上形成的。

(三)创造想象参与

创造性思维有创造想象的参与。因为创造性思维的成果都是前所未有的，而个体在进行思维时借助于想象，特别是创造想象来进行探索。创造性思维只有创造想象参与，才能从最高水平上对现有知识经验进行改造、组合，构筑出最完整、最理想的新形象。例如，牛顿的万有引力定律的提出就是以地球绕太阳运转、月亮绕地球运转、大海潮汐现象、苹果落地等事实为前提，先在头脑中进行创造想象，然后进行推理而产生的。

（四）多有灵感出现

在创造性思维过程中，新的解决问题的思路、方案的产生往往带有突然性，这种突然产生新思路、新方案的状态，称为灵感。它常给人一种豁然开朗、妙思突发的体验，使百思不得其解的问题顿释。对许多科学家的调查表明，他们的发明创造过程中，大多出现过灵感。灵感并不是什么神秘之物，它是思考者长期积累知识经验、勤于思考的结果。研究表明，灵感的出现有一定的规律性。首先，灵感出现的基本条件是，个体对所要研究的问题已进行很长时间的思考，反复考虑所要解决问题的一切方面、一切可能。这种苦思冥想是灵感产生的前提。其实灵感的出现是对某问题的一切方面经过深入考虑之后达到的瓜熟蒂落、水到渠成的境界。其次，注意力高度集中在所要解决的问题上，甚至达到痴迷的程度。这样可以全心投入思考，使要解决的问题时时萦绕在心中。再次，灵感出现的最佳时机是在长期紧张思考之后的短暂松弛状态下，可能是在散步、洗澡、舒适地躺在床上的时候或其他比较轻松的时刻。因为紧张后的轻松时，大脑灵活，感受力强，最易产生联想、触发新意、产生灵感。

五、思维规律在自我教育中的运用

（一）积极参加各种创造性活动

心理学研究表明，创造性不是与生俱来的。85％的创造性，只需要具有中等或中等以上的智力。美国心理学家戈尔曼认为，影响一个人能否成功的诸多因素中，智力因素仅占20％，而非智力因素等要占80％。作为大学生，应该利用一切机会和资源进行各种有创造性的实践活动，努力培养创造力。

（二）努力进行创造思维的训练，勇于大胆猜想

1. 发挥想象力

要善于从学习和生活中捕捉发挥想象力的空间与契机，奇思妙想是产生创造力的不竭源泉。不受“唯一正确答案”的束缚，展开丰富合理的想象，对活动产品进行再创造。

2. 淡化标准答案，鼓励多项思维

学习知识要不唯书、不唯上。只有在思维时尽可能多地给自己提一些“假如……”“假定……”“否则……”之类的问题，才能使自己换另一个角度

去思考，想自己或别人未想过的问题。训练自己沿着新方向、新途径去思考新问题，弃旧图新、超越已知，寻求首创性的思维。

3. 打破常规、弱化思维定势

思维定势能使学生在处理熟悉的问题时驾轻就熟，得心应手，并使问题圆满解决。所以用来应付考试相当有效。但在需要开拓创新时，思维定势就会变成“思维枷锁”，阻碍新思维、新方法的构建。

4. 大胆质疑

质疑能力的培养对启发思维发展和创新意识具有重要作用。质疑常常是培养创新思维的突破口。“创”与“造”两方面是有机结合起来的，“创”就是打破常规，“造”就是在此基础上生产出有价值、有意义的东西来。书本上的东西，不一定都是全对的。在质疑过程中，创造性地学，质疑能将机械性记忆变为理解性记忆。

5. 学会反向思维

反向思维也叫逆向思维。它是朝着与认识事物相反的方向去思考问题，从而提出不同凡响的超常见解的思维方式。反向思维不受旧观念束缚，积极突破常规，标新立异，表现出积极探索的创造性。其次，反向思维不满足于“人云亦云”，不迷恋于传统看法。但是反向思维并不违背生活实际，是学会创新思维的重要方式。

(三)学会捕获灵感

1. 长期做准备工作

灵感不是随便就能获得的，捕捉灵感的最基本条件是：对要解决的问题进行长期的思考和艰苦的探索，从中获得经验的积累，既包括成功的经验，也包括失败的经验。

2. 抓住灵感出现的最佳时机

经验证明，灵感往往在经过长期积累之后，在比较放松的状态下产生，因此要善于抓住每一次灵感出现的机会。

3. 摆脱习惯思维的束缚

按照固定的思维方式考虑问题，往往容易使思想僵化。这时如果换一个角度考虑，就可以摆脱习惯思维的束缚。

4. 随时携带必备工具

灵感往往是在不经意间出现的。因此，为了及时捕捉灵感，就要时刻准备笔和纸，以便在灵感出现的时候随时记录下来。

5. 保持乐观镇静的心情

不良情绪如：情绪波动、焦虑不安、悲观失望都能影响创造性活动的进行。心胸开阔、乐观的情绪容易使人浮想联翩，创造性思维活跃。

知识点检测

一、单选题

1. 思维反映的是(　　)。

A. 事物之间的内在联系　　B. 人的愿望

C. 过去的经验　　D. 过去感知过的事物的形象

2. 从事某种活动前的心理准备状态叫(　　)。

A. 思想准备　　B. 定势

C. 动力定型　　D. 问题解决的策略

3. 想象是(　　)。

A. 人在觉醒状态下的觉知

B. 对已有的表象进行加工改造，创造出新形象的过程

C. 人脑对客观事物间接的概括的反映

D. 认识事物的本质和事物之间的内在联系的过程

4. “夜来风雨声，花落知多少”的诗句反映了(　　)。

A. 表象的直观性　　B. 想象的有意性

C. 知觉的理解性　　D. 思维的间接性

5. 分析与综合是(　　)。

A. 思维的基本过程　　B. 决策的基本形式

C. 问题解决的基本形式　　D. 概念形成的过程的基本形式

6. 概念所包含的个体叫概念的(　　)。

A. 内涵　　B. 广度　　C. 外延　　D. 范围

7. 思维过程的重要特征是（　　)。

A. 概括性和形象性　　B. 集中性和指向性

C. 间接性和概括性　　D. 准备性和敏捷性

8. 语言是思维的(　　)。

A. 内容　　B. 工具　　C. 结果　　D. 原因

9. 想象可以分为(　　)。

A. 无意想象和有意想象　　B. 积极想象和消极想象

C. 梦和幻觉　　D. 理想和空想

10. 在解决问题的思维过程中，其关键的步骤是(　　)。

A. 发现问题　　B. 分析问题　　C. 提出问题　　D. 验证假设

二、辨析题

1. 定势对问题的解决只有消极作用，没有促进作用。

2. 想象可以创造出现实中尚未存在或不可能存在的新形象，因此它是超现实的。

3. 语言是思维的唯一语言工具。

三、简答题

1. 什么是思维？它有哪些品质？

2. 什么是想象？想象可以分成哪些类型？

3. 简述解决问题的思维过程？

4. 概述影响解决问题的心理因素有哪些？

5. 什么是创造性思维？它有哪些特点？

6. 试述如何运用思维规律进行自我教育？

7. 讨论如何培养学生的创造性思维？

实践应用

创造性思维训练：

(1)天花板下悬挂两相距5米的长绳，在旁边的桌子上有些小纸条和一把剪刀。你能站在两绳之间不动，伸开双臂双手各拉住一根绳子吗？

(2) 以5只猫5分钟捉5只老鼠的速度计算，要在100分钟内捉100只老鼠，需要多少只猫？

(3)把下列物件按性质尽可能多地分类，请你试试看能用多少种分类：鸭，菠菜，石头，人，木，菜油，铁。

(4)巧排队列

24个人排成6列，要求每5个人为一列，请问该怎么排列好呢？

(5)升斗量水

一长方形的升斗，它的容积是1升。有人也称之为立升或公升。现在要求你只使用这个升斗，准确地量出0.5升的水。请问应该怎样办才能做到这一点呢？

(6)变换方位

在桌子上并排放有3张数字卡片组成三位数字216。如果把这3张卡片的方位变换一下，则组成了另一个三位数，这个三位数恰好用43除尽。

是什么数、怎样变换的？

参考答案

一、单选题

1. A　2. B　3. B　4. D　5. C　6. C　7. C　8. B　9. B　10. C

二、辨析题

1. 错。定势是人们解决问题的一种心理准备状态，它虽然有时会使问题解决的思维变得呆板，具有消极作用，但有时也可以促进问题的解决。

2. 错。想象虽然可以创造出现实中尚未存在或不可能存在的新形象，但它是在人脑中储存的表象中改造加工的结果。无论想象如何新颖，其内容依然来源于客观现实。因此，想象不可能是超现实的。

3. 错。语言是个人思维活动的工具，思维借助于语言、词来实现。但是语言不是思维的唯一工具，也不是交流思想的唯一手段。人们还可以利用其他符号系统和表象来思考，用手势、表情来表达思想。

三、简答题

1. 思维是人脑对客观事物的本质属性与内部规律性的间接和概括的反映。它反映的是事物的本质和事物间规律性的联系。间接性与概括性是思维的两个重要特征。

思维的品质：(1)思维的广阔性和深刻性；(2)思维的独立性和批判性；(3)思维的灵活性和敏捷性。

2. 想象是人脑对头脑中已储存的表象进行加工改造，而创造出新形象的心理过程。

想象的种类：(1)无意想象；(2)有意想象(再造想象、创造想象)；(3)幻想。

3. (1)分析与综合；(2)比较与分类；(3)抽象与概括；(4)具体化与系统化。

在解决问题的过程中，各个思维过程是相互补充、协同活动的。它们往往既是思维过程，也是思维方法。

4. 问题解决是思维的重要体现。影响解决问题的因素主要有如下几方面：(1)迁移的作用(已有的知识经验)；(2)问题的特征；(3)原型启发的作用；(4)定势的作用；(5)功能固着的作用；(6)动机的强度。

5. 创造性思维是指以新颖、独特的方式来解决问题的思维方式。它是在创造性活动中，应用新的方案和程序，创造新的思维产品的思维活动。

与创造活动相联系的创造思维过程包括准备期、酝酿期、豁朗期(产生灵感期)和验证期四个阶段。

创造性思维是在一般思维的基础上发展起来的多种思维的综合，高创造性思维者具有如下四个特点：(1)发散思维和集中思维的统一；(2)多有直觉思维出现；(3)创造想象参与；(4)多有灵感出现。

6.(1)积极参加各种创造性活动。

(2)努力进行创造思维的训练，勇于大胆猜想。①发挥想象力；②淡化标准答案，鼓励多项思维；③打破常规、弱化思维定势；④大胆质疑；⑤学会反向思维。

(3)学会捕获灵感。①长期做准备工作；②抓住灵感出现的最佳时机；③摆脱习惯思维的束缚；④随时携带必备工具；⑤保持乐观镇静的心情。

7.(1)注意培养学生的想象力、观察力，培养学生多提问、多想问题的习惯，提高学生创造性思维能力。

(2)巧设习题，开拓思路，培养创造性思维能力。如一题多解、一题多变等。

(3)培养创造兴趣，启发创造想象，利用头脑风暴打破定势，培养思维的多向性，创造出自由的氛围，筛选出最佳的方案。

(4)引导学生解决生活中实际问题、设计新实验，培养创造性思维能力。

第六章　情绪和情感

引言：

你是否曾经思考过“怒发冲冠”或“不寒而栗”是怎么回事？人为什么会有忧愁和悲伤？怎样才能永远幸福快乐？与陌生人初次见面时，如何在一开始谈话的几分钟内就了解这个人？如何与对方拉近距离？为了拥有更健康的生活，你要怎么做？……所有问题都与人的情绪有关。

情绪在我们的人生中所占的分量非常重，它既是人心理活动中动力机制的重要组成部分，也是人格形成的重要方面。情绪涉及我们生活的每个方面，与我们的生活息息相关。我们成功时，会欣喜若狂，手舞足蹈；目标受阻，我们会垂头丧气，沮丧失落；遇到气愤的事情，我们会咬牙切齿，满腔怒火；做错事情，我们会痛心疾首，悔不当初……情绪像是染色剂，使人的生活染上各种各样的色彩；情绪又恰似催化剂，使人的活动加速或减慢。人的一生，就是这样游弋在情绪海洋之中，在色彩斑斓的情绪世界里领略着人生五味。古往今来，人们为此感叹，亦为此迷惑，不断提出一个古老又常新的问题：情绪、情感究竟是什么？

学习目标：

1. 识记情绪的概念。
2. 理解情绪和情感的区别与联系。
3. 理解情绪情感的分类。
4. 了解情绪发生的生理机制。
5. 理解情绪情感的特性、功能以及在学习中的作用。
6. 正确运用情绪情感规律进行教育。

第一节 情绪和情感的概述

一、情绪和情感的一般概念

人非草木，孰能无情？人生活在社会中，为了自身的生存和发展，就要不断地认识和改造客观世界，创造人类文明。人们在变革现实的过程中，必然要遇到得失、顺逆、荣辱、美丑等各种情境，因而有时感到高兴和喜悦，有时感到气愤和憎恶，有时感到悲伤和忧虑，有时感到爱慕和钦佩等。这里的喜、怒、哀、乐、忧、愤、憎等都是情绪(emotion)和情感(feeling)的不同表现形式。

情绪(emotion)这一术语，按照蒙纳(Murray，1888)字典，是来自拉丁文e(外)和movers(动)，表示从一处向外移到另一处。例如，“雷……引起空气的流动”(1708)，“冰在山洞里流……是由于震动”(1758)，“群众的扰动是由于……所引起”(1709)。这里无论是在物理学或社会学上，以及在不同时代所使用的“流动”“震动”或“扰动”，都是emotion这个词。后来这个词用于表示人的精神状态上，例如，“快乐的满足一般称之为emotion”(1762)。由此可见，情绪一词在词源上是用来描述一种“动”的过程。现在它已不再在物理学和社会学范畴上使用，而限定标示精神的活动。因此，把情绪一词限定标示感情的活动过程，就严格地规定了它的内涵。

情感(feelings)这个词包含一个“感”字，有感觉、感受之意；还包括一个“情”字，又有不同于感觉(sensation)之解。“felling”有感觉、感触、心情、同情、体谅等多种含义，说明情感这一概念既包括与感觉、感受相联系的“感”，又包括与同情、体验相联系的“情”。因此，情感(felling)经常被用来描述具有稳定而深刻社会含义的高级感情。它所代表的感情内容，诸如对祖国的尊严感，对事业的酷爱，对美的欣赏时，所指的感情内容不是指其语义内涵，而是指对这些事物的社会意义在感情上的体验(experience)。

情绪和情感是一种心理现象，是人对于周围各种事物和现象的一种内心感受。情绪情感的产生以个体的需要为中介，它是客观事物与人的需要之间关系的反映。随着客观事物与人的需要关系的不同，人对客观事物就产生不同的态度，从而使人产生不同的情绪情感。凡是能满足人的需要或符合人的愿望的事物，就会引起愉快、喜爱、高兴等积极的情绪情感；凡是不能满足人的需要或违背人的愿望的事物，就会引起难过、厌恶、愤怒等消极的情绪情感。在情绪过程中，由于客观事物的错综复杂，人的需要丰富多彩，构成了客观事物与人的需要之间复杂而矛盾的关系，致使一种事物能满足某一方面的需要，但不能满足另一方面的需要，甚至与某种需要相冲突。因此，同一事物可能会引起很复杂的甚至是相互矛盾的情绪情感，如啼笑皆非、悲喜交加、百感交集等。

心理学对感情性反映的研究，侧重在它们的发生、发展的过程和规律，因此较多使用“情绪——个体在其需要是否得到满足的情景中直接产生的心理体验和相应的反应”这一概念。

二、情绪和情感的区别与联系

情绪和情感是两个既有区别又有密切联系的概念(如表 6-1)。

(一)情绪与情感的区别

(1)情绪具有情境性和短暂性，它往往由当时的情境所引起，并随着情境的改变和需要的满足减弱或消失；而情感则具有较大的稳定性、持久性、深刻性。

(2)情绪具有明显的外部表现，如高兴时喜形于色，手舞足蹈，愤怒时咬牙切齿，暴跳如雷；而情感始终处于意识支配的范围内，常常以内隐体验的形式存在，其外部表现不明显。

(3)情绪，特别是原始情绪，通常是有机体在维持生存的自然需要是否获得满足时而产生的体验，是人和动物所共有的。而情感常用来描述那些具有稳定的、深刻的社会意义的感情，如对祖国的热爱，对敌人的憎恨以及对美的欣赏等，是人类所特有的。

表 6-1 情绪和情感的区别

项目	情绪	情感
稳定性	情绪具有情境性和短暂性，往往随着情境的改变和需要的满足很快减弱或消失	有较强的稳定性，持久性和深刻性
强度	经常带有冲动性和比较明显的外部表现	以内心体验的形式蕴藏在人格当中
产生的条件	多与人的生理需求有关	多与人的社会需求有关

（二）情绪和情感的联系

情绪与情感彼此之间具有密切的联系。

(1)稳定的情感是在情绪的基础上形成的，并且它通过情绪来表达，离开情绪的情感是不存在的。

(2)情绪离不开情感，情绪的变化反映情感的深度，在情绪中蕴含着情感。

由上可知，情绪和情感是不可分割的心理过程，都是人脑对客观事物与人的需要之间关系的反映，都是人的主观体验。所以，有些心理学家对情绪和情感不加区分，统称为感情。

三、情绪情感的种类

根据不同的分类标准，可以对众多纷繁的情绪情感进行不同的分类。

（一）情绪的基本分类

人的情绪、情感是极其多样的。我国古代名著《礼记》中就有喜、怒、哀、惧、爱、恶、欲七情的说法。现在一般把快乐、愤怒、恐惧、悲哀列为情绪情感的最基本的四种形式。

1. 快乐

快乐是指一个人盼望和追求的目的达到后产生的情绪体验。快乐有强度的差异，从愉快、兴奋到狂喜，这种差异是和所追求的目的对自身的意义以及实现的难易程度有关。

2. 愤怒

愤怒是指所追求的目标受到阻碍，愿望无法实现时产生的情绪体验。

3. 恐惧

恐惧是企图摆脱和逃避某种危险情景而又无力应付时产生的情绪体验。

4. 悲哀

悲哀是指心爱的事物失去时，或理想和愿望破灭时产生的情绪体验。

（二）按情绪状态分类

1. 情调

人的情绪总是伴随一定的认识过程而产生。有些感觉使人愉快，有些感觉使人烦闷，这种伴随感知觉过程产生的情绪体验称为感觉的情绪色调或色调（黄希庭，2007）。有时也把基于一定的思想意识、通过特定的生活方式表现出来的情绪体验称为情调，例如，“异国情调”“小资情调”等。

情调的产生与刺激性质、刺激强度、主体需要、过去经验，乃至世界观等主客观因素有着密切的联系。如伴随视觉产生的情调有，红色使人产生温暖、热烈、喜悦；白色让人感觉纯洁、威严、轻快或空荡感；绿色使人产生安静 、沉着、亲切；蓝色令人沉静、忧伤；黑色让人沉重、压抑；粉色让人感到温柔、亲切、甜蜜。季节与外部情境也会影响情调，春光明媚，心情愉快；秋高气爽，心旷神怡；夏日炎炎，心情烦躁；冬日严寒，心情抑郁。

2. 心境

心境是一种使人的所有情绪体验都染上某种色彩的微弱而持久的情绪状态，也就是平常说的心情，如心情舒畅、郁郁不乐、恬静、烦闷等。心境的特点是，从其发生的强度来看，是微弱的，如微波荡漾，它的发生有时察觉不出来；从其延续的时间来看，持续时间较长，少则几天，多则数年甚至十几年；从其影响范围来看，它具有非定向的弥散性，不只是指向某一特定的对象，而是使人们的整个生活都染上某种情绪色彩。例如，“山笑水笑人欢笑”。

形成心境的原因是多种多样的，人们所处的经济地位和社会地位、工作的顺逆、事业的成败、人际关系是否融洽、自然景色的变化、身体的健康状况等都会引起心境的变化。但是，一个人的心境与一个人的世界观、人生观、个性特征密切相关的。凡是具有高度修养的人，不论在任何艰苦的情况下，都能保持乐观主义的积极心境；凡是懦弱的人，在失败、困难、挫折面前，就会悲观失望或畏缩不前。

心境对人的生活、工作和学习、健康有很大的影响。积极乐观的心境可以增强信心，提高工作或学习的效率，有益于健康。消极悲观的心境使人丧失信心和希望，妨碍工作和学习，经常处于焦虑状态，影响人的身心健康。因此，我们应自觉地调节自己的心境，正确分析、评价和控制自己的心境，使之经常保持心情舒畅的状态。

3. 激情

激情是一种强烈的、爆发性的、短暂的情绪状态。如暴跳如雷、欣喜若狂、悲痛欲绝等都是属于这类体验。这种情绪状态往往是由对个人有重大意义的事件引起的。重大成功之后的狂喜、惨遭失败后的绝望、亲人突然死亡引起的极度悲哀、突如其来的危险所带来的异常恐惧等都是激情状态。

激情状态往往伴随着生理变化和明显的外部行为表现，例如，盛怒时全身肌肉紧张，双目怒视，咬牙切齿，紧握双拳等；狂喜时眉开眼笑，手舞足蹈；极度恐惧、悲痛和愤怒之后，可能导致精神衰竭、晕倒、发呆，甚至出现激情休克现象，有时表现为过度兴奋、言语紊乱、动作失调。激情过后，情绪有时会弱化为某种心境。

激情状态下往往出现“意识狭窄”现象，即认识活动的范围缩小，自我控制能力减弱，进而使人的行为失去控制，甚至做出一些鲁莽的行为。激情并不总是消极的，激情常常能调动人的身心的巨大潜力，使人奋不顾身地去工作和战斗。为了控制消极的激情，我们必须用理智和意志加以调节或采用言语调节，使之得到合理释放与转移。可以数数、散步、下棋、欣赏音乐、找人倾诉或痛哭一场等方式可以比较有效地防止激情发生。但是，最根本的方法是意志力的锻炼、加强思想修养。

激情与艺术创作、科学发明有着密切的关系。作家在创作灵感来临时，常常被自己创造的人物所感动，处于强烈的情绪体验之中。例如，有的作家在创作时，感情就像火山一样爆发出来，甚至全身战栗，紧闭牙关。科学家诺贝尔为了研究炸药，不顾自己生命危险进行试验。在一次试验中，爆炸空前猛烈，浓烈烟雾冲天，诺贝尔从浓烟中冲出，满脸鲜血淋漓，但他却发疯似地高喊：“我成功了！我成功了！”

4. 应激

应激是由出乎意料的紧迫情况所引起的急速而高度紧张的情绪状态。应激的发生比激情更突然、更剧烈。人们遇到某种意外危险或面临某种突然事变时，必须急中生智，利用自己的经验，动员自己的全部力量，迅速做出选择，采取有效行动，此时身心处于高度紧张状态，即为应激状态。战士排除定时炸弹时、两车即将相撞时、突发地震时等，人们所产生的特殊紧张的情绪体验为应激。它能很快地改变有机体的激活水平，使心率、血压、内分泌、肌肉紧张度发生显著的变化。这些变化有助于适应急剧变化的环境刺激，维护机体功能的完整性。

应激可表现为两种状态：一种是积极的状态，它使人精力旺盛，活动激化，思想特别清晰，动作机敏、准确，从而化险为夷、转危为安，及时摆脱困境；另一种是消极的状态，它使人手足无措，慌乱不已。如果长时间处于应激状态，就会出现注意和知觉范围缩小，分析、判断能力减弱，行为和言语出现紊乱。应激状态的消极表现是可以控制和调节的，关键是要提高思想觉悟，增强事业心、责任感和高度的献身精神。

（三）按情感的社会内容分类

情感是同人的社会性需要相联系的主观体验，是人类所特有的心理现象之一。

1. 道德感

道德感是根据一定的道德标准在评价人的思想、意图和行为时所产生的主观体验。道德属于社会历史范畴，不同时代、不同民族、不同阶级有着不同的道德评价标准。爱祖国、爱人民是每个公民的基本道德标准。如果一个人的言行符合这一标准，就会产生幸福感、自豪感和自慰感；否则，就会产生不安、自责、内疚等。同样，当他人言行符合这些标准时，人们对他产生爱慕、崇敬、尊重、钦佩等情感，而对那些违背这一标准的思想和行为，人们就会产生厌恶、反感、鄙视、憎恨等体验。道德感是伴随着人们的道德认识而产生和发展的，它对道德行为起着巨大的调节作用和动力作用。

道德感对人们的实践活动有着重要的作用。它可以帮助人们按照道德准则的要求，正确地去衡量周围人们的各种思想行为。同时，也可以使自己的思想行为自觉地符合社会道德准则，做一个道德高尚的人。

2. 美感

美感是根据一定的审美标准评价事物时所产生的道德体验。人的审美标准既反映事物的客观属性，又受个人的思想观点和价值观念的影响。不同的文化背景下，不同民族、不同阶级的人对事物美的评价既有共同的方面，也有不同的地方。

美感包括两方面的内容：一方面，是桂林山水、泰山的迎客松等自然美景和北京故宫、巴黎的埃菲尔铁塔等人类创造物的精美造型所引起的人惊叹的肯定的情感体验。但是自然界或人类创造物中丑陋的方面也会引起人否定的情感体验。另一个方面，人类社会的道德品质和行为特征，也能引起美的体验。善良、率真、坚强、公正等品质和行为都是美的；相反，自私、虚伪、狡诈等会引起人们的厌恶、憎恨的情感体验。

人们对美的感受、理解和追求在生活中起着巨大的作用，它使人的精神生活更加丰富多彩，更加高尚，使人有美好的理想和远大的奋斗目标，使人朝气蓬勃，积极从事劳动、工作和生活。

3. 理智感

理智感是人在智力活动过程中，认识、探求、评价事物时所产生的情感体验。如人们对未知事物的好奇心、求知欲，解决问题过程中出现的困感、惊讶、焦躁、沮丧以及问题解决后的喜悦、快慰，或为真理献身时感到的幸福与自豪等都属于理智感。

理智感随着人的认识和实践的逐步深入而得到发展。人的认识活动越深刻，求知欲越强，追求真理的兴趣越浓，则理智感也越深厚。反之，理智感对人的认识活动的深化、思维任务的解决起着重要的推动作用。例如，追求真理、破除迷信等都是顺利完成学习和工作任务的重要条件。

阅读专栏 6-1

鱼尾纹和甜蜜的微笑

电视上的运动比赛和选美比赛，仔细观察冠军和亚军的笑容，虽然两个人都会笑，但冠军的笑是可信的，而亚军的笑很可能是装出来的(Thibault et al.，2009)

我们会因为很多原因而笑，或是出于礼貌，或是由于尴尬，或是有时候为了伪装(Frank，2002；Frank & Ekman，2004)，这些“社交性”的笑容通常是故意的或被迫的，它们知识包含有嘴角的上扬而已。真正的笑是什么样的？真正的笑容并不仅仅是动嘴，还有眼部周围的小肌肉，这些肌肉使颊部上移，进而使得眼部周围出现皱纹或称为鱼尾纹。

真正的笑容被称为“杜彻尼笑容”(由 Guilluame Duchenne 而得名，一位研究面部肌肉的法国科学家)，眼部周围的肌肉很难受到人为控制而收缩，因此若要辨别一个笑容是真诚还是客套的，就看一个人的眼角，而不是嘴角，换句话说，出现鱼尾纹意味着笑容是甜美的。以下哪个笑容是“杜彻尼笑容”呢？

【资料来源】Michelle N. Shiota，James W. Kalat. Emotion(2nd Edition). Wadsworth Publishing Press. 2012.

第二节 情绪情感的一般规律

一、情绪情感的特性

人的情绪、情感品质有很大差别，每个人的情绪、情感表现都有其特殊性。

(一)情绪、情感的倾向性

情绪、情感的倾向性是指一个人的情绪、情感经常由什么性质的事物引起和趋向什么性质。它是情绪、情感品质的核心，也是评价情绪、情感价值的主要方面。不同的人会产生不同的情绪、情感倾向性，情绪、情感倾向性与意识倾向性密切相关，既与人的世界观和人生观紧密相连，又受人的需要、兴趣、性格等因素所制约。如有的人情操高尚，有的则情趣低级；有的人总是积极、振奋、充满乐观情绪，有的则常常消沉、抑郁、充满消极情绪。

少年期学生的情绪、情感倾向性，一方面表现为感情充沛、朝气蓬勃、生动活泼、情绪、情感外露，另一方面表现出原则性，情绪、情感逐步受意识的制约。

(二)情绪、情感的深刻性

情绪、情感的深刻性是指一个人的情绪、情感在思想和行动中所表现的深厚程度。人的情绪、情感的深刻性与人的认识深刻与否密切相关。一个人对情绪、情感对象的本质认识越全面、深入，他的情绪、情感就越深刻；反之，一个人对情绪、情感对象认识得越肤浅，他的情绪、情感也就越肤浅。真正深厚的情绪和情感有深刻的思想基础，与一个人的信仰、理想、世界观紧密相连。

少年期学生的情绪、情感已从具体、表面逐步转为内在、深刻。例如，少年期学生热爱学习的情绪、情感不单停留在学业成绩及格和老师、家长的表扬与奖励上，而是进一步把自己的学习同班集体的荣誉和自身的发展相联系。同时，他们对老师的热爱和尊敬不仅源于老师的地位和权威，而主要是对老师的教学态度、知识的广度和深度、良好的教学效果、高尚的道德品质所产生的尊敬。

（三）情绪、情感的稳定性

情绪、情感的稳定性是指一个人的情绪、情感在时间上的持续和稳固程度。情绪、情感的稳定性与情绪、情感倾向性、深刻性密切相关。情绪、情感的稳定性要寓于倾向性之中，才可能产生巨大的力量。否则，稳定性便没有什么价值。同样，情绪、情感的倾向性、深刻性离开了稳定性，便会变化无常，难以产生持久的意志力量。

情绪、情感不稳定的人往往表现举止轻浮，易感情用事，情绪冲动而变化无常，给他人的感觉是忽冷忽热，易喜易悲，易喜新厌旧和见异思迁。这种人的情绪、情感变化无常与其个人的世界观、人生观、品德有关，也受神经类型和气质影响。

少年期学生的情绪、情感稳定性比学龄初期有所增强，一般看来是稳定的，但由于少年期学生自我意识不强，自我监督能力不高，因此，他们还不善于很好地控制和调节自己的情绪、情感，甚至有时冲动，以致使情绪、情感急剧转化。

（四）情绪、情感的广阔性

情绪、情感的广阔性是指一个人的情绪、情感体现的范围。有的学生情绪、情感多样化，有的学生情绪、情感比较单一化。情绪、情感的广阔性与一个人的兴趣和爱好紧密联系。有些人兴趣和爱好很广泛，对生活、学习充满热情，情绪、情感异常丰富，而有些人的兴趣和爱好则很贫乏，对生活中的许多事物漠不关心，情绪、情感往往也很狭隘、单调。

少年期学生好像对什么都是“多情”的，不管是课内学习或课外活动、文科或理科知识、国内或国际大事，甚至宇宙的奥秘、世界的未来都无不付之以热情。

（五）情绪、情感的效能

情绪、情感的效能是指情绪、情感的动力作用。无论是愉快、满意的情绪、情感，还是悲痛、伤心的情绪，情感效能高的人都能将它化为动力，激励自己去工作和学习。情绪、情感效能低的人就只停留在情绪、情感的体验上，陶醉于欣赏自己的情绪、情感，而没有具体的行动。情绪、情感的效能必须与情绪、情感的倾向性相联系，只有以正确的倾向性为指引，才能发挥情绪、情感的积极效能。反之，如果以错误的倾向性为指引，其效能发挥越大，消极作用就越大。

二、情绪情感的功能

在人类生活中，情绪情感具有重要的功能作用。

(一)情绪情感的适应功能

个体在生存和发展的过程中，有多种适应方式。情绪和情感是有机体适应生存和发展的一种重要方式。如动物遇到危险时产生怕的呼救，就是动物求生的一种手段。

情绪是人类早起赖以生存的手段。婴儿出生时，还不具备独立的生存能力和言语交际能力，这时主要依赖情绪传递信息，与成人进行交流，得到成人的抚养。成人也正是通过婴儿的情绪反应，及时为婴儿提供各种生活条件。在成人的生活中，情绪直接地反映着人们的生存状况，是人们心理活动的晴雨表，如通过愉快表示处境良好，通过痛苦表示处境困难；人们还通过情绪、情感进行社会适应，如用微笑表示友好；通过移情维护人际关系，通过察言观色了解对方的情绪状况，以便采取适当的、相应的措施或对策等。也就是说，人们通过各种情绪、情感，了解自身或他人的处境与状况，适应社会的需求，求得更好的生存和发展。

(二)情绪情感的动机作用

情绪与动机的关系十分密切，主要体现在两个方面：

1. 情绪具有激励作用

情绪能够以一种与生理性动机或社会性动机相同的方式激发和引导行为。有时我们会努力去做某件事，只因为这件事能够给我们带来愉快与喜悦。从情绪的动力性特征看，分为积极增力的情绪和消极减力的情绪。快乐、热爱、自信等积极增力的情绪会提高人们的活动能力，而恐惧、痛苦、自卑等消极减力的情绪则会降低人们活动的积极性。有些情绪同时兼具增力与减力两种动力性质，如悲痛可以使人消沉，也可以使人化悲痛为力量。

2. 情绪被视为动机的指标

情绪也可能与动机引发的行为同时出现，情绪的表达能够直接反映个体内在动机的强度与方向。所以，情绪也被视为动机潜力分析的指标，即对动机的认识可以通过对情绪的辨别与分析来实现。动机潜力是在具有挑战性环境下所表现出的行为变化能力。例如，当个体面对一个危险的情境时，动机潜力会发生作用，促使个体做出应激的行为。对这个动机潜力的分析可以由对情绪的分析获得。当面对应激场面时，个体的情绪会发生生理的、体验的以及行为的三方面的变化，这些变化会告诉我们个体在应激场合动机潜力的方向和强度。当面临危险时，有的人头脑清晰，沉着冷静地离开；而有些人则惊慌失措，浑身发抖，不能有效地逃离现场。这些情绪指标可以反映出人们动机潜能的个体差异。

（三）情绪情感的组织功能（调控功能）

情绪情感对于人们的认知过程具有影响作用，有积极作用，也有消极作用。大量研究表明：适当的情绪情感对人的认知活动具有积极的组织功能，而不当的情绪情感对人的认知活动具有消极的瓦解功能。

1. 促进功能

积极的情绪情感会提高大脑活动的效率，提高认知操作的速度与质量。耶尔克斯—道森定律说明了情绪与认知操作效率的关系，不同情绪水平与不同难度的操作任务有相关关系。不同难度的任务，需要不同的情绪唤醒的最佳水平。在困难复杂的工作中，低水平的情绪有助于保持最佳的操作效果；在中等难度的任务中，中等情绪水平是最佳操作效果的条件；在简单工作中，高情绪唤醒水平是保证工作效率的条件。总之，活动任务越复杂，情绪的最佳唤醒水平也越低。我们了解了情绪与操作效率之间的关系，就能更好地把握情绪状态，使情绪成为我们认知操作活动的促进力量。

2. 瓦解作用

情绪对认知操作的消极影响，主要体现在不良情绪对认知活动功能的破坏和瓦解上。一些消极情绪，如恐惧、悲哀、愤怒等，会干扰或抑制认知功能。恐惧情绪越强，对认知操作的破坏就越大。考试焦虑就是一个典型例子，考试压力越大，考生考砸的可能性越大。一般来说，中等程度的紧张是考试的最佳情绪状态，过于松弛或极度紧张都会瓦解学生的认知功能，不利于考生正常水平的发挥。当一个人悲哀时，会影响到他的工作或学习状态，导致注意力不集中、易分神，思维流畅性降低等。

可见，情绪的调控功能是非常重要的。情绪的好坏与唤醒水平会影响到人们的认知操作效能。

（四）情绪情感的信号功能

情绪是人们社会交往中的一种心理表现形式。情绪的外部表现是表情，表情具有信号传递作用，属于一种非言语性交际。人们可以凭借一定的表情来传递情感信息和思想愿望。心理学家研究了英语使用者的交往现象后发现，在日常生活中，55%的信息是靠非言语表情传递的，38%的信

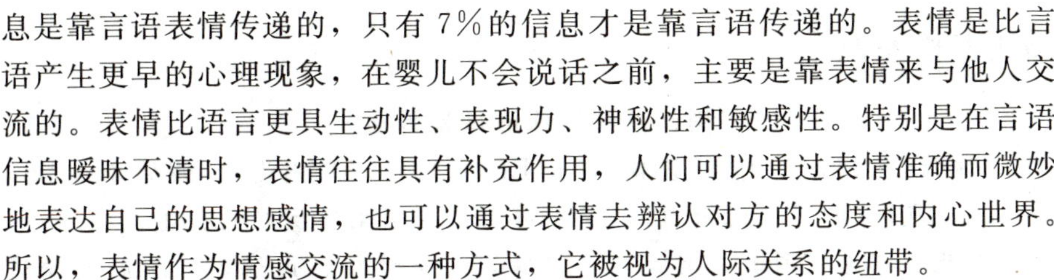

息是靠言语表情传递的，只有7%的信息才是靠言语传递的。表情是比言语产生更早的心理现象，在婴儿不会说话之前，主要是靠表情来与他人交流的。表情比语言更具生动性、表现力、神秘性和敏感性。特别是在言语信息暧昧不清时，表情往往具有补充作用，人们可以通过表情准确而微妙地表达自己的思想感情，也可以通过表情去辨认对方的态度和内心世界。所以，表情作为情感交流的一种方式，它被视为人际关系的纽带。

三、情绪发生的生理机制

情绪的复杂性、多样性是与神经系统的多水平机能相联系的。它是机体内部变化的机制、外部表情的机制以及中枢过程的机制在大脑皮层的协调下协同活动的结果。

(一)情绪的自主神经机制

在人产生情绪时，机体的内部变化和一部分外部表情的变化是由自主神经系统的活动调节的。自主神经又分为交感神经和副交感神经，这两种神经的机能是相互拮抗的。人在恐惧、愤怒或遇到危急与紧张时，交感神经就会发生反应，使去甲肾上腺素分泌亢进。这些神经兴奋和发生的效应，使有机体内部的生理活动处于应激的准备状态，提高对外界危险事件的防御能力。副交感神经的机能则相反，当人心情愉快时，会分泌乙酰胆碱，解除应激的准备状态，使有机体内部恢复安静。交感神经和副交感神经共同调节着内脏器官与腺体分泌的活动。

(二)情绪的中枢神经机制

研究表明，情绪体验在很大程度上取决于丘脑、下丘脑、边缘系统和脑干网状结构的功能，而大脑皮层控制着皮层下各中枢的活动并调节着情绪的进行。下丘脑是产生发怒的整合模式的关键部位。动物实验还发现，下丘脑还是“快乐”和“痛苦”的中枢部位。边缘系统是多功能的综合调节区。它调节着皮下的呼吸、血压等低级中枢和内脏的活动。网状结构在情绪反应中起着激活的作用，它是维持意识的清醒状态的重要机构，对筛选不同性质和强度的冲动传入大脑皮层具有重要的作用。大脑皮层是调控皮层下各中枢及整个有机体的最高调节机构。巴甫洛夫学说认为，大脑皮层动力定型的建立、维持和破坏是情绪的生理机制。

此外，内分泌系统、躯体神经系统也会影响情绪的产生和变化。可见，自主神经系统、中枢神经系统、内分泌系统和躯体系统之间存在着网络性的交互作用，对情绪的变化产生影响。

阅读专栏 6-2

测谎仪的工作原理是什么？

“测谎”一词，是由“测谎仪”(Lie Detect)而来，“测谎仪”的原文是Polygraph，直译为“多项记录仪”，是一种记录多项生理反应的仪器。

因此，测谎仪所测的其实不是谎言，而是情绪。说谎时，人的情绪波动会导致资助神经系统活动的变化，进而造成身体的变化，有一些是肉眼可以观察到的，如抓耳挠腮，腿脚抖动等一系列不自然的人体动作。还有一些生理变化是不易察觉的，如呼吸速率和血容量的异常；脉搏加快与血压升高；皮肤出汗与肌肉紧张等，这些生理参量都能被测谎仪准确地记录下来。用仪器测量这些参量的变化，记录变化图谱，然后分析图谱，就可以判断被测人对问题的回答是“诚实”还是“撒谎”。

【资料来源】Dennis Coon，John O. Mitterer. Gateways to Psychology：an Introduction to Mind and Behavior(13th Edition). Wadsworth Publishing Press. 2013.

四、情绪情感在教育中的运用

如何利用情绪和情感让学生在学习知识的同时也感受到学习的乐趣？正如孔子所说的：知之者不如好之者，好之者不如乐之者。

(一)要在教学中确定情感目标

教师、学生和教材既是构成教学中认知系统的三个基本要素，也是构成教学中丰富而复杂的情感现象的三个源点。当教师和学生围绕教材开展教学时，认知因素和情感因素都被激活了。因此，教学不仅要有认知目标，也要有情感目标。

情感目标主要包括：

(1)让学生处于愉悦、饱满、振奋的情绪状态之中，为认知活动创设良好的情绪背景。

(2)让学生在接受认知信息的同时获得各种积极情感和高尚情操的熏陶。

(3)让学生对学习活动本身产生积极的情感体验，形成良好的学习心态和好学、乐学的人格品质。

(4)重视教学过程的情感目标，调动学生主动参与的热情。

(二)以知促情

运用合理的教学方法，让学生获得愉悦的学习体验。

(1)精心选择教学内容。

(2)巧妙组织教学内容。

(3)择优采用教学形式。

(4)创设问题情境，运用赏识教育，激发学生的自尊和自信。

赏识教育，是指教师在教育教学过程中，注重学生优点和长处的发现与赞扬，使其获得自尊和自信，进而把教育的要求内化为个体的自觉行为，积极、主动、快乐地发展的一种教育方式。实施赏识教育要做到具体、适时、适度。

(三)以情促情

1. 教材内容的情感性处理

教材内容的情感性处理是以情生情、调控学生情感的一个重要方面。

2. 教师情感的自我调控

情感具有感染性，教师的情感会在教学过程中随时随地影响学生的情感，起着极其重要的调控作用。在这方面教师要注意两种调控：一是教师情绪状态的调控，二是教师对所教学科的情感调控。

3. 师生情感的交流互动

在教学过程中师生之间交流知识也交流情感，交流教学内容中的情感也交流师生人际间的情感。建立良好的师生关系，提高教师情绪情感的感染力，家校结合，共育良好的情绪情感氛围。

阅读专栏 6-3

情绪智力——自我控制的艺术

古希腊哲学家亚里士多德有一个保持良好人际关系的秘诀，他说，你如果要处理好人际关系，应“选择恰当对象，把握恰当的程度，确定恰当的时机，为了恰当的目的，并通过恰当的方式”。心理学家 Peter Salovey 和 John Mayer 把这种自我控制的能力称为情绪智力。

优秀的成功人士一般都有较高的情绪智力(Mehrabian，2000)。如果情绪是我们生活中的音乐，那么情绪智力高的人则是优秀的音乐家。他们不会压制自己的情绪，也不会过分沉浸在情绪之中，相反，他们能将情绪融入生活的节奏中，与他人和谐相处。

哪些具体的技能组成了情绪智力?

感知情绪　情绪智力的基础首先是能够感知自己和他人的情绪。善于察言观色，能够“读懂”面部表情、声音语调和其他情绪特征。

运用情绪 情绪智力高的人会运用感受促进思考和决策，利用过去的情绪感受帮助自己在新的环境中作出更好的反应。

理解情绪 情绪包含了很多信息，例如生气说明了什么地方出了问题，焦虑表示不确定性。情绪智力高的人知道引起不同情绪的来源、含义及对行为的影响。

管理情绪 管理自己和他人的情绪，当处于生气状态时知道如何冷静下来。

【资料来源】Marc A Brackett，Susan E. Rivers & Peter Salovey. Emotional Intelligence：Implications for Personal，Social，Academic，and Workplace Success. Social and Personality Psychology Compass，2011：88－103.

知识点检测

一、单选题

1. 情绪和情感是一种心理活动，是人对客观事物的态度体验及相应的行为反应，它是以________为中介的。

A. 对客观事物的感知　　B. 个体的愿望和需要

C. 事物本身所具有的特性　　D. 个体的能力和人格

2. 友谊、爱情、责任感等属于________。

A. 情感　B. 情绪　C. 情操　D. 情结

3. 在突然到来的危险面前，我们能及时作出反应，并采取措施化险为夷，这在平时是办不到的。这种情绪状态是________。

A. 激情　B. 热情　C. 心境　D. 应激

4. "忧者见之则忧，喜者见之则喜"，这是受一个人的________的影响所致。

A. 激情　B. 心境　C. 热情　D. 应激

5. 我们热爱祖国，热爱人民，热爱社会主义，这种情感属于人的________。

A. 道德感　B. 激情感　C. 热情感　D. 好感

6. ________状态下，人往往会出现"意识狭窄"现象。

A. 热情　B. 应激　C. 激情　D. 心境

7. 情绪和情感的信号功能是通过________来实现的？

A. 动机　B. 适应　C. 表情　D. 心境

二、简答题

1. 情绪和情感有什么区别和联系？

2. 情绪情感可以分成哪些类型？

三、案例分析

当前学校教育正处在由应试教育向素质教育转轨的过程中，逐步重视教学中的情感因素。张老师是一位教学认真、治学严谨的老师，一贯强调教学中的认知因素，认为只有严格地教、刻苦地学才是师生之道。对目前教学中的这种变化感到困惑，他不清楚为什么在教学中还要重视情感因素，教师又该如何具体操作。

请你运用所学的情感规律的知识去帮助张老师，让他了解情感因素在教学中发挥的积极作用，并提出一些可操作的建议。

实践应用

情绪稳定性自测题

1. 看到自己最近一次拍摄的照片，你有何想法？

A. 觉得不称心　　B. 觉得很好　　C. 觉得可以

2. 你是否想到若干年后会有什么使自己极为不安的事？

A. 经常想到　　B. 从来没想到　　C. 偶尔想到

3. 你是否被朋友、同事、同学起过绰号、挖苦过？

A. 这是常有的事　　B. 从来没有　　C. 偶尔有过

4. 你上床以后，是否经常再起来一次，看看门窗是否关好、炉子是否封好等？

A. 经常如此　　B. 从不如此　　C. 偶尔如此

5. 你对与你关系最密切的人是否满意？

A. 不满意　　B. 非常满意　　C. 基本满意

6. 你在半夜的时候，是否经常觉得有什么值得害怕的事？

A. 经常　　B. 从来没有　　C. 极少有这种情况

7. 你是否经常因梦见什么可怕的事而惊醒？

A. 经常　　B. 从没有　　C. 极不

8. 你是否曾经有多次做同一个梦的情况？

A. 有　　B. 没有　　C. 记不清

9. 有没有一种食物使你吃后呕吐？

A. 有　　B. 没有　　C. 偶尔有

10. 除去看见的世界外，你心里有没有另外一种世界？

A. 有　　　　B. 没有　　　　C. 说不清

11. 你心里是否时常觉得你不是现在的父母所生？

A. 时常　　　　B. 没有　　　　C. 偶尔有

12. 你是否曾经觉得有一个人爱你或尊重你？

A. 是　　　　B. 否　　　　C. 说不清

13. 你是否常常觉得你的家庭对你不好，但是你又确知他们的确对你好？

A. 是　　　　B. 否　　　　C. 偶尔

14. 你是否觉得没有人十分了解你？

A. 是　　　　B. 否　　　　C. 说不清楚

15. 你在早晨起来的时候最经常的感觉是什么？

A. 秋雨霏霏或枯叶遍地　　　　B. 秋高气爽或艳阳天

C. 不清楚

16. 你在高处的时候，是否觉得站不稳？

A. 是　　　　B. 否　　　　C. 有时是这样

17. 你平时是否觉得自己很强健？

A. 否　　　　B. 是　　　　C. 不清楚

18. 你是否一回家就把房门关上？

A. 是　　　　B. 否　　　　C. 不清楚

19. 你坐在小房间里把门关上后，是否觉得心里不安？

A. 是　　　　B. 否　　　　C. 偶尔是

20. 当一件事需要你作出决定时，你是否觉得很难？

A. 是　　　　B. 否　　　　C. 偶尔是

21. 你是否常常用抛硬币、玩纸牌、抽签之类的游戏来测凶吉？

A. 是　　　　B. 否　　　　C. 偶尔

22. 你是否常常因为碰到东西而跌倒？

A. 是　　　　B. 否　　　　C. 偶尔

23. 你是否需用一个多小时才能入睡，或醒得比你希望的早一个小时？

A. 经常这样　　　　B. 从不这样　　　　C. 偶尔这样

24. 你是否曾看到、听到或感觉到别人觉察不到的东西？

A. 经常这样　　　　B. 从不这样　　　　C. 偶尔这样

25. 你是否觉得自己有超越常人的能力?

A. 是　　B. 否　　C. 不清楚

26. 你是否曾经觉得因有人跟你走而心理不安?

A. 是　　B. 否　　C. 不清楚

27. 你是否觉得有人在注意你的言行?

A. 是　　B. 否　　C. 不清楚

28. 当你一个人走夜路时,是否觉得前面潜藏着危险?

A. 是　　B. 否　　C. 不清楚

29. 你对别人自杀有什么想法?

A. 可以理解　　B. 不可思议　　C. 不清楚

计分方法:

以上各题的答案,选A得2分,选B得0分,选C得1分。请将你的得分统计一下,算出总分。得分越少,说明你的情绪越佳,反之越差。

对于情绪稳定性差的人来说,遇到问题尽量保持理智、学会思考,最好是多看些情商方面的书(如《少有人走的路》《社交商》),在一定程度上就能控制自己的情绪。此外你还可以使用数数延缓释放法,遇到激发自己产生情绪巨大波动的事件时,在心中默默数几十个数字,再去做出回应,这时你会发现自己的情绪会有所缓和,这是一种简便而有效地好方法,你不妨一试。

(本测验结果仅供参考,若有需要请咨询专业人员)

参考答案

一、单选题

1. B　2. A　3. D　4. B　5. A　6. C　7. C

二、简答题

1. 情绪与情感既有区别又有联系

(一)情绪与情感的区别

(1)情绪具有情境性和短暂性,往往由当时的情境引起,并随着情境的改变和需要的满足减弱或消失;而情感则具有较大的稳定性、持久性和深刻性。

(2)情绪具有明显的外部表现,而情感始终处于意识支配的范围内,常常以内隐体验的形式存在,其外部表现不明显。

(3)情绪,通常是有机体在维持生存的自然需要是否获得满足时而产生的体验，是人和动物所共有的。而情感常用来描述那些具有稳定的、深刻的社会意义的感情，是人类所特有的。

(二)情绪与情感彼此之间具有密切的相联系。

(1)稳定的情感是在情绪的基础上形成的，并且它通过情绪来表达，离开情绪的情感是不存在的。

(2)情绪离不开情感，情绪的变化反映情感的深度，在情绪中蕴含着情感。

2. 情绪可以分为情调、心境、激情、应激；情感可以分为道德感、美感、理智感。

三、案例分析题

教学中的情感因素：

(1)情绪情感对认知、操作等学习活动的动力与调节功能(积极面)：调动注意 、激发兴趣、活跃思维。

(2)做法：为教学营造良好的情绪背景——愉悦；对学习活动产生积极的情绪体验——乐学；对教学内容、教学形式等进行情感性处理——陶冶；师生情感交流——亲其师信其道。

第七章　意　志

引言：

成长过程并不是一帆风顺的，每个人总会在不同时期多多少少遇到一些困难或挑战。比如，期末复习考试中，你是克服外界的引诱和干扰，集中精力，坚持学习还是禁不住诱惑，刷刷朋友圈逛逛淘宝，思想总是游离于课本之外？决定我们在困难面前是勇往直前还是退缩放弃的心理过程，称为意志。意志过程参与个体社会生活中所有有目的并需要克服困难做出努力的活动，如上课认真听讲，完成教师布置的作业等。为什么个体在意志过程中的表现不同？意志过程是如何产生和活动的？只有解决这些问题才能培养优良的意志品质，改变个体在困难面前的表现。

学习目标：

1. 理解意志的概念、特点、意志品质以及意志行动的特征。
2. 理解意志与认知、情感的关系。
3. 分析意志的心理机制。
4. 阐释意志行动的产生过程及各阶段的心理活动内容。
5. 掌握优良意志品质的培养策略。
6. 运用意志规律指导学生的品德教育。

第一节　意志概述

对事物的认识需要认知过程(感知、记忆、思维)的参与，情绪情感负责调解和控制人的内心状态，但这些都不能保证人的成功。人们要想取得成功，需要借助心理过程中的一个重要方面——意志。

一、意志的概念

意志是有意识地支配、调节行为，通过克服困难，实现预定目标的内在心理过程。人要达到自己预定的目的，就一定要克服各种各样、难易程度不同的困难。由于需要克服的困难存在差异，意志活动的表现也不同。如为了按时上课早晨必须早起，为减肥每天控制饮食量等。

意志活动是有目的的行动。人的有目的行为与动物的行为迥然不同。动物的行为没有目的，即使动物在适应环境过程中对环境也会发生作用，但是这种是无意识地发生的，没有经过思考和计划，因此不是意志行动。正如恩格斯所说："如果说动物不断地影响它周围的环境，那么，这是无意地发生的，而且对于动物本身来说是偶然的事情。但是人离开动物愈远，他们对自然界的作用就愈带有经过思考的、有计划的、向着一定的和事先知道的目标前进的特征。"即便是人的行为，如果没有明确的目的，也不是意志行动。例如，咳嗽、手遇火而缩回，以及一些无意识的手势、摇头摆脑等动作，这些不是预先确定了目的的行动，即使在行动的过程中存在困难，也构不成意志行动。只有预先确定目的，并由目的所调节、支配的行动，才是意志行动。例如，当手遇火后，为减少痛苦而迅速涂上药物；学生为了掌握知识，为自己制定学习计划并坚持执行；教师为培养好学生，克制自己粗暴的脾气，几年如一日地耐心纠正学生的错误……这些都是意志行动。简而言之，没有目的的行动不是意志行动。意志是人脑的功能。意志活动表现在，人为了满足自己的需要，预先确定一定的目的，有计划地组织自己的行动来达到这一目的。

并不是所有自觉、有目的的行动都有意志努力。例如，健康人的行走是有意识行动，但不一定有内心的意志努力成分。然而，大病初愈的人行走时可能感到困难，这时就需要作意志努力。意志是与克服困难相联系的心理过程。人们为了实现一定的目的，往往需要克服不同种类和程度的困难。例如，登山者要攀登高峰就得忍受缺氧和严寒的痛苦；运动员要取得金牌就得进行艰苦的训练；模特要保持良好的身材就得养成严格的进食习惯；学生要完成当天的作业就得在睡意袭来时打起精神等，在这些行动中，人们必须意志努力，有计划地组织自己的行动、克服困难，以达到预定的目的。阻碍人们实现目的的困难一般可分为外部困难和内部困难两类。外部困难包括外在客观条件造成的障碍，如天气恶劣、人手匮乏、设备陈旧落后等；内部困难是指来自于人自身的障碍，包括消极的情绪、犹豫不决的态度、胆怯的性格、懒散的生活学习习惯、知识经验不足、能力有限、身体状况不佳等。

二、意志的特点

从意志的概念可知，它有三个特点：

(一)调节性

意志的调节性是指意志通过激励和维持一些行动同时抑制另外一些行动的方式实现对行动的调节。例如，青少年为了学好外语而不断地大量听外语、背单词、阅读外文资料、练习口语等。同时为了学好外语，他们主动克制一些不良的生活习惯(喜欢睡懒觉)或放弃某些妨碍他学习的活动(下棋、玩电脑等)。因此，意志调节性的这两个方面，在人的实际活动中是互相联系的。正是通过这种激励和抑制的作用，意志实现着对人的活动的支配和调节。

(二)社会历史性

意志的社会历史性是指意志行动的实现要以一定的社会历史阶段为背景。意志行动是与完成某种任务相联系的，这样就不可避免地受到当时的社会制度和科技水平的限制。例如，在没有发明潜水艇以前，人们无论有多大的意志力也无法潜到超过 200 米深的水下的。因此，可以说意志自由是历史的产物，是有条件的，而且是随着社会经济的发展和科学技术的进步而逐步改变形式和扩大范围的。

(三)规律的依存性

意志对规律的依存性是指人的意志行为是以客观规律为依据的。

人的意志集中体现了意识的能动性。这表现在两个方面：一是意志可以能动地反映客观现实。二是意志可以能动地变革现实，克服困难，实现预期目的。但是，人的意志并不是绝对自由的，是以客观规律为依据的。人的一切愿望、行动都必须符合客观规律，否则，将一事无成。如青少年在制定学习计划时，一方面要考虑到自己的学习能力；另一方面也要考虑到学习任务的难易程度，只有把二者有机地结合起来才能制定出切实可行的学习计划。如果没有考虑到自己的承受能力，而无限制地加大学习的数量和难度，则只能品尝到失败的苦果。例如，野外生存训练就不是一个不经过一些前期的适应性练习就可以直接让孩子尝试的活动。

三、意志行动的特征

意志过程就是内部意识向外部行为的转化。因为意志过程总是要伴随着行动，并指向外部的特定目标。我们把意志过程中所表现出来的行动称为意志行动。意志行动具有以下基本特征：

(一)意志行动是自觉地确定目的的行动

意志是在有目的的行动中表现出来，这个目的是自觉的、有意识的。动物有各种各样的行为，但动物没有意志，意志是人类所独有的。毛泽东同志讲过："思想等等是主观的东西，做或行动是主观见之于客观的东西，都是人类特殊的能动性。这种能动性，我们名之曰'自觉的能动性'，是人之所以区别于物的特点。"人之所以不同于动物，是由于人具有根据自觉的目的去行动的能力。目的在意志行动中起着极其重要的作用。它既能发动符合于目的的某些行动，同时又能制止不符合于目的的另一些行动。目的越高尚，目的的社会意义越大，产生的意志力也越大，常言说："伟大的目的产生伟大的毅力。"

目的的确定，不是凭主观任意决定的，而是受客观现实的制约的。人的目的是否能实现，要看人的目的和行动是否符合客观现实的情况和社会历史发展的规律。如果符合，人的目的就有可能达到。现实的客观规律是不以人们的意志为转移的，人们不能改变它，消灭它。当人们还未掌握客观规律时，人们的行动就带有一定的盲目性。如果违反了客观规律，人们的意志就不能实现。但是，当人们一旦认识了自然和社会的规律以后，人们就能摆脱对自然和社会的盲目性，从而获得自由，人们就能真正自由地发挥主观能动作用，自觉地改造客观现实。唯心主义者的"意志自由论"认为，意志是一种既与人脑无关，又与周围环境无关的精神力量。他们把意志看作是脱离现实而独立存在，可任意"创造"一切的绝对自由的力量。这是对意识能动性的恶意歪曲。这种鼓吹意志的绝对自由是极其荒谬的，其目的在于为反动统治阶级的罪行辩护，并掩盖其反动本质。科学心理学认为，目的的确定是受客观规律制约的，只有按客观规律行动，才能获得真正的自由。

(二)意志行动是与克服困难相联系的行动

意志行动是有目的的行动，目的的确定与实现，通常会遇到种种困难，而困难的克服过程也就是意志行动的过程。困难有两种：内部困难和外部困难。内部困难是指人在行动时有相反的要求和愿望的干扰。例如，当要实现某种计划时，缺乏饱满的信心，畏缩不前，这对计划的实现是十分不利的。计划一经确定，就必须满腔热情，信心百倍，勇往直前，要有不达目的决不罢休的英勇气概。外部困难是指外在条件的障碍，如缺乏必要的工具和工作条件，或来自他人的讥讽和打击等。困难的性质和程度有轻有重，意志行动有的简单，有的复杂，因此意志力的水平也就有强有弱。在执行计划时，有时由于情况的变化，计划必须加以修改和调整，预定的目的才能实现。

(三)意志行动是以随意动作为基础

人的行动都是由简单的动作组成的。动作可分为不随意的和随意的两种。不随意动作主要是指那些不由自主的动作。它们在出现以前，人并不是有意识地要那样做的。比如，眼受到强光的刺激，瞳孔立即缩小；手碰到刺，立即缩回。至于随意动作，它们都是由意识指引的动作，是在生活实践中学会了的动作。它们是意志行动的必要组成部分。如果没有掌握这些必要的随意动作，意志行动就无法实现。有了随意动作，人们就可根据目的去组织、支配和调节一系列的动作，组成复杂的行动，从而实现预定的目的。

阅读专栏 7-1

人的意志是否是自由的?

人的意志是不是自由的？在这个问题上，哲学及心理学史上有过两种极端的见解。

唯意志论者叔本华和尼采认为，人的意志行为是不受任何东西约束的，可以绝对自由，为所欲为。当代著名的澳大利亚神经生理学家艾克尔斯(Eccles)把人的意识和大脑看作两个彼此独立的实体，认为脑从意识精神那里接收到一个意志动作，转过来脑又把意识经验传给精神。

行为主义者华生则否认人的意识，认为人的行为完全是由外界刺激所决定的。

前者是极端的唯心论，后者是极端的机械论，都是错误的。辩证唯物主义认为，人的意志是自由的，但又是不自由的。说它自由，因为在一定的条件下，人可以根据自己的意愿自主地选择目的，发动或制止某种行为；说它不自由，因为人的一切愿望、一切行动都必须符合客观规律。一个人掌握的自然科学和社会科学知识越多，越善于运用客观规律，他对世界的改造也就越主动、越自由。而这种能力的获得又依赖于人的主观努力，即需要勤奋学习、勇敢探索、不断实践。

【资料来源】黄希庭，郑涌主编．心理学导论(第三版)．北京：人民教育出版社，2015.

第二节　意志的心理机制

一、意志的生理机制

意志过程与认识过程、情感过程一样，也是脑的机能。但意志过程的生理机制还没有完全揭示出来。巴甫洛夫通过研究发现，意志行动是通过一系列随意活动实现的，并认为大脑皮层的运动分析器感受和分析来自运动器官(肌肉、肌腱、关节)的神经冲动，并调节运动器官的活动，这对于随意运动具有特别重要的意义。但随意运动中每一个动作的完成，在很大程度上还依赖于效应器官的返回传入。大脑皮层通过运动感受器接受返回传入以实现对运动过程的调节。

巴甫洛夫指出，词语是全部高级神经活动的随意运动的调节者，在人们的意志行动中起主导作用。所以，一个人在长跑途中，别人对他喊“加油”“努力”，或者自己的内部言语激励自己“坚持到底”，都能帮助他很好地完成意志行动。通过对割裂脑病人的研究发现，大脑两半球切开的人，对自己身体左侧失去意志的联系和控制，从而出现了奇特的情况：当把一幅图画呈现给大脑左半球时，右手就会像一位受理性支配的艺术家那样勾画草图；当将图画呈现在大脑右半球时，左手则像一台自动打字机一样临摹图画，但被试者意识不到他在做什么。可见，大脑左半球言语中枢是意志控制的场所。

研究还表明，大脑额叶是形成人的意志行动的目的并保证贯彻执行的部位。额叶区严重损伤，人就会丧失形成自我行动的愿望，不能独立制定行动计划，也意识不到行动中的偏差和错误，无法有效调控自己的行动。如果要求病人依次画圆圈、十字、三角形、正方形等，他画了一个圆圈后仍继续画圈。另外，如果要求病人对一个声音用右手反应，对两个声音用左手反应，并形成右—左—右—左的刻板运动。以后突然改变序列，变成右—左—右—左—左，病人无法接受新的命令提示，只会继续做先前的反应。后来人们发现，儿童的额叶比其他各叶发育成熟的时间晚，其言语系统的机能较弱，自觉性较差，意志力也较差。

此外，网状结构在行为的意志调节中也有重要的意义。因为行为的意志调节必须以大脑皮质的优势兴奋中心为前提，要使大脑皮质建立优势兴奋中心必须高于正常的动力供应。而网状结构则是皮质动力供应的特殊电池和操纵台。

总之，意志行动是大脑的许多复杂的神经过程相互作用的结果，其中中央前回运动区和额叶起着十分重要的作用。

阅读专栏 7-2

意志的心理结构

意志的心理结构是很复杂的，由于研究工作的薄弱，心理学界至今没有统一的看法。在黄希庭等人编写的《心理学导论》中，列举了意志结构中几种主要的心理成分：

目标：指个人确立行为并指导其行为的内部心理表征，它是人行动的前提。个人通过制定计划来实现目标，并以目的的心理表征来检验行为，了解自己是否继续维持行为，是否正在接近目标。目标具有多样性、组织性和动力性的特点。它决定意志活动的方向。

抱负水平：是个人在做某项实际工作之前估计自己所能达到的成就水平。它与一个人目标的确定和选择密切相关，影响意志活动的信心。

冲突与矛盾心理：意志行动中常常伴随冲突与矛盾心理。冲突是指两个或多个追求目标之间的斗争。矛盾心理是对一个目标追求过程中所产生的混杂感情。冲突与矛盾心理是意志活动中各种阻碍的主要来源。

决策：是在不确定条件下作出决定的心理过程。在此过程中需要形成各种相关方案，并对形成的方案进行评估，最后作出抉择。决策正确与否决定意志活动的目标能否成功实现。

二、意志与认识、情感的关系

(一)意志与认知过程的关系

认识过程是意志产生的前提和基础。人在确定目的、选择方法和步骤时，要审度客观形势，分析主观条件，回顾过去的经验，设想将来结果，拟订方案，编制计划，并对这一切进行反复的权衡和斟酌，所有这些都必须通过感知、记忆、思维、想象等认识过程才能实现。可见，意志行动离不开认识过程，意志是在认识活动的基础上产生的。首先，意志的重要特征是具有自觉目的性，而人们只有在认识了客观事物的发展规律，并运用规律去改造客观世界时，才能确定行动目的，并选定实现目的的计划和方法。列宁说："人的目的是客观世界所产生的，是以它为前提的。"若没有对客观世界的认识，意志行动也无从产生。其次，意志行动还要随形势的变化不断调整，这也需要通过认识活动把握事态发展，分析主客观条件，以决定是加速意志行动过程，还是调整意志行动的进程和方向。最后，意志行动是与克服困难相联系的，而对困难性质和大小的估计，是离不开认识过程的。如果对困难的性质认识不清，严重性估计不足，就可能使人盲目地采取行动，付出了很多的意志努力却事与愿违、半途而废。

意志对认识过程也会产生重要影响。人对外部世界的认识活动，总是有目的、有计划的，离不开精细的观察、持久的注意和专注的思考，没有意志的参与，这些都是无法做到的。另外，在认识过程中常常还会遇到各种困难，要克服这些困难，也需要意志的努力。例如，观察的组织、随意注意的维持、追忆的进行、解决问题时思维的活动等，都需要意志努力。认识活动是在实践活动中进行的。没有意志行动，不可能有认识活动，也不可能进行有效的社会实践活动。在认识过程中，一些意志薄弱、不能做到坚持不懈的人，学习和工作也缺乏成效，不能承担复杂而艰巨的任务。

(二)意志与情感的关系

意志和情感之间存在着密切的关系，最明显的表现是情感既可以是意志行动的动力，也可以成为意志行动的阻力。

当某种情绪和情感对人的活动起推动或支持作用时，这种情绪和情感就会成为意志行动的动力。如当一个人在做自己喜欢的事情时，他会产生一种快乐的情绪和情感，这种情绪和情感就会对他的活动起推动作用，并能够帮助他花费很少的努力去克服很大的困难。当某种情绪和情感对人的活动起阻碍作用时，这种消极的情绪和情感就会成为意志行动的阻力。如对所要达到的目的漠然的态度、害怕困难的情绪、脱离实际的骄傲自满情绪，高度的惊恐及焦虑状态等，都会妨碍意志、行动的贯彻，甚至削弱、动摇人的意志。

其次，意志对情感也具有调节作用。意志坚强者可以克服消极情绪的干扰，把意志行动贯彻到底；意志薄弱者则可能被这些消极情绪所压倒，使行动半途而废。可见，意志可以控制情绪，使情绪服从于理智。意志坚强者能够控制失败时的痛苦和愤怒，能够控制胜利时的狂热。我们说"理智战胜情感"，也是指在理智认识的基础上靠意志的力量去克服和抑制不合理智的情感。《三国演义》中诸葛亮不念师友之情，挥泪斩马谡；一个得悉亲人遭遇不幸的演员强忍悲痛，按时登台表演，都是意志对情感直接控制的例子。反之，意志薄弱的人常常受情感左右，或者是一次失败就情绪低落、一蹶不振，或者是难以控制不良情绪，导致背离理智的冲动行为。

总之，认识、情绪和意志是密切联系的。意志过程包含有认识和情绪的成分，认识和情绪过程也包含有意志的成分。只是由于研究上的需要，我们才对统一的心理活动，从不同的侧面进行分析。

第三节 意志行动的过程

意志总是通过一系列的具体行动表现出来，意志行动的实现过程是意志心理过程的完整展现，它不仅是行动的外部表现过程，还包括心理对行动的内部组织和调节。因此，意志行动的心理过程主要分为两个阶段：采取决定阶段和执行决定阶段。在这两个阶段中，又有一些具体的步骤和环节。

一、采取决定阶段

采取决定阶段是意志行动的初始阶段，也是内部决策阶段。这个阶段虽然在意志行动实现过程中不易被觉察，但却对具体行动的发动和活动目的的实现有极其重要的作用。在采取决定阶段，包括以下四个环节：

(一)动机冲突

人的意志行动是有自觉目的性的，单纯的动机使得行动目的单一而明确，意志行动可以顺利实现，如为了升入大学而努力读书，为了获得提升而勤奋工作等。但现实生活中确定活动目的并非总是这样简单而直接，复杂的生活环境常常造成利益冲突，使得人们同时产生几个不同的目标或多种愿望，这又导致内心的矛盾冲突，引起动机冲突。

动机斗争一般有以下几种表现：

(1)双趋冲突，指当个体以同等程度的两个动机去追求两个有价值的目标时，因不能同时获得而产生的动机冲突。古语中“鱼和熊掌不可兼得”就是这种动机冲突的体现。在某些时候人们面临多种选择，又分身乏术，不能同时得到。譬如一个面临大学毕业的学生既想参加工作，又想考研究生，为此犹豫不定。而双趋冲突若要解决，只能是权衡轻重，趋向认为重要的更有价值的目标。如果那个学生认为考研后继续深造意味着新的学业压力和经济负担，但长远来看，参加研究生学习更符合社会发展的要求，自己也会有更大的收益，那他可能会放弃眼前的工作机会去选择考研。

(2)双避冲突，指个体以同等程度的两个动机去躲避两个具有威胁性的事件或情境时，因不能同时避开而产生的动机冲突。所谓“前有断崖，后有追兵”就属于这种情况。再比如一个学生犯了严重的错误，想认错又怕挨批评，丢面子，不认错又担心被人揭发后受更大的处分。对于这种情况，也需要当事人权衡轻重，作出明智的选择。当这个学生认识到立即承认错误、悬崖勒马是补救的最好方法，动机冲突也就随之解决了。

(3)趋避冲突，指个体对一个事物同时产生两种相反的态度取向时内部的动机冲突。古代文学作品《三国演义》中说曹操兵败斜谷，进退两难，当夜规定军中口号为“鸡肋”——食之无味，弃之可惜，就是这种内心矛盾的体现。在生活中我们对一个人爱恨交织，对一件东西取舍不定，也是趋避斗争的体验。面对这种情况，只能权衡利弊，作出接受或放弃的决定。比如一个人既为炒股的丰厚收益所吸引，更为股市的高风险而担忧，再考虑到自己工资微薄，没有雄厚的炒股资本，可能会就此放弃。

(4)双重趋避式冲突，是指在实际生活中，人们的接近—回避型冲突，常常出现一种更复杂的形式，即人们面对着两个或两个以上的目标，而每个目标又分别有吸引和排斥两方面的作用。人们无法简单地选择一个目标，而回避或拒绝另一个目标，必须进行多重选择，因此而拿不定主意，这时所遇到的冲突就是多重接近—回避型冲突。例如，两种工作，一种地位高待遇低；另一种待遇高地位低，选择哪种工作，难以拿定主意，由于对各种利弊、得失的考虑，产生了多重接近—回避型冲突。解决这种冲突要求人们对各种可能性进行深入的思考，因而要花费较长的时间。

在大多数情况下，一个人存在着复杂多样的动机，但它们在意志行动中所起的作用是不同的。一个人最强烈最稳定的动机，常成为他的主导动机。主导动机决定着行动的方式和行动过程的坚持性，还决定着意志过程的结果。除了主导动机外，其余的都属于行动的辅助动机。但有时主导动机和辅助动机之间可能会发生转化。

冯特根据动机的特点把意志的基本形式分为三类：①冲动动作，是由一种动机引起的行动。例如，儿童看见糖果后直接就去抓，没有什么思虑和反省。②有意动作，这种意识有两种动机，其中之一清晰有力，另一种在意识中逐渐消退，有意行动是由清晰有力的动机引起的。③选择动作，指意识活动中存在相互对立的动机，但它们势均力敌，只有通过“动机斗争”才能确定占优势的一种，并由它引起动作。冯特认为，选择动作最能体现出意志特点。

选择是意志的一个基本特征。要选择，就涉及决策。广义来讲，一个人若至少有两种行动的可能，并且根据某种标准选择其中之一，力求设法加以实现，则这个人再作出一项决策。只有一种可能性的行动或在多种选择之间无须仔细思考的行动，就谈不上决策。决策，因问题而引起，可以看成是问题解决的过程。寻找一条从不能令人满意的初始状态通往符合个人意愿的目标状态的道路，就是决策。

(二)确定行动目的

在动机斗争获得解决之后，或明确了行动的主导动机之后，行动的方向和目的就容易确定。作为意志行动都要有预先确定的行动目的，这是意志行动产生的重要环节。

在某种意义上说，动机斗争的过程也涉及对外界多种行动目的的权衡选择。目的有高尚和卑劣之分，最终应确立既有益于社会也有益于个人的行动目的。目的也有远近、主次的不同。一般来讲，我们总是要先实现近景目标，再实现远景目标。我们既可以选择先实现主要目标，再实现次要目标，也可以选择先实现次要目标，再集中力量实现主要目标。

意志行动的目的受个人期望和抱负水平的影响。期望是主观上希望发生某件事的心理状态，是一种与将来有关的动机。期望的结果就是意志行动所要达到的目的。由于期望的结果会带来需要的满足和情绪的好感，因而促使人产生要达到目的的动机。一个人在现实生活中有各种期望，同时行为的结果和期望之间也会产生矛盾。这样，在行动中就要选择目的，或对奋斗目的作出安排，即制定出符合自己的近期目的、中期目的和长远目的。目的的确定和选择是意志行动的一个基本特征。

抱负水平是个人在做某件实际工作之前估计自己所能达到的成就目标。许多人在工作和活动中对自己要达到的标准有较高的需求，这种需求就是抱负水平。抱负水平并不是越高越好，适度的抱负水平，是避免挫折和失败，获得自信与成功，使个体得以顺利发展的重要因素。抱负水平制约着对行动目标的追求。

影响一个人抱负水平高低的因素很多，主要的因素有以下几个：

1. 个体成就动机的高低

成就动机是一个人希望从事对他有重要意义的，有一定难度和挑战性的活动，并获得成功的倾向。成就动机的高低因人而异，相应地，抱负水平的高低也因人而异。成就动机高的人追求成功心切，因而其抱负水平也较高；成就动机低的人在逃避失败与追求成功的二者中更偏重于前者，因而其抱负水平也就较低。

2. 过去成败经验的影响

过去的成败经验会直接影响到一个人目前的抱负水平。过去有着较多成功的经验，则会增强一个人的自信心，使他对未来的成功有着更多的信心与期待，从而形成较高的抱负水平。如果过去失败的次数较多，则会使人对自己的能力产生怀疑，对自己信心不足，总怕自己会遭到更多的失败，为了逃避失败，个体便会确立一个较低的抱负水平，力求在这个水平上获得成功。

3. 外部环境的影响

抱负水平的确立不仅受个体自身因素的影响，还受外部环境因素的影响。父母、老师及朋友的期望，个人所处的团体乃至所生活的社会的风气等外部因素，都会直接影响到个体抱负水平的高低。长辈的期望高，个体便会确立较高的抱负水平以满足这个期望；团体或社会若形成一种追求高目标的氛围与风气，则处于其中的个体也会形成一个较高的抱负水平。

影响抱负水平的因素有许多，这里只简单概括地介绍了几个因素，它们对抱负水平都有着重要的影响，且它们之间彼此相互依赖，共同对抱负水平的高低产生影响。

(三)选择行动方法

确立行动目的之后，就需要选择适宜的行动方式和方法。有时行动方法同行动目的有直接联系，无须选择。例如，要想升入大学就只有努力学习，要想自如地同外国朋友交流就只能努力学好外语。但在许多情况下，达到同一个行动目的的方式和方法可能不止一种，就需要进行选择。首先要比较不同方式和方法间的优缺点，能否顺利有效地达到行动目的。其次还要考虑行动方式和方法是否符合公众利益和社会道德，是为达到个人目的不择手段，损人利己，还是选择既有利于社会，也有利于个人的方式。

（四）制定行动计划

在选定了行动目的和行动方法之后，在采取决定之前，还有一个步骤是制定行动计划。特别是在复杂的意志行动中，如打一场战争或做一次大手术，都需要精心准备，做好计划。计划的制定要在调查研究的基础上，要综合考虑主客观因素，力争周密而严谨。因为一个切实、合理的计划将为执行决定打下一个良好的基础。

二、执行决定阶段

在一系列内部决策完成之后，意志行动的下一步就在于执行所作出的决定。因为即使动机再高尚，行动目的再明确，方法和手段再完善，如果不去采取实际行动，这一切也只是空中楼阁，毫无意义。因此，执行决定阶段是意志行动的关键阶段。

首先，执行决定阶段是一个不断克服困难的过程。如果说，采取决定阶段主要是克服主观上的内部困难，在执行决定阶段，就既要克服内部困难，也要克服外部困难。引起执行决定过程中的内部困难的因素很多，有的可能是前一阶段的动机冲突未解决好，原先被压抑的动机又开始抬头，同当前的动机相冲突；有的可能是由于境况的变化，产生了新的动机，同原有的行动目的相矛盾；另外，淡漠的态度，消极的心境，自私、懒惰、保守等不良性格都可能成为意志行动中的障碍，使人的行为处于犹豫、动摇状态，阻碍活动目的的实现。引起执行决定过程中外部困难的原因也很复杂，既可能是资金设备的短缺，也可能是时间、空间上的不利因素，还可能是人为的干扰和破坏。对此，首先是应该解决内部困难，只要认定行动目的是有意义的，计划是合理的，就应该发挥主观能动性去排除干扰，克服自身的弱点，坚持意志行动。当内部困难得到解决，外部困难一般总能够加以克服。长征路上的红军战士面对敌人的围追堵截和凶险恶劣的地理形势，抑制住内心的恐惧、动摇和畏缩，以革命的英雄主义和乐观主义精神，爬雪山、过草地，胜利到达陕北，完成了一项在当时条件下几乎是不可能完成的壮举。当然，如果有人力不可抗拒的客观原因使得决定无法执行，就应该果断终止原定计划，再作新的打算，这仍然是意志行动的良好表现。

其次，执行决定阶段还要接受成败的考验。有很多时候，执行决定是一个漫长的过程。科学家为发现一种新物质，长年累月地待在实验室里搞研究；运动员要夺得奥运冠军，需要多年的训练和无数比赛的磨砺。在这个过程中，有短暂的成功，也有暂时的挫折和失败。要使意志行动的目的最终实现，就要有对待成败的正确态度。既不要迷失在成功的喜悦里，造成后面意志行动的轻率和盲目，也不要因一时的失败就丧失信心，半途而废。特别是对待失败，应该冷静地分析原因，总结经验，避免犯同样的错误。只有经历过成败的考验，做到"胜不骄，败不馁"，才能取得最后的成功。

执行决定阶段包括开始行动、面临困难、处理挫折等环节(喻国华，1995)，是意志行动最重要的部分。因为采取决定只是实现目的的准备，在做出决定时即使再有决心、有信心，行动的方法再完善，如果不付诸实际行动，意志行动也就不能完成，这一切也就毫无意义。

在执行阶段，意志的强弱主要表现在两个方面：一方面坚持预定的目的和计划好的行动程序，另一方面制止那些不利于达到目的的行动。在这个阶段，个体往往需要根据实践的结果及时调整、修改行动方案，包括审定自己的目的，检查行动的方式、方法，坚持正确的，抛弃错误的。所以，是否执行决定、怎样执行决定是衡量意志是否坚强的主要标志。

第四节　意志品质的特征与培养

一、意志品质的基本特征

(一)自觉性

意志的自觉性是指是否对行动目的有明确的认识，尤其是认识到行动的社会意义，主动以目的调节和支配行动方面的意志品质。自觉性是意志的首要品质，贯穿于意志行动的始终。自觉性强的人，能够广泛地听取别人的意见并进行取舍，吸收有益的成分，独立自主地确立合乎实际的目标，自觉地克服困难，执行决定，对行动过程及结果进行自觉反思和评价。在行动中能主动积极地完成符合国家和人民需要的任务，并能自觉调整个人利益与集体利益、国家利益三者之间的关系，不为物质利诱而动心。

与自觉性相反的意志品质是易受暗示性与独断性。易受暗示性的人，行动缺乏主见，没有信心。容易受别人左右，因而会随便改变自己原来的决定。独断性的人则盲目自信，拒绝他人的合理意见和劝告，一意孤行，固执己见。易受暗示性与独断性都是缺乏对事物自觉、正确的认识，分不清是非曲直，而去遵循盲目的倾向。

(二)果断性

意志的果断性是指一个人是否善于明辨是非，迅速而合理地采取决定和执行决定方面的意志品质。果断性强的人，当需要立即行动时，能迅速地作出决断对策，使意志行动顺利进行；而当情况发生新的变化，需要改变行动时，能够随机应变，毫不犹豫地作出新的决定，以便更加有效地执行决定，完成意志行动。

与果断性相反的意志品质是优柔寡断和草率决定。优柔寡断的人遇事犹豫不决，患得患失，顾虑重重；在认识上分不清轻重缓急，思想斗争时间过长，即使执行决定也是三心二意。草率的人则相反，在没有辨明是非之前，不负责任地作出决断，凭一时冲动，不考虑主、客观条件和行动的后果。优柔寡断和草率决定都是意志薄弱的表现。

(三)自制性

意志自制性是指能否善于控制和支配自己行动方面的意志品质。自制性强的人，在意志行动中，不受无关诱因的干扰，能控制自己的情绪，坚持完成意志行动。同时能制止自身不利于达到目的的行动，像邱少云在敌人阵地前埋伏，被敌人的燃烧弹火焰烧着，仍严守纪律，克制着自己一动不动，最后壮烈牺牲，使部队完成了潜伏任务，就是意志自制性的范例。

与自制性相反的意志品质是任性和怯懦。任性的人自我约束力差，不能有效地调节自己的言论和行动，不能控制自己的情绪，行为常常为情绪所支配。怯懦的人胆小怕事，遇到困难或情况突变时惊慌失措，畏缩不前。

(四)坚持性

意志的坚持性是指在意志行动中能否坚持决定，百折不挠地克服困难和障碍，完成既定目的方面的意志品质。这是最能体现人的意志的一种品质。坚持性强的人能根据目的要求，在长时间内毫不松懈地保持身心的紧张状态，在任何情况下，都坚持不变，直至达到目的。在遇到困难时，它能激励自己树立起克服困难的信心，始终如一地完成意志行动。所谓“锲而不舍，金石可镂”，是意志坚持性的表现。凡有成就的人，都有极强的意志的坚持性。正如贝弗里奇所说的，几乎所有有成就的科学家，都有一种百折不回的精神。可见，意志的坚持性品质是事业成功的重要条件。

与坚持性相反的意志品质是顽固执拗和见异思迁。顽固执拗的人对自己的行动不作理性评价，执迷不悟，或者是明知不可为而为之。见异思迁者则是行为缺乏坚定性，容易发生动摇，随意更改目标和行动方向，这山望着那山高，庸庸碌碌，终生无为。

二、良好意志品质的培养

意志品质作为学生学习活动的保证和身心发展的重要条件，不是生来就有的，特别是良好的意志品质，更需要在后天教育和实践活动中有目的地加以培养。

(一)加强世界观和人生观教育，确立正确的行动目的

自觉目的性是意志行动的重要特征，学生意志品质的发展都建立在一个正确而合理的行动目的的基础上。为此，在学校教育活动中，应该对学生加强科学的世界观和正确的人生观教育，使他们勇于探索人生的意义和价值，学会明辨是非，分清善恶、荣辱。只有这样，才能使他们既具有崇高的人生目标，又能在日常生活和学习中确立有意义的行动目的。

在对学生进行世界观和人生观教育的时候，应该紧密结合社会现实和学生当前的学习、生活实际，帮助他们把个人的理想和价值追求同国家、社会、集体的利益联系起来，既具有远大的目标，又能转化成日常学习和生活中的苦干和实干的精神。例如，我国著名的数学家陈景润在中学时代一位数学老师的启迪下，立志要摘取哥德巴赫猜想这颗数学王冠上的明珠，为中国人争光，在以后的十几年中，他不顾政治运动的冲击和生活条件的简陋，埋首于数字和草稿纸中，夜以继日地进行推导、演算，终于取得了重大突破，得到了世界数学界的认可。

(二)组织实践活动，加强意志锻炼

坚强的意志是在克服困难的实践活动中磨砺出来的。在学校教育中，日常的学习、劳动和课外活动，都需要为达到一定的目的付出艰辛和努力，这正是培养学生良好的意志品质的最好途径。特别是学习活动，更需要一种锲而不舍的顽强的学习毅力。所以，教师应该科学、严谨地组织学生的学习活动，合理安排班集体的劳动和课外文体活动，使每个学生融入其中，全身心地投入。当学生形成了良好的学习习惯和劳动习惯，他们的意志品质也必然发展起来。在学校日常活动之外，教师也可以有意识地组

织能磨炼学生意志的实践活动，如晨练、爬山、野营、徒步旅行等，甚至有时可以人为地给他们制造一些挫折和磨难。

另外，在意志锻炼中，还要根据学生的实际情况，因材施教。对于学生在实践活动中表现出的良好意志品质，教育者要及时肯定，帮助他巩固下去；对于不良的意志品质，则要及时指出，设法教育、纠正。例如，对于行为盲从、易受暗示的学生，教师应该培养他们对集体和他人的义务感和责任感，启发他们的独立精神和自觉意识；对于行事轻率、行为鲁莽的学生，要帮助他们认清行为的不良后果，帮助他们学会控制自己的情绪，理智行事；对于优柔寡断、怯懦的学生，则要树立他们克服困难的信心和勇气，帮助他们学会审时度势，当机立断；对于行为偏执、性情孤僻的学生，要从心理上接近他们，帮助他们正确看待个人与社会、集体的关系，使自己的行动符合群体的利益。

(三)加强学习动机教育，培养正确的观念

学生的学习动机多种多样，有的为父母而学，有的为教师而学，有的为考大学而学，有的为超过同伴、同学而学等。每个中学生都应该加强自我的学习动机教育，逐步提高动机水平。例如，学生可以适当地参加一些科技活动，培养自己的爱好，以帮助自己形成稳定的学习动机和认真负责的学习态度；可利用正确的自我评价，来培养和激发自己的学习动机；可因势利导，让教师或自己逐步提出更高要求，从而克服利己主义动机，形成正确的动机。总之，培养正确的动机是意志品质培养的一个重要方面。

(四)发挥教师和班集体的影响，给予必要的纪律约束

在学生意志品质的形成中，离不开周围的人和环境的影响。特别是在学校教育中，教师和班集体发挥着不可忽视的作用。除了父母之外，学生对在学校生活中与自己朝夕相处的教师有一种特别的信任和尊重，并不自觉地去模仿其言行。因此，一位教师如果想培养学生良好的意志品质，自己首先在工作中要表现出目标明确、处事果断、兢兢业业、不畏困难的作风。俗话说，“身教重于言教”，教师的行为榜样对学生意志品质的培养有特殊的效果。

学生所在的班集体是其成长的重要环境，在具有良好班风的集体中，同学之间互帮互助，注重集体的利益，也为自己是集体的一分子而自豪。当学生建立起对集体的义务感和荣誉感时，就会为了集体的目标和利益，去努力学习，热心支持集体活动，在此过程中，独立、坚强、勇敢、自制等意志品质也得到培养。当然，要形成良好的班风，还要有严格的纪律去

约束集体成员，朝共同的目标努力。当学生能够自觉遵守集体的规章制度，不做违反纪律的事，这本身就是最好的意志锻炼。

(五)启发学生进行意志的自我锻炼

学校的政治思想教育、课内外的实践活动以及教师和班集体的影响，要在学生的意志品质形成中真正发挥作用，还必须调动学生自己的主观能动性。随着学生自我意识的增强和自我评价能力的提高，他们逐渐意识到意志品质的重要性，以及自己意志品质的缺点和不足对学习的影响，就会主动接受这些教育影响，予以积极配合。这个时候，也为教师启发学生进行意志的自我锻炼提供了条件。在教育实践中，人们发现学生能够做到意志品质的自我锻炼，并有一些行之有效的方法和途径，如用格言、座右铭警醒自己，用杰出人物的事迹对照、监督自己的言行；同身边的榜样相比较，找出差距，迎头赶上；制定作息计划和学习计划，并严格执行；自己设计一些加强意志锻炼的活动，并努力实践；每天坚持记日记，反思自己的言行和思想，发现缺点，及时改正等。

三、意志规律在品德教育中的应用

品德教育是学校教育的重要组成部分，培养德才兼备的人才是社会主义教育的目的。意志过程同道德教育有着紧密联系。

(一)意志在学生道德品质形成中有重要作用

道德品质的形成过程是一个知、情、意、行的培养过程。所谓知、情、意、行，即道德认识、道德情感、道德意志和道德行为。如果说道德行为是品德形成的标志，道德意志则是品德形成的关键阶段。学生从认识各种道德规范到转化为实际行动，如果只是昙花一现，或是“三天打鱼，两天晒网”，并不能代表道德品质的真正形成。学生只有做到持之以恒地去遵守社会道德规范，舍己为人，助人为乐，即使遇到误解、打击也毫不退却，才能真正说明具备了良好的道德品质。因此，在品德教育中，应注重学生意志力的锻炼，使学生的道德行为出于自觉性，达到经常化，形成良好的道德品质。

(二)品德培养要借助于意志行动过程来实现

意志行动过程包括内部的采取决定阶段和外部的执行决定阶段，是一个由内部决策转化为外部行动的过程。品德教育过程是一个由外到内的过程，即将外部的德育影响内化到学生的内心世界，达到主观的认可和接受。但品德的真正形成则又是一个由内到外的过程，即学生将接受的道德准则和道德观念在行为上表现出来，落实到自己的实际生活中去。这后一个阶段经常就是一个意志行动实现的过程。在社会生活中，学生经常会遇到社会、集体和个人利益的矛盾，以及公与私、善与恶的冲突，教育者应该引导他们，通过学生内部的动机斗争，确立正确的道德目标。之后，教育者还应依据学生的实际情况制定道德培养计划，选择适合的道德训练途径和方法。当然，最重要的还是要不遗余力地去贯彻和执行这些计划和目标，这既是学生的一个自觉行动的过程，也离不开教育者的引导和监督。在克服了各种困难，接受了成败的考验，充分体验到道德行为带给自己的愉悦和自豪感之后，道德目标也就伴随着意志行动过程的完成得到实现。

(三)良好的意志品质是品德形成的重要保证

意志品质的自觉性可以帮助学生去主动了解各种道德规范，独立地评价和认识善与恶、美与丑，并能自觉地采取行动，按自己的道德准则行事；意志品质的果断性可以帮助学生在大是大非面前，或是道德考验的紧急关头，勇于承担责任，当机立断，果敢坚决地采取行动；意志品质的坚忍性使学生在道德行动中遇到困难和阻力时，既能够坚持原则，百折不挠，又能够因地、因时制宜，机智灵活地达到预定目的；意志品质的自制力可以保证学生抵制不道德的信念，在私利和诱惑面前不为所动，同时，为顾全社会和集体的利益甘于奉献，勇于作出牺牲。

最后需要说明的是，意志过程对学生学习活动和道德教育的积极作用的实现，不仅仅是教师对学生的一个外在控制和督促的过程，更重要的是发挥学生的主观能动性，使他们在自我教育中自觉地加强意志锻炼，完善自己的意志品质，更好地促进学业的进步和道德水平的提高。

知识点检测

一、单选题

1. 下面哪种活动是意志行动？(　　)

A. 吹口哨　　B. 背诵课文　　C. 摇头晃脑　　D. 膝跳反射

2. 在面对问题时经常举棋不定，是哪种意志品质弱的表现？(　　)

A. 自觉性　　B. 果敢性　　C. 坚韧性　　D. 自制力

3. 一个人善于控制和支配自己的情感，约束自己言行的意志品质是(　　)。

A. 果断性　　B. 自觉性　　C. 坚韧性　　D. 自制性

4. 意志行动心理过程可分为两个阶段，即采取决定和(　　)。

A. 确定目的　　B. 动机冲突　　C. 制定计划　　D. 执行决定

5. 某个毕业生选择职业时，多个单位可供选择，举棋不定属于(　　)。

A. 双趋式冲突　　B. 双避式冲突

C. 趋避式冲突　　D. 多重趋避式冲突

6. “化悲痛为力量”“不要意气用事”，这是(　　)。

A. 情感对意志的影响　　B. 情感对认识的依赖

C. 意志对情感的作用　　D. 意志对认识的影响

7. 意志行动具有三个特征：具有自觉的目的，与克服困难联系和以(　　)为基础。

A. 动机斗争　　B. 目的确立　　C. 随意动作　　D. 意志自由

8. 在意志行动的采取决定中，包括了动机斗争、方法选择和(　　)。

A. 克服困难　　B. 目的确立　　C. 制定计划　　D. 执行决定

二、辨析题

1. 坚强的意志只有在与敌人的顽强斗争中或艰苦劳动中才能得到锻炼。

2. 不与克服困难相联系的行为，不是意志行动。

3. 我们评价一个人是否具有坚强的意志品质，应该与其意志活动的内容和意识倾向联系起来，即由人行动的社会价值来确定人的意志品质。

三、简答题

1. 什么是意志？

2. 心理冲突有哪些类型？简单阐述各种冲突的特点。

实践应用

意志力测评量表

<table>
<tr><td colspan="6">指导语：
本测试分为 A、B 卷，分别列出了 26 种情况，请根据自身情况作答：完全符合选 A、部分符合选 B、一时难以确定是否符合选 C、不大符合选 D、完全不符合选 E。
本测试时间为 20 分钟。</td></tr>
<tr><td colspan="6">A 卷</td></tr>
<tr><td>测评题目</td><td>A</td><td>B</td><td>C</td><td>D</td><td>E</td></tr>
<tr><td>1. 你每天都坚持跑步、打太极拳、做气功或散步等体育活动，因为这些运动能够增强你的体质和毅力</td><td></td><td></td><td></td><td></td><td></td></tr>
</table>

续表

测评题目	A	B	C	D	E
2. 若无特殊情况，你每天都按时起床，从不睡懒觉					
3. 你信奉“不干则已，干就要干好”的格言，并身体力行					
4. 你做一件事情的积极性，取决于其重要性、是否应该做，而不是取决于自己对这件事的兴趣或想不想做					
5. 当工作和娱乐发生冲突的时候，即使这种娱乐很有吸引力，你也会放弃娱乐立即投入工作之中					
6. 你下决心要完成的事，不论遇到什么困难，你都能持之以恒、坚持到底					
7. 你能长时间从事一件非常重要但却枯燥无味的工作					
8. 你一旦决定开始做某件事，常常说干就干，决不拖延或让计划落空					
9. 对于别人的意见和说法，你从不盲从，总是喜欢分析、鉴别一下					
10. 凡事你都喜欢自己拿主意，也不排斥别人的意见和建议					
11. 你不怕做从没做过的事情，不怕独立负责，将其视为锻炼自己的机会					
12. 你和同事、朋友、家人相处时很有克制力，从不无缘无故发脾气					
13. 你一直希望做一个坚强、有毅力的人，坚信“有志者事竟成”					
B卷					
14. 你给自己制定的计划，常因主观原因无法如期完成					
15. 你的作息时间没有规律性，常随自己情绪和兴致的变化而变化					
16. 你认为做事情不必太较真，能做到则好，做不到就算了					
17. 有时临睡前你会发誓第二天要干一件重要事情，但到第二天这种劲头就消失了					
18. 你常因读一本妙趣横生的小说或看一集精彩的电视剧而不能按时入睡					

续表

测评题目	A	B	C	D	E
19. 若在工作中遇到了困难，你首先想到问问别人有什么办法					
20. 你的爱好广泛善变，做事情常常因为心血来潮					
21. 你做事情喜欢拣易怕难，爱挑容易的做，困难的能拖就拖、能推则推					
22. 凡是你认为比你能干的人，你从不怀疑他们的看法					
23. 遇到复杂莫测的情况，你常常拿不定主意，长时间不能做出决定					
24. 你生性胆怯，没有百分之百把握的事情，你从来不敢去做					
25. 与人发生争执，有时明知自己不对，却忍不住要说一些过激的话语伤害对方					
26. 你相信机遇的作用大大超过个人的付出和努力					

下表则是意志力测评量表的计分方法及评价标准。

意志力测评量表的计分方法及评价标准

计分方法	A卷试题中，选项A、B、C、D、E依次为5、4、3、2、1分；B卷试题中，选项A、B、C、D、E依次为1、2、3、4、5分。A、B卷得分加起来为总得分。			
总得分	70分以下	71～90分	91～100分	110分以上
意志力水平	薄弱	一般	较坚强	十分坚强

（本测验结果仅供参考，若有需要请咨询专业人员）

参考答案

一、单选题

1. B　2. B　3. D　4. D　5. D　6. A　7. C　8. C

二、辨析题

1. 错误。意志体现在生活中一切与克服困难相关的活动中，困难有程度和种类的不同。

2. 正确。

3. 正确。

三、简答题

1. 什么是意志?

答: 有意识地支配、调节行为，通过克服困难，实现预定目标的内在心理过程。

2. 心理冲突有哪些类型? 简单阐述各种冲突的特点。

答: 趋避冲突、双重趋避冲突、多重趋避冲突、双趋冲突、双避冲突。

第八章　个性倾向性

引言：

人的一切活动，无论是简单的还是复杂的，精神的还是肉体的，都是在某种内部动力的推动下进行的。社会活动中，个性倾向性决定着人对周围世界认识和态度的选择和趋向，决定人追求什么，它是个体行动的内部动力系统。表现为个体的不同需要、动机、兴趣、世界观等。本章主要讨论需要、动机、兴趣的含义、种类以及相关理论，帮助学习者更好地理解它们在心理活动中的作用。

学习目标：

1. 识记个性倾向性、需要、动机和兴趣的概念。
2. 列举需要、动机、兴趣的分类。
3. 领会马斯洛需要层次理论。
4. 分析动机与行为之间的关系。
5. 举例说明兴趣是如何形成的。
6. 理解兴趣的品质。

个性倾向性是指决定个体对待客观事物的态度与行为的内部动力系统。由需要、动机、兴趣、信念和世界观等多种心理成分组成。其中，需要是个性倾向性的源泉和基础；动机是个性发展的内驱力；兴趣是认识倾向的表现形式，是个性发展最现实、最活跃、最能动的因素；理想、信念、世界观是人意识到的需要系统，是个性倾向性的集中表现，是个性心理的核心，它指导着人的行动，影响着人的整个心理面貌。

个性倾向性中各种心理成分从不同的层次和水平上，对人的心理活动进行组织和引导，使心理活动有目的、有选择地对客观现实进行反映，共同决定个人行为的动力。因此，个性倾向性也叫个性的动力系统。

第一节　需　要

一、需要的一般概述

(一)需要的含义

需要是有机体对内部环境和外部生活条件的要求在人脑中的反映，是个体的心理活动与行为的基本动力。

需要是一种内部的紧张状态。导致这种紧张状态的原因是生理或心理上的缺失或不足。当个体在生理或心理上出现某些必需因素的缺失或不足时，个体与环境之间的平衡就被打破，从而产生一种内部的紧张状态。譬如，血液中的水分不足，就会感到口渴，从而产生喝水的需要；社会治安状况不好，就感到人身安全得不到保障，从而产生安全的需要。如果需要得到满足，这种紧张状态就会消除，出现新的平衡状态。当个体在生理或心理上出现新的缺失或不足，又会产生新的需要。

所有的需要都指向一定的对象。由个体生理或心理上的缺失或不足引起的需要，归根结底是人对个体生存和发展要求的反映。这种客观要求有的来自内部，如口渴了就要喝水，这是由机体内部的要求引起的；有的来自外部，如小学生为了实现教师或家长的期待，而产生搞好学习的愿望。这些要求无论是来自内部还是外部，都指向能满足生存和发展要求的一定对象。没有对象的需要是不存在的。

人的需要在指向一定的对象时，还具有一定的选择性。这种选择性具体表现为对满足需要的方式的选择。例如，饿了要吃东西，但具体吃什么东西，人们往往都有各自的选择：有的人随便吃块面包就行了，有的人还要求色、香、味俱全……一般来说，个体满足需要的经验、个体的爱好和价值观、个体生活的文化习俗等都会影响个体选择一定的对象来满足自己的需要。

需要是个人活动积极性的源泉。人的需要、兴趣、爱好、动机、价值观、人生观等都是推动人们从事各种活动的动力因素，但需要是最根本的，其他的动力因素都是在需要的基础上形成和发展起来的。需要使人朝着一定的方向，追求一定的目标，以行动求得满足。需要越强烈、越迫切，就越容易引起并推动人们的活动。可见，需要是个人活动积极性的源泉。正因为如此，在西方心理学中，需要往往被称作内驱力(内部驱动力)。

(二)需要的种类

人的需要是丰富多彩、多种多样的。随着社会文明的发展，人的需要的层次、种类会越来越多，越来越复杂。多种多样的需要互相联系，构成了一个庞大的需要系统。我们可以从不同的角度对需要进行分类。

1. 自然需要和社会需要

根据需要的起源，可以将需要分为自然需要和社会需要。

自然需要与维持个体的生存与种族繁衍相联系，是一种本能的需要。例如，摄食、运动、休息、睡眠、排泄、母性等需要就是人的自然需要。在马克思的著作中，有时也把这一需要称为直接需要。自然需要是人和动物都有的一类需要，但人和动物的自然需要的具体内容不同，满足需要的手段也不一样。人生活在社会中，自然需要不但可以通过自然界的物体得到满足，还可以通过使用社会的产品得到满足。例如，人需要防寒避暑，这种需要就可以使用暖气和空调等现代技术手段来满足。人与动物的自然需要的本质不同在于，人的自然需要受社会生活条件的制约。

社会需要与个体的社会生活相联系，是后天习得的需要。例如，人对劳动、交往、学习、审美、威信、道德等的需要属于社会需要。社会需要是人类所特有的一类需要，它常常是从社会要求转化而来的。人们在社会生活中，社会不断向个体提出各种要求，当个体认识到接受这些要求的必要性时，社会的要求就会转化为个体的需要。社会需要反映了人类社会的要求，对维系人类社会生活、推动社会进步有重要的作用。

例如，劳动的需要表现为热爱劳动，向往劳动。如果暂时丧失了劳动机会，就会感到不安和难受。在我们的社会里，劳动不仅是为了个人生

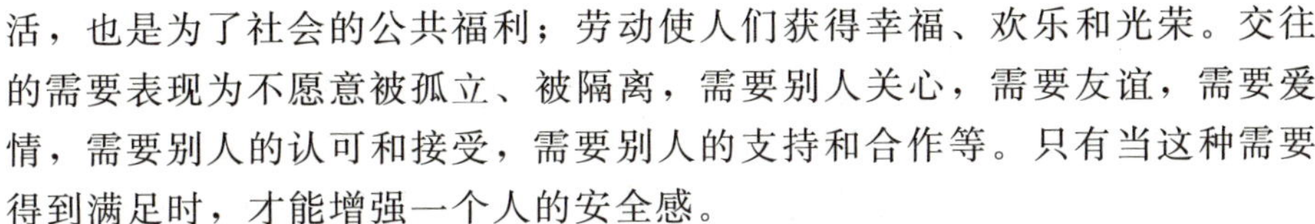

活，也是为了社会的公共福利；劳动使人们获得幸福、欢乐和光荣。交往的需要表现为不愿意被孤立、被隔离，需要别人关心，需要友谊，需要爱情，需要别人的认可和接受，需要别人的支持和合作等。只有当这种需要得到满足时，才能增强一个人的安全感。

2. 物质需要和精神需要

按照需要对象的性质，可以将需要分为物质需要和精神需要。

物质需要是以物的使用价值来满足人的需要。这里所说的物，不仅指解决人们衣、食、住、行的各种物品，也包括大自然赋予我们的以维持生命的物质，例如空气、阳光等。在物质的需要中，既包括自然需要，又包括社会需要。随着社会的进步和社会生产力的发展，人的物质需要将不断地发展起来。在现代社会，人类的物质需要越来越多地通过人化的自然物来得到满足，而不简单地局限于对纯自然物的需要。

精神需要是人对通过物质所派生出来的精神东西的直接依赖而产生的需要，是通过人与物、人与人之间的联系，以及人的各种活动而形成的情感、友谊或某种心理状态来满足的需要，主要是指对艺术和美的享受的需要、探求文化科学知识和真理的需要、创造发明的需要等。这是人所特有的需要，是人的需要与动物的需要的重要区别。

物质需要和精神需要密不可分地联系在一起，是相互影响、相互促进的。①物质需要是精神需要的基础，为了满足精神需要，必然要有相应的物质基础。例如，为了满足求知的精神需要就离不开对书、笔等学习工具的物质需要。只有在基本的物质需要得到一定程度的满足之后，才会产生一定的精神需要。物质需要的满足和发展又会促使新的精神需要产生。②精神需要的满足和发展也刺激物质需要的发展。③物质需要和精神需要往往是相互结合、相互渗透的。审美需要渗透在物质需要的各个领域，例如，向往时尚的衣着、舒适的住房、外观美丽的家具等。人们的精神需要也往往以物质需要的满足为手段，对食物的需要虽然是生理需要，但其对象的性质又是物质的。例如，人们欣赏歌舞音乐、陶冶情操是精神需要，这就产生了对歌舞剧院、彩电、录音机等的物质需求。

二、需要理论

(一)马斯洛的需要层次理论

需要的层次理论是美国心理学家马斯洛提出来的。他认为，人类的所有需要可以按层次组织起来。在他看来，人类最基本的需要是生理需要。

生理的需要获得相当满足之后，随之而生的是安全需要，以求免于威胁，免于孤独，免于别人的侵犯，只有这一需要获得满足之后，个人生活才有安全感。在此基础上，才会出现归属与爱的需要。以上三个层次的需要获得满足，个人的尊重需要才会充分地发展起来。最后，才发展到最高层次——自我实现的需要(如图 8-1)。

1. 生理需要

这是人类维持自身生存的最基本要求，包括对食物、水、空气、睡眠、性等的需要。在人的一切需要之中，生理需要是最优先的。对于一个处于极端饥饿的人来说，除了食物，没有别的兴趣，就是做梦也会梦见食物。在这种极端情况下，娱乐的愿望、获得一栋别墅的愿望、对历史的兴趣、对一双新鞋的需要，则统统被忘记或退居第二位。但是，当一个人有了充足的面包，而且长期以来都填饱了肚子，这时又会有什么愿望产生呢？这时，立即会出现另外的、更高级的需要。

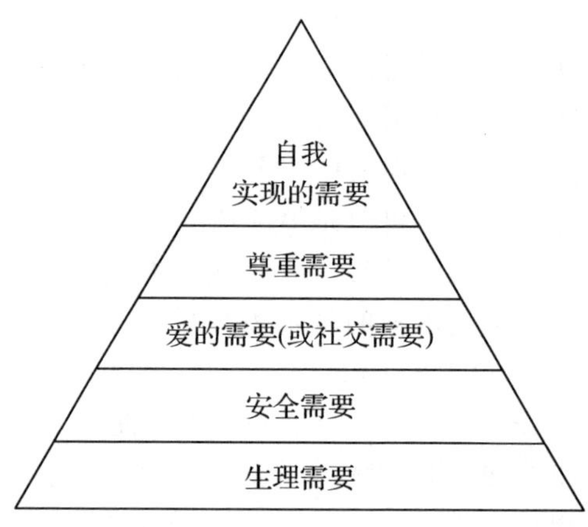

图 8-1　马斯洛需要层次

2. 安全需要

这是人类要求保障自身安全、稳定、受到保护、能免除恐惧和焦虑等方面的需要。如果生理需要相对满足了，就会出现一组新的需要，我们可以概称为安全需要。一个和平、安全、良好的社会，常常使得它的成员感到很安全，不会有野兽、极冷极热的温度、犯罪、袭击、谋杀、专制等的威胁。当这种需要一旦相对满足后，就会出现更高一级的需要。

3. 归属与爱的需要

假如生理需要和安全需要都很好地满足了，就会产生归属与爱的需要。这一层次的需要包括两个方面的内容：一是归属的需要，即人都有一种归属于一个群体的愿望，希望成为群体中的一员，并相互关心和照顾；二是爱的需要，即一方面人人都需要伙伴之间、同事之间的关系融洽，保持友谊和忠诚，另一方面人人都希望得到爱情，渴望别人爱自己，也希望爱别人。

4. 尊重需要

人人都希望自己有稳定的社会地位，要求个人的能力和成就得到社会的承认。这种需要可以分成两类：一是自尊，在面临的环境中，希望有实力、有成就、有信心，以及要求独立和自由等；二是受到别人的尊重，要求有名誉或威望、受到赏识、得到关心、重视或高度评价等。马斯洛认为，尊重需要得到满足，能使人对自己充满信心，对社会满腔热情，体验到自己活着的用处和价值。

5. 自我实现的需要

这是最高层次的需要，它是指实现个人理想、抱负，使个人的潜在能力得以实现，完成与自己的能力相称的一切事情的需要。也就是说，是什么样的角色就应该干什么样的事。音乐家必须演奏音乐，画家必须绘画，诗人必须写诗，这样才能使他们感到最大的快乐。马斯洛认为，为满足自我实现的需要所采取的途径是因人而异的。自我实现需要的产生有赖于上述四种需要的满足(如图 8-2)。

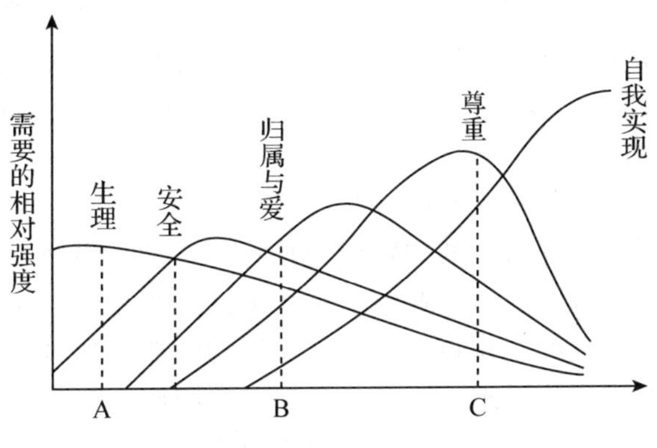

图 8-2 需要的发展水平

马斯洛认为，需要的产生由低级向高级的发展是波浪式地推进的，在低一级需要没有完全满足时，高一级需要就产生了，而当低一级需要的高峰过去了但没有完全消失时，高一级需要就逐步增强，直到占绝对优势。

在阐述了五层次需要内容之后，马斯洛进行了相应的分析和评价，主要有：

(1)五种需要像阶梯一样从低到高，按层次逐级递升，但这样次序不是完全固定的，可以变化，也有种种例外情况。

(2)需求层次理论有两个基本出发点，一是人人都有需要，某层需要获得满足后，另一层需要才出现；二是在多种需要未获满足前，首先满足迫切需要；该需要满足后，后面的需要才显示出其激励作用。

(3)一般来说，某一层次的需要相对满足了，就会向高一层次发展，追求更高一层次的需要就成为驱使行为的动力。相应的，获得基本满足的需要就不再是一股激励力量。

(4)五种需要可以分为两级，其中生理上的需要、安全上的需要和感情上的需要都属于低一级的需要，这些需要通过外部条件就可以满足；而尊重的需要和自我实现的需要是高级需要，是通过内部因素才能满足的，而且一个人对尊重和自我实现的需要是无止境的。同一时期，一个人可能有几种需要，但每一时期总有一种需要占支配地位，对行为起决定作用。任何一种需要都不会因为更高层次需要的发展而消失。各层次的需要相互依赖和重叠，高层次的需要发展后，低层次的需要仍然存在，只是对行为影响的程度大大减小。

(5)马斯洛和其他的行为心理学家都认为，一个国家多数人的需要层次结构，是同这个国家的经济发展水平、科技发展水平、文化和人民受教育的程度直接相关的。在不发达国家，生理需要和安全需要占主导的人数比例较大，而高级需要占主导的人数比例较小；在发达国家，则刚好相反。

马斯洛的需要层次理论系统地探讨了需要的实质、结构以及发生发展的规律。这不仅对建立科学的需要理论具有一定的积极意义，而且在实践上也产生了重要影响。许多企业家就是依据这个理论，制定满足职工需要的措施，以调动职工的工作积极性。马斯洛的需要层次理论也存在一定的不足。首先，马斯洛把生理需要、安全需要、归属与爱的需要、尊重需要都称为基本需要，并认为这些需要是与生俱来的，需要的发展是一种自然成熟的过程，这严重低估了环境和教育对需要发展的影响。其次，马斯洛强调个体优先满足低级需要，忽视了高级需要对低级需要的调节作用。连他自己也承认，他“并不完全了解殉道、英雄、爱国者、无私的人”。

(二)需要的其他理论

1. 勒温的需要理论

德国心理学家勒温(K. Lewin)假定个人与环境之间有一定的平衡状态，如果这种平衡状态遭到破坏，就会引起一种紧张，这种紧张状态就会导致力图恢复平衡的移动。勒温认为，人类的行为是一个紧张—移动—缓和的连续性表现。紧张—移动—平衡和需要—活动—缓和是相类似的。需要是人类一切行为的动力，需要引起人的活动，以使其需要得到满足。需要的压力可以引起心理系统的紧张；需要满足后，紧张的心理系统就得到解除。反之，如果需要得不到满足或动机受到阻碍，这种紧张的心理系统就会保持一定的时间，并使人具有努力满足需要或重新实现目标的意图。

在需要分类方面，勒温把心理学家们通常讨论的“需要”分为需要和准需要。需要是指客观的生理需要；准需要是指在心理环境中对心理事件起实际影响的需要，如毕业时要写论文、写好的信要投入信箱等。勒温所阐述的需要一般是指准需要。他认为，需要的强度在不同人身上是不同的。

2. 默里的需要理论

美国心理学家默里(H. A. Murray)认为，需要是用以代表脑区力量(其生理化学性质还不清楚)的构造物(一种权宜的虚构或假设的概念)。这种力量能组织知觉、统觉、智力活动、意志和行动，使某一现在的、不合意的情境循一定方向改变。也就是说，它能引起一系列行为的反应，使原有的紧张情绪解除，具有定向目的性。在《人格探索》(1938)和《人的评价》(1948)这两本个性心理学著作中，他指出了需要的性质、作用和需要产生的机制，并对需要进行了分类，设计了分析个人需要的主题统觉测验(Thematic Apperception Test，TAT)。

默里认为，需要有以下特点和作用：①需要与需要之间相互关联，两种或多种需要可能融合在一起，引起同一种行为后果；各种需要之间也可能发生冲突；需要之间可能因辅助作用而彼此关联，一种需要可以被置于为另一种需要服务的位置。②需要作为力，能够影响并组织个人的知觉、统觉、思维、意向，以及影响人的整个心理和行为。③需要永远作为力推动着活动，它是个性结构中不可缺少的成分。④需要有不同的发展阶段。

3. 阿尔德夫的需要理论

阿尔德夫(C. P. Alderfer)认为，一个人的基本需要有三种，即生存需要、关系需要和成长需要。生存需要是最基本的需要，是对一个人基本物质生活条件的满足，大体上相当于马斯洛的生理需要和物质方面的安全需要。关系需要是维持人与人之间关系的需要，大体上相当于马斯洛的人际关系方面的安全需要及归属与爱的需要。成长需要是人要求发展的内在愿望，大体上相当于马斯洛的尊重需要和自我实现的需要。

阿尔德夫认为，人类的三种需要并不是完全生来就有的，有的需要是通过后天的学习产生的。这三种需要之间并没有明显的界限，它们是一个连续体，并不是层次等级。他指出，各种需要获得满足越少，则满足这种需要的愿望越强烈。例如，缺乏食物的人，渴望获得更多的食物。他还认为，低级需要的满足会增强对高级需要的追求，高级需要的缺乏会加强对低级需要的追求。例如，个体在生存需要满足后，对关系需要的追求就强烈；个体关系需要得不到满足时，就会更多地追求生存需要。人类的需要不一定按严格顺序由低级向高级发展，可以越级；在遇到挫折时，也可能倒退，等等。

4. 麦克莱兰的需要理论

美国心理学家麦克莱兰(D. C. McClelland)认为，当人在生理需要满足后，基本需要有成就需要、权利需要和合群需要。这三种基本需要的排列层次和重要性是因人而异的。例如，资历高的经理成就需要强烈，对合群的需要相对较低。他认为，高成就需要可以通过教育培养，为此他组织了训练班，并取得了一定的效果。

三、需要的发展和调适

需要是人和动物共有的心理现象。但是，人类的需要和动物的需要是有本质区别的。人的需要主要是由人的社会性决定的，具有社会的性质。人的需要的内容以及满足需要的手段也和动物不同。人具有意识能动性，他们能调节和控制自己的需要。

人的需要表现为以下特征：

第一，对象性。人的需要不是空洞的，而是有目的、有对象的，而且也随着满足需要的对象的扩大而发展。人的需要的对象既包括物质的东西，如衣、食、住、行，也包括精神的东西，如信仰、文化、艺术、体育；既包括个人生活和活动，例如，个人日常的物质和精神方面的活动，也包括参与社会生活和活动以及这些活动的结果。例如，通过相互协作，带来物质成果，通过人际交往，沟通感情，带来愉悦和充实。既包括想要追求某一事物或开始某一活动的意念，也表现为想要避开某一事物或停止某一活动的意念，这些意念的产生都是根据个人需要及其变化决定的。各种需要彼此之间的区别，就在于需要对象的不同。但无论是物质需要、还是精神需要，都必须有一定的外部物质条件才能满足。例如，居住需要房子，出门要有交通工具，娱乐要有场所……

第二，阶段性。人的需要是随着年龄、时期的不同而发展变化的。也就是说个体在发展的不同时期，需要的特点也不同。例如，婴幼儿主要是生理需要，即需要吃、喝、睡；少年时代开始发展到对知识、安全的需要；到青年时期又发展到对恋爱、婚姻的需要；到成年时，又发展到对名誉、地位、尊重的需要等。

第三，社会制约性。人不仅有先天的生理需要，而且在社会实践中，在接受人类文化教育过程中，发展出许多社会性需要。这些社会需要受时代、历史的影响，又受阶级性的影响。在经济落后、生活水平低下时期，人们需要的是温饱；在经济发展、生活水平提高的时期，人们需要的不仅是丰裕的物质生活，同时也开始需要高雅的精神生活。具有不同的阶级属性的人需要也不一样，资产阶级需要的是不劳而获、坐享其成；工人阶级需要的是自由、民主、温饱和消灭剥削。由此可见，人的需要又具有社会性和历史与阶级的制约性。

第四，独特性。人与人之间的需要既有共同性，又有独特性。由于生理、遗传因素、环境因素、条件因素不同，每个人的需要都有自己的独特性。年龄不同的人、身体条件不同的人、社会地位不同的人、经济条件不同的人，都会在物质和精神方面有不同的需要。

第二节 动 机

一、动机的一般概述

(一)动机的含义

动机是指引起和维持个体活动，并使活动朝向某一目标的内部动力。动机是直接推动个体活动的动力，人的需要、兴趣、爱好、价值观等都要转化为动机后，才能对活动产生动力作用。

动机的动力作用具体表现为动机的激活功能、指向功能、维持和调整功能。

1. 激活功能

动机能激发有机体产生某种活动。带着某种动机的有机体对某些刺激，特别对那些与动机有关的刺激反应特别敏感，从而激发有机体去从事某种反应或活动。例如，饥饿者对食物、干渴者对水特别敏感，因此也容易激起寻觅活动。

2. 指向功能(引导功能)

动机与需要的一个根本不同就是：需要是有机体因缺乏而产生的主观状态，这种主观状态是一种无目标状态。而动机不同，动机是针对一定目标(或诱因)的，是受目标引导的。也就是说需要一旦受到目标引导就成了动机。由于动机种类不同，人们行为活动的方向和它所追求的目标也不同。例如在学习动机的支配下，学生的活动指向与学习有关的目标，如书本、课堂等；而在娱乐动机支配下，其活动指向的目标则是娱乐设施。

3. 维持和调整功能(强化功能)

当个体的某种活动产生以后，动机维持着这种活动针对一定目标，并调节着活动的强度和持续时间。如果达到了目标，动机就会促使有机体终止这种活动；如果尚未达到目标，动机将驱使有机体维持和加强这种活动，以达到目标。

(二)动机的种类

动机对于活动的影响和作用有不同的方面，由此可对动机进行不同的分类。

1. 内在动机和外在动机

根据动机的引发原因，可将动机分为内在动机和外在动机。内在动机是由活动本身产生的快乐和满足所引起的，它不需要外在条件的参与。个体追逐的奖励来自活动的内部，即活动成功本身就是对个体最好的奖励。如学生为了获得知识、充实自己而努力读书就属于内在动机。外在动机是由活动外部因素引起的，个体追逐的奖励来自动机活动的外部，如有的学生认真学习是为了获得教师和家长的好评等。内在动机的强度大，时间持续长；外在动机持续时间短，往往带有一定的强制性。事实上，这两种动机缺一不可，必须结合起来才能对个人行为产生更大的推动作用。

2. 主导性动机和辅助性动机

根据动机在活动中所起的作用不同，可将动机分为主导性动机与辅助性动机。主导性动机是指在活动中所起作用较为强烈、稳定、处于支配地位的动机。辅助性动机是指在活动中所起作用较弱、较不稳定、处于辅助性地位的动机。在儿童的成长过程中，活动的主导性动机是不断变化与发展的。事实表明，只有主导性动机与辅助性动机的关系较为一致时，活动动力会加强；彼此冲突，活动动力会减弱。

3．生理性动机和社会性动机

根据动机的起源，可将动机分为生理性动机和社会性动机。生理性动机是与人的生理需要相联系的，具有先天性。人的生理性动机也受社会生活条件所制约。社会性动机是与人的社会性需要相联系的，是后天习得的，如交往动机、学习动机、成就动机等。

4．近景动机和远景动机

根据动机行为与目标远近的关系，可将动机划分为近景动机和远景动机。近景动机是指与近期目标相联系的动机；远景动机是指与长远目标相联系的动机。如有的学生努力学习，其目标是为期末考试获得好成绩；而有的学生努力学习，其目标是为今后从事教育事业打基础。前者为近景动机，后者为远景动机。远景动机和近景动机具有相对性，在一定条件下，两者可以相互转化。远景目标可分解为许多近景目标，近景目标要服从远景目标，体现远景目标。“千里之行，始于足下”，是对近景与远景动机辩证关系的描述。

阅读专栏 8-1

神经性厌食症：节食不当的严重后果

神经性厌食症(anorexia nervosa)是由节食不当所引起的严重体重失常。如没有其他生理上的原因，仅仅由于患者厌恶进食而导致正常体重骤然下降 25％者，即被视为厌食症的症状。厌食症情况严重时，可因为拒绝进食而使正常体重下降 50％以上，进而导致生命的危险。厌食症的主要症状，除体重急剧下降外，患者对食物极度厌恶，先是忍着饥饿不吃食物，后来变成在食物面前也不觉得饥饿，甚至被别人劝进食物之后，他也以自行引导的方式，将吃下的食物呕吐出来。到这一地步，患者已由厌恶食物变为恐惧食物。

神经性厌食症患者多为青年期女生(女生比男生多 20 倍)，年龄多在 12～25 岁之间。据调查研究，美国的大中学生中，大约每 200 人即有一个厌食症患者。患厌食症的青年，一般属于智慧较高、行为良好、做事认真、出身富家的好学生。只是对自己身体形象过分在意，甚至将美感观念扭曲，即使骨瘦如柴也自觉比以前美丽。

神经性厌食症无生理上的原因，纯系心理因素造成。但如何解释，在心理学中至今没有定论。

【资料来源】张春兴．现代心理学[M]. 台北：台湾东华书局，1991：135.

二、需要、动机与行为

需要和动机是有区别的。需要是人积极性的基础和根源，动机是推动人们活动的直接原因。人类的各种行为都是在动机的作用下，向着某一目标进行的。而人的动机又是由于某种欲求或需要引起的。但不是所有的需要都能转化为动机，需要转化为动机必须满足两个条件。

第一，需要必须有一定的强度。就是说，某种需要必须成为个体的强烈愿望，迫切要求得到满足。如果需要不迫切，则不足以促使人去行动以满足这个需要。

第二，需要转化为动机还要有适当的客观条件，即诱因的刺激，它既包括物质的刺激也包括社会性的刺激。有了客观的诱因才能促使人去追求它、得到它，以满足某种需要；相反，就无法转化为动机。例如，人处荒岛，很想与人交往，但荒岛缺乏交往的对象(诱因)，这种需要就无法转化为动机。

可见，人的行为动力是由主观需要和客观事物共同制约决定的。按心理学所揭示的规律，欲求或需要引起动机，动机支配着人们的行为。当人们产生某种需要时，心理上就会产生不安与紧张的情绪，成为一种内在的驱动力，即动机，它驱使人选择目标，并进行实现目标的活动，以满足需要。需要满足后，人的心理紧张消除，然后又有新的需要产生，再引起新的行为，这样周而复始，循环往复。

三、动机强度与学习效率之间的关系

心理学研究表明，动机强度与学习效率之间的关系不是一种线性关系，而是倒 U 形曲线关系。中等强度的动机最有利于任务的完成，也就是说，动机强度处于中等水平时学习效率最高，一旦动机强度超过了这个水平，对行为反而会产生一定的阻碍作用。如学习动机太强，急于求成，反而容易产生焦虑和紧张，干扰记忆和思维活动的顺利进行，使注意和知觉的范围变得过于狭窄，学习效率降低。在考试时动机过强的学生，一心想考出好成绩，但临场发挥时处于高度紧张状态，过于担心考不好，结果往往不能充分发挥出真正的水平，甚至会不及格，这便是动机过强反而降低了效率的典型例子。所以说，为了使行为效率提高，就应避免动机过强或过弱，应使其处于最佳水平。当动机处于最佳状态时，在其他因素恒定的情况下，就能最大限度地提高行为效率。

在各种活动中都有一个动机最佳水平的问题。动机的最佳水平往往会因任务性质的不同而不同。在比较容易的任务中，学习效率有随动机的提高而上升的趋势；而在比较困难的任务中，动机最佳水平有逐渐下降的趋势，这种现象是叶克斯和多德森(Yerkes R. M. & Dodson J. D.，1908)通过动物实验发现的。如图 8-3 所示，随着任务难度的增加，动机最佳水平有逐渐下降的趋势，这种规律性趋势称为叶克斯—多德森定律。

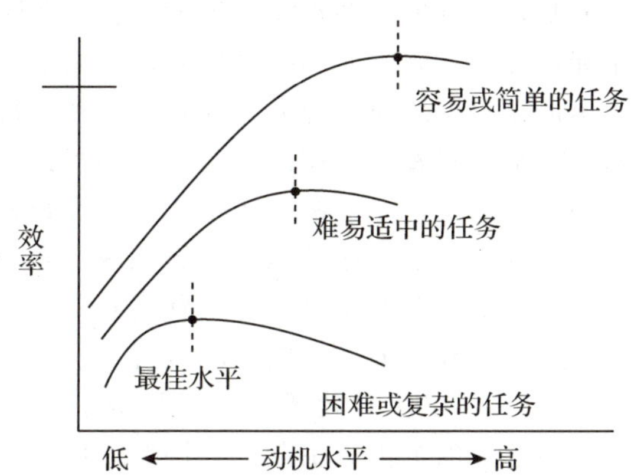

图 8-3 任务难度、动机强度与效率之间的关系

四、动机理论

(一)动机的本能理论

本能理论是最早出现的行为动力理论。本能理论的基本观点是，人的行为主要是受人体内在的生物模式驱动，不受理性支配。最早提出本能概念的是生物进化论的创始人达尔文(C. Daywin)。而在动机心理研究方面进行深入研究的则是詹姆斯、麦独孤(W. McDougall)和弗洛伊德。

詹姆斯在 1890 年出版的《心理学原理》中，把本能定义为无须事先经过教育就能自动完成的这样一种方式的动作官能。他把饥渴、性等本能概念称为生物本能，又把模仿、竞争、恐惧、同情、建设、清洁、母性等称为社会本能。他认为，社会生活的样式是由人的本能决定的。

麦独孤认为，人类的一切行为都来源于本能。社会只是一种结果，是人们与生俱来的、大体相似的本能趋向的结果。本能是行为的非理性的策动力。本能都具有目的性，因而由本能所策动的行为都在于奋力达到一定的目的。因此，他的这种心理学理论系统最初就名为“目的心理学”。

弗洛伊德认为人有两大类本能。一种是生的本能，他称为力比多(libido)，并用力比多这个词来概括一系列行为和动机现象。像饮食、性、自爱、他爱等个人所从事的任何愉快的活动，都是生的本能。另一种是死的本能，他称为萨那托斯(thanatos，即希腊神话中的死神)，像仇恨、侵犯和自杀等都是死的本能。由于这两种本能在现实生活中都不能自由发展，常常受到压抑而进入无意识领域，并在无意识中并立共存，驱使我们的行动。人的每一种动机都是无意识的生的本能和死的本能的混合物。

应当指出，本能论过分强调先天和生物因素，忽略了后天的学习和理性因素。实际上，本能在人类的动机行为尤其是社会动机行为中不起主要作用。虽然本能对自然动机起着主导作用，是自然动机的源泉，但由于自然动机不具有重要的社会意义，而且在现实生活中人类纯粹的自然动机几乎是不能独立存在的，它无一不受社会因素的影响或社会动机的调节，所以，本能论只具有从理论上对自然动机进行解释的意义，而不具有重要的社会意义。例如，社会发展到今天，人们的吃饭行为已不纯粹是一种本能行为，人们一般是定时定点在食堂就餐，而不是饿了就吃。在很多情况下，吃饭行为并不是由躯体的饥饿感引起的。因此，我们说本能论者没有把握住人类行为的社会本质。用本能这种不具有重要社会意义的动机来解释人类广泛的复杂的社会行为，必然会犯生物决定论的错误。

(二)动机的驱力理论

驱力理论产生于20世纪20年代。霍尔(G. S. Hall)是最早提出驱力理论的心理学家，而让驱力理论得以大力推广的是赫尔(C. L. Hull)。

赫尔认为，机体的需要产生内驱力，内驱力激起有机体的行为。内驱力是一种中间变量，其力量大小可以根据剥夺时间的长短、引起行为的强度或能量消耗从经验上加以确定。但他认为，剥夺的持续时间是一个相当不完善的指标，因而强调用行为的力量来衡量。

在赫尔的理论中，内驱力主要有两种：原始性内驱力和继发性内驱力。原始性内驱力同生物性需要状态相伴随，并与有机体的生存有密切的联系。这些内驱力产生于机体组织的需要状态，如饥、渴、空气、体温调节、大小便、睡眠、活动、性交、回避痛苦等。继发性内驱力是指情境

(或环境中的其他刺激)而言，这种情境伴随着原始性内驱力的降低，结果就成了一种内驱力。也就是说，以前的中性刺激由于能够引起类似于由原始性内驱力所引起的反应，而具有内驱力的性质。

赫尔认为，要形成学习行为，必须降低需要或由需要而产生的内驱力；为了使被强化的习惯产生行动，必须要有与之相适应的诱因，而且必须引起内驱力。因此，产生某种行为的反应潜能($_SE_r$)等于内驱力(D)、诱因(K)和习惯强度($_SH_R$)的乘积。这样，赫尔的理论体系可用下列公式来表示：

$$_SE_r = D \times K \times {_SH_R}$$

这个公式表明，反应潜能是由内驱力、诱因、习惯强度的多元的乘积决定的。如果 $D=0$ 或 $K=0$，则 sE_r 也等于零而不发生反应。同时，不论驱力水平有多高，在未形成习惯的情况下也是没有行为反应的。相反，不论习惯强度多高，驱力水平低，反应潜能也低。可见，驱力降低是行为发生的主要原因。

驱力论比本能论前进了一步，它看到了行为的内在动力的作用。这在当时的条件下，应该说是一种巨大的进步。但是，驱力这种内在的动力仍不能构成动机的全部，并不能对人类行为作出完整的解释。

20 世纪 50 年代，许多心理学家认为，不能仅仅用驱力降低的行为动力理论来解释所有的行为，诱因在唤起行为时也起重要作用。他们认为，应该用刺激和有机体的特定的生理状态之间的相互作用来解释行为动力。这种理论强调了外部刺激在引起动机中的重要作用，诱因有唤起有机体行动和指导行动方向两种功能。

关于驱力与动机的关系，多数心理学家认为，驱力是潜在的行为动力，而动机是现实的行为动力，动机是机体驱力与外界诱因相互作用的产物。

(三)动机的强化理论

强化理论是以斯金纳为代表的一些心理学家提出的动机理论。斯金纳认为，人或动物为了达到某种目的，会采取一定的行为作用于环境。当这种行为的后果对他有利时，这种行为就会在以后重复出现；不利时，这种行为就减弱或消失。人们可以用这种办法来影响行为的后果，从而修正其行为。因此，强化理论也被称为行为修正理论。

斯金纳把强化定义为增大行为发生概率的事件。他认为，强化从形式上可分为正强化和负强化。正强化就是给予被试奖励性刺激，以提高行为发生的概率。例如，一个小男孩在客人来访时，表现得很有礼貌，客人会夸赞这个小男孩，以后这个小男孩会更多地表现出有礼貌的行为。负强化就是撤销那些令人厌恶的或惩罚性的刺激，以提高行为发生的概率。例如，一只小老鼠被关在一个特制的小木箱中，除了木箱中的压杆以外，其余的各处均有电击，这只小老鼠在躲避电击的过程中偶然按住压杆得以避免电击，这样小老鼠会很快学会按住压杆的行为。

斯金纳开始只将强化理论用于训练动物，如训练军犬和马戏团的动物。以后，斯金纳又将强化理论进一步发展，并用于人的学习上，发明了程序教学法和教学机。他强调在学习中应遵循小步子和及时反馈的原则，将大问题分成许多小问题，循序渐进。他还将编好的教学程序放在机器里对人进行教学，收到了很好的效果。斯金纳根据其研究结果，提出了下列关于行为强化的原则。

(1)经过强化的行为趋向于重复发生。所谓强化因素，就是会使某种行为在将来重复发生的可能性增加的任何一种“后果”。例如，当某种行为的后果受人称赞时，就增加了这种行为重复发生的可能性。

(2)要依照强化对象的不同采用不同的强化措施。人们的年龄、性别、职业、学历、经历不同，需要就不同，强化方式也应不一样。例如，有的人更重视物质奖励，有的人更重视精神奖励，就应区分情况，采用不同的强化措施。

(3)小步子前进，分阶段设立目标，并对目标予以明确规定和表述。对于人的激励，首先要设立一个明确的、鼓舞人心而又切实可行的目标，只有目标明确而具体时，才能进行衡量和采取适当的强化措施。同时，还要将目标进行分解，分成许多小目标，完成每个小目标都及时给予强化，这样不仅有利于目标的实现，而且通过不断地激励可以增强信心。如果目标一次定得太高，就会使人感到不易达到或者说能够达到的希望很小，很难充分调动人们为达到目标而作出努力的积极性。

(4)及时反馈。所谓及时反馈，就是通过某种形式和途径，及时将工作结果告诉行动者。要取得最好的激励效果，就应该在行为发生以后尽快采取适当的强化方法。一个人在实施了某种行为以后，即使是领导者表示“已注意到这种行为”这样简单的反馈，也能起到正强化的作用；如果领导者对这种行为不予注意，这种行为重复发生的可能性就会减小以致消失。所以，必须利用及时反馈作为一种强化手段。强化理论并不是对职工进行操纵，而是使职工有一个最好的机会在各种明确规定的备择方案中进行选择。因而，强化理论已被广泛地应用在激励和改造人的行为上。

(5)正强化比负强化更有效。所以，在强化手段的运用上，应以正强化为主；同时，必要时也要对坏的行为给以惩罚，做到奖惩结合。

强化论纠正了本能论过分强调个体先天本能的不足，但把所有人类行为的原因归结于外部强化，否定了人的主动性和自觉性，是机械论的观点。

(四)动机的认知理论

随着认知心理学的发展，许多心理学家探索运用认知观点来解释人的动机现象，我们将这些动机理论统称为动机的认知理论。目前，动机的认知理论中较有影响的有认知失调理论、成就动机理论、归因理论。

认知失调理论的主要代表人物是费斯廷格(L. Festinger)。费斯廷格提出，每个人都有一个认知系统或认知结构，认知结构是由知识、观念、观点、信念等组成的。认知结构中的每一种具体的知识、观念、观点、信念都可以看作是一个认知元素。所有认知元素之间存在三种关系，即协调、不协调和不相关。当认知元素之间协调一致时，人就会保持这种协调状态，觉得心安理得，不去改变态度。而当认知元素之间相互矛盾，处于不和谐状态时，人就会感到紧张、焦虑、不安，此时个体就会设法消除矛盾以减少或解除这种失调状态，使认知元素之间达成协调、统一。人们不但会尽力去消除失调状态，也会尽力回避那些将会增加或产生不协调的情境。费斯廷格主张，认知元素之间的不协调强度越大，则人们想要减轻或消除这种不协调关系的动机也就越强。认知不协调的强度取决于两个方面的因素：一是认知元素对于个体的相对重要性；二是不协调的认知元素的数量，不协调认知元素数量越多，它与认知元素总量的比例就越大，那么失调程度就越高。

成就动机理论的主要代表人物是阿特金森(J. W. Atkinson)和麦克莱兰。成就动机是指人们在完成任务中力求获得成功的内部动因，即个体对自己认为重要的、有价值的事情乐意去做，并努力达到完美地步的一种内部推动力量。成就动机分为追求成功的倾向和回避失败的倾向。当人的成就需要大于回避失败的需要时，总的成就动机是正值，表现为趋向成就活动；反之则表现为回避成就活动。同时，当人的成就需要大于回避失败的需要，且任务处于中等难度水平时，成就动机最大。

归因理论的主要代表人物是韦纳(B. Weiner)。归因是指个体对自己成功与失败原因的看法与解释。韦纳认为，人们对成败的归因是行为的基本动力。他把人们对成败的归因归纳为能力、努力、态度、知识、运气、帮助、兴趣等方面。他认为，具体的归因并不重要，重要的是个体归因的维度。他将个体归因的维度分成控制点、稳定性、可控性三个方面。根据控制点维度，可将原因分成内部和外部；根据稳定性维度，可将原因分为稳定和不稳定；根据可控性维度，又可将原因分为可控的和不可控的。这一关系可用表 8-1 表示。

表 8-1　归因的三个维度

可控性	内因		外因	
可控的	稳定	不稳定	稳定	不稳定
	持久努力	一时努力	教师态度	他人帮助
不可控的	能力高低	生病	任务难度	运气

韦纳通过一系列的研究，得出一些归因的最基本的结论。①个人将成功归因于能力和努力等内部因素时，他会感到骄傲、满意、信心十足；而将成功归因于任务容易和运气好等外部原因时，产生的满意感则较少。相反，如果一个人将失败归因于缺乏能力或努力，则会产生羞愧和内疚；而将失败归因于任务太难或运气不好时，产生的羞愧则较少。而归因于努力比归因于能力，无论对成功或失败均会产生更强烈的情绪体验。努力而成功，体会到愉快；不努力而失败，体验到羞愧。因此，努力而失败也应受到鼓励。②在付出同样努力时，能力低的人应得到更多的奖励。③能力低而努力的人受到最高评价，能力高而不努力的人受到最低评价。因此，韦纳总是强调内部、稳定和可控性的维度。

作为对成就动机理论的一个补充，归因理论特别强调成就的获得有赖于对过去工作是成功还是失败的不同归因。如果把成功和失败都归因于自己的努力程度，就会增强今后努力行为的坚持性。反之，如果把成功与失败归因于能力太低、任务太重这些原因，就会降低自身努力行为的坚持性。运气或机遇是不稳定的外部因素。过分地归因于这一因素会使人产生“守株待兔”的坚持行为，也是具有高成就需要的人所不屑为之的。总之，只有将失败的原因归因于内外部的不稳定因素时，即努力的程度不够和运气不好时，才能使行为人进一步坚持原行为。

阅读专栏 8-2

动机圈理论

动机圈理论是由苏联心理学家彼得罗夫斯基提出的。它是一种阐明动机和个性关系的理论，认为个性的个别特征彼此间结成谱系化的统一完整的结构，这个结构的中心即“动机—需要区”。

(1)动机是个性结构中的一个核心组织，它和个性结构的外围部分建立了各种各样的网络性的联系，构成了完整的个性。动机的性质决定着个性的倾向性，个性机构外围的任何一种个性品质，如诚实、纪律、勤奋等等，都是人类完整个性的组成部分。这些品质都与某种动机相联系，但同一品质，与之相联系的动机是不同的。

(2)个性结构的核心组织十分复杂，它包括许多动机，这些动机是分等级的，其最高形式的动机是信念和理想。人的个性倾向、道德面貌等在很大程度上取决于动机圈内占优势的动机。

(3)占优势的动机并不是固定不变的，它的内容可以是各种各样的。既可以是理想、信念，也可以是个人的某种直接需要。动机圈理论探讨了个性中各个心理成分之间的相互关系，强调了动机的最高形式——信念和理想是个性的核心。提出了动机对个性品质的制约作用。在理论和实践上对企业的管理工作都具有一定的指导意义。

在企业管理中，管理者要充分认识动机在个性品质形成中的作用。善于激发员工的工作动机、使员工树立坚定的信念和远大的理想，形成良好的个性品质，从而达到提高员工自身素质和劳动生产率的目的。

【资料来源】毕重增．消费心理学[M]. 上海：华东师范大学出版社，2007：38.

第三节 兴　趣

一、兴趣的一般概述

兴趣是指一个人积极探究某种事物及爱好某种活动的心理倾向。它是人认识需要的情绪表现，反映了人对客观事物的选择性态度。

我国近代思想家、学者梁启超对兴趣的重要作用曾有过精辟的阐述，他说："总而言之，趣味是活动的源泉，趣味干竭，活动便跟着停止，好像机器房里没有原料，发不出蒸汽，任凭你多大的机器，总要停摆。……人类若到把趣味完全丧失掉的时候，老实说，便是生活得不耐烦，那人虽然勉强留在世间，也不过是行尸走肉。"这段话形象地描述了兴趣的重要功能，兴趣在人们的活动中的基本功能主要表现为定向与动力两方面。

1. 兴趣的定向功能

兴趣的定向功能是指一个人现在和将来要做的事情往往是由自己的兴趣来定向的。它可以奠定一个人事业的基础和进取的方向。如一个人从小喜欢探究小动物的生活习性，将来就可能去学习生物学或心理学，并作为终身研究的方向。著名的儿童心理学家皮亚杰就是如此。因此，教学中，教师注意发展和培养学生兴趣就显得十分重要。

2. 兴趣的动力功能

兴趣的动力功能是说人的兴趣可以转化为动机，成为激励人们进行某种活动的推动力。达尔文曾在他的自传中介绍，就他在学校时期的性格来说，其中对他后来发生影响的，就是有强烈的兴趣，沉溺于他自己感兴趣的东西，喜欢了解任何复杂的问题和事物。可见，兴趣是活动的重要动力之一，也是活动成功的重要条件。如果学生对某学科产生浓厚兴趣后，也会满怀乐趣地、克服各种困难去钻研，甚至达到废寝忘食的状态。由此，教师在教学中应善于唤起并组织学生的兴趣，以便激励他们更好地去学习。

二、影响兴趣形成的因素

兴趣的发生是以一定需要为基础的。当一个人有某种需要时，就会对有关事物优先给予注意，而且对它有向往的心情，从而产生兴趣。人的需要多种多样，因人而异，所以人的兴趣也是多种多样，因人而异。人的需要改变了，兴趣也随之改变。但是需要不一定都表现为兴趣，如人有睡眠需要，不等于对睡眠有兴趣。

兴趣是与动机密切相关的。兴趣主要是一种认识的倾向，而这种倾向成为诱因，导致行为的冲动时，便会产生动机。因而，兴趣是动机产生或强化的重要主观原因。所谓"临渊羡鱼，不如退而结网"，可以说"羡鱼"是对鱼有兴趣，而想要"退而结网"，就是有捕鱼的动机了。

兴趣和认识、情绪和意志有密切的联系。兴趣是一种特殊的认识倾向，它表现在对感兴趣的事物的感知、记忆、想象和思维上，并表现为对有关事物的优先注意和集中注意。兴趣的情绪色彩表现在对某种事物的兴趣越浓厚，人对它的情感也越深。稳定的兴趣对于克服工作中的困难，顺利完成任务意义重大。

兴趣与能力、理想、信念、世界观也密切联系。能力往往是人对一定的事物有浓厚的兴趣才形成和发展起来的。同时，能力也促进兴趣的发展。已经确立的正确的理想、信念、世界观对新的兴趣的形成起着指引方向和确定内容的作用。例如，如果学生学习态度端正，学习兴趣浓厚，就有助于他确立远大的理想和科学的世界观，而这种理想和世界观又会促使他对学习产生更浓厚的兴趣。

阅读专栏 8-3

学习兴趣的发展过程

学习兴趣有一个发生、发展的过程，一般来说是从“有趣”开始，产生“兴趣”，然后向“志趣”发展的。

1. 有趣——学习兴趣的初级形式

一般来说，人从儿时开始都带有一些“研究”精神。比如，小皮球拿在手里，他就要拍它、捏它、看它滚动，看它跳。若是捉到一只蝴蝶，就把它的翅膀拉下来，看看它的躯体究竟是怎么构成的。从儿童眼光来看，宇宙中的万物，没有一种不是新鲜有趣，值得玩弄、观察、研究的。可见，有趣往往是人为客观世界所吸引而产生的结果。

教师要从“有趣”开始，激发学生的学习兴趣。例如，初二物理讲到“沸腾与蒸发”一节时，教师这样激发学生的情趣：教师在讲台上放一盏酒精灯，然后举起一张纸问：“这张纸，放到点燃的酒精灯上会不会燃烧?”“当然会。”“那么，用纸折成一只盒子放在灯上会不会燃烧?”“肯定会。”教师将纸盒里装满了水，待纸盒湿透了，倒出水，放到点燃的酒精灯上，结果纸盒没有燃烧起来。学生说：“这有什么稀奇，纸盒湿透了，当然不会烧起来。”教师问：“为什么纸盒湿透了，就不会燃烧呢?”此时，学生已处于心求通而不解，几欲言而不能的“愤”“悱” 的状态，急切地等待教师讲解。这时已激起了学生浓厚的学习兴趣。老师这时来讲授新课内容，教学效果必然会大大提高。

“有趣”有三个特征，这就是直观性、盲目性和广泛性。教师引发学生产生“有趣”要注意四点：一是问题要小而具体；二是问题要新而有趣；三是要有适当的难度；四是要富有启发性。

2. 兴趣——学习兴趣的中级形式

研究表明，学习兴趣与学生的基础知识有关，只有那些学生想知道而又不知道的东西才能激起学习兴趣。一种想要知道奥秘的愿望变成不可遏制的愿望，会激发人去行动。比如，伽利略年轻时，偶然看到教堂廊檐下挂的灯正在摆动，他出神地凝视着，觉得来去摆动的时间都一样，他按着自己的脉搏计算来往摆动的时间。这种学习兴趣，终于使他发明了摆钟。

兴趣往往也称为爱好，沿着爱好深入下去，就会使专一的兴趣变成癖好。我们从一些科学家成才的例子中看到，一个天文学家，在学生的时代夏夜纳凉，指北斗而定方向，按中星而记时辰，开始不过是觉得有趣而已。他进一步考察星座、认识星云、辨别行星、观测月球，见到四时不同，晨昏互异，兴趣就产生了。再进一步了解日食月食的原理，查证光年的距离，并且发现火星上的“运河”。这样深入研究，趣味更浓，于是对天文学发生了兴趣。兴趣是一种高尚的情操，兴趣是追求真理的第一步。学生产生了学习兴趣，就能唤起他废寝忘食的学习劲头。兴趣具有专一性和坚持性的特点。

3. 志趣——学习兴趣的高级形式

具有个性特征的学习兴趣，与高尚的理想和远大的奋斗目标相结合时，兴趣就发生了飞跃，而成为志趣。志趣是学习兴趣的归宿。志趣可以决定一个人的进取方向，奠定他事业的基础。因此教师新颖有趣、逻辑性强的教学内容，丰富多样、生动活泼的教学方法和格式变化的作业内容都可以不断地引起学生新的探究活动，从而激发起更高水平的求知欲。

【资料来源】章永生．教育心理学[M]．石家庄：河北教育出版社，1996：97.

三、兴趣的品质

兴趣的品质是人在认识事物的过程中形成和表现出来的稳定的心理特征，可以概括为以下四个方面：

（一）兴趣的倾向性

兴趣的倾向性是指一个人的兴趣所指向的是什么事物。由于兴趣的倾向性的不同，人与人之间会出现很大的不同，如有的人对文学感兴趣，有的人对数学感兴趣，有的人对音乐感兴趣等。

（二）兴趣的广阔性

兴趣的广阔性是指一个人兴趣范围的大小或丰富性的程度，也可称兴趣的广度。兴趣的广度具有明显的个别差异。有的人兴趣十分狭窄，对什么都没热情，也不感兴趣；而有的人兴趣十分广阔。马克思就是其中的一个例子，他女儿要他写出所喜欢的格言，他写了古拉丁语谚语：“凡是与人有关的，都是我所关心的”。爱因斯坦也是如此，他是最伟大的物理学家，但又非常喜欢音乐，小提琴拉得好，钢琴弹得也很出色，甚至能撰写文学评论。

兴趣的广阔与兴趣的分散不同。兴趣的广阔指一个人兴趣丰富，其中往往有中心兴趣。就是说，一个人对很多事物或活动具有广阔兴趣的基础上，对其中的某一事物或活动特别感兴趣，并以其为中心去发展其他各种兴趣。兴趣的分散指一个人兴趣易变、肤浅，而且没有中心兴趣，好像样样懂，但样样都不精，忙忙碌碌，无所创造。因此，在中心兴趣基础上的兴趣的广阔，才是兴趣珍贵的品质。

(三)兴趣的稳定性

兴趣的稳定性是指中心兴趣持续的时间或巩固的程度。从这一品质考察，有的人兴趣是持久而稳定的，这种人一旦对某种事物或活动产生兴趣，就始终保持而长期不变，还会一步一步地深入下去，达到迷恋程度；而有的人兴趣极不稳定，经常会对某种事物产生兴趣，但又不能持久，往往朝秦暮楚，见异思迁。这种暂时的兴趣纵使很强烈，对实践活动的推动作用也不大。可见，在兴趣的稳定性方面也存在很大的个别差异。

(四)兴趣的效能性

兴趣的效能性是指兴趣对活动产生的作用的大小。兴趣对人的行动的动力作用有积极和消极两种，凡是对社会的进步和个人身心发展起推动作用的，就是具有积极效能的兴趣；凡是对社会的进步和个人身心发展起阻碍作用的，就是具有消极效能的兴趣。同样，人们兴趣的效能性是有很大的个别差异的。有的人兴趣是主动的、积极的；有的人兴趣是消极的、被动的。如有的学生对上网很有兴趣，但主要用于玩游戏或聊天，影响了正常的学习和生活，这样的兴趣就是消极效能的兴趣。总之，高尚的兴趣都具有积极的效能，低级的兴趣只有消极的效能。有效能的兴趣才能促使人参与某项活动，从而获得知识经验，增长才干。

知识点检测

一、单选题

1. 人本主义心理学家马斯洛认为，在人的一切需要中，(　　)需要是最基本的。

A. 生理　　B. 安全　　C. 尊重　　D. 自我实现

2. 需要按其对象性质可分为(　　)。

A. 天然需要和物质需要　　B. 天然需要与社会性需要

C. 精神需要和物质需要　　D. 精神需要和社会性需要

3. 有人把学业失败归因于自己脑子太笨，这属于(　　)。

A. 外部而不稳定的归因　　B. 内部而不稳定的归因

C. 外部而稳定的归因　　D. 内部而稳定的归因

4. 由个体的内部需要所引起的动机属于(　　)动机。

A. 外在　　B. 内在　　C. 自然　　D. 从属

5. (　　)是指一个人兴趣范围的大小或丰富性的程度。

A. 兴趣的倾向性　　B. 兴趣的广阔性

C. 兴趣的稳定性　　D. 兴趣的效能性

二、辨析题

1. 学习动机是学生进行学习活动的内部动力，学习动机越强，学习效率越好。

2. 习得性无力感与人们对失败的归因有关。

三、简答题

1. 简述成就动机的成分。

2. 简述兴趣的品质。

实践应用

测试你的成就动机(Achievement Motivation Scale，AMS)

【指导语】请认真阅读下面的每个句子，判断句中的描述符合你的情况的程度。请选择①—④来表示你认为的符合程度，数字越大表示越符合。

① 完全不符合　② 有些不符合　③ 基本符合　④ 非常符合

1. 我喜欢新奇的、有困难的任务，甚至不惜冒风险。

2. 我在完成有困难的任务时，感到快乐。

3. 我会被那些能了解自己有多大才智的工作所吸引。

4. 我喜欢尽了最大努力能完成的工作。

5. 我喜欢对我没有把握解决的问题坚持不懈地努力。

6. 对于困难的任务，即使没有什么意义，我也很容易卷进去。

7. 面对能测量我能力的机会，我感到是一种鞭策和挑战。

8. 我会被有困难的任务所吸引。
9. 那些我不能确定是否能成功的工作，最能吸引我。
10. 给我的任务即使有充裕的时间，我也喜欢立即开始工作。
11. 能够测量我能力的机会，对我是有吸引力的。
12. 面临我没有把握克服的难题时，我会非常兴奋、快乐。
13. 如果有些事不能立刻理解，我会很快对它产生兴趣。
14. 对我来说，重要的是做有困难的事，即使无人知道也无关紧要。
15. 我希望把有困难的工作分配给我。
16. 我讨厌在完全不能确定会不会失败的情境中工作。
17. 在结果不明的情况下，我担心失败。
18. 在完成我认为是困难的任务时，我担心失败。
19. 一想到要去做那些新奇的、有困难的工作，我就感到不安。
20. 我不喜欢那些测量我能力的场面。
21. 我对那些没有把握能胜任的工作感到忧虑。
22. 我不喜欢做我不知道能否完成的事，即使别人不知道也一样。
23. 在那些测量我能力的情境中，我感到不安。
24. 对需要有特定机会才能解决的事，我会害怕失败。
25. 那些看起来相当困难的事，我做时很担心。
26. 我不喜欢在不熟悉的环境下工作，即使无人知道也一样。
27. 如果有困难的工作要做，我希望不要分配给我。
28. 我不希望做那些要发挥我能力的工作。
29. 我不喜欢做那些我不知道我能否胜任的事。
30. 当我遇到我不能立即弄懂的问题，我会焦虑不安。

计分方法

①-1 分，②-2 分，③-3 分，④-4 分

1～15 题 记总分为 MS(成功的动机)，16～30 题记总分为 MAF(害怕失败) MS－MAF 为总得分

得分分析

1. MS－MAF＞0 时，成就动机强，分值越高，成就动机越高。

高分特质：对人生有自己的看法；有追求成功的强烈愿望；喜欢挑战性的任务，愿意为自己设置高目标；肯冒风险，喜欢尝试新事物；希望在竞争中获胜。活动过程中积极主动，愿意承担责任。对工作或学习，只要下定决心，即使遇到困难也会坚持到底。

2. MS－MAF＝0 时，成就动机中等，追求成功和害怕失败相当。

中等特质：有时愿意承担一定难度的任务，并能承担一定的责任。对任务的看法很大程度上受情绪的支配。在给成功与失败归因时，态度往往不稳定，情绪消极时会对自己的信念、目标有所怀疑。

3. MS－MAF＜0 时，成就动机弱。分值越低，成就动机越低。

低分特质：认为要成功，机会比努力、能力更加重要；通常不愿意面对挑战性的任务；不喜欢参加与他人竞争的活动；做事情没有明确目标，无坚定的信念；工作中可能会表现得比较保守。在集体活动中不太愿意承担责任，出现问题时，可能会喜欢抱怨他人，回避责任，听之任之。

（本测验结果仅供参考，若有需要请咨询专业人员）

参考答案

一、单选题

1. A　2. C　3. D　4. B　5. B

二、辨析题

1. 该说法错误。动机强度与学习效果之间的关系并不是一种线性关系，而是呈倒 U 型曲线关系。中等强度的动机最有利于任务的完成，即动机强度处于中等水平时，学习效率最高。动机过低或过高都不利于任务的完成。

2. 此观点是正确的。习得性无助是当个体感到无论做什么事情都不会对自己的重要生活事件产生影响时所体验到的一种抑郁状态。一个总是失败并把失败归于内部的、稳定的和不可控的因素(即能力低)的学生会形成一种习得性无助的自我感觉。

三、简答题

1. 简述成就动机的成分。

(1)成就动机：是指人们力求获得成功的内在动力。一个人对自己认为重要的、有价值的事情，会努力去克服困难，尽力达成目标的一种内部推动力量。

(2)结构：成就动机中含有两种成分：追求成功的倾向和回避失败的倾向。一般认为，成就动机较高的人喜欢选择富于挑战性的任务，其追求成功的倾向大于失败的倾向，成就动机水平较低的人则因为害怕失败而回避困难的任务。

2. 简述兴趣的品质。

(1)兴趣的倾向性，它是指一个人的兴趣所指向的是什么事物。

(2)兴趣的广阔性，它是指一个人兴趣范围的大小或丰富性的程度，也可称兴趣的广度。

(3)兴趣的稳定性，它是指中心兴趣持续的时间或巩固的程度。

(4)兴趣的效能性，它是指兴趣对活动产生的作用的大小。兴趣对人的行动的动力作用有积极和消极两种，凡是对社会的进步和个人身心发展起推动作用的，就是具有积极效能的兴趣；凡是对社会的进步和个人身心发展起阻碍作用的，就是具有消极效能的兴趣。

第九章 能 力

引言：

大家还记得《雨人》中 Dustin Hoffman 所扮演的角色吗？“他能很快地背下电话号码本上从 A 到 G 所有的电话号码，牙签盒被碰倒在地，他能立刻说出牙签有多少根……”其实这个弱智天才的原型是来自于美国盐湖城的 Kim Peek(1951—2009)。Kim 精通从文学到历史在内的 15 门学科，能一字不漏地背诵 9000 本书的内容，他知道美国所有的邮政编码和电话区号，他能给出在任意两个美国大城市之间的旅行路线。然而 Kim 的动作协调能力很差，生活方面表现出异常低能，甚至不能自己扣纽扣。

目前虽然对弱智天才综合征还不能完全解释，但它说明在一般能力之外的确存在某些特殊能力。

学习目标

1. 识记能力、才能、天才、智力的概念，并能正确理解它们之间的关系。

2. 了解几种主要智力理论的基本观点。

3. 理解能力个别差异的表现。

4. 理解能力与知识、技能的关系。

5. 掌握影响能力形成和发展的因素。

7. 掌握运用能力规律加强自我教育。

第一节 能力概述

一、能力的一般概念

能力是大家比较熟悉的心理现象。现实生活中，每个人的能力是不相同的。有人运算敏捷，思路灵活，人们就说他运算能力强；有人过目成诵，记忆敏捷牢固，大家就夸他有惊人的记忆力；有人富于幻想和想象，有很高的创造能力；有人擅长组织管理，具有较强的组织能力；有人擅长音乐和绘画，有较高的艺术才能等。凡此种种能直接影响人的活动效率，使活动顺利完成的个性心理特征就是能力。

能力和活动紧密联系着。一方面，人的能力是在活动中形成、发展和表现出来的；另一方面，从事某种活动又必须以一定的能力为前提。活动有简单的，也有复杂的。简单的活动只需要具备一种单独的能力就可顺利完成，而复杂的活动常要由多种能力结合才能保证顺利完成。

如果一个人具有完成某种复杂活动所必需的能力，并且能把这些能力很好地结合起来出色地完成这种活动，就表明这个人具有从事这种活动的才能，才能是各种能力的完美结合。才能常以活动的名称来命名，如音乐才能、绘画才能、文学才能等。如果完成某种活动所必备的各种能力得到最充分的发展和最完美的结合，并能创造性地、杰出地完成相应的活动，就表明这个人具有从事这种活动的天才。天才就是高度发展的能力的最完美结合及杰出的表现。单一能力达到高度发展，不能称作天才。天才必须是几种高度发展的能力的最完美结合。天才并非天生之才，它是在良好的素质基础上，通过后天环境和教育影响，加上在实践中个人的主观努力发展起来的。

掌握活动的速度和成果的质量被认为是能力的重要标志。苏联心理学家克鲁捷茨基指出：如果一个人能迅速地和成功地掌握某种活动，比其他人较易于得到相应的技能和达到熟练程度，并且能取得比中等水平优越得多的成果。那么这个人就被认为是有能力的。成功地完成某种活动所需要的因素是多方面的，能力是个人成功地完成某种活动的必要条件，但不是唯一的条件。个人的知识经验、活动动机和身体健康状况等都是完成活动所必需的，所以能力是成功地完成某种活动所必须具备的个性心理特征之一。

二、能力与知识、技能

人的能力有高有低，人的技能、知识有多有少，那么知识、技能和能力的关系是怎样的呢？能力与知识、技能既有区别，又有密切的联系，弄清楚能力与知识、技能的关系，有助于我们正确理解能力的概念。

能力与知识经验不同。知识经验是人类社会历史经验的总结和概括。人类已经积累的知识经验是社会的财富，它既是人的心理活动的结果，又是个体心理活动的对象和内容。当它以思想、观念等内容的形式被个体认识、领会、理解、掌握时，就变成个体意识和个体的知识系统，从而有利于人们去完成改造现实的某些活动。但是，知识经验本身并不是个性的能力特征。因为知识经验作为心理活动的对象，它具有客观性，不存在个别差异。人们对知识经验的掌握(即认识加工)是一种心理活动过程，虽有个别差异，但差异不稳定，有流动易变的特点，所以也不是能力特征。只有在加工过程中，掌握知识的快慢速度，领会理解知识的深浅，记忆的敏捷、持久、精确程度，运用知识是否灵活等，才存在较明显而又稳定的个别差异。这是对知识经验材料进行加工的心理活动过程的概括化程度差异，即调节认识活动的能力(即智力)差异。如学习和掌握某数学公式及推导过程，是属于知识经验范畴。而调节这个推导过程的分析、概括活动的动力(敏捷、灵活、简缩、逻辑等)特性便属于能力(智力)范畴。

能力也不同于技能。技能是一种通过练习而巩固了的自动化活动方式。它是以行动方式的形式被人所掌握，基本上属于心理活动过程的范畴。而能力是指心理活动的可能性和动作的可能性而言。能力和技能都有概括性，但概括水平不同。技能是动作和动作方式的具体概括，能力是调节技能行动方式的心理活动的概括，这是较高水平的概括。

总之，知识、技能同能力不能混同。婴幼儿掌握的知识技能都不多，但其能力发展却前途无量。年长者知识经验丰富、技能熟练程度高，但其能力发展却越来越慢。

知识、技能与能力又是紧密联系、相辅相成的。

首先，知识的掌握，有助于技能形成，而知识掌握和技能形成，又能推动和促进能力的发展。能力是高度概括化的调节认识活动和行为方式的心理现象，这种概括化的调节水平达到迁移程度并在个体身上巩固下来，就促进能力发展。如学生掌握数学知识，同时也掌握某些运算技能(心智活动技能)，这些有利于逻辑思维能力的发展。相反，缺乏必要的知识和技能，会造成能力发展的巨大障碍。

其次，掌握知识形成技能，又是以一定的能力为前提的。能力往往制约掌握知识以及形成技能的快慢、深浅、难易、灵活性和巩固程度。

三、能力的种类

在人适应环境和改造环境的过程中，不同的活动领域和不同性质的活动会对人提出不同的要求，从而使人形成相应的各种能力。心理学从不同的角度对能力进行分类。

(一)一般能力和特殊能力

能力按照它的倾向性可划分为一般能力和特殊能力。

1. 一般能力

一般能力又称普通能力。是指大多数活动所共同需要的能力，是人所共有的最基本的能力。它适用于广泛的活动范围，符合多种活动的要求，并保证人们比较容易和有效地掌握知识。

一般能力和认识活动紧密地联系着。观察力、记忆力、注意力、想象力和思维力都是一般能力，一般能力的综合体就是通常说的智力。

2. 特殊能力

特殊能力又称专门能力，是某项专门活动所必需的能力。它只在特殊活动领域内发生作用，是完成有关活动必不可少的能力。一般认为：数学能力、音乐能力、绘画能力、体育能力、写作能力等都是特殊能力，一个人可以具有多种特殊能力，但其中有一两种特殊能力占优势。研究表明：同一种特殊能力，包含多种成分，其中各种成分对活动的作用是不同的。例如，音乐能力包括音乐感知能力、音乐记忆和想象能力、音乐情感能力和音乐动作能力，这些能力使人们成功地完成音乐活动，但一些人可能音乐情感能力占优势，另一些人可能音乐记忆能力占优势等，这些要素的不同组合，就构成各种独特的音乐才能。

一般能力和特殊能力密切地联系着，一般能力是各种特殊能力形成和发展的基础，一般能力的发展，为特殊能力的发展创造了有利的条件；在各种活动中，特殊能力的发展同时也会促进一般能力的发展。要成功地完成一项活动，既需要具有一般能力，又需要其有与某种活动有关的特殊能力。在活动中，一般能力和特殊能力共同起作用。

(二)认知能力、操作能力和社交能力

能力按照它的功能可划分为认知能力、操作能力和社交能力。

1. 认知能力

认知能力指接收、加工、储存和应用信息的能力。它是人们成功地完成活动最重要的心理条件。知觉、记忆、注意、思维和想象的能力都被认为是认知能力。美国心理学家加涅(R. M. Gagne)提出 3 种认知能力：言语信息(回答世界是什么的问题的能力)、智慧技能(回答为什么和怎么办的问题的能力)、认知策略(有意识地调节与监控自己的认知加工过程的能力)。

2. 操作能力

操作能力指操纵、制作和运动的能力，劳动能力、艺术表现能力、体育运动能力、实验操作能力都被认为是操作能力。操作能力是在操作技能的基础上发展起来，又成为顺利地掌握操作技能的重要条件。认知能力和操作能力紧密地联系着，认知能力中必然有操作能力，操作能力中也一定有认知能力。

3. 社交能力

社交能力指人们在社会交往活动中所表现出来的能力。组织管理能力、言语感染能力等都被认为是社交能力。在社交能力中包含认知能力和操作能力。

(三)模仿能力和创造能力

按照它活动中能力的创造性程度大小不同可划分为模仿能力和创造能力。

1. 模仿能力

模仿能力是指效仿他人的言行举止而引起的与之相类似的行为活动的能力。学习绘画时的临摹，学习写字时从字帖上仿效名家的书法，儿童仿效父母和教师的说话、表情等都是模仿。古希腊哲学家亚里士多德、进化论奠基人达尔文(C. R. Darwin)，美国心理学家詹姆斯(W. James)等人都认为模仿是一种本能。与这种观点相对立的是社会学习观点，如美国耶鲁大学心理学家多拉德(J. Dollard)等人认为，人类模仿行为是通过强化而习得的。班杜拉(A. Bandura)等人对人类模仿行为进行了系统的试验研究。他认为，模仿不是先天的本能，而是在后天的社会化过程中，通过人与人之间相互影响而逐渐习得的。班杜拉认为，模仿有三种作用：使原有的行为巩固或改变；使原来潜伏而没有表现的行为得到表现；习得新的行为

动作。

2. 创造能力

创造能力是指产生新思想、发现和创造新事物的能力，它是成功地完成某种创造性活动所必需的条件。从拉丁词源上看，是指在一无所有的情况下，创造出新的东西。创造能力包含两个基本特征：独创性和价值性。但是对这两个基本特征的看法是有分歧的。例如，黑菲伦(J. W. Haefele)等人认为，创造是提供对整个社会来说独特而有社会意义的活动，人只有具备了这种能力才能说得上有创造能力。罗杰斯(C. R. Rogers)等人则认为，创造的独特性和价值性的标准应该是创造者自己，不能上升到社会的高度。美国心理学家吉尔福特(J. P. Guilford)等人认为，发散性思维表现于外部行为就代表个人的创造能力。但强调发散性思维在创造能力结构中的作用，并不排斥集中思维的作用。研究表明：人们在进行创造性思维时，整个过程反复交织着发散性思维和集中性思维。

模仿能力和创造能力紧密联系着。创造能力是在模仿能力的基础上发展起来的，人们的活动一般总是先模仿，后创造，从模仿到创造，模仿是创造的前提和基础，创造又是模仿的发展。模仿能力和创造能力又是相互渗透的，把能力划分为模仿能力和创造能力是相对的，模仿能力中包含有创造能力的成分，创造能力中包含着模仿能力的成分。这两种能力相互渗透。

四、智力的概念和智力结构理论

(一)什么是智力

智力(Intelligence)又称智能或智慧。它是心理学工作者普遍关注的概念，但出于它的复杂性，至今还没有统一的定义。探讨智力和智力结构对于深入了解智力的本质，合理设计智力测验，确定发展智力的策略都是必要的。

1. 国内学者对智力的解释

(1)智力是一种偏重于认识方面的心理特性

在我国这种看法被许多人赞同。例如，朱智贤教授认为(1981)：“智力是人的一种心理特性或个性特点，是偏重于认识方面的特点……”董纯才教授等认为(1985)：“智力是使人顺利地从事多种活动所必需的各种认识能力的有机结合，其核心成分是抽象思维能力。”

(2)智力就是能力

代表人物是林传鼎教授。他指出(1981)："智力就是能力或智能，即人们运用知识技能的能力。"

(3)智力是一种先天素质，特别是脑神经活动的结果

吴天敏教授认为(1980)："智力是脑神经活动的针对性、广阔性、深入性、灵活性在任何一种神经活动和由它引起并与它相互作用的意识性的心理活动中的协调反映。"

2. 国外学者对智力的解释

(1)智力是个体学习的能力

有些学者认为，智力就是个体学习的能力，个体的学习成绩就可以代表智力的水平。智力高的学生学习快，掌握的知识多；智力低的学生学习慢，掌握的知识少。例如，伯金汉(B. R. Buckingham)认为："智力就是学习能力"；亨孟(J. A. C. Henmon)认为："智力就是获得知识和保持知识的能力"。他们用智力来推断学习能力，或由学习能力推断智力。如克龙巴赫(L. J. Cronbach)认为：智商 130 的人，可以获得哲学博士学位；智商 120 的人，可以大学毕业；智商 115 的人，可以读到大学一年级；智商 1l0 的人，可以高中毕业，有一半机会大学毕业等。

(2)智力是个体抽象思维的能力

有些学者认为，智力高的人善于抽象思维，善于判断和推理。例如，法国心理学家比奈(A. Binet)认为，智力是"正确的判断，透彻的理解，适当的推理"能力。又说："善于判断，善于理解和善于推理是智力的三种要素。"美国心理学家推孟(L. M. Terman)认为，个体的智力与他的抽象思维能力成正比。

(3)智力是个体适应环境的能力

有些学者认为，智力愈高，适应新环境的能力也就愈强。在西方最早给智力下定义的德国心理学家斯腾认为："智力是指个体有意识的以思维活动来适应新情境的一种潜力。"瑞士心理学家皮亚杰也认为，智力的本质就是适应。

(4)智力是智力测验所测的能力

这是一种操作性的定义，对智力的内涵并没有作出规定。持这种观点的心理学家认为，智力是一个抽象的概念，离开了智力测验，几乎无法了解智力的含义。例如，弗里曼(F. W. Freeman)认为"智力就是运用智力测验所测到的东西"。史蒂芬斯(J. M. Stephens)认为，"智力就是智力测验所

测量的事物”。希尔加德(E. R. Hilgard)认为，“智力是智力测验所测定的结果”。

20世纪80年代以来，西方多数心理学家认为，智力的核心包含两种能力：语言能力和解决问题能力(Sternberg，1981)；有人认为智力应包含三种能力：抽象思维能力、解决问题的能力和学习的能力(Phares，1984)。

(二)智力结构理论

关于智力的结构在西方还存在着许多不同的理论观点，而且近年来智力理论又有了新的进展。了解这些理论，也有助于我们认识的深化。由于智力理论很多，下面仅介绍影响较大的几种。

(1)斯皮尔曼的二因素理论。英国心理学家斯皮尔曼(Spearman，1927)认为智力可以被分为G因素(一般因素，general factor)和S因素(特殊因素，special factor)。G因素是在不同情况下影响智力操作结果的诸因素中的共同因子，即“一般因素”。除此以外，每一种活动都还有一个特殊因素——S因素，即该活动所需要的专门的智力因素。因而每项活动所需具备的智力元素就是G+S1、G+S2、G +S3 …斯皮尔曼认为G因素与S因素相互关联着，其中G因素是智力结构的关键和基础，决定一个人能力高低的主要指标。智力测验的目的就是要通过广泛取样来求得G因素(如图9-1)。图中G是指G因素；1、2、3…借各种不同的测验；S1、S2、S3…是指这些测验各自的特殊因素。

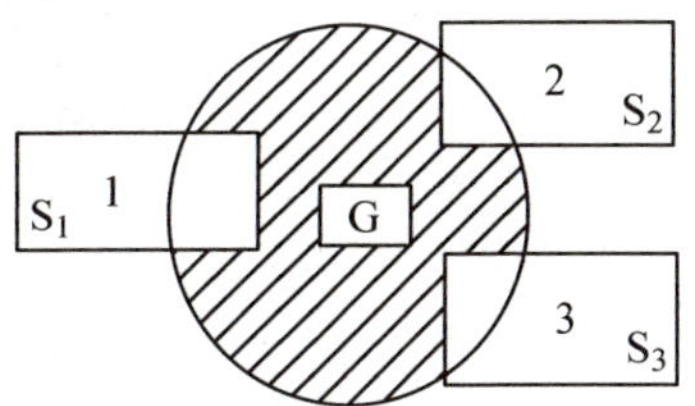

图9-1　斯皮尔曼二因素模型

(2)瑟斯顿的群因素理论。群因素论是由美国心理学家瑟斯顿(Thurston)所提倡的。根据对实际智力测验分数进行因素分析的结果，瑟斯顿发现在智力中并没有像斯皮尔曼所说的一般因素，而且也未发现所谓的特殊因素，认为人类的智力组成中包含7种基本因素：词的理解力、语言流畅性、数字计算能力、空间知觉能力、记忆能力、知觉速度、推理能力。瑟斯顿根据因素分析发现的结果来界定智力，而且，他根据分析发现的7种基本能力编制成智力测验，称为基本心理测验(Primary Mental Abilities，PMAT)。

(3)三维智力结构理论。智力结构论是由美国心理学家吉尔福特(Guilford)提倡的一种智力理论。认为：智力可以区分为3个维度，即内容、操作和产品。智力活动就是人在头脑里加工(即操作过程)客观对象(即内容），产生知识（即结果）的过程。智力活动的内容包括：听觉、视觉、符号、语义、行为，它们是智力活动的对象材料；智力操作指智力活动的过程，它由上述种种对象和材料构成，包括：认识（理解和再认）、记忆（保持）、发散思维、聚合思维、评价。智力活动的产物是指运用上述智力操作所得的结果。这些结果可以按单位计算，可以分类处理，也可以表现为关系、转换、系统和应用。图 9-2 代表吉尔福特智力结构观念的理论模式。

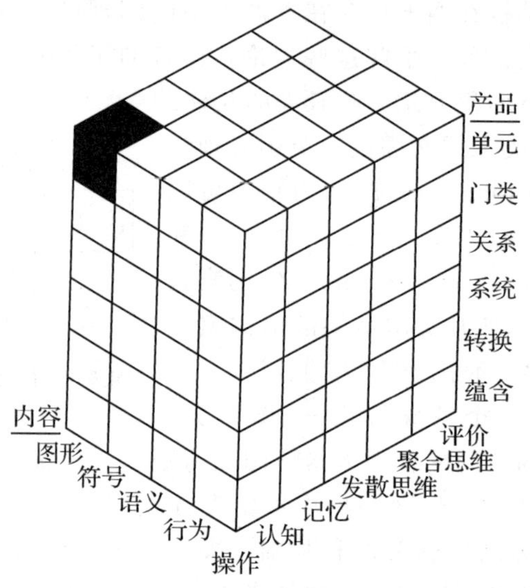

图 9-2 吉尔福特三维智力结构图

（4）阜南的智力层次结构模型。英国心理学家阜南（P. E. Vernon）在 1960 年提出了智力层次结构模型。他继承和发展了斯皮尔曼的二因素论，并认为智力结构不是立方体三维结构模型，而是按层次排列的结构。他把智力分为 4 个层次。智力的最高层次是普遍因素（G 因素）；第二个因素分为两大因素群，即言语和教育方面的因素，操作和机械方面的因素；第三层次为小因素群，即言语理解、数量、机械信息、空间能力和手工操作等等；第四层次为各种特殊因素。该理论模型如图 9-3 所示。

（5）卡特尔的流体智力和晶体智力理论。卡特尔（Cattell，1965）和霍恩（Horn，1976）根据智力的不同功能，只将智力划分为两种：流体智力和晶体智力。流体智力（fluid intelligence）是指人不依赖于文化和知识背景面对新事物学习的能力，如注意力、知识整合力、思维的敏捷性等。晶体智力（crystallized intelligence）则是指人后天习得的能力，与文化知识、经验的

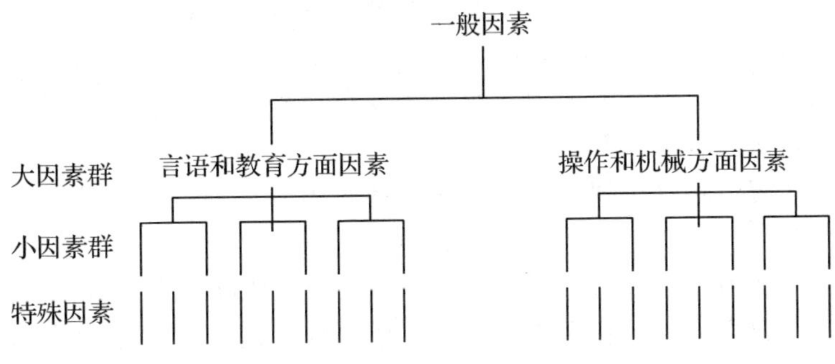

图 9-3　阜南的智力层次结构模型

积累有关，如知识的广度、判断力等。从时间上看，流体智力在人的成年期达到高峰后，随着年龄的增长而逐步衰退，而晶体智力自成年后不但不减退，反而会上升。

(6)智力的三元结构理论。美国心理学家斯腾伯格(R. J. Sternberg)认为，现在的智力因素理论始终只是一种对智力特质的描述，而对智力活动的过程的说明或者无能为力，或者回避。他认为，应该采用实验方法分析智力活动过程，对智力活动过程进行"组成要素的分析"。1985 年他提出了智力三元结构理论。该理论包括 3 个亚理论，即成分亚理论、情境亚理论和经验亚理论。

第一，成分亚理论。成分亚理论阐述解决问题时的各种心理过程，被认为是智力三元结构的核心。它又包括三个层次的成分：一是元成分。它对执行过程进行计划和监控，并对结果进行评价(它是最概括性的成分，它概括水平最高，参与面最广；更高层次的元成分控制其他层次的元成分)；二是操作成分，它接受元成分的指令，进行各种认知操作，并提供信息反馈；三是知识获得成分，它学习选择解决问题的策略，学会如何解决新问题。

第二，经验亚理论。经验亚理论在经验水平上考察智力在日常生活中的应用，特别是处理新情境的能力和心理操作的自动化过程，具体可概括为：①应对新异性的能力，②自动化加工的能力。

第三，情境亚理论。情境亚理论说明智力在日常环境中具有适应当前环境、选择更恰当的环境和改造现实环境的功能，具体可概括为：①适应，②选择，③塑造。

斯腾伯格在智力的许多方面都作出了创造性的贡献。他主要工作是对智力过程进行"组成要素的分析"。他力图把认知心理学和智力理论联系起来。他的研究可以说是当前西方智力理论发展的一个缩影。

(7)加德纳的多元智力理论。1983年加德纳指出：智力是个体用以解决问题和创造物质财富的能力。智力是复杂而多维的，他提出以下七种不同的智力，认为每一种都很重要。

①空间智力：这种智力用于导航或环境中的移动，也用于看地图和绘画中。

②音乐智力：这种智力用在演奏乐器、唱歌或欣赏音乐方面。

③言语智力：这种智力渗透在所有语言能力之中。包括语言和文字的理解和表达。

④逻辑数学智力：这种智力在解决抽象逻辑、数学问题以及逻辑推理问题上特别重要。

⑤人际智力：这种智力用于与人交往，对别人有同情心并且善解人意。

⑥内省智力：这种智力对自己内部世界具有极高的敏感性。

⑦身体运动智力：这种智力涉及控制精细的身体运动。

后来，加德纳又补充了自然探索智能和存在智能，自然探索智能是指能认识植物、动物和其他自然环境(如云和石头)的能力。自然智能强的人，在打猎、耕作、生物科学上的表现较为突出；存在智能是指人们表现出的对生命、死亡和终极现实提出问题，并思考这些问题的倾向性。

多元智力理论一经提出，就得到了教育界的热烈响应，它为学校和教师培养人才拓展了理论思路，也更加富于实际的操作性。但是，这些智力究竟是否彼此独立，它们的存在究竟是否有实际的心理学证据支持，都还是值得学术界进一步探讨的课题。

(8)皮亚杰认知发展的智力理论。认知发展取向的智力理论不是采用心理计量的研究取向，通过因素分析来建构智力理论，而是从认知发展的观点描述智力的本质。认知发展理论当属皮亚杰(J. Piaget)为代表，皮亚杰的认知发展理论在内涵上只解释儿童智能的发展，而未从智力测验的观点从事智力理论探讨。皮亚杰以后的心理学家，试图根据皮亚杰理论中有关智力的理念，扩大推论以作为编制智力测验的理论基础。

皮亚杰认知发展理论的要点如下：

①个体的认知发展，在性质上也就是智能发展。个体随年龄而增长的智能发展，在每一阶段所表现出的能力，全是先天遗传与后天环境两个因素交互作用的结果。

②在个体智能发展的心理历程中，适应、同化、平衡、认知图式等，均属重要概念。

③按皮亚杰的研究观点，从婴儿期到青年期，智能发展分为感觉运动期(0～2 岁)、前运算期(2～7 岁)、具体运算期(7～11 岁)和形式运算期(11 岁以上)四个时期。

④个体智能发展的四个时期，在开始时间上虽有个别差异，但各时期的先后顺序不会改变。

⑤个体在智能发展的四个时期中，各时期所表现的智能性质不同。因此，随年龄增长所显示的智能发展，不仅表示智能在量上的增加，而且也表示质上的改变。

上述观点是皮亚杰认知发展理论的精髓，也是他理论的特点。以往研究智力的心理学家，在凭智力测验鉴别个体智力高低时，一般都忽略了个体随年龄增加时智能的质与量同时改变的理念，皮亚杰的这一个观点无疑是一项特殊贡献。

当今智力心理学界的理论和实践研究总体趋势是将人的智力放在一个较为开放、也更加接近真实的环境或情境中来加以考察，把人类的智力作为一种复杂系统来整体性地看待。因此，无论是在动态发展的理论和技术方面，还是在涉及的交叉学科领域方面，较传统都有很大的改变。也只有这样，我们才有可能真正揭示人类智能的本质。

阅读专栏 9-1

智力是否存在性别差异?

人们普遍认为：女性言语能力优于男性，而男性在解决数学问题和空间关系任务上超过女性。这些差异确实存在吗？该领域的研究已经持续了几十年，因而积累了大量的证据。对这些数据的最近一次综合分析表明：就构成智力主要方面的各种认知能力而言，两性之间确实存在着某些差异，但这些差异要比我们根据性别角色所推断出来的小得多。另外，近年来，这些差异有下降的势头，尤其是在青少年中。智力的性别差异更多的是表现在儿童身上，在青春期里这一差异开始下降以致消失。某些认知能力的差异可能在成人身上也有体现，但这可能是因为这些研究都是 20 世纪 60 年代做的，那时性别角色要比现在明显得多。因此，在将来，智力的性别差异很可能会降低或消失。

【资料来源】Robert A Baron. Essentials of Psychology. Ally and Bacon，1999.

第二节　能力的个别差异

德国哲学家莱布尼茨(G. W. Leibniz)有一句名言："世界上没有两片完全相同的树叶。"世界上也没有两个能力完全相同的人。这是因为人的先天素质不同，后天的环境、教育和从事的实践活动不同，人与人在能力上是有差异的，认识和了解不同的人表现在能力方面的差异，对于开发人力资源，合理利用人力资本是极为重要的。教育工作者也只有了解各个学生能力的特点及其发展水平之间的差异，才能做好教育工作，实现因材施教。为贯彻因材施教的原则，必须了解学生能力的个别差异。

能力的个别差异表现在质和量两个方面，质的差异主要表现为能力一般类型和特殊类型的差异；量的差异则表现在能力发展的水平、速度和年龄差异上。

一、能力的类型差异

(一)一般能力的类型差异

人的一般能力类型差异主要表现在知觉、记忆、言语、思维和想象等类型和品质方面。

知觉方面的类型差异有：①综合型，即知觉具有较强的概括性和整体性，但是分析方面较弱。②分析型，其特点是具有较强的分析能力，对细节感知清晰，但对整体的感知较差。③分析综合型，较多的人属于分析综合型，其知觉具有上述两种类型的特点。

记忆方面的类型差异根据个人记忆材料的方法可分为：①视觉型，视觉识记的效果较好，画家多属于这种类型。达·芬奇在十几岁时，到一个教堂游玩，看到很多壁画和雕刻。回家后他全部默画下来，不仅轮廓、比例、细节一样，而且彩色明暗也很逼真。②听觉型，听觉识记的效果较好，音乐家多属于这种类型。贝多芬在完全耳聋后，仍能根据听觉表象创作出第九交响曲。③运动型，有运动觉参加时识记效果较好，运动员属于这种类型。④混合型，运用多种表象时识记效果较好，大部分人是属于这种类型。

根据个人识记不同材料效果和方法可分为：①直观形象的记忆型，这种人识记物体、图画、颜色和声音较好，艺术家属于这种类型。②词的抽象记忆型，这种人识记词的材料、概念和数字较好，数学家属于这种类型。③中间记忆型，这种人对于上述两种材料的识记效果都较好，大部分人属于中间型。

言语和思维方面的类型差异有：①生动的思维言语型，这种人在思维和言语中有丰富的形象和情绪因素；②逻辑联系的思维言语型，这种人的思维和言语是概括的，逻辑联系占优势；③中间型。

(二)特殊能力的类型差异

特殊能力的类型差异是指完成同一活动可以由能力的不同组合来保证。例如，同是音乐成绩优异的学前儿童，一个可能具有强烈的曲调感和很高的听觉表象能力，但节奏感弱；另一个可能具有很好的听觉表象能力和强烈的节奏感，但曲调感较弱；第三个可能具有强烈的曲调感和音乐节奏感，但听觉表象能力较弱。他们三人在音乐才能结构方面存在着差异。

击剑运动能力由观察力、反应速度、攻击力量和意志力等所组成。普尼研究了三个具有同样水平和同样运动成绩的击剑运动员，发现他们的能力组成因素及发展水平不尽相同。一个击剑运动员反应速度并不突出，但具有高度发展的观察力和正确地估计情况与及时作出动作的能力；另一个则以一般的灵活性与坚忍性为特点；第三个则有强烈的攻击力量和必胜的信心。

现代社会中，为了选择专业人员或某种工作的需要，特殊能力测验大大发展了。例如，为了选拔合格的飞行驾驶员，我国空军第四研究所就曾制定了《学习飞行能力预测方法》，主要就是测量人的与飞行有关的特殊能力，比如注意广度、视觉鉴别力、运算能力、地标识别能力、图形记忆等五个方面。

二、能力发展水平的差异

能力发展水平差异主要指智力差异(即一般能力的差异)。人的智力方面的个别差异是十分显著的。在整个人群中智力分布基本上呈常态分布，两头人数小，中间人数大。对大量未经筛选的人进行智力测验的结果，其智商分布如表 9-1 所示。

表 9-1 智力的分布

智商	名称	占全人口总数的百分比(%)
130 以上	智力超常	1
110～129	智力偏高	19
90～109	智力中常	60
70～89	智力偏低	19
70 以下	智力低常	1

斯坦福大学心理学家推孟和梅里尔(M. A. Merrill)对 2904 个 2 岁至 18 岁的少年儿童进行测验。根据测得的智商分布情况。列出一张智力分级表(如表 9-2)。

表 9-2 智力分级表

智商	级别	所占比例(%)
139 以上	非常优秀	1
120～139	优秀	11
110～119	中上	18
90～109	中智	46
80～89	中下	15
70～79	临界	6
70 以下	智力迟钝	3

将表 9-2 的智商与百分比分别作为横坐标和纵坐标，可以画成一条曲线，这条曲线基本上呈常态分布图(如图 9-4)。

标准的常态分布曲线两侧是完全对称的。但是，智力分布曲线的两侧并不是完全对称的，智力低的一端范围较大，即智力低下的人比智力高的人数略多。这是因为人类智力除按正常的变异规律分布外，还有许多疾病可以损害大脑，导致智力低下。但是，智商是可以变化的，采取适当措施，经过若干时间以后，智力高的一端范围将会逐渐扩大。

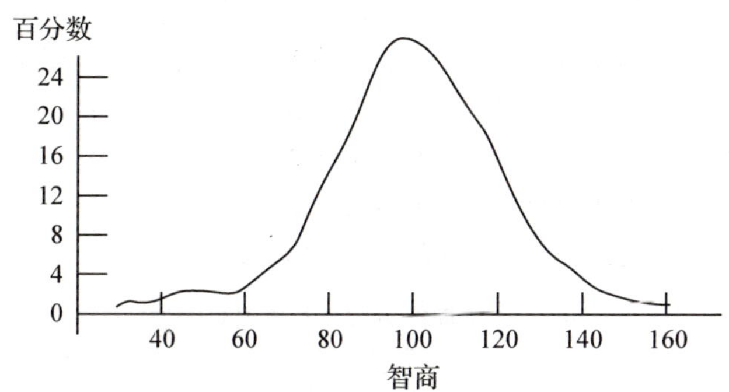

图 9-4 智商分布曲线

（根据推孟和梅里尔）

三、能力发展早晚的差异

人的能力的个别差异也可表现在发展速度的快慢上，也就是说，能力的发挥有早也有晚。能力的早期显露称为人才“早熟”或“早慧”，有些人童年时期就表现出多方面的优异能力。例如，中国科技大学少年班的学生，智力比同年龄的人要高出很多，他们在较短的时间内自学完别人需要几年才能学完的知识，提前进入大学进行学习。当然，人才早熟若不加培养，步入中青年后将有可能“泯为众人”，这种情况在历史上不胜枚举。中年时期是人生的黄金时期，身体健壮，思想活跃，经验丰富，是成才的好时机，一般认为，30～45 岁是人的智力最佳年龄阶段，历史上重大的科学发现大部分都是在这个年龄阶段中完成的，诺贝尔奖的获得者年龄也大多在这一阶段。

当然，也有些人的才能表现较晚，属大器晚成类型。例如，画家齐白石直到晚年才显露出他的绘画才能；达尔文 50 岁时才开始有研究成果，写出名著《物种起源》。大器晚成的原因是多方面的，有可能是青年时期不努力或没有机会；也可能是所从事的工作需要长时间的积累，因而表现为厚积薄发；或者某种特殊能力显露较晚。但无论如何，即使是弱智者，只要勤奋努力，也可以成为社会有用之才，因为就成才而言，“智力”并非唯一因素。

四、不同能力发展速度的差异

不同能力的人在发展速度上也是有差异的。有些人能力发展成熟较早，另有一些人能力发展得较晚。而且不同的能力衰退速度也并不一样。

心理学研究表明，在一般能力上，感知方面的能力发展最早，下降也较早；其次是记忆，然后是思维能力，比较和判断能力在80岁以后才开始剧烈下降。在某些特殊能力上，如音乐能力、美术能力、运动能力、数学能力、语文能力等发展的早晚也往往有所不同。在同一个人身上，不同能力其成熟与衰退年龄也有很大差异，见表9-3所示。

表9-3 不同能力成熟与衰退年龄表

年龄	10～17	18～29	30～49	50～69	70～79
知觉	100	95	93	76	46
记忆	95	100	92	83	55
比较判断	72	100	100	87	69
动作反应速度	88	100	97	92	71

第三节 能力形成和发展的条件

一、影响能力形成和发展的因素

影响能力形成和发展的因素是很多的，其中以遗传素质与营养状况、早期经验、知识和技能、教育、社会实践、勤奋等对能力形成和发展的影响最为显著。

(一)遗传素质与营养状况

遗传素质是有机体生来就有的某些解剖生理的特点，主要是神经系统、脑的解剖生理特点，以及感觉和运动器官的特性。先天素质是能力发展的自然前提，如色盲的人难以发展色彩辨别能力；生来或早期聋哑的人难以发展音乐能力。虽然遗传素质对个人能力发展具有相当重要的意义，但素质并不等于能力。同样的素质基础可以形成各种不同的能力，同一种能力也可以在不同的素质基础上形成。初生婴儿没有能力，但他生来具有一定的解剖生理特点，因而他具有能力发展的一般可能性。只有在以后的生活实践中，解剖生理素质在活动中显露并发展起来，才逐渐形成各种能力。

另外，营养状况影响智力的发展已被许多生理学家及心理学家的研究所证实。研究发现，营养缺乏的妈妈的胎盘上的 DNA 含量远远低于一般人的平均值。而发育期间 DNA 增加的速度，往往直接关系到细胞数目的增加。儿童在胚胎期和出生后，身体和脑部处在迅速发育时期。脑的机能活动则依靠由血液输送的养料维持，母亲的乳汁和蛋白质含量高的食物能提高神经细胞的化学成分，从而保证脑细胞的化学成分的满足及其机能活动的需要，这些都将影响儿童智力的发展。

(二)早期经验

人的智力发展的速度是不均衡的，在早期阶段所获得的经验，促使能力发展得最快，不少人把学龄前称为智力发展的一个关键时期。美国布鲁姆(B. S. Bloom)在总结前人及自己研究成果的基础上，在 1964 年出版的《人类特征的稳定与变化》一书中，提出了一个重要的假设，把 5 岁前的视为智力发展最迅速时期。如果把 17 岁的智力水平视为 100%，那么从出生到 4 岁就获得 50%的智力，其余 30%是 4～8 岁获得的，另外 20%是 8～17 岁获得的。苏联的教育家马卡连柯也指出过："教育的基础主要是在 5 岁以前奠定的，它占整个教育的 90%。在这以后，教育还要继续进行，人进一步成长、开花、结果，而您精心培植的花朵在 5 岁以前就已绽蕾。"

另外，许多人的研究也证实，婴幼儿的早期经验，对儿童心理的发展有很大的影响。一般来说，生动的和社会性的刺激有益于儿童感知能力的发展，与成人交往机会频繁则有利于儿童言语的发展；相反机会太少则言语发展就缓慢。如果完全隔离失去交往机会则心理发展会受到严重阻碍，"狼孩"以及被遗弃的"野童"就是典型事例。

儿童心理学的研究表明，婴幼儿对周围世界是积极的探索者，有相当惊人的反应和学习能力。出生两三天的婴儿能在 30 分钟学会对声音辨别条件反射。有的学者对 4 000 名幼儿 20 分钟的精心识字、阅读教学研究，结果证实大量正常的普通幼儿都能成功地识字和阅读，而且对视力和其他身心方面没有不良影响。

早期教育和神经系统的成熟与发展有密切关系。儿童出生后神经细胞急剧地在适应环境过程中生出分支(树状突起)；140～160 亿个神经细胞的 70%～80%在 3 岁前形成；5 岁前大脑神经细胞绝大部分已经形成，大脑的语言、音感和记忆细胞及各种主要机能特征已趋于完善。因此，儿童的智力有很大的潜力，有接受早期教育的可能。而且，学习不需要完全成熟的神经细胞和大脑，相反神经系统和大脑正是在活动和学习过程中逐渐发展和成熟起来的。

(三)知识和技能

知识是人类社会历史经验的积累，从心理学的观点来说，是头脑中的经验系统，它以思想内容的形式为人所掌握。技能是操作技术，是对具体动作的掌握，它以行动方式的形式为人所掌握。知识是能力形成的理论基础；技能是能力形成的实践基础。能力和知识、技能之间既相互联系，又相互制约，这体现在：掌握知识、技能以一定的能力为前提；能力制约着掌握知识技能的快慢、深浅、难易和巩固程度；而知识技能的掌握又会导致能力的提高。当然，知识、技能的发展不是完全一致的。不同的人身上可能具有相等水平的知识、技能，但他们的能力却不一定是相同水平的；而具有相同能力水平的人也不一定能获得同等水平的知识和技能。

(四)学校教育

能力不是天生的，不是自然恩赐的。它是社会实践培育的结果，学校教育在人的身心发展中起主导作用，学校教育对能力的发展也同样起着主导作用。学校教育不但使学生掌握知识和技能，而且通过知识技能的传授，还能促进学生能力的发展及其心理品质的养成。

"小时了了，大未必佳"。宋朝的方仲永就是一例。王安石在《伤仲永》一文中，记述金溪方仲永幼年"指物作诗立就，其文理皆有可观者。邑人奇之，稍稍宾客其父，或以钱币乞之。父利其然也，日扳仲永环乞邑人，不使学"，至十二三岁，就退步了，"令作诗，不能称前时之文"，至 20 岁左右，已经"泯然众人矣"。可见良好的学习和教育对一个人的能力的形成与发展是至关重要的。

(五)社会实践

人的能力最终是在人们改造客观世界的实践活动中形成和发展起来的。随着生产力的发展、科学技术的进步和社会生活领域的扩大，人也不断地产生新的需要，形成和发展了多种多样的能力。学生在学校里所形成的能力还不一定能完全适应社会的要求。社会上各行各业都有特殊的能力要求，这些能力要求在学校里常常接触不到，需要参加某一具体行业的实践活动才能形成。学生如果不亲自参加社会实践活动，就不能具备某领域实践活动所要求的那种能力。可以说，不同的实践任务对各种特殊能力的发展起着重要的作用。如有经验的油漆工人就能识别四五百种颜色。所以，应该提倡学生利用业余时间多参加一些社会实践活动，而不要关起门来读书。

（六）个人的主观努力

环境和教育的决定作用，不是机械和被动影响能力发展的，没有主观努力和个人的勤奋，要取得事业的成就和能力的发展是根本不可能的。

“勤奋出天才”。能力是否能获得较快和较大的增长，与个体发挥主观能动性的大小分不开。一个人如果积极上进，勤奋肯干，有强烈的求知欲，其能力就会得到积极的发展。相反，如果放纵自己，饱食终日，无所事事，对正当的工作缺乏兴趣，其能力就不会得到很好的发展。世界上许多伟大的科学家和发明家，无论他们从事的领域有多么大的不同，他们获得成功的途径却是相同的，都经过了长期的刻苦努力，顽强地与困难做斗争的过程。没有勤奋的态度，没有顽强的意志，任何成就都不能取得，能力的发展也无从谈起。

除上述各因素外，个人的爱好、兴趣等，对能力的形成和发展也有重要的影响。

二、能力的培养

个性差异是心理学研究的一个十分重要的问题。在实践中个性差异具有很重要的社会意义，特别是在教育方面，个性差异更是因材施教的出发点。是松苗，应该施以松苗的管理；是柳树，应该施以柳树的培养。世界上不可能都是松苗，也不可能都是柳树。只有这样才构成绚丽多彩的世界。这正如同人的五指，有长有短，相互搭配，配合默契，有张有合，才能握成拳头，才能抓物，形成手的功能，这就是自然的法则。

能力的个别差异主要表现有能力类型的差异、特殊能力的差异、能力发展水平的差异、能力发展速度的差异与能力表现早晚的差异。对于学生能力类型的差异，教师在教学中应允许、鼓励学生根据自己的才能类型特点运用独特的方式，不同的心理途径去解决。这样，一方面做到了因材施教，使学生扬长避短；另一方面也为学生各种能力的发展提供了方便。而对于有特殊能力的学生作为教育者应善当伯乐，注意发现和培养其才能。能力发展水平的差异表现为青少年的超常和低常。

培养超常儿童的办法：一是加速教育，允许他们提前进入各级各类学校，允许跳级；二是充实课程内容，加强课外阅读和课外活动指导，发挥其特长，加深学习；三是开办大学少年班，目前我国有一些重点大学设有少年班，专门实施英才教育，这不失为一种好的举措。

对智力落后儿童应尽可能多地提供特殊的教育和训练，把学校教育、病理治疗、心理治疗等结合起来，使其智力在原有的基础上能得到一定的发展和改善。同时，要倡导优生优育，提高我国整体人口素质。

最后，对于能力发展速度和表现早晚的差异，在教育工作中，教师应当对具有不同智力表现的学生一视同仁，严格要求，尤其要培养他们勤奋学习、勇于探索的精神。只有这样，才能使聪明者更聪明，愚钝者变聪慧；少小有成就，老来成大器。针对学生的能力差异，教育者必须全面了解学生的能力发展规律和个别差异，及时发现人才，培养人才，因材施教，提高学生的整体能力发展水平。在教学中应注意做到以下几点：

第一，通过实践活动来培养能力。能力是完成某种活动的必要条件，是在活动中形成发展的。能力和才能只有通过活动才能培养起来，比如培养学生创造能力只有通过创造性活动才能实现。教师要有计划地组织练习活动。在练习活动中正确诱导，善于启发学生的思维，而不要把自己的想法强加给学生。

第二，培养学生的兴趣与爱好兴趣、爱好是促进能力发展的内部动力。如对数学的兴趣与爱好可促进数学才能的发展；对绘画的兴趣与爱好可促进绘画才能的发展。教师要培养学生的能力必须培养学生有关的兴趣与爱好。

第三，培养学生的意志力。学生的学习过程并不是一帆风顺的，总是有各种各样的困难。能力的发展特别是思维能力的发展，总是在遇到困难和解决困难的过程中实现的。知难而进，才能培养学生的意志和刻苦攻关的心理品质。

第四，引导学生正确评价自己的能力。学生要发展能力，教师的指导是重要的。但是自我评价、自我教育也很重要。教师要帮助学生正确评价自己能力的类型特点和习惯上的特点，使学生发扬长处，克服短处，养成创造性思维的习惯，不断提高智力水平。

阅读专栏 9-2

成功智力的特征

成功智力是美国心理学家斯滕伯格于 1996 年提出的，他认为成功智力包括分析性智力、创造性智力和实践性智力三个方面，成功智力是一个有机整体，只有三个方面协调、平衡时，才能走向成功智力。

斯滕伯格进一步提出了成功智力者的 20 个特征，其中主要的是：自我激励；控制自己的冲动；知道什么时候应该坚持；知道如何发挥自身的能力；能将思想转变为行动；以产品成果为导向；不怕冒失败的风险，做事从不拖延；善于接受合理的批评与指责；拒绝自哀自怜；具有独立性；能集中精力达到他们的目标；既不会对自己要求过高，也不会对自己要求过低；具有延迟满足的能力；具有合理的自信及完成其目标的信念；能均衡地进行分析性、创造性和实践性的思维。

【资料来源】R. J. 斯滕伯格. 吴国宏等译. 成功智力[M]. 上海：华东师范大学出版社，1999. 11—12.

知识点检测

一、单选题

1. 能力按照它的倾向性可划分为一般能力和 ________。

A. 特殊能力　B. 模仿能力　C. 创造能力　D. 操作能力

2. 能力按照它的功能可划分为认知能力、操作能力和 ________。

A. 一般能力　B. 特殊能力　C. 社交能力　D. 创造能力

3. 能力按照它参与其中的活动的性质可划分为模仿能力和________。

A. 一般能力　B. 特殊能力　C. 社交能力　D. 创造能力

4. 斯皮尔曼指出：智力可以被分为 G 因素和________。

A. F 因素　B. S 因素　C. T 因素　D. M 因素

5. 美国心理学家________提出群因素论，认为智力由 7 种因素构成。

A. 加德纳　B. 斯滕伯格　C. 瑟斯顿　D. 吉尔福特

6. 三维智力结构理论的提出者是__________。

A. 加德纳　B. 斯滕伯格　C. 瑟斯顿　D. 吉尔福特

7. 卡特尔将智力分成流体智力和________。

A. 晶体智力　B. 空间智力　C. 言语智力　D. 三维智力

8. 多元智力理论的提出者是 ________。

A. 皮亚杰　B. 加德纳　C. 斯滕伯格　D. 阜南

二、辨析题

1. 能力可划分为模仿能力和创造能力，创造能力具有创造性，而模仿能力是没有创造性的。

2. 智力的分布呈常态分布曲线，所以智力超常和智力缺陷两侧是完全对称的。

三、简答题

1. 简答能力在哪些方面表现出具体的差异?

2. 简答影响能力形成和发展的因素有哪些?

3. 简述在教学中如何加强儿童能力的培养?

实践应用

社会适应能力诊断量表

【指导语】

社会适应能力是一个人适应社会生活和社会环境的能力。社会适应能力的高低，从某种意义上说，表明一个人的成熟程度。具有良好的社会适应能力对于大学生走上社会，谋求生存和发展具有重要意义。本测试量表采用北京师范大学心理学院教授、博士生导师郑日昌教授编制的《社会适应能力诊断量表》，帮助您进行社会适应能力的自我判别。请您根据自身情况如实作答，了解自己的社会适应能力情况。

1. 我最怕转学或转班级，每到一个新环境，我总要经过很长一段时间才能适应。(　　)

A. 是　　B. 无法肯定　　C. 不是

2. 每到一个新的地方，我很容易同别人接近。(　　)

A. 是　　B. 无法肯定　　C. 不是

3. 在陌生人面前，我常无话可说，以致感到尴尬。(　　)

A. 是　　B. 无法肯定　　C. 不是

4. 我最喜欢学习新知识或新学科，它给我一种新鲜感，能调动我的积极性。(　　)

A. 是　　B. 无法肯定　　C. 不是

5. 每到一个新地方，我第一天总是睡不好，就是在家里，只要换一张床，有时也会失眠。(　　)

A. 是　　B. 无法肯定　　C. 不是

6. 不管生活条件有多大变化，我也能很快习惯。(　　)

A. 是　　B. 无法肯定　　C. 不是

7. 越是人多的地方，我越感到紧张。(　　)

A. 是　　B. 无法肯定　　C. 不是

8. 在正式比赛或考试时，我的成绩多半不会比平时练习差。(　　)

A. 是　　B. 无法肯定　　C. 不是

9. 我最怕在班上发言，全班同学都看着我，心都快跳出来了。(　　)

A. 是　　B. 无法肯定　　C. 不是

10. 即使有的同学对我有看法，我仍能同他(她)交往。(　　)

A. 是　　B. 无法肯定　　C. 不是

11. 老师在场的时候，我做事情总有些不自在。(　　)

A. 是　　B. 无法肯定　　C. 不是

12. 和同学、家人相处，我很少固执己见，乐于采纳别人的看法。(　　)

A. 是　　B. 无法肯定　　C. 不是

13. 同别人争论时，我常常感到语塞，事后才想起该怎样反驳对方，可惜已经太迟了。(　　)

A. 是　　B. 无法肯定　　C. 不是

14. 我对生活条件要求不高，即使生活条件很艰苦，我也能过得很愉快。(　　)

A. 是　　B. 无法肯定　　C. 不是

15. 有时自己明明把课文背得滚瓜烂熟，可在课堂上背的时候，还是会出差错。(　　)

A. 是　　B. 无法肯定　　C. 不是

16. 在决定胜负成败的关键时刻，我虽然很紧张，但总能很快地使自己镇定下来。(　　)

A. 是　　B. 无法肯定　　C. 不是

17. 我不喜欢的东西，不管怎么学也学不会。(　　)

A. 是　　B. 无法肯定　　C. 不是

18. 在嘈杂混乱的环境里，我仍然能集中精力学习，并且效率较高。(　　)

A. 是　　B. 无法肯定　　C. 不是

19. 我不喜欢陌生人来家里做客，每逢这种情况，我就有意回避。(　　)

A. 是　　B. 无法肯定　　C. 不是

20. 我很喜欢参加社交活动，我感觉这是交朋友的好机会。(　　)

A. 是　　B. 无法肯定　　C. 不是

说明：

1. 计分情况

单号题：A：－2 分；B：0 分；C：2 分

双号题：A：2 分；B：0 分；C：－2 分

2. 结果显示

(1)个人得分：________分

(2)得分对照，了解自己的社会适应能力情况。

35～40 分：社会适应能力很强，能很快地适应新的学习、生活环境，与人交往轻松、大方，给人的印象极好，无论进入什么样的环境，都能应付自如，左右逢源。

29～34 分：社会适应能力良好。能较好地适应周围的环境，与人关系融洽，处事能力较强。

17～28 分：社会适应能力一般，当进入一个新环境，经过一段时间的努力，基本上能适应。

6～16 分：社会适应能力较差，依赖于较好的学习、生活环境，一旦遇到困难则易怨天尤人，甚至消沉。

5 分以下：社会适应能力很差，在各种新环境中，即使经过一段相当长时间的努力，也不一定能够适应，常常困惑到与周围事物格格不入而十分苦恼。在与他人的交往中，总是显得拘谨，羞怯，手足无措。

如果你在这个测查中得分较高，说明你社会适应能力较强。但是，如果你得分较低，也不必忧心忡忡，因为一个人的社会适应能力是随着年龄的增长、知识经验的丰富而不断增强的。只要你充满信心，刻苦学习，虚心求教，加强锻炼，你一定会成为适应社会的成功者。

(本测验结果仅供参考，若有需要请咨询专业人员)

参考答案

一、单选题

1. A　2. C　3. D　4. B　5. C　6. D　7. A　8. B

二、辨析题

1. 错误。模仿能力和创造能力紧密联系着。模仿是创造的前提和基础，创造又是模仿的发展。模仿能力和创造能力又是相互渗透的，模仿能力中包含有创造能力的成分，创造能力中包含着模仿能力的成分。

2. 错误。智力分布曲线的两侧并不是完全对称的，智力低的一端范围较大，这是因为人类智力除按正常的变异规律分布外，还有许多疾病可以损害大脑，导致智力低下。但是，智商是可以变化的，采取适当措施，经过若干时间以后，智力高的一端范围将会逐渐扩大。

三、简答题

1. 简答能力在哪些方面表现出具体的差异。

(1)能力的类型差异；

(2)能力发展水平差异；

(3)能力发展早晚的差异；

(4)不同能力发展速度的差异。

2. 简答影响能力形成和发展的因素有哪些？

(1)遗传素质与营养状况；

(2)早期经验；

(3)知识和技能；

(4)学校教育；

(5)社会实践；

(6)个人的主观努力。

3. 简述在教学中如何加强儿童能力的培养？

第一，通过实践活动来培养能力。

第二，培养学生的兴趣与爱好兴趣，爱好是促进能力发展的内部动力。

第三，培养学生的意志力。

第四，引导学生正确评价自己的能力。

第十章　气质与性格

引言：

商场里的售货员赞美顾客的时候总喜欢用一句“你真有气质！”何为“气质”？心理学中的气质与售货员口中的“气质”不同。《三国演义》中，面对同样的问题诸葛亮和张飞会表现的截然不同，一个沉稳谨慎，一个冲动好斗，这就是气质。气质是由遗传决定的，在人胚胎发育的那一刻，其气质类型就已经决定了。生活中人们经常将气质与性格混为一谈，气质和性格有什么本质区别？性格是如何形成的？在生活中，我们总喜欢评价一个人的性格，说这个人活泼开朗，那个人内敛羞涩，其实性格的判定有科学的标准。本着科学严谨的态度学习心理学是我们本书的宗旨，接下来本章将从科学的角度解析气质和性格。

学习目标：

1. 识记气质、性格的概念。
2. 列举气质的不同类型，并能阐述不同气质类型的特点。
3. 运用气质规律指导教学实践活动。
4. 分析性格的结构。
5. 结合实例辨别不同的性格类型。
6. 评价自身的性格形成和发展。

第一节 气质概述

在现实生活中我们常会看到，有的人生来好动，有的人生来好静；有的人脾气温和，有的人性情暴躁；有的人动作麻利，有的人行动缓慢等等，以上的区别就是心理学所称的气质区别。

一、气质的一般概念

气质一词源于拉丁语，原意是混合、掺和的意思，后被用于描述人们的兴奋、激动、喜怒无常等心理特性。现代心理学认为，气质是表现在人们心理活动和行为方面的典型的、稳定的动力特征。对此定义的理解应注意以下四点：

第一，气质是个体心理活动和行为的外部动力特点，主要表现在心理活动的速度、强度、稳定性、指向性方面的特征。如一般把知觉的速度、情绪和动作反应的快慢归结为速度方面的特点，把情绪的强弱、意志的坚强程度归结为强度方面的特点，把注意持续时间的长短、情绪起伏变化等则归结为稳定性方面的特点，而把心理活动倾向于外部事物还是倾向于自身内部归结为指向性方面的特点。

第二，气质作为人的心理活动的动力特征，它与人的心理活动的内容、动机无关，即气质特点一般不受个人活动的目的、动机和内容的影响，具有较强的稳定性。它能使人的心理活动染上特定的色彩，形成独特的风貌。例如，一个情绪稳定、内向的学生，在任何场合下，即使是很熟悉的环境、很热闹的场面、自己很感兴趣的活动，都会表现出不爱激动、较为稳重、不过分表现自己的特点。

第三，气质受先天生物学因素影响较大，即先天因素占主要地位。气质较多地受神经系统类型的影响。研究表明，在儿童生命最初几星期内，对刺激物的敏感度、对新事物的反应等就有明显的差异，这些气质上表现出的明显个性特征，显然不是由于后天生活条件所造成的，而是由于神经系统的先天特性造成的。有人曾研究了20对同卵双生子和异卵双生子，结果发现，同卵双生子在某些气质特征(如内向与外向)方面比异卵双生子表现出更大的相似性。

第四，气质具有一定的可塑性。气质虽然具有先天性，但并不意味着它完全不起变化，在生活环境和教育条件的影响下，在性格的掩盖下，气质可以得到相当程度的改造。例如，在集体生活的影响下，情绪容易激动的学生，可能变得较能控制自己；行为动作较为缓慢的学生，可能变得行动迅速。

二、气质的心理特点

气质是由许多心理活动的特性交织而成的，反映了人在心理活动及行为上各种动力性特征。这些心理特性也是测量人气质的指标，主要包括以下几方面。

(一)感受性

感受性是指人对外界刺激的感受能力。感受性是神经系统强度特征的表现，可以根据人们产生心理反应所需要的外界刺激的最小强度来进行判断。不同的人对刺激的强度的感受能力是不相同的。

(二)灵敏性

灵敏性是指一般的心理反应和心理过程进行的速度，包括注意转移的快慢和难易，记忆的速度和准备性程度，思维的敏捷和灵活程度，动作的灵活迅速程度等。

(三)耐受性

耐受性是指人在经受外界刺激作用时，在时间和强度上可经受的程度。具体表现为注意力集中的持续时间，对强弱刺激的耐受力，思维活动的持久性等方面。

(四)向性

向性是指心理活动、言语与行为动作反应是表现于外部还是内部的特性，即外倾性和内倾性的总称。外倾性是神经活动兴奋过程占优势，内倾性是神经活动抑制过程占优势。

(五)情绪兴奋性

情绪兴奋性是指以不同的速度对微弱刺激产生情绪反应的特性。它是人神经系统特征在心理上表现的重要特性，既是指神经系统强度的表现，也是指神经系统平衡性的表现。情绪兴奋性包括情绪兴奋性的高低和情绪向外表现的强烈程度两方面。

(六)可塑性

可塑性是指人根据外界事物变化的情况而改变自己适应性行为的灵活程度。它主要是神经系统灵活性的表现。迅速适应环境、行动果断的人具有较大的可塑性；相反，则表现为刻板性或惰性。

三、气质的类型

气质是个人生来就具有的表现心理活动的强度、速度、灵活性、倾向性等方面的动力特征，是人格的先天基础。气质使人的全部心理活动都染上独特的个人色彩。例如，有的人脾气暴躁，易动感情；有的人则沉着冷静，不动声色。这些差异属于气质类型的差异，就是我们常说的不同的“脾气”“秉性”。从古至今，人们为了揭示气质这一古老概念的实质，探明其生理机制，进行了大量研究探讨，创立了许多不同的气质学说。

(一)体液说

希波克拉底在古希腊医生恩培多克勒“四根说”的基础上，提出了气质的体液说。他认为：人体含有四种不同的液体，即血液、黏液、黄胆汁和黑胆汁。它们分别产生于心脏(血液)、脑(黏液)、肝脏(黄胆汁)和胃(黑胆汁)。希波克拉底认为，四种体液形成了人体的性质，机体的状况取决于四种液体的正确配合。在体液的混合比例中，血液占优势的人属于多血质，黏液占优势的属于黏液质，黄胆汁占优势的人属于胆汁质，黑胆汁占优势的人属于抑郁质。该学说是一种朴素的唯物主义观点，虽缺乏科学依据，但也比较切合实际。大多数人都是中间型或混合型的，而且在不同的情境下会呈现出不同的类型。

1. 多血质

多血质心理特征属于敏捷而好动的类型。这种类型的人易于适应环境的变化，在新的环境里不感到约束，性格开朗、热情、喜闻乐见，善于交际。在群体中精神愉快，朝气蓬勃，常能机智地解脱窘境。在工作学习上富有精力而效率高，表现出机敏的工作能力，愿意从事合乎实际的工作，能对工作心驰神往，迅速地把握新事物，在有充分自制能力和纪律性的情况下，会表现出巨大的积极性。兴趣广泛，但情感易变，如果工作不顺利，热情可能消失，不安于循规蹈矩的工作，有时轻诺寡信、见异思迁。适合从事与外界打交道、多变、富有刺激和挑战的工作，如管理、外交、驾驶员、律师、运动员、记者等，不太适合做过于细的、单调的工作。

2. 胆汁质

胆汁质心理特征属于兴奋而热烈的类型，这种类型的人在言语、面部表情和体态上都给人以热情直爽、善于交际的印象。有理想有抱负，反应迅速、行为果断，表里如一，不愿受人指挥而喜欢指挥别人。这种人一旦认准目标，就希望尽快实现，遇到困难也不折不挠，有魄力，敢负责，但往往比较粗心，自制力较差，容易感情用事，比较鲁莽，工作带有明显的周期性，能以极大的热情去那个投身于事业，一旦筋疲力尽，情绪顿时转为沮丧而心灰意冷。适合从事与人打交道、工作内容和环境不断发生变化并且热闹的工作，如导游、推销员、节目主持人、演讲者、外事接待人员、演员、市场调查员等。不适合长期安坐、持久耐心细致的工作。

3. 黏液质

黏液质这种人又称为安静型，在生活中是一个坚持而稳健的辛勤工作者。这种类型的人行动缓慢而沉着，严格恪守既定的生活秩序和工作制度，不为所谓的动因而分心，一般不做无把握的事。黏液质的人态度持重，交际适度，不作空泛的轻谈，情感上不易激动、不易发脾气，也不易流露情感，能自制，也不常显露自己的才能。其不足是有时做事情不够灵活，不善于转移自己的注意力。惰性使其因循守旧，表现为固定性有余，而灵活性不足。适合稳定的、按部就班、静态的工作，如会计、出纳员、保育员、播音员等。

4. 抑郁质

抑郁质的人沉静而羞涩、敏感，精神上难以承受或大或小的神经紧张。情绪体验的方式较少，但内心体验深刻，不易外露。喜欢独处，交往拘束，兴趣爱好少，性格孤僻，遇事三思而后行，怯弱、自卑、优柔寡断，外在行为非常迟缓刻板。适合安静细致的工作，如校对、打字、排版、化验员等。

(二)高级神经活动类型说

俄国心理学家巴甫洛夫的高级神经活动类型学说科学地解释了气质的产生。他通过动物实验研究发现，高级神经活动的兴奋和抑制过程特性的独特的、稳定的组合，构成高级神经活动类型。高级神经活动的兴奋和抑制过程具有强度、平衡性、灵活性三个基本特性。

这三种特性的不同组合，构成四种高级神经活动类型：

(1)强、不平衡型，其特点是兴奋、抑制过程都强，但兴奋过程略强于抑制过程，是易兴奋、奔放不羁的类型，又称兴奋型或不可遏制型。

(2)强、平衡、灵活型，其特点是兴奋与抑制过程都比较强，并容易转化，反应敏捷，表现活泼，能适应变化的外界环境，又称活泼型。

(3)强、平衡、不灵活型，其特点是兴奋与抑制过程都较强，但两者转化较困难。它是一种安静、沉着、反应较为迟缓的类型，也称安静型。

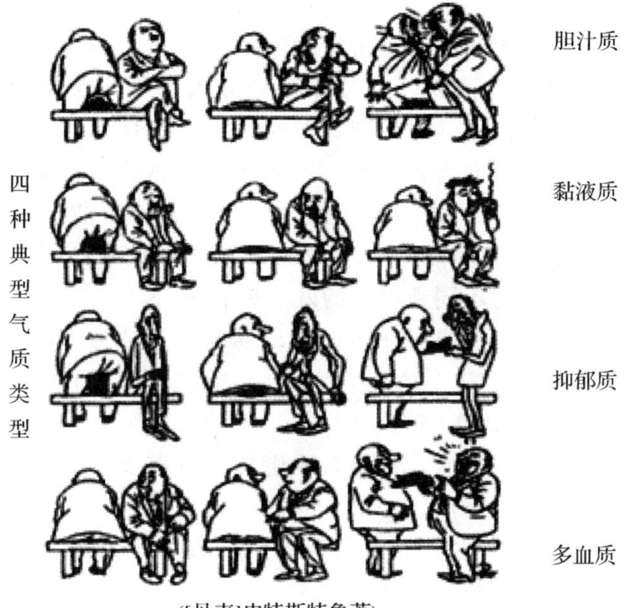

([丹麦]皮特斯特鲁著)

图 10-1　气质漫画

(4)弱型，其特点是兴奋与抑制过程都弱。过强的刺激容易引起疲劳，甚至引起神经衰弱、神经官能症，并以胆小畏缩、反应速度缓慢为特征，又称抑制型。

该四种类型分别与希波克拉底的四种气质类型相对应(如表 10-1、图 10-1)。巴甫洛夫还预言，除了这四种类型外，还存在其他未知的神经系统特征和气质类型。现代心理学认为神经活动类型是气质的生理机制，因此，巴甫洛夫的高级神经活动类型学说是有关气质生理机制学说中最有影响、最重要的一种理论。

表 10-1　高级神经活动类型与气质类型对照表

神经系统的基本特点	高级神经活动类型	气质类型
强、不平衡	兴奋型	胆汁质
强、平衡、灵活	活泼型	多血质
强、平衡、不灵活	安静型	黏液质
弱	抑制型	抑郁质

(三)体型说

体型说由德国精神病学家克雷奇默(E. Kretschmer)提出。他根据对精神病患者的临床观察，认为可以按体型划分人的气质类型。根据体型特点，他把人分成三种类型，即肥满型、瘦长型、筋骨型。例如，肥满型产生躁狂气质，其行动倾向为善交际、表情活泼、热情、平易近人等；瘦长型产生分裂气质，其行动倾向为不善交际、孤僻、神经质、多思虑等；筋骨型产生黏着气质，其行动倾向为迷恋、认真、理解缓慢、行为较冲动等。他认为三种体型与不同精神病的发病率有关。

美国心理学家谢尔登(W. H. Sheldon)认为，形成体型的基本成分——胚叶与人的气质关系密切。他根据人外层、中层和内层胚叶的发育程度将气质分成三种类型(如表10-2)。

内胚叶型：丰满、肥胖。特点是图舒服，好美食，好睡觉，会找轻松的事干，好交际，行为随和。

中胚叶型：肌肉发达，结实，体型呈长方形。特点是武断，过分自信，体格健壮，主动积极，咄咄逼人。

外胚叶型：高大细致，体质虚弱。特点是善于自制，对艺术有特殊爱好，并倾向于智力活动，敏感，反应迅速。工作热心负责，睡眠差，易疲劳。

体型说虽然揭示了体型与气质的某些一致性，但并未说明体型与气质间关系的机制，体型对气质是直接影响或是间接的影响，二者之间是连带关系还是因果关系。另外，研究结果主要是从病人而不是从常态人得来的，因此，缺乏一定的科学性。

表10-2　体型类型与特点

体型	体态特点	行为表现
内胚叶型(脏腑型)	体型肥胖，体态松弛(内脏优势)，丰满	情绪乐观，反应缓慢，图舒服，好美食，好睡觉，会找轻松的事干，好交际，行为随和
中胚叶型(肌肉骨骼型)	体型健壮，体态线条分明(身体优势)，肌肉发达，体型呈长方形	活泼好动，好胜心强，武断，过分自信，体格健壮，主动积极，咄咄逼人
外胚叶型(皮肤神经型)	体型瘦弱，体态呆板(大脑优势)，高大细致	善于自制，对艺术有特殊爱好，并倾向于智力活动，敏感，反应迅速，工作热心负责，睡眠差，易疲劳

(四)血型说

血型说是日本学者古川竹二等人的观点。他们认为："血型的真正含义指的是人体的体质和气质类型。""可以更简洁地给血型作如下定义：血型就是所有生物的体质类型和气质类型。"气质是由不同血型决定的，血型有A型、B型、AB型、O型，与之相对应气质也可分为A型、B型、AB型与O型四种。

A型人精明、理智、内向，不善交际。沉思好静，情绪稳定，忍耐力强。具有独立性，易于守规。做事细心谨慎，但不果断。责任心强，固执。感情含蓄，注重仪表，但不新奇，是处理家务的能手。

B型人聪明、活泼、敏捷。外向，善交际。兴趣广泛多变，精力分散；大事故少，小事故却不少，行动奔放，不习惯束缚；易感情冲动，热心工作，不怕劳累。缺乏细心和毅力。动作语调富于感情，易引起他人注意。爱情上，女性比男性主动。

AB血型的人属于复合气质类。机智大方，办事干净利落，冷静、不浮夸。行动有计划，喜分担责任。兴趣广泛。因倾向不同，有的人有领导能力，有的人则沉默寡言、满腹心事，待人接物缺乏经验、易吃亏。

O型人外向直爽，热情好动，富于精力，爱憎分明，见义勇为，有主见，主观自信，急躁好强，有野心；易激发感情。说话易用教训人的口气，易得罪朋友；动作粗犷，不灵活，不易做耐心的工作；爱情上多属主动，易被别人爱，也易接受别人的爱。长寿者多。

(五)激素说

激素说是生理学家柏尔曼提出的。他认为，人的气质特点与内分泌腺的活动有密切关系。此理论根据人体内哪种内分泌腺的活动占优势，把人分为甲状腺型、肾上腺型、脑垂体型、副甲状腺型和性腺型五种类型。①甲状腺型。如果分泌物多，表现为精神饱满、感知灵敏、意志力强；分泌物少，则表现为迟钝、缓慢、可能发生痴呆症。②肾上腺型。皮肤干黑，毛发浓密，精力旺盛，健壮有力，情绪易激动，好冲动。③脑垂体型。如果分泌物增多，表现为骨骼粗大，性欲强，脑力发达，有自制力；如果分泌物减少，则身体矮小，肌肉萎弱。④副甲状腺型。分泌物多，表现为易激动，缺乏控制力；分泌物少，则表现为肌肉无力，精神不足，缺乏生活情趣。⑤性腺型。分泌物多，表现为进攻行为猛烈；分泌物少，则进攻行为少，易对文学、艺术、音乐感兴趣。

激素说过分强调了激素的重要性，从而忽视了神经系统特别是高级神经系统活动特性对气质的重要影响，不乏片面倾向。

(六)活动特性说

活动特性说是美国心理学家巴斯(A. H. Bass)的观点。他用反应活动的特性，即活动性、情绪性、社交性和冲动性作为划分气质的指标，由此区分出四种气质类型。活动性气质的人总是抢先迎接新任务，爱活动，不知疲倦；婴儿期表现出总是手脚不停乱动，儿童期表现出在教室坐不住，成年时显露出一种强烈的事业心。情绪性气质的人觉醒程度和反应强度大；婴儿期表现出经常哭闹，儿童期表现出易激动、难于相处，成年时表现出喜怒无常。社交性气质的人渴望与他人建立密切的联系；婴儿期表现出要求母亲与熟人在身旁，孤单时好哭闹，儿童期表现出易接受教育的影响，成年时与周围人相处很融洽。冲动性气质的人缺乏抑制力；婴儿期表现出等不得母亲喂饭等，儿童期表现出经常坐立不安，注意力容易分散，成年时表现为讨厌等待，倾向于不加思索地行动。用活动特性来区分气质类型是近年来出现的一种新动向，不过活动特性的生理基础是什么，却没有揭示出来。

阅读专栏 10-1

从心理学的角度解释星座

20 世纪 50 年代，心理学家保罗·米尔以著名的美国马戏团艺人菲尼亚斯·泰勒·巴纳姆的名字将弗瑞尔的实验结果命名为“巴纳姆效应”。巴纳姆曾经说过一句名言，任何一流的马戏团都应该有能力让每个人看到自己喜欢的节目。多年来的研究显示，无论男女老幼，无论是否相信占星术，几乎每个人都会受到巴纳姆效应的影响，学生如此，人事经理们甚至也不能例外。

其中最为著名的一项研究来自于法国人米歇尔·高奎林。有一家公司号称能够借助高科技的电脑得出非常精准的星座分析报告，于是高奎林把臭名昭著的法国杀人狂魔马塞尔·贝帝德的详细生日资料寄给了这家公司。在第二次世界大战期间，贝帝德欺骗受害者说他能够帮助他们逃离被纳粹德国占领的法国，事实上他却给这些人注射致命的毒药，然后看着他们慢慢死去。后来贝帝德被判犯下了 19 宗命案，并于 1946 年被斩首处决。对于贝帝德人生中阴森可怖的一面，电脑得出的星座分析报告完全没有提到。这份报告和弗瑞尔在实验中使用的语言类似，读起来也就是一些无关痛痒的巴纳姆式描述罢了。其中部分内容如下：

他的适应性很好，可塑性也很强，这些个性通过技巧和效率得到了淋漓尽致的发挥。他在生活中充满活力，但这种活力会朝着秩序、控制和平衡的方向发展。无论是在社交、物质还是智慧上，他都非常讲求条理。他看起来可能是一个乐于遵循社会规范、举止得体、颇有道德感的人，是生活富足、思想健全的中产阶级中的一员。

虽然贝帝德在1946年就被依法处决了，但星座分析报告还预测说他很可能会在1970年到1972年期间"考虑对感情生活做出承诺"。

高奎林由此受到启发，于是灵机一动，在一家知名的报纸上刊登了一则广告，声称可以免费为人们提供电脑生成的星座分析报告。法国各地共有150人对这则广告做出了回应。高奎林把贝帝德的星座分析报告寄给了每一个人，并让他们通过打分的方式评价收到的分析报告是否准确地描述了他们的个性。结果显示，有94%的人认识分析报告的内容非常准确。有一个人在给高奎林的信中写道："这台机器生成的报告简直太棒了……我得说这简直太超乎想象了。"另外一个人则写道："一台电子设备竟然能够算出人的性格和未来，这简直太不可思议了。"还有一些人被这份报告的精准性深深地折服了，他们竟然愿意付钱给高奎林，以便得到更为详尽的分析报告。

那么，为什么会有这么多人被这种类型的描述骗得晕头转向呢？

人们之所以认同这些描述，是因为对于大多数人来说这些描述都是正确的。毕竟，谁不会强烈质疑自己作出的重要决定呢？谁能否认希望别人欣赏和钦佩自己呢？谁不会对安全感有迫切的渴求呢？即便是一些听起来很个性化的描述，对于很多人来说也可能是正确的。几年前，心理学家苏珊·布莱克摩尔对6000多人进行了一次调查。她向这些人陈述了一些占星学常用的描述，这些描述看起来很个性化，比如"你家里有人叫杰克"等。调查结果显示，大约1/3的人在左侧的膝盖上有一个疤，1/3的人拥有亨德尔水上音乐的磁带或CD，1/5的人家里有人叫"杰克"，1/10的人在前一晚的梦中见到了已经多年未谋面的人。许多巴纳姆式的描述看起来似乎都是正确的，这是因为大部分人的想法和行为都是很容易被猜中的。

此外，还有所谓的"谄媚效应"。大部分人更愿意相信让他们自己看起来更正面和更积极的事情。所以他们会认同自己还有很多未能得到发挥的潜力以及自己是喜欢独立思考的人之类的描述。这种效应解释了为什么会有大约50%的人对占星术深信不疑。从传统上来说，十二星座可以分为六个"正向"星座(白羊座、双子座、狮子座、天秤座、射手座和水瓶座)和六个“负向”星座(金牛座、巨蟹座、处女座、天蝎座、摩羯座和双鱼座)。通常来说，正向星座的相关特质听起来要比负向星座的相关特质更讨人喜欢。一般认为天秤座的人倾向于追求和平和美感，而金牛座的人更注重物质，也更容易不满。威斯康星大学的心理学家玛格丽特·汉密尔顿曾让人们提供他们的出生日期，并依据自己相信占星术的程度从0～7分中选一个分数。正如“谄媚效应”所预测的那样，很明显，相对于负向星座的人而言，正向星座的人更有可能相信占星术。

弗瑞尔及其追随者所做的研究表明，在过去的几千年里，星座已经欺骗了数百万人。占星师完全可以信口雌黄，只要说的时候足够含糊其辞，足够阿谀奉迎，大多数人都会迫不及待地表示占星师的分析“非常准确”。因此说，并没有太多的科学证据可以用来支持占星术。既然如此，我们就很容易得出如下的结论：事实上，一个人的出生日期跟真正的科学毫无关系。

【资料来源】Richard Wiseman. 路本福译．怪诞心理学[M]. 长沙：湖南文艺出版社，2014：2.

四、气质规律在教育中的应用

(一)正确对待学生的气质特征，有针对性地进行教育

气质本身没有好坏之分，教师对学生的气质不应存在任何偏见，不能偏爱某种气质类型的学生，或讨厌某种气质类型的学生，因为各种气质既有优点又有缺点。例如：多血质的学生，有朝气，活泼灵敏，爱交际，但也有变化无常、粗枝大叶、轻浮不稳重的一面；胆汁质的学生开朗直率，反应敏捷，但简单冲动，粗心急躁；黏液质的学生，稳重踏实，善于自制，但行动缓慢，比较固执，冷漠；抑郁质的学生观察细致，感情细腻，但怯懦多疑，行为孤僻。

教师教育的目的不是设法改变学生原有的气质，而是要克服这种或那种气质的缺点，发展它的优点，使学生在原有气质的基础上建立优良的个性特征。教师的教育任务是找到适合于学生神经活动类型(气质)特点的、能培养他们个性积极特征的最好的教育途径与方法。事实证明，对不同气质学生采取不同的教育态度与策略，所产生的实际效果是不同的。例如，尖锐严厉的批评能使多血质的学生感到震动，使其改正自己的缺点；对抑郁质学生要尽量采取温和、委婉、同情的态度，对他们的要求不能过于严

格或急于求成，那将会适得其反；胆汁质的学生容易激动，如态度过于强硬，与之粗声大气地说话，就会惹怒他们，产生不必要的对立，使教育失败。当然，对黏液质的学生也不能因为他们是安静的，不妨碍任何人而忽视对其良好个性的教育、培养。

(二)根据学生的气质特征有的放矢地进行教学

因材施教是一条很重要的教学原则，但在人们的一般认识中，因材施教是强调教师在教学过程中，要依据学生能力的不同水平加以分别对待。在这里，“材”的内涵被限制在“能力”的范围。我们认为，这是一种误解，起码是不全面的认识。“材”的内涵应包括气质因素。换言之，教师在传授知识、技能时不可忽视学生的气质特点。有研究表明，各种气质类型的学生，都可以在学习知识、技能方面取得优良成绩，其主要原因是学生在学习中充分发挥了各自气质的积极特征，克服消极特征的影响，从不同途径、以不同方式方法取得的好成绩。如胆汁质的学生发挥了思维较灵敏，学习热情高，意志坚强、不服输的特点，弥补了粗心与简单化的学习方式的不足；黏液质的学生以踏实、认真、刻苦、自制力强的优点，弥补了较迟缓与不大灵活的缺点。因此，教师在教学过程中要充分调动学生气质中的积极因素，在学习的方式和方法上给予个别指导，帮助他们克服气质中不利于知识、技能学习的消极因素，真正做到因材施教，有的放矢。

(三)指导学生正确认识和调控自己的气质

作为教师，掌握气质的原理与规律不仅有利于教育教学，更重要的是可以指导学生正确认识自己的气质。教师应该使学生懂得，人的气质是不可选择的，要乐于接受自己的气质，因为每种气质都各有优劣之处；教师要指导学生善于认识和分析自身气质的长处与不足。在各种活动中，根据学生的气质特点合理地分配角色，充分调动学生气质的积极方面，帮助他们有意识地克服气质中的消极方面。例如，让多血质和胆汁质的学生多做些宣传、组织、演讲与联络的工作，因为他们善于交往，热情，思维较敏捷而又行动迅速，但在工作中要提醒他们应埋头苦干，学会坚忍自制，不可蛮干和轻率；对黏液质的学生，应给予他们一些具体的、需要认真而又细致的工作，在工作中注意培养他们与人交往、敢于承担责任与创新的精神；对抑郁质的学生则可做一些需要精益求精而又要耐心的事情，在工作中锻炼他们的胆量，学会与人合作，培养其自尊与自信的品质。总之，教师应调动学生的自我教育能力，自觉地克服气质的消极表现并巩固其积极的特性，真正做自己气质的主人。

有一点是重要的，教师本人必须能正确认识与调控自己气质的优缺点，努力增强自身的言行修养，身体力行才能收到教育的实效。

第二节　性格概述

一、性格的一般概念

(一)性格的含义

我国心理学界一般把性格定义为：表现在人对现实的态度以及与之相适应的、习惯化的行为方式方面的个性心理特征。对性格定义的理解应注意以下三点：

首先，性格是人对现实的态度和行为方式概括化与定型化的结果。人对现实的态度就是对社会、对集体、对他人和对自己的看法和评价，是一个人的世界观、人生观的集中体现。人们生活在社会中，不可能不对各种有关事物产生一定的看法，作出一定的选择，采取一定的行为方式，这个过程就是性格的表现。例如，“孔融让梨”反映了谦让、利他的性格特点；“守株待兔”反映了一个人懒惰、愚顽的性格特点。可见，性格的态度体系并不是孤立存在的，人对现实的态度总是自觉地渗透到人的生活和行为方式中，那些对社会、对工作、对他人抱积极态度的人，在生活中总是为人热情、坦诚，工作认真、勤恳；而对现实持消极态度的人却时常表现吝啬、斤斤计较、不负责任、独断专行等。人们对现实的态度和与之相适应的行为方式共同构成了人的性格。

必须指出的是，行为方式与性格特征的相应关系不是线性的，而是非线性的。它们之间有如下的复杂情况：①在不同的人身上，同一性格特征可以有不同的行为方式，例如，两个人都具有热爱集体的性格特征，一个以其默默无闻地为集体做好事而赢得大家的称赞，另一个却以自己的能歌善舞为集体争得了荣誉而受到大家的称赞；②在不同人身上，不同的性格特征可以有相同的行为方式；③在同一个人身上，同一性格特征在不同的时间、地点和条件下，可以以不完全相同的行为方式表现出来。为此，我们必须看到行为方式与性格特征之间的这种错综复杂的关系，否则，容易被一个人的表面现象所蒙蔽。

其次，性格指一个人独特的、稳定的个性心理。性格有很大的个别差异，每个人对事物的看法都自成体系，行为表现也有其独到之处，这是由每个人的具体生活条件和教育条件不同所致；性格又是比较稳定的，因为它是人对事物的态度、行为方式的概括化和定型化的结果。在某种情况下，那种属于一时的、情境性的、偶然的表现，不能构成人的性格特征。例如，一个人在偶然的场合表现出胆怯行为，不能就此认为这个人具有怯懦的性格特征。也就是说，性格必须是经常出现的、习惯化的、从本质上最能代表一个人个性特征的那些态度和行为特征。因此，如果我们了解一个人的性格，就能预料他在某种情况下会表现出什么样的态度和行为。在“空城计”中，诸葛亮由于掌握了司马懿多疑寡断的性格，才敢于空城设疑等援兵，最后取得胜利。性格的稳定性又不是绝对的，性格还有可塑的一面，除了重大事件的影响外，性格的改变一般都要经过较长时间的环境影响和主体实践。

再次，性格是个性特征中最具核心意义的心理特征。性格在个性特征中的核心地位表现在两个方面。一方面，在所有的个性心理特征中，唯有人的性格与个体需要、动机、信念和世界观联系最为密切。人对现实的态度直接构成了个体的人生观体系，人的各种行为方式也是在这种态度体系的影响和指导下逐渐形成的。因此，性格是一个人道德观和人生观的集中体现，具有直接的社会意义。人的性格受社会行为准则和价值标准的评判，所以有好坏之分，这一点是与气质有明显区别的。另一方面，性格对其他个性心理特征具有重要的影响。性格的发展规定了能力和气质的发展，影响着能力和气质的表现。成语中的“勤能补拙”，就说明性格对能力有巨大作用；某一种气质的消极方面，也可以通过性格的优点加以改造或掩盖。总之，具有良好性格品质的人能最大限度地发挥自己的聪明才智，适应现实生活。

(二)性格与能力、气质的关系

1. 性格与能力的关系

性格与能力也是既有区别又是密切联系、互相制约的。首先，在能力形成和发展的过程中，相应的性格特征也发展起来了。例如，政治活动家、科学家、作家、艺术家，虽然他们活动的实践领域不同，但他们都具有高度发展的能力和坚强的不屈不挠的性格品质。鲁迅先生不仅是一位伟大的文学家，而且是杰出的思想家和革命家。他不但敏锐地洞察到了旧社会的一切弊病，具有高度发展的才能和创造力，而且在同反动派做斗争的过程中铸成了“横眉冷对千夫指，俯首甘为孺子牛”的优良性格品质。

因此，人的特殊才能和才干往往都是与高度发展的能力和优良的性格特征相联系的。其次，能力的形成和发展受性格特征的制约。优良的性格特征能促进能力的形成和发展，例如，认真、谦虚、热忱、勤奋、坚忍、自制性、责任感、进取心等优良的性格品质，都能对能力的形成和发展起促进作用。因为能力的形成和发展总是与克服困难、自觉确定目的、有组织地行动、创新精神等密切联系的。现实表明，能力发展水平高的学生，一般都具有他人所不及的高水平的坚忍性和自制力品质。再次，优良的性格特征往往能补偿一个人某方面能力的不足。所谓“勤能补拙”，“笨鸟先飞早入林”，就说明勤奋这种性格特征，对能力的发展起到了补偿作用。又如，具有勤奋性格特征的人，能补偿由于生理缺陷所造成的能力发展的障碍。但是，不良的性格特征，如粗心懒惰、无事业心、敷衍塞责、狂傲自大、自卑退缩等则会阻碍能力的发展，甚至会使能力衰退。

2. 性格与气质的关系

由于性格与气质相互制约、相互影响，因而在实际生活中，人们经常把二者混淆起来，把气质特征说成性格，或把性格特征说成气质。例如，有人常说某人的性格活泼好动，有的人性子太急或太慢。其实是讲的气质特点，性格与气质是既有区别又有联系的两种不同的个性心理特征。

(1)性格与气质的区别

第一，从起源上看，气质是先天的，一般产生在个体发生的早期阶段，主要体现为神经类型的自然表现。性格是后天的，在个体的生命开始时期并没有性格，它是人在活动中与社会环境相互作用的产物，反映人的社会性。第二，从可塑性上看，气质的变化较慢，可塑性较小；即使可能改变，但较不容易。性格的可塑性较大，环境对性格的塑造作用是明显的。第三，气质所指的典型行为是它的动力特征而与行为内容无关，因而气质无好坏善恶之分。性格主要是指行为的内容，它表现为个体与社会环境的关系，因而性格有好坏善恶之分。

(2)性格与气质的联系

性格与气质的联系是相当密切而又相当复杂的。相同气质类型的人可能性格特征不同；性格特征相似的人可能气质类型不同。具体地说，二者的联系有以下三种情况。

其一，气质可按自己的动力方式渲染性格，使性格具有独特的色彩。例如，同是勤劳的性格特征，多血质的人表现出精神饱满，精力充沛；黏液质的人会表现出踏实肯干，认真仔细；同是友善的性格特征，胆汁质的人表现为热情豪爽，抑郁质的人表现出温柔。

其二，气质会影响性格形成与发展的速度。当某种气质与性格有较大的一致性时，就有助于性格的形成与发展，相反会有碍于性格的形成与发展。如胆汁质的人容易形成勇敢、果断、主动性的性格特征，而黏液质的人就较困难。

其三，性格对气质有重要的调节作用，在一定程度上可掩盖和改造气质，使气质服从于生活实践的要求。如飞行员必须具有冷静沉着、机智勇敢等性格特征，在严格的军事训练中，这些性格的形成就会掩盖或改造胆汁质者易冲动、急躁的气质特征。

二、性格的结构与类型

(一)性格的静态结构

性格是一个复杂而完整的系统，它包含着各个侧面，具有各种不同的性格特征。一般说来从性格的组成部分来分解，就是性格的静态结构，这些性格特征在不同的个体身上，组成了独具结构的模式。一般人对性格结构的分析，着眼于性格的态度特征、性格的意志特征、性格的情绪特征、性格的理智特征四个方面。

1. 性格的态度特征

人对现实态度体系的个性特点是性格的重要组成部分。人对现实的态度是多种多样的，它由以下几方面构成。

(1)表现为对社会、对集体、对他人的态度特征

积极的特征表现为：爱祖国，关心社会，热爱集体，具有社会责任感与义务感，乐于助人，待人诚恳，正直等。消极的特征表现为：不关心社会与集体，甚至没有社会公德，为人冷漠、自私、虚伪等。

(2)表现为对学习、劳动和工作的态度特征

积极的特征表现为：认真细心，勤劳节俭，富于首创精神。消极的特征表现为：马虎粗心，拈轻怕重，奢侈浪费，因循守旧等。

(3)表现为对自己的态度特征

积极特征表现为：严于律己，谦虚谨慎，自强自尊，勇于自我批评。消极特征表现为：放任自己，骄傲自大，自负或自卑，自以为是等。

2. 性格的理智特征

人们在感知、记忆、思维等认识过程中表现出来的个别差异就是性格的理智特征。

在感知方面，有的人观察精细，有的人观察疏略；有的人观察敏锐，有的人观察迟钝。

在思维方面，有的人善于独立思考，有的人喜欢人云亦云；有的人善于分析、抽象，有的人善于综合、概括。

在记忆方面，有的人记忆敏捷，过目成诵，有的人记忆较慢，需反复记忆方能记住；有的人记忆牢固且难以遗忘，有的人记忆不牢且遗忘迅速等。

在想象方面，有的人想象丰富、奇特，富有创造性，有的人想象贫乏、狭窄；有的人想象主动，富有情感色彩，有的人想象被动、平淡寻常等。

3. 性格的情绪特征

性格的情绪特征是指一个人在情绪活动中经常表现出来的强度、稳定性、持久性以及主导心境方面的特征。

情绪强度方面的特征，主要表现为人的情绪对工作和生活的影响程度和人的情绪受意志控制程度。有人情绪反应强烈、明显、易受感染；有人反应微弱、隐晦、不易受感染。

情绪稳定性方面的特征，主要表现为情绪的起伏和波动程度。

情绪持久性方面的特征，主要指情绪对人身心各方面影响的时间长短。有的人情绪产生后很难平息，有的人情绪虽来势凶猛但转瞬即逝。

主导心境方面的性格特征，不同的主导心境反映了主体经常性的情绪状态。如有的人终日精神饱满、乐观开朗；有的人却整日愁眉苦脸、烦闷悲观等。

4. 性格的意志特征

性格的意志特征是指一个人在自觉调节自己行为的方式和水平上表现出来的心理特征。

性格的意志特征主要表现为：对行为目的明确程度的特征，如独立性或冲动性，目的性或盲目性，纪律性或散漫性；对行为自觉控制的意志特征，如自制或任性，善于约束自己或盲动；对自己作出决定并贯彻执行方面的特征，如有恒心与毅力、坚忍不拔或见异思迁、半途而废；在紧急或困难情况下表现出的意志特征，如勇敢或胆小，果断或优柔寡断，镇定或紧张等。

以上性格结构的四方面不是独立存在的，它们相互联系，相互影响，构成一个统一体存在于每个人身上。要了解一个人，就应对性格的各个方面作全面分析，其中性格的态度特征和意志特征在性格结构中占主导地位。

（二）性格的动态结构

一个人的性格并不是各种性格特征的机械拼凑和简单堆积。各种性格特征在每个具体的人身上总是相互联系、相互制约的；人在各种不同的活动中，各种性格特征又会以不同的结合方式表现出来；有时以某种性格特征为主，有时以另一种性格特征为主。同时，性格也是发展变化的。以上所述，都表明性格结构具有动态的性质。

性格结构的动态特征，首先表现在各种性格特征之间，有着一定的内在联系。这当中性格意志特征和对现实态度的性格特征在性格结构中占着主导地位。例如，一个人有正义感，他对待他人的态度往往是明朗而直爽的；对自己的态度往往不卑不亢；在性格的意志特征方面则表现为勇敢、果断、敢作敢为、有坚持性。

其次还表现在性格的各个侧面，在各种不同的场合，有时以某个侧面表现出来，有时又以另一个侧面表现出来。例如，雷锋所说的“对待同志像春天般的温暖，对待工作像夏天一样火热，对待个人主义像秋风扫落叶一样，对待敌人像严冬一样残酷无情”。在不同的情境中，性格以不同的侧面表现出来，不仅说明一个人性格特征的多样性和复杂性，而且说明所有这些性格特征在每个具体的人身上，是有机地联系和统一的。

最后，性格结构的动态特征还表现在性格的可塑性上。生活环境的变化是性格发生变化的重要因素之一。例如，一个在家庭中过分溺爱的孩子，养成了一些不良的性格特征，但进入托儿所和幼儿园后，过的是集体生活，接受良好的教育，不良的性格特征可以逐渐得到改变。又例如，生活中遭受了重大挫折可以使人的性格发生变化。性格的变化在很大程度上又取决于个人的主观努力。一般地说，儿童性格容易受环境影响，而成人性格趋于稳定，不易受环境影响。但成人可以通过主动的自我调节来塑造自己的良好性格特征，克服不良的性格特征。人的主观能动性，也是性格改造的有利因素。外界环境对性格的影响，总是通过人的主观条件而起作用。个人的已有性格越是深刻、稳定，外界刺激对人的性格的影响相对就越小。所以幼小儿童的性格变化受环境影响大；而成年人的性格变化不易受环境影响，可通过主动的自我调节进行改造。

（三）性格的类型

性格的类型是指一类人身上所共有的性格特征的独特结合。按一定原则和标准把性格加以分类，有助于了解一个人性格的主要特点和揭示性格的实质。由于性格结构的复杂性，在心理学的研究中至今还没有大家公认的性格类型划分的原则与标准。以下介绍几种常见的性格类型。

1. 理智型、情绪型和意志型

根据理智、情绪、意志三者哪一个在心理机能方面占优势，可把人的性格分为理智型、情绪型和意志型。①理智型的人通常用理智来衡量一切，并支配自己的活动。他们观察事物认真仔细，思维活动占优势，很少受情绪波动影响。②情绪型的人，内心情绪体验深刻，外部表露明显，情绪不稳定。他们有时欢乐愉快，有时抑郁低沉，有时安乐宁静，有时烦躁不安，言行举止受情绪影响，缺乏理智感，处理问题常感情用事。③意志型的人，行动目标明确，积极主动，勇敢、果断、坚定，自制力强，不易为外界因素干扰，但有的人会显得固执、任性或轻率、鲁莽。

除了以上这三种典型的类型外，还有中间类型。如理智一意志型，情绪一意志型等。

2. 外向型和内向型

按照心理活动指向于外部世界，还是指向于内部世界，可以把人的性格类型分为外向型和内向型。

(1)外向型。外向型的人心理活动指向于外部世界，表现为活泼开朗，热情大方，不拘小节，情绪外露，善于交际，反应迅速，易适应环境的变化，不介意别人的评价。但有的人会表现出轻率、散漫、感情用事，缺乏自我分析和自我批评的态度。

(2)内向型。内向型的人心理活动指向于内部世界，一般表现为以自我为出发点，感情比较深沉，办事小心谨慎，多思但见之于行动的少。有时表现出反应缓慢，不善交往，适应环境的能力较差，很注重别人对自己的评价。有的人失之于拘谨、冷漠和孤僻。

典型的外向型或内向型的人并不很多，大多数人属于中间型，介于内外向之间，兼有内向和外向的特点。

阅读专栏 10-2

性格色彩分析

从乐嘉红了之后，他的性格色彩学也日渐风靡。可是最早提出性格色彩的并不是乐嘉，而是哈特迈博士。性格色彩学的源头是希波克拉底的四液学说。希波克拉底将那些明显乐观、爱玩乐特征的人称为多血质；将那些喜欢成为领导者的人称为胆汁质；将那些循规蹈矩，感情细腻的人称为抑郁质；而将那些乐于旁观，很轻易就会被人所领导的人称为黏液质。性格色彩也仿效体液说将人的性格分为红、黄、蓝、绿。

红色性格的人喜欢说了算；只重结果不重过程；对人、对事、对物表现的干脆利落、爱憎分明；面对压力越挫越勇，不怕困难挫折；并且敢作敢为，敢于承担责任。但是红色性格的人节奏太快，过分自信，容易给人压力，让人感觉太倔强。

黄色性格的人喜欢表达、表现，活泼开朗，内外一致性好，兴趣广泛，崇尚浪漫，不斤斤计较，不记仇。但是这种性格的人容易丢三落四，半途而废，生活或工作中容易热情过头，爱吹牛，喜欢说大话。

蓝色性格的人内敛，做事追求完美，责任心强，谦虚谨慎，严格自律，具有同情心。但过于严肃，容易钻牛角尖，太求完美，没有魄力。

绿色性格的人为人随和，做事不急不躁，在集体中很乐意成为团队的普通一员，行动时节奏太慢，很容易被忽略。

【资料来源】刘冬梅主编．教育心理学[M]．保定：河北大学出版社，2014：6.

3．独立型和顺从型

按照个体活动的独立性程度，把人分为独立型和顺从型。

(1)独立型的人，具有坚定的个人信念，善于独立思考，能够独立地发现、分析和解决问题；自信心强，不易受他人的暗示和其他因素的干扰；在遇到紧急情况和困难时，显得沉着冷静。但有的人则失之于主观武断，喜欢把自己的意志强加于人，常常唯我独是、唯我独尊。

(2)顺从型的人，做事缺乏主见，易受他人意见所左右，常常不加分析地接受别人的观点或屈从于他人的权势；在突发事件面前，常表现为束手无策或惊慌失措。

4. A 型性格、B 型性格和 C 型性格

根据人们在时间上的匆忙感、紧迫感和好胜心等特点，可将人的性格分为 A 型、B 型和 C 型三种性格。

(1)A 型性格的人常充满着成功的理想和进取心，整天闲不住，时间感特别强。他们试图对每一分钟进行计算，因此导致急躁和长期的时间紧迫感。他们好争斗，易激怒，信不过别人，事事都想亲自动手。这类人往往是一些智力较高、能力较强的人。

(2)B 型性格的人是非竞争型的人。他们对受到的阻碍反应平静，喜欢

不紧张的工作，爱过悠闲的生活，没有时间紧迫感，有耐心，能容忍，很少有敌意，喜欢娱乐，即使在娱乐活动中也不争强好胜。

(3)C型性格的人把愤怒藏在心里加以控制；在行为上表现出与别人过分合作，原谅一些不该原谅的行为；生活和工作中没有主意和目标；尽量回避冲突，不表现负面情绪，屈从于权威等。

有研究表明：A型性格的人容易得冠心病，其发病率为B型性格的2倍，而心肌梗死的复发率为B型性格的5倍。C型性格的人则易患癌症。

三、性格的形成与发展

性格特征不是天生的，是在先天素质的基础上，通过后天的家庭、学校和社会环境的影响，经过儿童自己的实践活动和积极主动性才逐渐形成的。

(一)家庭环境的影响

家庭因素对性格形成与发展有重要的影响。家庭是儿童出生后接触到的最初的教育场所，家庭所处的经济地位和政治地位、家长的教育观念和教育水平、家长的教育态度与教育方式、家庭的气氛、儿童在家庭中扮演的角色与所处的地位等，都对儿童性格的形成有非常重要的影响。从这个意义上讲，“家庭是制造性格的工厂”。

1. 家庭气氛与父母的文化程度对儿童性格的影响

家庭成员之间特别是父母之间的相互关系处理得好坏，会直接影响儿童性格的形成。一般来讲，家庭成员之间和睦、宁静、愉快的关系所营造的家庭气氛对儿童的性格有积极的影响；家庭成员之间相互猜疑、争吵、极不和睦的关系所造成的家庭紧张气氛，尤其是父母离异的家庭对儿童性格有消极的影响。大量研究表明，离异家庭的儿童比完整家庭的儿童更多地表现出孤僻、冷淡、冲动、好说谎、恐惧焦虑甚至反社会等不良的性格特征。

研究发现，父母的文化程度对儿童的性格发展会产生很大影响。父母的文化程度对儿童的自制力、灵活性有显著影响；母亲的文化程度则对儿童性格的果断性、思维水平、求知欲、灵活性四项行为特征产生显著影响，父亲的文化程度的影响主要表现在儿童的意志特征上，母亲的文化程度除了在性格的情绪特征、意志特征上有某些影响外，对儿童性格的理智特征有较大的影响。

2. 家长的教育观念、教育态度与方式的影响

家长的教育观念具体表现为：家长对家庭教育的作用与在家教问题上所承担的角色与职能之认识的教育观，家长对儿童的权利与义务、地位及对子女发展规律之看法的儿童观，家长在子女成才问题上之价值取向的人才观，以及家长对自己同子女有什么样的关系之看法的亲子观。研究发现，家长教育观念的正确与否，决定家长对儿童采取何种教育态度与方式，而家长的教育态度与方式又直接影响着儿童的发展，特别是性格的形成与发展。

有许多心理学家对父母的教养态度与方式对子女性格的影响进行了研究，其结果表明，在父母不同的教育态度与方式下成长的儿童，其性格特点有明显的差异。采取严厉教养态度的双亲，对儿童过于苛责、限制、干涉、训斥、不考虑儿童的需要与特点，这样势必遇到子女的对抗，其表现形式为文过饰非、弄虚作假或者目空一切、消极对抗，甚至表现出明显的敌意。采取放任养育态度的双亲形成"和平共处"的家庭关系。这样的家庭无法成为吸引子女情感的中心，这样的孩子容易形成冷酷的、攻击的、情绪不安的或者消极的、与世无争和玩世不恭的性格。采取溺爱养育态度的双亲对子女百依百顺，甚至对不合理的要求和行为也不制止纠正。这样的孩子很容易形成任性、自我中心、不礼貌、撒娇放肆等性格特征。

3. 儿童在家庭中的地位与角色的影响

儿童在家庭中所处的地位及扮演的角色，也会影响其性格的形成与发展。如父母对子女不公平时，受偏爱的一方可能有洋洋自得、高傲的表现，受冷落的一方则容易嫉妒、自卑。

艾森伯格(P. Eisenberg)研究认为，长子或独生子比中间的孩子或最小的孩子具有更多的优越感。孩子在家庭中越受重视，其性格发展越倾向自信、独立、优越感强。如果其地位发生变化，原有的性格特征往往会随之产生不同程度的变化。苏联一位心理学家对同卵双生子的姐妹进行研究，发现姐姐处事果断、主动勇敢，妹妹较为顺从、被动。经了解，在这对双生子出生后，她们的祖母指定一个为姐姐，一个为妹妹。从童年时起，姐姐就担当起保护、照顾妹妹的责任，所以形成了前面所说的性格特征，而妹妹由于被照顾和保护，就形成了依赖、顺从的性格特征。

目前，我国独生子女在儿童总数中占主要成分，独生子女在家庭中有着特殊的地位，扮演着特殊的角色，家长在教育态度与方式上稍有放纵或不一致就很容易造成子女性格上的不良后果。现在，独生子女的教育问题

已引起教育界的关注，并成为人们探讨的热门话题。

(二)学校教育的影响

学校教育对学生性格的影响是方方面面的，主要是通过学校的传统与校风，教师的性格、态度与行为，师生关系，学生所在班集体，同学之间的关系，学校组织的团队活动、体育活动、课外活动等渠道实现的。

首先是班集体的影响：学校的基本组织是班集体，班集体的特点、要求、舆论、评价对学生都是一种无形的巨大的教育力量。在教师的指导下，优秀的班集体会以它正确而又明确的目的、对班集体成员严格而又合理的要求、自身强大的吸引力感染着集体成员，充分调动所有成员的主动性、自觉性，从而促进学生良好性格的形成。与此同时，学生在集体中通过参加学习、劳动及各种文艺、体育及兴趣小组等活动，通过同学之间的交往，增强了责任感、义务感、集体主义感，学会了互相帮助、团结友爱、尊重他人、遵守纪律，也培养了乐观、坚强、勇敢、向上等优秀品质。优秀的班集体不仅可以促进学生良好性格的形成，还可以使学生一些不良的性格特征得以改变。日本心理学家岛真夫曾挑选出在班集体里地位较低的八名学生担任班级干部，并指导他们工作。一学期后，发现他们在学生中的地位发生了很大变化，表现得自尊、有责任心，整个班级的风气也有所改变。

其次是教师的性格、态度与师生关系的影响。教师在学生性格的形成与发展中所起的作用是至关重要的。特别是对小学生来说，其影响更为显著。教师的性格往往在他们的性格上打下深深的烙印。教师的性格是暴躁还是安静，兴趣是广泛还是狭窄，意志坚强还是薄弱，情绪高昂还是悲观低落，办事果断还是优柔寡断等，教师的这些心理品质对学生性格都会产生积极与消极的影响。

(三)社会文化的影响

社会文化对性格具有塑造功能，这表现在不同文化的民族有其固有的民族性格。例如，米德等人研究了新几内亚三个民族的性格特征，他们分别居住在不同的自然环境中，有着不同的社会文化背景，他们在民族性格上的差异，显示了社会文化环境和自然环境对性格的影响。研究显示，居住在山丘地带的阿拉比修族，崇高男女平等的生活原则，成员之间互助友爱，团结协作，没有恃强凌弱或争强好胜，人与人之间一派亲和景象。居住在河川地带的孟都古姆族，生活以狩猎为主，男女之间有权力和地位之争，对孩子处罚严厉。这个民族的成员表现出攻击性强、冷酷无情、嫉妒

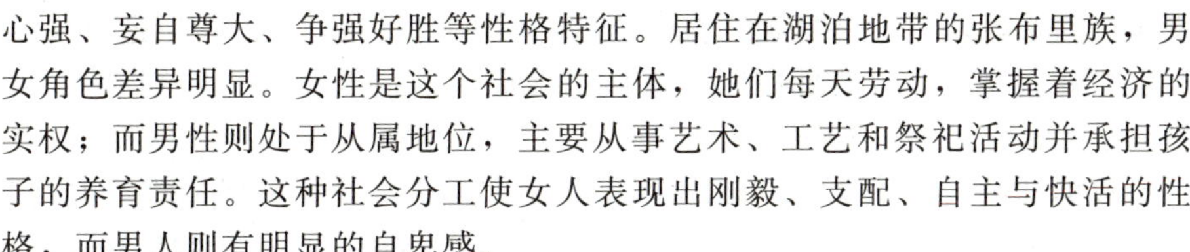
心强、妄自尊大、争强好胜等性格特征。居住在湖泊地带的张布里族，男女角色差异明显。女性是这个社会的主体，她们每天劳动，掌握着经济的实权；而男性则处于从属地位，主要从事艺术、工艺和祭祀活动并承担孩子的养育责任。这种社会分工使女人表现出刚毅、支配、自主与快活的性格，而男人则有明显的自卑感。

（四）自我教育的作用

自我教育是良好性格形成与发展的内在动力。人与动物最本质的区别就是人有主观能动性，有自我调控能力，因此每个人都可以通过自我教育塑造自己良好的性格。俄国伟大的教育家乌申斯基认为，人的自我教育是性格形成的基本条件之一，因为一切外来的影响都要通过自我调节而起作用。从这个意义上讲，每个人都在自己塑造自己的性格。

在儿童成长过程中，自我意识明显影响着性格的形成。儿童把自己从客观环境中区分出来是性格形成的开始。从此，就开始了自己教育自己、自己塑造自己的努力，当然，这种努力是在成人的指导、帮助下实现的。随着儿童自我意识的发展，这种自我教育、自我塑造的力量越来越强。儿童的性格形成也就从被控者变为自我控制者，而且也就能产生一种“自我锻炼”的独特动机。因此，教育者要鼓励和指导学生自我意识的发展，创造各种机会，加强他们自身性格的锻炼与修养。

第三节　气质与性格的评定方法

一、气质的评定方法

确定气质类型的方法主要有条件反射测定法、测验法、行为评定法。

（一）条件反射测定法

条件反射测定法是指在实验室里运用一定的仪器对被试形成或改变条件反射的过程中，观察其神经过程特征，从而了解和确定其气质特征的方法。

许多心理学家以不同形式的条件反射测定神经过程特性，即强度、平衡性、灵活性。例如，应用条件反射的方法研究神经系统的灵活性，通常的做法有两种。一是在改造刺激物意义的情况下，记录被试的反应时间。有些被试的反应时间没有变化，说明他们的神经系统灵活；另一些被试的反应时间明显延长，说明他们的神经系统具有较大的惰性。二是记录被试在定型建立和改造时的反应时间，从定型形成的速度和改造的容易程度，可以了解神经系统不同的灵活性。

根据神经系统特性的测定，视其组合就能判定被试所属的神经类型，即气质类型。运用条件反射测定法比较科学，得到的结果比较准确，但条件反射测定法需要一定的仪器，主试亦须经过特殊训练，因而为教师掌握和使用该种方法了解学生的气质造成一定的困难。

(二)测验法

测验法又称问卷法、自陈量表法，它要求被试对一系列经过标准化的问题作出回答，然后从中分析被试的气质特征。

波兰华沙大学心理学教授简·斯特里劳(J. Strelau)从 20 世纪 50 年代起对气质问题进行了大量研究，编制了几种适合不同对象使用的气质调查表。其中最有特色且已被译成多种文字在国际上广泛应用的是简·斯特里劳气质调查表(简称 S-T1)。简·斯特里劳气质调查表共有 134 个测验题目，包括兴奋强度、抑制强度、灵活性三个量表，及一个二级量表：平衡性。此调查表已被译成中文，经测试，基本适用于我国。

我国心理学工作者陈会昌编制了气质调查问卷，该问卷主要以传统的四种典型的气质类型的行为特征为依据。问卷由 60 个题目组成，每种气质类型 15 个题目。这个问卷对于了解气质类型也是十分有效的，在我国使用得较为广泛。

(三)行为评定法

行为评定法是指在日常生活条件下，观察一个人的气质特性，从而作出鉴定。例如，教师要了解学生的气质特点，就可以细心观察学生在各种活动中的行为表现：如能否准确而迅速完成作业，能否坚持已开展的各项工作；当受到表扬或批评时，他们的情绪活动有什么特点；在集体生活中，他们是否愿意与别人交往；他们是否喜欢体育活动，在运动中是否勇敢、机智；日常生活中是否活泼好动，对新环境是否很快适应等。通过这些了解，也可以对一个人的气质作出决定。

运用行为评定法确定气质类型，要求在观察、记录一个人日常生活中的行为特征、智力活动的特征、言语的特征以及情绪特征之后，对所得材料进行分析、判断、归纳与组合，然后对照气质心理特征的指标确定其气质类型。但由于气质在生活环境影响下常常会隐蔽，如果仅根据一个人的行为来判断一个人的气质是有困难的，也容易出现偏差。因此，在使用行

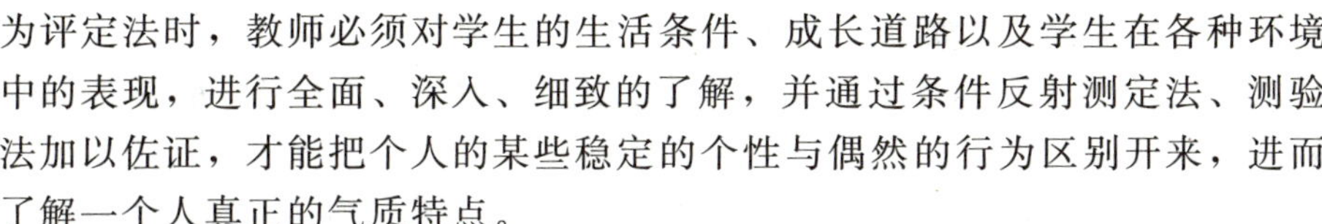

为评定法时，教师必须对学生的生活条件、成长道路以及学生在各种环境中的表现，进行全面、深入、细致的了解，并通过条件反射测定法、测验法加以佐证，才能把个人的某些稳定的个性与偶然的行为区别开来，进而了解一个人真正的气质特点。

二、性格的评定方法

性格评定是指对一个人的性格进行描述和测量。正确地评定性格可以帮助教师了解学生的性格特征与类型，预测他们的行为，这对于因材施教、培养学生的良好性格、改造不良性格、调动每个学生的积极性，都是十分重要的。

由于性格这一心理现象的复杂性，性格评定往往需要多种方法。下面介绍几种常用的方法。

(一)行为评定法

行为评定法主要包括观察法、谈话法、作品分析法、个案法四种方法。

1. 观察法

观察法是在自然条件下通过观察一个人的行为、言语、表情、态度从而分析其性格的方法。采用此方法必须使被观察者处于自然情境中，保持心理活动的自然性和客观性，这样获得的资料才会真实；不论是长期观察还是短期观察，观察者都要做到有计划。

2. 谈话法

谈话法是通过与某人谈话从而了解其性格特征的方法。使用谈话法一定要事先确定谈话目的，要对谈话中的内容加以分析，要采取多种多样的谈话方式，要保持谈话气氛的融洽、和谐、温馨。谈话法在心理咨询中应用很广泛，它对了解人的性格、搜集资料、确定解决问题的途径，具有重要意义。

3. 作品分析法

作品分析法是通过对一个人的作品，如日记、命题作文、信札、传记、试卷以及劳动产品等的分析，来间接了解其性格特征的方法。这种方法一般用来收集资料，对研究人的性格具有辅助性的意义。

4. 个案法

个案法是通过收集一个人的家庭历史、社会关系、个人的成长史等多方面资料，来分析和了解其性格特征的方法。在学校中，使用个案法研究学生性格的步骤大致如下：

(1)计划准备，根据班主任的介绍、档案材料与初步观察所发现的问题制定计划；

(2)搜集资料，通过各种渠道，采取不同的方式，如对其行为的观察、面谈、分析作业与作文、家访、与任课教师或同学座谈等，来搜集学生各方面的具体表现，重点了解他们对社会、学习、劳动以及对人对己的态度与行为方式，并做好记录；

(3)分析概括，就是对所搜集的资料加以去粗取精、去伪存真、由此及彼、由表及里的分析研究，从中获取有价值的材料；

(4)寻找原因，根据对学生性格特征的分析、概括，寻找这些性格特征与家庭、学校、社会环境和教育影响的历史联系，以及它们之间的内在联系；

(5)提出教育建议，根据学生的性格特征，提出发展与完善其性格的具体措施与方法；

(6)书写鉴定书。

实际上，个案法就是观察法、谈话法、作品分析法的综合运用。

(二)自然实验法

自然实验法是目前研究性格采用较多的方法，它是实验者根据研究的目的创设实验情境，主动引起被试的某种性格特征的表露，然后经分析、概括来确定其性格特征的方法。一位苏联心理学家曾用该方法设计了冬夜拾柴火的自然情境，以研究儿童在困难条件下的性格意志特征。实验是这样的：实验者把一部分干柴放到离宿舍不远的但需走一段夜路的山谷中，把一些湿柴放到离宿舍较远的但一路有灯光的储藏室中。要求学生定期在夜晚去捡柴火(不指定地点)，实验者则藏在岔路口的小房内观察。结果发现，一部分学生勇敢而负责任地到山谷中取干柴；有的学生边走边埋怨；还有部分学生怕黑，宁走远路去储藏室取湿柴。在这个实验中，实验者真实地了解到了学生性格意志特征的差异。

自然实验法最大的特点是简便易行，获得的材料真实可靠。

(三)测验法

测验法是用标准化测验测定性格特征的方法，主要包括自陈法和投射法。

1. 自陈法

自陈法也称问卷法，一般是让被试按一定标准化程序和要求一次回答问卷中的大量问题，最后根据测验分数和常模来推知被试属于哪种性格类型。

常见的性格问卷有四种。

(1)卡特尔16种人格因素问卷(16PF)，根据卡特尔提出的16种根源特质编制而成，共有187个题目，适用于具有阅读能力的16岁以上的成人。卡特尔等人后又设计了分别适用于中学生、小学生、学前儿童的三个个性问卷。

(2)明尼苏达多项人格调查表(MMPI)，是由美国明尼苏达大学的两位教授编制，共566个题目，包括14个分量表。它可以测量人格的各个特征，也可以鉴别癔症、强迫症、精神分裂症、抑郁症等。

(3)艾森克人格问卷(EPQ)，是由英国心理学家艾森克(H. J. Eysenck)等人编制。该问卷有适用于7～15岁儿童和16岁以上成人两个版本。每个问卷包括四个分量表，即精神质量表、内外倾量表、情绪稳定性量表和效度量表。

(4)Y—G性格检查表，是由美国心理学家吉尔福德等人编制。该量表由120个题目组成，包括12个分量表，适合用于7岁以上的正常人。

2. 投射法

投射法是利用某些材料(一般是意义模糊的刺激)，要求被试对刺激材料进行解释，让他们在不知不觉中将自己的思想、态度、愿望和情感泄露出来，从而确定其性格特征。最常用的投射测验有主题统觉测验(简称TAT)和罗夏墨迹测验。

主题统觉测验由美国心理学家默瑞所创制。它由30幅图像和一张空白卡片组成。图像多是人物，也有一部分风景。每幅图像都相当模棱两可，可以做种种不同的解释(如图10-2)。但被试所编的故事必须包括四个方面的内容：①图片中故事发生的情景；②图片中故事发生的原因；③图片中故事发生的结果；④自己的感受。主试根据被试对当前知觉图片所编的故事对其性格作出鉴定。

主题统觉测验没有客观的评分系统，用于诊断时其信度、效度均偏低。

罗夏墨迹测验是由瑞士精神病学家罗夏(H. Rorschach)编制。它是由10张对称的墨迹图片组成，其中5张黑白，墨迹的深浅不一，两张是黑色加红色的墨迹图片，另外三张是彩色的墨迹图片。墨迹图位于白底卡片的中央(如图10-3)。在施测过程中，要求被试对所呈现给他的墨迹图像进行

图 10-2　投射测验材料

描述，然后根据被试的反应按以下四个方面进行统计：①反应的部位(全部还是部分)；②决定(形状还是颜色)；③内容(动物还是人或物体)；④独创性(与众不同还是与众一致)。

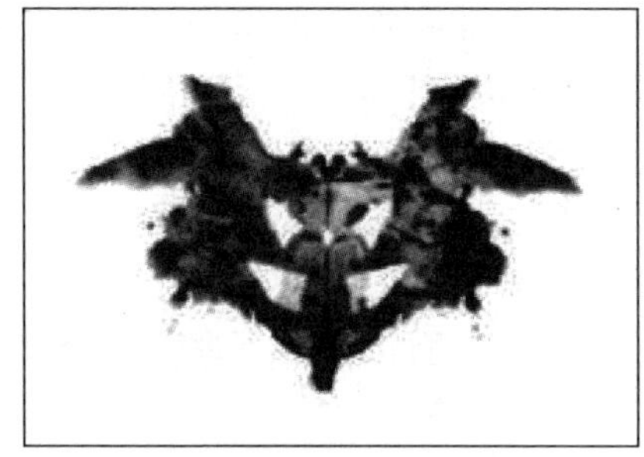

图 10-3　罗夏墨迹测验材料

对被试的反应可以有不同的解释方向，这取决于被试是否看到了动作，看到动物还是人的形象，是生物还是无生物体，以及是部分还是整体的图形。

由于在投射测验中，被试不知道答案的意义，因而可以排除被试作假的现象。但对投射测验的实施程序、计分以及对结果的解释都必须经过特殊的训练。

知识点检测

一、单选题

1. 多血质的高级神经活动类型的基本特征是(　　)。

A. 强、平衡、灵活　　B. 强、不平衡

C. 强、平衡、不灵活　　D. 弱

2. 性格属于下列哪种心理现象？(　　)。

A. 认识过程　　B. 情感过程　　C. 意志过程　　D. 个性心理特征

3. 人在处理各种社会关系方面的性格特征是(　　)。

A. 性格的态度特征　　B. 性格的意志特征

C. 性格的情绪特征　　　　D. 性格的理智特征

4. 在家庭诸因素中，对儿童性格形成和发展具有特别重要作用的是(　　)。

A. 家庭结构　　　　B. 出生顺序

C. 家庭的贫富程度　　　　D. 父母对子女的教养态度

5. 个体与生俱来的心理活动动力方面的特征是(　　)。

A. 气质　　B. 性格　　C. 能力　　D. 个性

6. 日常生活中，人所具有的勤奋、诚实、善良或马虎、自大、奸诈等都是关于(　　)特征的描述。

A. 气质　　B. 性格　　C. 能力　　D. 品德

7. 情绪体验的强弱、意志努力的程度等，是指气质动力方面的(　　)特征。

A. 速度　　B. 强度　　C. 稳定性　　D. 指向性

二、填空题

1. 常用的投射测验有(　　　　)、(　　　　)。

2. 气质的 4 种基本类型是多血质、胆汁质、(　　　)和(　　　)。

3. 性格是一个人对外部事物(　　　　)和习惯化的行为方式。

三、简答题

1. 气质与性格的关系如何?

2. 性格测量有哪些方法?

实践应用

测试你的气质类型

你在回答下面“量表”的问题时，认为很符合自己情况的计 2 分，比较符合的计 1 分，介于符合与不符合之间的计 0 分，比较不符合的计－1 分，完全不符合的计－2 分。

1. 做事力求稳妥，不做无把握的事。
2. 遇到可气的事就怒不可遏，想把心里话全说出来才痛快。
3. 宁肯一个人干事，也不愿和很多人在一起。
4. 到一个新的环境很快就能适应。
5. 厌恶那些强烈的刺激，如尖叫、噪声、危险镜头等。
6. 和人争吵时，总是先发制人，喜欢挑衅。
7. 喜欢安静的环境。

8. 善于和人交往。

9. 羡慕那种能克制自己感情的人。

10. 生活很有规律，很少有违反作息制度。

11. 在多数情况下情绪是乐观的。

12. 碰到大批陌生人觉得很拘束。

13. 遇到令人气愤的事，能很好地自我控制。

14. 做事总有很旺盛的精力。

15. 遇到问题常常举棋不定，优柔寡断。

16. 在人群中从不觉得过分拘束。

17. 情绪高昂时，觉得干什么事都有趣，情绪低落时，又觉得干什么都没意思。

18. 当注意力集中于一件事时，别的事很难使你分心。

19. 理解问题总比别人快。

20. 碰到危险情况，常有一种极度恐怖感。

21. 对学习、工作、事业怀有一种很高的热情。

22. 能够长时间做枯燥、单调的工作。

23. 符合兴趣的事情，干起来劲头十足，否则就不想干。

24. 一点小事就能引起情绪波动。

25. 讨厌做那种需要耐心、细致的工作。

26. 与人交往不卑不亢。

27. 喜欢参加热烈的活动。

28. 爱看感情细腻、描写人物内心活动的文艺作品。

29. 工作学习时间长了，常会感到厌倦。

30. 不喜欢长时间谈论一个问题，愿意实际动手干。

31. 宁愿侃侃而谈，不愿窃窃私语。

32. 别人说你总是闷闷不乐。

33. 理解问题常比别人慢些。

34. 疲倦时只要短暂的休息就能精神抖擞，重新投入工作。

35. 心里有话宁愿自己想也不愿说出来。

36. 认准一个目标就希望尽快实现，不达目的，誓不罢休。

37. 学习、工作同样一段时间后，常会比别人感到疲倦。

38. 做事有些莽撞，常常不考虑后果。

39. 老师或老师傅在讲授新知识、技术时，总希望他讲慢些，多重复几遍。

40. 能够很快忘记那些不愉快的事情。

41. 做作业或完成一件工作总比别人花的时间多。

42. 喜欢剧烈、运动量大的体育活动，或喜欢参加各种文娱活动。

43. 不能很快把注意力从一件事转移到另一件事上去。

44. 接受一个任务后，希望把它迅速完成。

45. 认为墨守成规比冒风险强些。

46. 能够同时注意几件事物。

47. 你烦闷的时候，别人很难使你高兴起来。

48. 爱看情节跌宕起伏、激动人心的小说。

49. 对工作抱认真严谨、始终一贯的态度。

50. 和周围的人的关系总是相处不好。

51. 喜欢复习学过的知识，重复做已经掌握的工作。

52. 喜欢做变化大、花样多的工作。

53. 小时候背诗歌，你似乎比别人记得清楚。

54. 别人说你“出语伤人”，可你并不觉得。

55. 在体育活动中，常因反应慢而落后。

56. 反应敏捷，头脑机智。

57. 喜欢有条理而不甚麻烦的工作。

58. 兴奋的事情常使你失眠。

59. 老师讲新概念，常常听不懂，但是弄懂以后就很难忘记。

60. 假如工作枯燥无味，马上就会情绪低落。

记分方法：按题号将各题分为四类，计算每类题的得分总和。

胆汁质：2 6 9 14 17 21 27 31 36 38 42 48 50 54 58

多血质：4 8 11 16 19 23 25 29 34 40 44 46 52 56 60

黏液质：1 7 10 13 18 22 26 30 33 39 43 45 49 55 57

抑郁质：3 5 12 15 20 24 28 32 35 37 41 47 51 53 59

评价方法：

(1)如果某气质类型得分明显高于其他三种，均高出四分以上，则可定为该气质类型。如果该气质类型得分超过 20 分，则为典型型；如果该气质类型得分在 10～20 分，则为一般型。

(2)两种气质类型得分接近，其差异低于 3 分，而且又明显高于其他两种，高出 4 分以上，则可定为两种气质类型的混合型。

(3)三种气质类型得分接近而且均高于第四种，则为三种气质类型的混合型。

(本测验结果仅供参考，若有需要请咨询专业人员)

参考答案

一、单选题

1. A　2. D　3. A　4. D　5. A　6. B　7. B

二、填空题

1. 主题统觉测验、罗夏墨迹测验。

2. 黏液质、抑郁质。

3. 稳定的态度。

三、简答题

1. 气质与性格的关系如何?

性格和气质既有区别又紧密联系。气质是个体与生俱来的心理活动外部动力方面的特征，生理基础是高级神经活动类型，主要受遗传影响，其变化比较难、比较慢。性格是人对现实的稳定态度以及与之相适应的行为方式方面的个性心理特征，性格的形成与发展是有阶段性的，主要受后天环境、教育的影响，相对气质而言，性格的变化较容易、较快。

2. 性格测量有哪些方法?

(1)综合法。综合法是将观察法、谈话法、作品分析法、个案法等方法结合起来加以应用。

(2)自然实验法。

(3)测验法。主要有自陈测验和投射测验。

第十一章　青少年心理健康与教育

引言：

药家鑫，西安音乐学院大三的学生。2010 年 10 月 20 日深夜，他驾车撞人后发现对方在记自己的车牌号，于是返回车中，拿出随身携带的水果刀，将伤者刺了八刀致其死亡。2010 年 10 月 23 日，被告药家鑫在其父母陪同下投案。2011 年 4 月 22 日西安市中级人民法院一审宣判，药家鑫犯故意杀人罪，被判处死刑。5 月 20 日，陕西省高级人民法院对药家鑫案二审维持一审死刑判决。2011 年 6 月 7 日上午，药家鑫被执行死刑。

你觉得药家鑫案背后的心理原因是什么呢？对于青少年群体而言，生活、学习中处处存在着各种的心理矛盾与困扰，面对这些困扰，很多青少年朋友能够主动积极地调整与化解，但也有一些人却选择退缩、逃避甚至极端的做法，使得事情变得无法收拾。因此，青少年的成长需要家人的支持、朋友的理解，也需要学校和师长给予其专业上的心理辅导来解决这些问题。

学习目标：

1. 识记心理健康的含义与标准。
2. 识记心理咨询的含义。
3. 理解掌握青少年心理发展的几个阶段。
4. 理解掌握心理咨询的基本原则和主要形式。
5. 了解青少年发展过程中容易出现的主要心理问题。
6. 了解青少年时期心理发展的特点。

随着社会发展节奏的逐渐加速，心理压力、心理危机已成为困扰现代人精神生活的难题。在这种形势下，心理健康知识的普及已成为广大教育工作者和青少年学生的迫切需要。

第一节　青少年的心理发展

一、青少年的心理发展的含义

个体从出生到成熟乃至衰老，其心理经历着一个漫长而复杂的连续社会化过程。心理发展是人对客观现实的反映活动不断发展与提高的过程，是一个由量变到质变的连续过程。随着心智的出现，心理发展就达到了新的水平和新的阶段，所以心理发展表现出阶段性。这些阶段性与人的年龄相联系。个体在心理发展的各年龄阶段所表现出来的一般的、典型的、本质的特征，称为心理的年龄特征。心理的年龄特征具有相对的稳定性。一般都以人在一段时间内所具有的较多的共同心理年龄特点和主导活动为依据，将个体心理发展分为以下几个主要的阶段或时期：

乳儿期(从出生到一岁)；

婴儿期(一岁到三岁)；

幼儿期(三岁至六七岁)；

童年期或学龄初期(六七岁至十一二岁)；

少年期或学龄中期(十一二岁至十四五岁)；

青年初期或学龄晚期(十四五岁至十七八岁)；

成年期(十八九岁至六十五岁)。

心理发展的内部矛盾是心理发展的根本动力。人在活动中不断出现新的需要与原有的心理发展水平之间的矛盾就是心理发展的内部矛盾。人在实践活动中和教育的作用下不断产生新的需要，为了满足这种需要，就要从事相应的活动，而完成这种活动就要求比原来有更高的认识能力、活动能力和个性心理品质，当原有的心理水平不能满足新的需要时，就产生了新的矛盾。为了解决这种新的矛盾，就必须使心理发展达到更高的水平。小学生进入中学后，新的学习活动对他们提出了新的要求，如独立思考、专心听课，自觉完成作业、关心集体、与同学团结友爱。这些要求反映在他们的头脑中，就产生了各种新的需要，并要求他们有更高的注意力，更好的记忆品质，更好的思维品质和丰富的想象力，在集体活动中要具备一定的交往能力和良好的个性品质。学生在满足这些需要的过程中，他们的心理水平不断地得到提高。人的心理就是在不断解决新的需要与原有的心理水平之间的内部矛盾运动中发展起来的。

二、少年期学生心理的发展特点

(一)智力发展的特点

学生进入初中，学习活动本身较小学复杂多了，学习科目也增多了。少年期的学生不再满足于教师的过于详细的讲解，而情愿自己有一定的思考余地，同时还能够对教材和教师的讲解提出异议。

1. 抽象逻辑思维的发展

少年期学生的抽象思维正在逐步发展，这使他们的思维活动进入了空前广阔的世界。但在很大程度上，具体形象思维仍起重要作用。在他们的思维活动中，具体形象思维和抽象逻辑思维紧密联系，相互配合，对他们认识客观事物起着极其重要的作用。他们的抽象逻辑思维需要具体形象的支持，因此属于经验型的。

2. 思维的独立性和批判性的发展

由于思维的发展，少年期学生的思维的独立性和批判性也有显著的发展，这是少年期学生思维的一个特点。由于他们的知识经验不断扩大和加深，而且他们的抽象逻辑思维日益显示其主导作用，他们已能够理解自然和社会中的一些复杂的联系或因果关系。他们开始用批判的眼光看待周围事物，对成人和教科书中关于各种事物和现象的解释，已不再像小学生那样完全接受，他们常常提出不同意见。这时他们喜欢争论，甚至怀疑别人的解释和现成的结论。对于少年期学生的这种不盲从、不轻信、好争论、好探讨、不满足于现成的结论等心理特点，我们应积极引导这一心理特点向健康的方向发展。然而，少年期学生思维的独立性和批判性还处在幼稚阶段，因此，他们看问题存在片面性和表面性。例如，他们发现别人有一点缺点或偶尔失误，便否定了他的全部优点和长处。他们认为好学生应当是完美无缺，一切都好，否则就是“坏学生”。他们为了表现自己的“本领”，往往作出违纪的事情。在学习和实践活动中，教师应当培养学生思维的独立性和批判性，帮助他们不断克服孤立、偏激地看问题的缺点，注意培养他们全面地考虑问题的思考习惯。教师要特别的注意通过教学，努力培养学生的辩证思维能力。

3. 求知欲强烈

少年期学生对周围世界感到好奇，他们总是要试着探索世界，了解各种问题，动手去做各种事情，以获取更多的知识。他们常以小群体的活动方式进行冒险活动或者阅读各种书刊资料。教师和家长要保护他们的好奇心和求知欲，同时还应及时进行良好的教育和引导。教师要组织他们参加各种课外阅读小组、课外活动小组等，这可以使他们增长知识才干。如果忽视这方面的教育，少年期学生往往会作出轻率或错误的行为，甚至接受一些消极影响，从而形成不良的道德品质。

心理学工作者调查发现，少年期学生不阅读课外书籍的很少，有目的地为了钻研某一问题而主动深入阅读有关材料的也很少。大多数学生阅读课外书刊只是为了了解故事情节，教师和家长不仅应随时了解学生的课外阅读兴趣，还应加强对他们的课外阅读的指导，引导学生阅读内容健康、积极向上、启发智力、生动有趣的书籍。

(二)情感和意志的发展

少年期学生的社会性情感，如爱国主义、集体主义、责任感、义务感、同伴间的友谊感、理智感和美感等都有了进一步的发展。这在少年期学生的社会化过程中是很重要的。在少年期学生社会化的过程中，从属的需要也有了发展，他们乐意成为某一个集体的成员，喜欢集体活动，也乐意为集体承担一定的责任和义务。在集体活动中，他们进一步扩大了交往的范围，同时，友谊感增强了。他们根据自己的标准，如兴趣、性格、学业成绩、友好等条件选择朋友。他们重视友谊，对友谊十分真诚，乐于帮助朋友，主动为朋友排忧解难。他们对朋友忠诚和坦率，对“不够朋友”的人则十分痛恨。为了表示朋友间的友好，他们可以不顾原则，甚至袒护朋友的过错，包庇朋友的缺点。

他们注意男女同学的交往。一方面，他们喜欢接近异性同学，但表面上又彼此疏远。他们在异性同学面前总要表现出自己的优点和长处，甚至讲究打扮，以取得异性同学的好感。

他们在欣赏文学作品、艺术作品、大自然时，对美的体验已有了发展，他们在欣赏和追求美的东西，如开始喜爱文学创作、绘画、音乐、摄影和旅游等。随着认识能力的发展和知识经验的丰富，他们对高尚的道德情操的美又有了进一步的体会。

少年期学生的情绪虽然在自我控制方面有了明显的发展，但他们情绪的易冲动性仍然很明显。他们的神经系统的兴奋性很强，又不善于调节。

因此，他们容易接受外界刺激的影响而产生激情。他们对不称心的事时常发怒，非常暴躁，对自己获得的成功则表现出大喜和激动不已。

少年期学生的情绪具有两极性。这表现在他们往往对自己的成绩估计过高，因而产生自满，甚至目空一切，在遇到挫折或失败时，又容易灰心丧气，因而认为自己一无是处，甚至自卑。

少年期学生的情绪还具有情境性。例如，他们看到别的同学做好事也会去做好事，如对小同学有同情心，帮助伤残人和病人；有时看到别人胡闹，也会跟着"起哄"，或者欺负弱小同学，讥笑伤残人和病人。

少年期学生的这种情绪的易冲动性、两极性和情境性都是情绪易感染性的表现。这种情绪上的矛盾的产生，是由于他们认识上的片面性引起的。这种情绪特点会随着少年期学生的道德感、理智感和自我控制能力的增强而逐渐改变。

少年期学生的意志也存在两极性的特点：一方面他们的行为的自觉性在增长，往往不需要外部的监督而自觉从事活动和完成任务；另一方面他们又会片面地坚持自己的看法，拒绝家长和教师的合理要求，有时还会任性行事。这种盲目自信和任性主要是由于少年期学生认识上的片面性和幼稚性所造成的。他们任性的结果常常是学习、工作和生活上的失败，事后他们又会后悔不已。

跟少年期学生的自觉性相反的意志品质，除了任性以外，还有受暗示性。少年期学生很容易接受别人或外界的影响而轻易改变自己的主意。他们喜欢模仿、喜欢从众，极易模仿具有影响力的人的行为和新异的事物。分辨能力不强的学生常常会表现出"近朱者赤、近墨者黑"，他们很容易接受好的或不良的影响，有时会出现过错行为甚而走上犯罪道路。

少年期学生正处在思想品德、身体和智力发展的关键时期，教育者应促进他们在德、智、体、美、劳诸方面的发展，这几方面相应发展得越好，意志的自觉性也就提高得越快。因此，少年期学生的意志培养不是孤立进行就能奏效的。教育者应重视少年期学生的思想品德教育，加强和促进他们智力发展和加强他们的体育锻炼。

(三)自我意识发展的特点

自我意识是人对自己的认识和对自己的态度。少年期学生在社会化过程中，社会交往范围逐渐扩大，他们的自我意识比起小学时期有很大的发展，开始从不自觉和被动状态转向为自觉和主动关心自己的发展和支配自己的行为。少年期学生自我意识发展的突出特点是他们的成人感和评价能力的发展。

1. 成人感

少年期学生的身体生长和发育迅速，精力充沛，具有一定的知识、经验和独立工作与生活的能力，他们认为自己已长大成人，也要求成人对他们以成人相待并得到成人的尊重。这是他们社会化过程中的一件大事。为了获得社会的认可，他们努力在许多场合表现自己，显示自己的能力，以获得威信和尊敬。因此，这时他们厌恶别人把他们看作孩子或挫伤他们的自尊。有时为了维护自尊，他们明知自己有错，也不肯承认。

实际上，少年期学生的思想和行为还很幼稚，成人仍把他们看成孩子，因而他们的主观愿望与客观实际产生了矛盾。少年期学生希望成人把他们当成“大人”来看待，他们也愿意像成人一样工作。根据这一心理特点，教师应尊重而不是轻视他们的愿望，鼓励他们在实际工作中克服困难，锻炼他们独立工作和生活的能力以及自我教育的能力。

2. 评价与自我评价

由于少年期学生思维的批判性和独立性的增强，他们能根据别人的行为表现和社会意义来评价别人。少年期学生的自我评价能力是在评价别人的基础上发展起来。他们在评价别人的言行时逐步认识自己，但评价往往不够准确。教师要根据他们这一特点，教育他们善于评价自己的言行和个性特点，并正确地认识自己在集体中的地位。教育他们对自我评价要有正确的态度，既不能过高评价自己，也不应认为自己一无是处。教育他们对自我评价要有适当的态度，这种态度会影响少年期学生的行为和个性结构的健康发展。

三、青年初期学生的心理特点

(一)智力活动的特点

1. 辩证思维的发展

青年初期学生的知识经验不断丰富，思维正从经验型向理论型过渡。虽然他们的经验思维仍占有优势，但是能根据各种感性材料做理论性或规律性的解释，也能根据一般原理，运用理论来分析和综合各种感性材料，从事物的对立统一中进行合乎逻辑的推理。这种理论思维已经具有辩证逻辑思维的特点。他们能够较为全面地、发展地看问题。在学习和实践中，他们能够正确认识一种现象的产生可能有多种原因，而同一个原因可能产生不同的结果；一种事物的存在往往依存于其他事物，受其他事物的制约。在观察和分析问题时，他们开始认识到应从多方面来考虑。

2. 思维的独立性与批判性得到了进一步发展

青年初期学生思维的组织性和深刻性有了明显的提高。思维的组织性表现在他们通过分析与综合，把理论知识系统化；思维的深刻性表现在他们能在复杂的事物中找出重点或本质。随着思维的组织性与深刻性的发展，青年初期学生思维的独立性和批判性较少年时期有明显的进步。他们已能够根据一定的标准来判断是非，并能独立地提出问题和解决问题。他们也能解释事物之间的辩证关系。在学习和实践中，他们逐渐学会独立思考。在面临各种问题时，能有根据地表达自己的意见。他们思维的批判性也有明显的发展。他们已不像少年期学生那样看问题总是肯定一切或否定一切。青年初期学生常常产生疑问，喜欢争论和议论。他们常常坚持自己的看法，不轻易改变自己的见解，即使是错误的见解也是这样。不盲从他人的意见也是青年初期学生的一大特点。

(二)情绪的特点

青年初期学生的情绪内容已经比少年期丰富得多，也较为深刻和复杂。他们的情绪有以下几个方面的特点：

1. 情绪的两极性突出

青年初期学生的情绪尚不稳定。他们的情绪的两极性比少年期更为突出。他们高兴时会欢呼雀跃，不快时会马上垂头丧气。因此，他们容易激动，往往会由于一时的狂热或冲动而做了一些糊涂事或坏事，也可能为真理和正义敢于挺身而出，慷慨献身。

2. 情绪的延续性

在社会化过程中，青年初期学生对自己在社会关系中的地位、学业成绩、友谊、集体成就等方面的成功与失败会产生较长时间的情绪的延续而形成心境。由于一时的满足和成就而产生的愉快的情绪会延续为良好的心境；由于失败和挫折而引起的不愉快情绪也会延续为不愉快的心境。

3. 情绪的内隐与曲折性

由于自尊心和思维独立性的发展，青年初期学生的情绪已不像少年期那样容易外露。他们不轻易向别人吐露内心的真情，却又希望被人理解。教师和家长应注意他们情绪的这种矛盾性，关心他们，了解他们，做他们的知心朋友，帮助他们解决实际困难，对情绪问题多做疏导工作。

由于自我调节能力和自控能力的增强，青年初期学生的情绪不仅复杂而且曲折，甚至有掩饰性。对于厌烦的事，他们表面上会表现出喜欢。对于异性，他们明明很想接近，却又故意疏远，甚至表现出十分庄重。

教师和家长应认真了解青年初期学生的内心活动，不能仅从外部的情绪表现来研究，还要对他们的思想、态度、愿望等多方面做长时间观察，只有通过全面的心理研究，才能得到较为正确的看法。任何仓促的判断和草率的结论对他们的心理发展和教育工作都会带来损失。

(三)自我意识的发展

青年初期学生自我意识发展的主要特点表现在以下三个方面：

1. 自我评价渐趋成熟

青年初期学生自我评价已渐趋成熟，他们对自己能做较全面、客观和现实的分析。他们关心自己的德智体美劳等诸方面的发展，同时还常常给自己的学习、工作、生活等各方面提出奋斗目标，而且不断激励自己去实现目标。他们能根据自己过去的表现推想到将来，从而主动地评定自己的优缺点，并下决定克服缺点，他们在进行自我评价时，能够就自己整个心理面貌加以评价，其中包括自己的智力特点、理论知识水平、意志、性格、情感、品德及政治态度等。

2. 自尊心的增强

在社会化过程中，青年初期学生希望在班集体中或在社会群体中取得合格成员的资格，得到较好的评价和受到应有的重视。他们懂得了人与人应当互相尊重，而要得到别人的尊重，则自己首先要自尊。这个时期学生的自尊心达到了更自觉的水平。值得注意的是，由于青年初期学生过高地估计自己，因而表现出来的自尊带有一定的妄自尊大的成分，往往在遇到挫折或失败时便转为自卑。教师和家长应引导学生正确估计自己，并引导他们对失败和挫折采取正确的态度。

3. 自我教育能力增强

自我教育是指在心理发展和社会化过程中，青年初期学生以自我认识、自我评价、自我体验、自我监督、自我控制和自我调节等形式进行的自我修养。

青年初期学生的自我认识能力不断提高，自我评价已比较全面、客观和现实。他们意识到学校和社会对自己的要求，能了解自己的优点和缺点，于是也会自觉规划自我教育的目的和具体内容。自我教育是个体社会化的内部动力之一。自我教育的发展直接影响个体的社会化和心理发展的水平。

教师应在教育与教学中培养学生自我教育的能力，并把培养学生的自我教育能力看作是培养学生各种能力的核心问题。教师不仅应重视学生自我教育能力的培养，还要相信他们有能力进行自我教育，并为他们尽可能创造良好的情境和必要的条件，让他们有机会接触社会，联系实际，在实践中得到锻炼。学生有了自我教育的能力，就会在各种学习和活动中发挥更大的自觉性、积极性和主动性，从而较容易地达到教师和学生预期的理想目标。

自我教育的发展会影响到人的智力活动、情绪、意志、能力、性格和品德，而且自我教育总是跟人生观联系在一起。青年初期是形成人生观和世界观的关键时期，他们有美好的理想，正逐步形成自己的信念，并能在一定程度上沿着自己的理想目标前进。人生观的形成是复杂的，它一方面受到心理发展水平的制约，更主要受到社会生活各方面的影响，特别是家庭与教育的影响，但人生观的形成归根结底更多地依靠自我教育。所以，人生观的教育是自我教育中最根本的内容。

青年初期学生比少年期学生有了更多的经验，扩大了社会化接触，进一步关心社会的进步和发展的趋势。他们在生活和学习中遇到的矛盾日益增多，因而懂得了一些人生的意义，有自己的理想和追求。这些都推动着他们关心自己的成长。他们对未来的向往和对人生的思索常常督促和鼓励自己为追求人生理想而努力，对自我积极的、自觉地进行人生观的教育。教育者必须引导学生处理好日常生活中出现的各种实际问题，并让他们把科学理论与实际锻炼结合起来，更好地进行人生观的自我教育。

阅读专栏 11-1

如何保持心理平衡

美国心理卫生协会提出十个保持心理健康的要诀：

一、不对自己过分苛求。每个人的能力都是有限的，承认自己也会犯错误，能够吸取教训就行，不必太自责。

二、对他人期望不要过高。许多人总是把自己的标准强加于别人身上，若别人做不到，则大失所望，倍感不平。其实，每个人都有自己的价值观以及行为方式，应当尊重别人按照自己意见行事的自由，苛求别人的结果只能是自寻烦恼。

三、疏导自己的愤怒情绪。人在愤怒达到高峰时，理智会被抛到脑后，会做出很多傻事，事后后悔不迭，因此，有意识地控制自己的愤怒是很重要的。

四、偶尔要屈服。“大丈夫能屈能伸”，自己不会永远是对的，世界也永远不会只按照自己的意愿运转，因此，在与人冲突时，有原则地退让常能改变尴尬的局面，自己也能获得心理上的平静。

五、暂时避让。对于不能立刻解决的问题，可以缓一缓，先去做别的事，这样可以缓解失败的情绪。

六、找人倾诉烦恼。把所有的抑郁埋在心里，一定会使自己不堪重负，如果倾诉出来，心情就会顿感舒畅。

七、为别人做些事。帮助别人不但能使自己忘记烦恼，而且可以确定自己的价值，更可以获得珍贵的友谊。

八、在一段时间内只做一件事。心理学家发现，忧郁、精神崩溃等疾病的主要原因是精神负担过重，同时要处理好几件事，既会增加思想压力，也会因精神高度紧张而出现焦虑，所以，尽量不要一心二用，以免弄得心力交瘁。

九、对人要表示善意。如果与人为善，多交朋友，心境自然会平静，关爱别人也是关心自己。

十、娱乐。消除心理压力的最好方式是娱乐，它可以使人的精神得到积极放松，别忘了找点时间，好好轻松一下。

【资料来源】红日．中国学生心理咨询[M]．北京：中国言实出版社，2006：151.

第二节　青少年的心理健康与教育

一、心理健康的含义

关于心理健康的含义，国内外许多学者都提出了各自不同的看法。1929 年，第三次全美儿童健康及保护会议召开，与会学者认为“心理健康是指个人在其适应过程中，能发挥其最高的智能而获得满足、感觉愉快的心理状态，同时在其社会中，能谨慎其行为，并有敢于面对现实人生的能力”。

1946 年第三届国际心理卫生大会指出：“所谓心理健康，是指在身体、智能及情感上与他人的心理健康不相矛盾的范围内，将个人心境发展成为最佳状态。”

《简明大不列颠百科全书》认为："心理健康是指个体心理在本身及环境条件许可范围内所能达到的最佳功能状态，但不是十全十美的绝对状态。"

日本学者松田岩男认为："所谓心理健康，是指人对内部环境具有安定感，对外部环境能以社会认可的形式适应这样一种心理状态。"

我国学者冯忠良等认为："心理健康是人类个体对其生存的社会环境的一种高级适应状态。"

以上学者们力图用下定义的方法解释什么叫心理健康。尽管国内外学者关于心理健康的含义琳琅满目，但我们仍能够从以上列举中找出它们的若干共同点：其一，基本上都承认心理健康是一种心理状态；其二，大都把心理健康视为一种内外协调统一的良好状态；其三，都把适应(尤其是社会适应)良好看作是心理健康的重要表现或重要特征；其四，都强调心理健康具有一种积极向上发展的心理状态。基于此共同点，我们可以把心理健康定义为个体在与各种环境的相互作用中，在内外条件许可范围内，能不断调整自身心理结构，自觉保持在心理上、社会上的正常或良好适应的一种持续而积极的心理功能状态。

所以，心理健康是一种心理功能状态，其最终的规定性是个体与其存在的内外环境能保持一种正常或良好的适应。适应是来源于生物的一个名词，用来表示能增加有机体生存机会的那些身体上的和行为上的改变。心理学中用它来表示人对环境变化作出的反应。心理健康意义上的适应，是指主体能够通过自身调节系统做出积极而能动的反应，从而使主体与环境之间不断达到新的平衡的过程。因此，从心理能动反映论出发，心理健康的实质也可以说是个体心理调节机制的建立与完善。因此可以认为，适应就是心理健康的本质。

二、心理健康的标准

早在1948年联合国世界卫生组织(WHO)宪章就开宗明义讲："健康不仅是指没有身体缺陷和疾病，而且还要有完满的生理、心理状态和良好的社会适应能力。"至1989年，世界卫生组织又进一步丰富了健康的内涵，具体指出了健康的标志：

(1)充沛的精力，能从容不迫地应付日常生活和工作中的压力，而不感到过分紧张；

(2)态度积极，乐于承担责任；

(3)睡眠良好；

(4)能适应外界环境的多种变化；

(5)能够抵抗一般性的感冒和传染病；

(6)身体匀称，体重得当；

(7)反应敏锐，眼睛明亮；

(8)牙齿清洁健康；

(9)头发光泽；

(10)肌肉和皮肤富有弹性，走路轻松匀称。

由此不难看出，其中心理健康是人体健康的重要组成部分。

由于学者们对心理健康的含义有不同的看法，因而心理学界对心理健康标准的看法也就不完全一致，这里就不一一赘述。

其中达成共识的心理健康标准有：

(1)智力正常，智商在80以上。智力正常是人正常生活最基本的心理条件，是心理健康的首要标准。智力是人们获得知识和运用知识解决实际问题时所必须具备的心理条件或特征，是人的观察力、注意力、想象力、思维力和实际活动能力的综合。一般常用智力测验来诊断智力发展的水平。智商低于70者为智力落后。

(2)了解自我，悦纳自我。一个心理健康的人能体验到自己的存在价值，既能了解自己，又接受自己，有自知之明，即对自己的能力、性格和优缺点都能作出恰当的、客观的评价，对自己的要求、期望、理想切合实际，少有非分之想，也不苛求自己。

(3)能协调与控制情绪，心境良好。情绪是人对事物的态度体验，是人的需要满足与否的心理反应。情绪健康是心理健康的一个重要指标。心理健康的人能适度地表达和控制自己的情绪，且愉快、乐观、开朗、满意等积极情绪状态总是占优势，虽也会有悲、忧、愁、怒等消极情绪体验，但一般不会长久。

(4)人格完整和谐。心理健康的人，其人格结构中气质、能力、性格和理想、信念、动机、兴趣、人生观等各方面平衡发展。人格作为人的整体的精神面貌能够完整、协调、和谐地表现出来，思考问题的方式是适中和合理的，对外界刺激不偏激，能与社会步调合拍，也能和集体融为一体。

(5)人际关系和谐，善与人相处。人际关系是人们在共同活动中，彼此为寻求满足各种需要而建立起来的相互间的心理关系。人是社会的人，和谐的人际关系是心理健康不可缺少的条件。心理健康的人在与人相处时，积极的态度(如同情、友善、信任、尊敬、平等、宽容、谅解等)总是多于消极的态度(如猜疑、嫉妒、畏惧、敌视等)。因而在社会生活中有较强的适应能力和较充足的安全感。

(6)正视现实，接受现实。心理健康的人能够面对现实、接受现实，并能主动地去适应现实，进一步地改造现实，对周围事物和环境能作出客观的认识和评价，并与现实环境保持良好的接触。相反，心理不健康的人会逃避现实，或以幻想代替现实，抱怨“生不逢时”，怪天、怪地、怪家庭、怪社会，因而无法适应现实环境。

(7)热爱生活，乐于学习工作。心理健康的人能珍惜热爱生活，积极投身于生活，并在生活中尽情享受人生的乐趣。他们在学习工作中尽可能发挥自己的个性和聪明才智，并从学习工作成绩中获得满足和激励。

(8)心理行为符合年龄特征和角色特征。在人的生命发展的不同年龄阶段，都有相对应的不同心理行为表现，从而形成不同年龄阶段独特的心理行为模式。心理健康者应有与同年龄多数人相符合的心理行为特征。如果一个人的心理行为经常严重偏离自己的年龄特征，一般是心理不健康的表现。另外，心理健康的人其心理行为应与其角色、身份相一致。

阅读专栏 11-2

心理健康的“灰色地带”

人们习惯于将人的心理健康看作是黑白分明的事情，要么你就是心理健康的人，要么你就是个疯子，这种观点将人的精神正常与否看作简单的质差，忽视了正常人与精神病患者之间的巨大量差的变化。

事实上，在人的心理健康方面存在着一个广泛的灰色区域。如果将人的精神健康比作白色，精神疾病比作黑色，那么在白色与黑色之间存在着一个巨大的缓冲区域——灰白色，大多数人的精神状况都散落在这个区域(见图 11-1)。换言之，灰色区可谓是人非器质性精神痛苦的总和，其中包括了人的心理不平衡、情绪障碍及变态人格。这些问题不同程度地干扰了人们的正常生活和情绪状态。

心理健康的状态不是静止不变的，而是一个动态发展变化的过程。心理健康的水平会随着个人的成长、经验的积累、环境的改变，以及自我保健意识的发展而发展变化。

如果我们不注意心理保健，经常出现不良的心理状态，那么心理健康

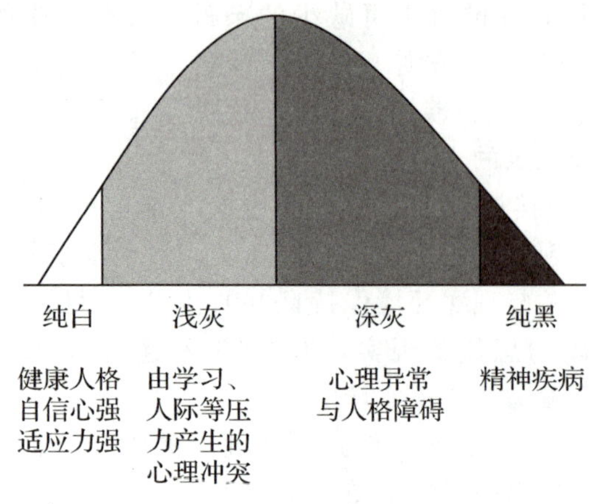

图 11-1 心理健康状态划分

水平就会下降，甚至出现心理变态和心理疾病；反过来，如果心理有了困惑或出现心理失衡时，学会及时自我调整和寻求心理咨询的帮助，就会很快解除烦恼，恢复健康的心理。

【资料来源】高东．大学生心理健康标准研究[J]．华夏医学，2011(5)：586－589.

三、当前青少年学生的主要心理问题

有一项对全国近 3000 名大、中学生的调查发现，42.73％的学生“做事容易紧张”，55.92％的学生“对一些小事情过分担忧”，47.41％的学生“感觉人与人之间关系太冷淡”，67.26％的学生“在心情不舒畅时找不到朋友倾诉”，48.63％的学生“对考试过分紧张，感到有些吃不消”。这些枯燥的数字反映出我国教育工作中一个长期被忽视的问题——学生心理健康欠佳。

《中国妇女报》曾调查显示，中小学生目前的烦恼可以归结为以下几类：家长不能理解我，家长总不让我玩，我没有知心朋友，我就要累死在起跑线上，学习成绩不理想，无法获得课外知识，爸爸经常打我。概括起来，当前中小学生的心理问题主要集中在学习困难、人际关系、自我意识、行为问题等方面。

(一)学习困难

引起学习困难的原因有很多。有的学生是因为先天或后天的原因，导致阅读、表达、计算、写作、会话能力的缺陷，这种表现一般由生理原因引起。还有部分学习困难可能是因为心理原因而导致的暂时性的能力缺失，表现如下：

(1)自信心不足。有的学生很想取得学业上的成就，但一直未能取得好成绩，慢慢就对自己的学习失去了信心，认定自己不是读书的料。也有的学生在学习过程中成绩突然下降，骤然受到打击，于是对自己的能力产生怀疑，自信心动摇，结果造成了学习困难的心理障碍。

(2)不能掌握正确的学习方法。有的学生学习没有计划性，不能全面看清自己的优势和劣势，没能及时查缺补漏，或不善于向老师、同学请教，这些同学给人的印象往往是整天埋头苦读，成绩却总是不够理想。

(3)学习态度不端正。这与家庭、社会、学校等因素有关，社会不良风气的影响、家庭教育不当是导致学习困难的原因。

(二)人际关系障碍

学生的人际关系有亲子关系、师生关系、同学关系、异性交往关系等，无论是哪一种关系处理不好都会引起冲突，使双方陷入紧张的关系中，从而引起心理上的焦虑。引起上述关系障碍的原因有：家庭成员之间不善于沟通、教师处理问题不当、家长教育方式偏差，家庭变故、特殊家庭等，此外个体的个性、情绪因素，如自私、冷漠、情绪波动太大以及对异性交往的不恰当认识等，都可能造成青少年人际关系的紧张。

(三)自我意识偏差

所有自卑、自负、自我中心、孤独、嫉妒等对自己不正确的认识都属于自我意识问题。这些问题可能是身体健康状况、家庭教养方式和学校社会环境所造成的。

(四)行为障碍

根据行为障碍的不同表现方式，将其分类如下：

(1)不良动作习惯：如挤眼、吐舌头、咬指甲、脸部抽搐等。原因可能是生理或心理问题引起的行为偏异。

(2)退缩性行为：如厌学、退学、欺瞒、倦怠等。学校适应不良、家庭因素、个体身心问题都可能成为退缩性行为的起因。

(3)攻击性行为：如破坏、攻击、斗殴甚至犯罪。学校、家庭和社会因素是导致攻击性行为的主要原因。

(4)特殊行为问题：如过度追星、耍酷、爱慕虚荣、迷恋游戏等。社会风气影响、青春期自我表现心理、攀比心理等是特殊行为的原因。

人的青少年时期是由童年到成年，由不成熟到成熟的过渡时期。这是个体发育过程中充满生机、最为宝贵的一个阶段，同时也是最容易产生心理矛盾、心理冲突和行为过失的危险年龄阶段。有人曾到北京市几所工读学校做了调查，发现13岁左右是少年开始犯错误的高峰年龄；湖北省少管所对160名被管少年进行了统计，其中13岁开始犯错误的占67%。因此，根据青少年的身心特点，实施积极的心理健康教育，使他们在发展过程中保持健康的心态，对于家庭、社会和学生个人都具有十分重要的意义。

阅读专栏 11-3

如何培养积极的心态

积极的心态(PMA)是成功学大师拿破仑·希尔数十年研究最重要的发现，他认为心态对成功与失败起了很大的作用。

一、言行举止像希望成为的人。

二、要心怀必胜、积极的想法。

三、用美好的感觉、信心和目标去影响别人。

四、使你遇到的每一个人都感到自己的重要、被需要。

五、心存感激。

六、学会称赞别人。

七、学会微笑。

八、到处寻找最佳新观念。

九、放弃鸡毛蒜皮的小事。

十、培养一种奉献精神。

十一、自信能做好想做的事。

十二、应该多使用自动提示语。

【资料来源】杨翠伟．积极的心态及其培养[J]．青少年研究，2002(4)：39—40.

四、学校心理健康教育的实施内容和途径

(一)内容

教育部颁布的《中小学心理健康教育指导纲要》明确了中小学开展心理健康教育的主要内容和分阶段的具体教育内容，这可视为中小学心理健康教育的相对固定和稳定的内容。现将这些内容的主要方面列举如下：

心理健康教育的主要内容包括：帮助学生适应新的环境、新的集体、新的学习生活，感受学习知识的乐趣；乐于与教师、同学交往，在谦让、

友善的交往中体验友情。

在小学中、高年级阶段，其内容包括：帮助学生在学习生活中品尝解决困难的快乐，调整学习心态，提高学习兴趣与自信心，正确对待自己的学习成绩，克服厌学心理，体验学习成功的快乐，培养面临毕业升学的进取态度；培养集体意识，在班级活动中，善于与更多的同学交往，培养健全开朗、合群、乐学、自立的健康人格，培养自主自动参与活动的能力。

在初中阶段其内容主要包括：帮助学生适应中学的学习环境和学习要求，培养正确的学习观念，发展其学习能力，改善学习方法；把握升学选择的方向；了解自己，学会克服青春期的烦恼，逐步学会调节和控制自己的情绪，抑制自己的冲动行为；加强自我认识，客观评价自己，积极与同学、老师和家长进行有效的沟通；逐步适应生活和社会的各种变化，培养对挫折的耐受能力。

在高中阶段其主要内容包括：帮助学生具有适应高中学习环境的能力，发展创造性思维，充分开发学习的潜能，在克服困难取得成绩的学习生活中获得情感体验；在了解自己的能力、特长、兴趣和社会就业条件的基础上，确立自己的就业志向，进行职业的选择和准备；正确认识自己的人际关系状况，正确对待和异性伙伴的交往，建立对他人的积极情感反应和体验；提高承受挫折和应对挫折的能力，形成良好的意志品质。

(二)实施途径

学校心理健康教育的实施途径是学校心理健康教育模式中的核心问题。学校心理健康教育要完成其规定的教育内容、实现其预定的教育目标就必须通过一定的途径加以实施。而学生心理品质的形成的复杂性，决定了学校心理健康教育的开展不仅需要运用多种途径与形式，而且需要将这些途径和形式构成一个完整的心理健康教育的运行系统。

(1)整个学校教育过程中全面渗透心理健康教育，是学校开展心理健康教育的基本途径。

心理健康教育是一项系统工程，它只有与学校各项教育相互结合、相互促进，才能实现心理健康教育的最终目标。因此，必须把心理健康教育全面渗透在整个学校教育过程中。正如《中小学心理健康教育指导纲要》中所指出的："要把心理健康教育贯穿在学校教育教学活动之中。要创设符合心理健康教育所要求的物质环境、人际环境、心理环境。寻找心理健康教育的契机，注重发挥教师在教育教学中人格魅力和为人师表的作用，建立民主、平等、相互尊重的新型师生关系。班级、团队活动和班主任活动要渗透心理健康教育。”“全面渗透”是“全员参与、全体受教、全面铺开、全程实施”的“四全教育”的思想。主要体现在4个方面：在学科教学中要渗透心理健康教育；在德育工作、学生工作中渗透心理健康教育；在课外活动中渗透心理健康教育；在校园环境中渗透心理健康教育。

(2)开设心理健康教育课程并开展心理咨询与辅导工作，是学校开展心理健康教育的中心途径。

学校心理健康教育除了上述的基本途径外，还应有中心途径。中心途径与基本途径相比，更有目的性、针对性、系统性，因而也更为有效、更为直接。目前，学校心理健康教育的中心途径有两类，一是开设专门的心理健康教育课程。即把心理健康教育课程纳入学校的教学计划，做到定时、定点、定员，以保证心理健康教育课程的实施。学校心理健康教育课程的主要形式有选修课、活动课或专题讲座。从理论角度以及我国学校心理健康教育的实践情况来看，中小学心理健康教育课程应以心理健康活动为主，高中和大学阶段可适当增设心理健康选修课或学科课程，但总体上要注意防止心理健康教育学科化的倾向。二是开展个别心理咨询与辅导。心理咨询与辅导是受过专门训练的专业人员向来访者提供职业性的帮助。在学校心理健康教育中，“开设心理咨询(辅导)室进行个别辅导是教师和学生通过一对一的沟通方式，对学生在学习和生活中出现的问题给予直接的指导。排除心理困扰，并对有关的心理行为问题进行诊断、矫治的有效途径”。当然，对个别有严重心理问题需要特殊治疗而学校又无能为力的学生，学校还应及时“转接”给有关心理卫生机构或医学心理诊治部门，并配合有关专业人员和家长做好这些学生的心理康复工作。

显然，心理健康课程作为团体辅导的一种形式，面对的是学生成长中的共同问题；而个别咨询与辅导要解决的则是个别学生的心理问题。因此，开设心理健康课程和开展个别辅导作为两种中心途径，在学校心理健康教育中是一种相辅相成、相得益彰的关系。

(3)建立家庭、学校、社区一体化心理健康教育网络，是促进学校心理健康教育实现其整体目标的不可忽视的支持性途径。

由于学生心理的健康发展受学校教育及其以外的许多因素的制约，因此单靠学校方面的力量开展心理健康教育是不够的。学校应该与家庭、社区密切联系，协同开展，建立一种以学校教育为主导，家庭、社区共同参与的一体化心理健康教育网络。具体说来包括以下几个方面：

第一，学校首先要将教师心理健康辅导工作置于学校心理健康教育工作的优先地位，至少也应与学生心理健康教育同步开展，并通过各种途径强化全体教师对自身心理健康重要性的认识，提高他们的职业修养和心理健康水平，尽量减少以致杜绝对学生心理健康的师源性伤害。这是学校心理健康教育能否取得成效的重要保证。

第二，要发动、指导家庭开展心理健康教育，家庭教育以其固有的优势在青少年的心理成长中发挥着重要而独特的作用，学校应加强与家庭的沟通和联系，不仅要通过各种方式让学生家长了解学校正在开展的心理健康教育工作及其成效，而且要通过学校的力量指导家庭心理健康教育的开展。同时，还要帮助家长及其他家庭成员提高自身的心理素质和心理健康水平。

第三，要充分发挥社区教育的作用。学校也要加强与街道居委会、关心下一代协会等社会、群团组织以及其他社区热心人士、志愿服务者的联系，充分利用和挖掘社区资源，建设社区高雅文化和校外心理健康教育活动基地，净化社区环境，发挥社区高雅文化的辐射作用。条件成熟的社区应该设立由学校、家长、社区代表共同组成的学生心理健康教育工作委员会，定期或不定期召开有关会议，加强三方联系，形成“人人有责”的局面，从而共同促进学生心理的健康发展。

总之，上述基本途径、中心途径和支持性途径共同构成一个相对完整的学校心理健康教育的途径操作系统。学校在实施心理健康教育时，既要注意各种途径的相互结合和补充，也要注意发挥各种方式和途径的综合作用，以增强心理健康教育的效果。

阅读专栏 11-4

心理活动课——委屈与愤怒

目的：教育学生正确对待不正确的批评，学会必要的应对策略，掌握恰当的表达愤怒的方式。

步骤：

(1)表演小品《迟到》

人物：一位教师(学生扮)，一位学生(迟到者，学生扮)，一位病人(学生扮)，其他为班级同学。

情节：教师组织学生考试，时间过去半小时了。一位学生因路上遇到一位病人，扶着送去医院，迟到了。进教室后，教师不由分说严厉地批评了他。学生感到很委屈。

(2)表演小品《生气》

情节：一位售货员，上班时不小心让自行车把衣服刷了个洞，很恼火。到商场后便对顾客发脾气，受了气的工人上班后也不高兴，心里觉得很不是滋味，装配的空调机出现了次品，售货员买了回去，没用上两天便不能正常工作了……

此小品共需三名同学参加，最好是一男两女。

(3)组织学生分组讨论

两个小品的内容表现的是一种什么情感？如果你是剧中人应怎么办？

(4)找部分同学回答

(5)教师总结

可强调以下几方面：①生活中被人误解是正常的，只要自己没做亏心事，就不要怕被别人误解，应学会用事实说话。②愤怒对人的身心健康伤害很大，应学会合理的泄愤方法，如听音乐、运动、大哭、向亲人诉说、转移目标、呼吸放松法等。③当自己误解了别人时，在弄清事实之后，应主动向对方道歉，求得对方谅解。④强调个人差异。对每个人来说，有效的方法并不一样，但不管什么方法，都要以不损害他人为基本原则。

提示：①小品应找学生预演，以便加强效果；②教师在讲解方法时，应结合实例说明。

【资料来源】鲁忠义．心理学[M]．北京：科学出版社，2010：317.

第三节　心理咨询

一、心理咨询的含义

咨询，含有商讨、会谈、征求意见、寻求帮助、顾问、参谋、劝告、辅导等意思。

在我国，心理咨询的历史可以追溯到古代。那时人们心中有解不开的疙瘩或不顺心的事情，就要去长者、智者那里寻求帮助或劝告。古希腊、罗马也是这样，人们有了心事，也常常去找哲人、巫医或从圣经中去寻找解脱心事的教导。

英国遗传学家高尔顿和美国心理学家卡特尔可以说是心理咨询的先驱

者。在他们的影响下，大约从1930年开始，以人格为对象，包括职业、家庭、学习、情感、经济、健康等方面的问题都展开了咨询。美国心理学家威廉森1939年出版的《如何对学生进行咨询》一书，是奠定心理咨询科学研究基础的代表作。第二次世界大战的爆发以及西方国家经济萧条局面的缓和所引起的社会巨大变化，使人们迫切要求在情绪和人际关系问题方面得到帮助。在这种形势下，美国心理学家罗杰斯于1942年出版了《咨询与心理治疗》一书。他认为心理咨询人员与心理咨询对象之间要建立一种良好的关系，使咨询对象能主动地、无所顾虑地倾诉自己内心的秘密。他还认为，应当充分利用咨询对象寻求适应的内在动机，发挥他们的主观能动性，避免命令式的影响，这样才能获得良好的咨询效果。罗杰斯的这些主张对心理咨询工作的开展者起到了指导性的作用。

自20世纪60年代以来，美国、日本、苏联、德国、捷克等国家纷纷建立社区心理卫生中心、精神卫生中心、家庭心理咨询中心、教育咨询中心、电话紧急咨询网等专门的心理咨询机构。从事心理咨询工作的人员也逐年增加。例如，美国每1500名中学生中，就配有一名心理咨询人员或心理学家。联合国教科文组织向世界各国推荐的是每6000～7500名学生中就应配有一名心理咨询工作者。

我国的心理咨询工作起步较晚，至20世纪80年代才有人开始重视这项工作。进入20世纪90年代，我国开始大力培养、培训心理咨询服务工作者。各省市一些高等学校和中小学校以及医疗部门也先后建立了心理咨询机构或心理门诊部。一些报刊、电台、网络也开辟专栏传授心理咨询知识或解答心理问题。随着各项事业的发展，我国的心理咨询事业也已经呈现出勃勃生机。

对于“心理咨询”，至今仍无统一的定义，对心理咨询的解释往往因理论流派及职业的不同等因素而有异有同。综合各种理论、解释，可把它定义为：运用有关心理科学的理论方法，通过解除咨询对象(来访者)的心理问题，来维护和增进其身心健康，促进其个性发展和潜能开发的过程。应该说，几乎所有的人都可接受心理咨询与辅导，而不论其问题的大小和严重程度。有时，通过自己的摸索、自我调整、自我领悟，的确可以解决自身的问题，但是，接受心理咨询辅导，可以帮助我们更迅速、更有效地解决自身问题，尽可能缩短受心理问题困扰的时间，早日迈向健康生活。而且，心理咨询与辅导并不只是找到某个具体问题的解决办法，而是一种建议、指导，一种帮助个体身心健康成长的过程。

通过心理咨询无疑会促进人的心理健康水平，我们每个人都应摒弃偏见，正视自我心理问题的存在。心理咨询正像是人生十字路口的指向灯，能及时有效地给予我们帮助，使我们更好地认识自我，协调好与他人、与社会环境的关系，从而把握机会，迎接挑战，实现转机，积极有效地促进自我身心的和谐发展。

二、心理咨询的主要内容

心理咨询的目的是为了解除来访者的心理问题，它包括了人生的方方面面。而就其一般性的心理咨询来讲，它主要包括以下内容：

(一)人际关系咨询

它主要指在人际交往中常见的一些心理障碍。如恐惧心理、自卑心理、孤僻心理、害羞心理、封闭心理、自傲心理、嫉妒心理、逆反心理、猜疑心理、敌意心理、干涉心理等。这些交往障碍对人际交往所造成的直接影响就是：①正常交往变得困难；②交往常带来不快、压抑等消极情绪、情感体验；③不敢或不能与人(包括异性)交往，形成自我封闭。

(二)家庭教育方面的咨询

现代社会使代沟冲突变得更为突出。独生子女的问题、离异家庭的增多、现代家庭结构的变化、社会存在的多种价值观念和行为模式以及各种不正之风都在影响着成长中的青少年儿童。许多家长比以往更重视这方面的教育。人们主要关心的咨询内容包括儿童健康个性与家庭环境的咨询、儿童行为障碍、学习障碍咨询、亲子关系危机咨询等。

(三)性心理咨询

在中国传统文化背景下，性是一个极其敏感的问题，许多人忌讳谈它，以致相当一部分人生活在性的困惑、苦恼、痛苦之中。性问题尤其大量存在于青少年之中，其影响面之大，影响程度之深，远远超出人们的想象。

性心理咨询的内容主要有青少年性心理卫生，性功能障碍(如阳痿、早泄等)，性心理变态(如恋物癖、窥阴癖等)，婚姻恋爱问题(如婚恋中的困惑、矛盾、纠纷、性生活等)，青少年的性适应问题(如遗精、月经等)。

(四)情绪和意志问题咨询

情绪是一个人心理状况的外在表现形式。良好的情绪不仅可以使人精神振奋、效率提高，而且对身体的健康发展有积极的促进作用，而不良的情绪则会使人精神萎靡、效率降低，对身心的正常发展起阻碍作用。常见的情绪问题有焦虑、恐惧、情绪低落、情感迟钝与淡漠、情感脆弱与易激怒、心情紧张等。

意志是人为达到目的、克服困难、坚持行动、实现目标的一种心理活动的过程。意志方面的咨询主要与意志品质(自觉性、果断性、顽强性与自制力)的缺乏有关。

(五)职业心理咨询

职业咨询是社会经济、政治文化发展到某一阶段所必然提出来的任务。它可为在职业的计划、定向、选择、实践、变换的一系列发展过程中感到茫然、困惑、犹豫的人提供帮助。它可以帮助来访者深入了解自己的兴趣、爱好、能力、特长、气质、性格及价值观念，有助于来访者进行职业的正确选择，以更好地发挥自我潜能，实现自我价值。

(六)人格咨询

人格是一个人整个的心理面貌，是相对稳定、具有独特倾向性的心理特征的总和，也叫个性。通过人格咨询，来访者可了解自己的气质类型、性格特点，从而发现自己个性中的长处和弱点，扬长补短，改变自己的不良性格。此外，人格咨询也包括人格障碍(如反社会型、分裂型、偏执型、强迫型、癔症型、衰弱型等)的咨询。

阅读专栏 11-5

男女同学相处如何把握分寸

进入青春期以后，随着生理上的日益发育成熟，性意识开始萌动，男女同学都会产生对异性的好感和爱慕，有一种与有好感的异性同学相互接近、了解、交往并结为朋友的需要，这是很正常的心理现象。如果与异性交朋友是一件没有压力的自然的现象，可以把对异性的好感变成学习的动力，最大限度地发挥自我；互相学习，取长补短。这样出来的孩子能更好地适应现代社会。那么，怎样才能正确地把握与异性同学交往的“度”呢？

一、不必过分拘谨

要注意消除异性间交往的不自然感，从心理上像对待同性那样去对与异性的交往，该说的说，该做的做，心里坦坦荡荡，行为落落大方。友谊本来就是感情的自然发展，不应有任何矫揉造作，不然会使人生厌。

二、不应过分随便

男女毕竟有别，诸如嬉笑打闹、你推我拉之类的举止应坚决避免。有些话题只能在同性之间交谈，有些玩笑不宜在异性面前乱讲，这些都是需要注意的。

三、不宜过分冷淡

男女同学交往时，过分冷淡会伤害对方的自尊心，也会使人觉得你高傲无礼，不可接近。

四、不该过分亲昵

男女同学交往时要注意自尊自爱，言谈举止要做到文雅庄重，切不可出现勾肩搭背之类的行为，更不可搔首弄姿，卖弄风情。异性的过分亲昵行为，不仅会使你显得轻浮，引起对方反感，而且还容易造成不必要的误会。

五、不可过分卖弄

在与异性同学的交往中，如果想显示自己见多识广而哇啦哇啦讲个不停，或者在争辩中得理不饶人，无理赖三分，这只能表现出你的浅薄无理。当然，也不要总是缄口不语，或只是在谈话中“嗯嗯”“啊啊”这样，尽管你面带笑容，也会使人觉得与你交往索然无味。

六、不应过分严肃

过分严肃会使人对你望而生畏，敬而远之。有幽默会给你带来好人缘，容易得到异性同学的喜欢。但如果为了显示自己的机智聪明，故意显滑稽出洋相，那反而会影响你的形象，甚至让人反感。

正常的了解同龄异性的各种特征，增长对异性的认识，有助于今后的人际交往；可以发现和认识自身的价值，逐步形成切实际的自我评价；可以取长补短，互相激励，促进彼此学业的共同进步。

【资料来源】红日．中国学生心理咨询[M]．北京：中国言实出版社，2006：101.

三、心理咨询的主要形式

随着社会文明的进步，心理咨询业的发展日新月异，心理咨询的形式更是丰富多彩，其中主要形式有以下几种。

(一)门诊咨询

这是心理咨询中最常见、最主要的形式。它针对性强、了解信息全面(从心理问题到个体表情动作、情绪反应等)、保密性好。由于是个别进行，来访者可消除许多顾虑，尽情倾诉，与咨询人员保持心与心的沟通，利于咨询的深入，同时，咨询者还可根据来访者的反馈信息及时调整对策。但这种形式比较费时，局限于一对一的接触，同时要求咨询员素质、经验都较高。

(二)电话咨询

电话咨询是咨询员通过电话给来访者提供劝慰、帮助的一种较方便、迅速的咨询方式。它对于那些处于危急状态(如自杀)或不愿暴露自己的人来说，不失为一种好的方式。目前，我国不少城市已开设了许多热线电话，一些电视台、广播电台、报纸杂志社也设立了热线电话，服务范围从心理危机干预扩展到为有心理问题的人排忧解难。这一咨询形式会随着我国电话普及率的提高，越来越受欢迎。

(三)书信咨询

如果不方便打电话，不愿暴露自己的身份，又想避免与咨询员交谈时的不自然、意思表达不清或有难以启齿的问题，那么，书信咨询是最佳的选择。通过阅读咨询人员有益有效的书信指导，即会得到帮助、鼓励和支持，以解开心理的疙瘩。

(四)团体咨询

即集体咨询或小组咨询，它是同时对多个求助者展开的咨询。它往往可以借助团体成员的相互作用来达到咨询的目的，对那些与人际交往有关的心理问题方面，是一种很好的形式。

此外，心理咨询的形式还有专栏咨询、现场咨询、网络咨询等。以上每种方式都各有特点，当我们有了心理问题时，可针对自己不同的情况选择不同的咨询方式。

四、心理咨询的原则

在心理咨询中能否遵循心理咨询的原则，关系到心理咨询工作能否顺利开展，也决定咨询工作的成败和效果。

(一)保密原则

可以理解为心理咨询中最为重要的原则，它既是咨访双方确立相互信任的咨询关系的前提，也是咨询活动顺利进行的基础。但保密原则并不是绝对的，有时需要咨询者的智慧的判断和能力。如有明显自杀意图的来访者，当咨询者知识不足而仅局限于保密原则的话，就可能陷入一种恐慌状态而不知所措。因此，与值得信赖的或有关的人士商量，避免自杀状态的实现。即：与保密原则相比，来访者的生命安全应该而且必须首先予以考虑，此所谓“人命关天”的道理。

(二)时间限定原则

必须遵循一定的时间限制。咨询时间一般规定为每次50分钟左右(初次受理时可以适当延长),原则上不能随意延长时间或间隔。电话咨询原则上以30分钟为限,如果超过30分钟仍然不能终止咨询的话,除应急情况外,可以考虑要么是咨询人员卷入了来访者的感情旋涡,要么是咨询人员在咨询技术、应付能力方面存在问题。

(三)来者不拒、去者不追原则

原则上讲,到心理咨询室求询的来访者必须是出于完全自愿,这是确立咨访关系的先决条件。没有咨询愿望和要求的人,咨询者不会主动去找并对其进行心理咨询。咨询室的大门向任何人都是永远敞开的。

(四)感情限定的原则

咨访关系的确立和咨询工作顺利开展的关键,是咨询者和来访者心理的沟通和接近。但这也是有限度的。来自来访者的劝诱和要求,即便是好意的,在终止咨询之前也是应予以拒绝的。“一起吃饭、喝茶、娱乐等”都是不应答应的。原则上禁止与来访者除咨询室之外的任何接触和交往,也不能将自己的情绪带进咨询过程,不对来访者在感情上产生爱憎和依恋,更不能在咨询过程中寻求在爱情、欲求方面的满足和实现。

(五)重大决定延期的原则

心理咨询期间,由于来访者情绪过于不稳,原则上应规劝其不要轻易作出诸如退休、调换工作、退学、转学、离婚等重大决定。在咨询结束后,来访者的情绪得以安定、心情得以整理之后作出的决定才往往不易后悔。

(六)伦理原则

必须以一定的伦理规范为约束力。我国目前尚未制定,但已提上了议事日程。如1990年日本临床心理士伦理纲领在责任中规定:临床心理士应该对自己的专业业务所产生的结果负有责任。从事这一专业工作时,必须把尊重来访者的权利放在第一位,不得抱有任何个人的、组织的、经济的、政治的目的。另外,不得强制。

五、心理咨询从业者的要求

相比其他职业,心理咨询是一种较为特殊的职业,是一项艰辛复杂、充满挑战而又非常富有意义的助人工作,对从业者的素质和能力有着很高的要求。若要成为一名有效的心理咨询工作者,不仅要接受严格的专业教育和训练，掌握较高的专业技能，而且应具备职业行为所必需的个性品质以及其他方面的个人要求。可以说，心理咨询过程是心理咨询工作者知识、技能、心理品质、职业道德、价值观、人性观诸多方面的展示，并且在很大程度上决定着心理咨询的效果。

一般来说，一个人要成为专业咨询工作者需要经历若干个阶段，如参加培训、接触来访者、获得实习经验等。国外有一项研究考察了咨询者职业生涯的发展，并发现一个人由决定从事咨询业开始，到成为经验丰富的临床咨询家，往往经历八个阶段。它们分别是：常规阶段、职业训练转型阶段、模仿专家阶段、条件化自主阶段、探索阶段、整合阶段、个性化阶段和完善阶段。这八个阶段是相互关联的，咨询者在每个阶段都有最关注的主题，如初学咨询者必然更关心技能的掌握，而不是个人的咨询特色，他们大多是按照教师或指导者的样板去规划自己的行为。随着职业化过程的进展，新的主题和关注点会不断产生。虽然起初几个阶段较为枯燥、刻板，但它们却是成为有效咨询者的整个过程中所必须经历的。

我国心理咨询事业由于起步较晚，在相当长的一段时间里缺乏较系统正规的专业要求和训练，从业人员的专业水平高低不一，不利于心理咨询的健康发展。中国心理学会和中国心理卫生协会对此问题非常重视，曾于1993年颁布了《卫生系统心理咨询与心理治疗工作者条例》。此前，中国心理学会为了避免心理测验在包括医疗、教育等领域的各种滥用和误用所带来的危害，于1992年12月通过了由张厚粲主持制定的《心理测验管理条例(试行)》，该条例对测验的登记注册、测验使用人员的资格规定、测验的控制使用与保管等作了详细的规定。1999年中国心理学会和中国心理卫生协会又联合起草并下发了《有关心理治疗与心理咨询工作者注册资格的规定》的专门文件，对什么样的人可以从事心理治疗和心理咨询工作做了更为详细的规定。2001年我国劳动和社会保障部委托中国心理卫生协会组织有关专家，制定了《心理咨询师国家职业标准》(以下简称《标准》)并已颁布试行。该《标准》将本职业分为心理咨询员(国家职业资格三级)、心理咨询师(国家职业资格二级)、高级心理咨询师(国家职业资格一级)三个等级，对心理咨询师职业的活动范围、工作内容、技能要求、知识水平、晋级培训、资格鉴定等都做了明确规定；其中要求掌握的基础知识包括普通心理学、社会心理学、发展心理学、心理健康与心理障碍、心理测验学、咨询心理学、与心理咨询相关的法律知识等。晋级培训期限：心理咨询员不少于720标准学时，心理咨询师不少于520标准学时，高级心理咨询师不少于 320 标准学时；资格鉴定方式包括理论知识综合考试和实际能力考核两项内容，理论知识综合考试采用闭卷笔试，实际能力考核采用专家组面试评定的方式进行，内容包括心理评估、案例分析、咨询方案制定和交谈技巧等。

心理咨询的迅速发展，不免鱼龙混杂。面对种种咨询指南、科学算命、人生指导等书刊或机构，许多求助者无所适从。对此，我们提出以下建议：

第一，不要随便、轻易给自己定性。有时当我们看到书中关于心理问题的一些介绍，会和自己联系起来，认为自己就是有了某种心理疾病，这种轻易、简单的联系往往会给自己造成了更大的心理负担。所以，在通过心理专家完全了解自己的心理问题之前，不要轻易、随便给自己定性，贴上心理不健康的标签。

第二，不要相信伪科学。很多"算命先生"看准了人们"病急乱投医"的心理，海侃神吹，乱点迷津，坑人钱财，百害而无一利。更有些打着"科学算命"的招牌，招摇过市(如电脑算命)，使很多人盲目相信，上当受骗，心理问题非但没有解决，反而更加严重。

第三，不要相信那些以赢利为目的，自称是专家的人或机构。这些人或机构受经济利益的驱使，往往缺乏起码的职业道德，不为来咨询的人员负责，甚至广为传播求助者的隐私，使来访者心理上承受了更大的压力。

第四，如果有了心理上的烦恼与困惑，可以与有关的咨询师联系，或者与有关的热线联系，也可以给你信得过的个人或组织写信，相信你会得到有效的帮助。

知识点检测

一、单选题

1. 下面属于心理健康的表现的是(　　)。

A. 智力正常　　B. 情绪不稳定　C. 行为不协调　D. 行为反应过度

2. 以下不属于心理健康标准的是(　　)。

A. 了解自我，悦纳自我　　　B. 人格完整和谐

C. 热爱生活，乐于学习工作　D. 热爱自然

3. 下列不属于青年初期学生的自我意识发展特点的是(　　)。

A. 自我评价渐趋成熟　　　　B. 成人感

C. 自尊心的增强　　　　　　D. 自我教育能力增强

4. 小明近期非常苦闷，一提到学习就心烦意乱、焦躁不安，对老师有抵触情绪，成绩也明显下降。小明存在的心理问题是(　　)。

A. 焦虑症　　B. 神经衰弱症　C. 强迫症　　D. 抑郁症

5. 如果不方便打电话，不愿暴露自己的身份，又想避免与咨询员交谈时的不自然、意思表达不清或有难以启齿的问题，那么，(　　)是最佳的选择。

A. 门诊咨询　　B. 电话咨询　　C. 书信咨询　　D. 团体咨询

二、辨析题

因为学生大部分时间是在学校度过的，所以开展心理健康教育仅是学校的任务。

三、简答题

1. 简述青少年学生出现学习困难的原因。

2. 简述心理咨询的原则。

实践应用

大五人格测试量表(NEO-FFI-R)

【指导语】请仔细阅读以下问题，每个问题从非常不符合到非常符合有5种选择。如果该描述明显不符合您或者您十分不赞同，请选择“1”；如果该描述多数情况下不符合您或者您不太赞同，请选择“2”；如果该描述半正确半错误，您无法确定或介于中间，请选择“3”；如果该描述多半符合您或者您比较赞同，请选择“4”；如果该描述明显符合您或者您十分赞同，请选择“5”。

注意，陈述都没有对错和好坏之分，只反应每个人不同的特点，请不要顾虑，根据第一印象尽快做答。

只有您认真如实的作答，我们给您提供的反馈才有价值。每个问题均需回答，一定不要遗漏。谢谢您的支持！

性别：________　　年龄：________

问　题	非常不符合	不太符合	不确定	比较符合	非常符合
1. 我不是一个容易忧虑的人。	1	2	3	4	5
2. 我喜欢周围有很多朋友。	1	2	3	4	5
3. 我很喜欢沉浸于幻想和白日梦中，去探索、发展其中所有可能实现的东西。	1	2	3	4	5

续表

问　题	非常不符合	不太符合	不确定	比较符合	非常符合
4. 我尽量对每一个遇到的人彬彬有礼，非常客气。	1	2	3	4	5
5. 我让自己的物品经常保持整洁干净。	1	2	3	4	5
6. 有时候我感到愤怒，充满怨恨。	1	2	3	4	5
7. 我很容易笑。	1	2	3	4	5
8. 我喜欢培养和发展新的爱好。	1	2	3	4	5
9. 有时候，我会采用威胁或奉承等不同手段，去说服别人按我的意愿去做事。	1	2	3	4	5
10. 我比较擅长为自己安排好做事进度，以便按时完成任务。	1	2	3	4	5
11. 当面对极大的压力时，有时我会感到好像就要垮了似的。	1	2	3	4	5
12. 我喜欢那些可以单独做事，不被别人打扰的工作。	1	2	3	4	5
13. 我对大自然和艺术中蕴含的美十分着迷。	1	2	3	4	5
14. 有些人觉得我有些以自我中心，不太考虑别人的感受。	1	2	3	4	5
15. 许多时候，事到临头了，我才发现自己还没做好准备。	1	2	3	4	5
16. 我很少感觉孤独和忧郁。	1	2	3	4	5
17. 我很喜欢与别人聊天。	1	2	3	4	5
18. 我认为让学生接触有争议的学说或言论只会混淆和误导他们的思想。	1	2	3	4	5
19. 如果有人挑起争端，我随时准备好反击。	1	2	3	4	5
20. 我会尽量认真地完成一切分派给我的任务。	1	2	3	4	5
21. 我经常感到紧张而心神不定。	1	2	3	4	5
22. 我喜欢置身于激烈的活动之中。	1	2	3	4	5

续表

问　题	非常不符合	不太符合	不确定	比较符合	非常符合
23. 我对诗词基本上没有什么感觉。	1	2	3	4	5
24. 我觉得自己比大多数的人都优秀。	1	2	3	4	5
25. 我有一些明确的目标，并能以有条不紊的方式朝它迈进。	1	2	3	4	5
26. 有时我感到自己完全一文不值。	1	2	3	4	5
27. 我通常回避人多的场合。	1	2	3	4	5
28. 对我来说，让头脑无拘无束地想象是一件困难的事情。	1	2	3	4	5
29. 受到别人粗暴无礼的对待后，我会尽量原谅他们，让自己忘记这件事。	1	2	3	4	5
30. 开始着手学习或工作之前，我会浪费很多时间。	1	2	3	4	5
31. 我很少感到恐惧或焦虑。	1	2	3	4	5
32. 我常常感到自己精力旺盛，好像充满能量。	1	2	3	4	5
33. 我很少留意自己在不同环境下的情绪或感觉变化。	1	2	3	4	5
34. 我相信人性是善良的。	1	2	3	4	5
35. 我努力做事以达到自己的目标。	1	2	3	4	5
36. 别人对待我的方式常使我感到愤怒。	1	2	3	4	5
37. 我是一个乐观开朗的人。	1	2	3	4	5
38. 我经常体验到许多不同的感受或情绪。	1	2	3	4	5
39. 很多人觉得我对人有些冷淡，经常和别人保持一定距离。	1	2	3	4	5
40. 一旦作出承诺，我通常会贯彻到底。	1	2	3	4	5
41. 很多时候，当事情不顺利时，我会感到泄气，想要放弃。	1	2	3	4	5

续表

问　题	非常不符合	不太符合	不确定	比较符合	非常符合
42. 我不太喜欢和人聊天，很少从中获得太多乐趣。	1	2	3	4	5
43. 阅读一首诗或欣赏一件艺术品时，我有时会感到非常兴奋或喜悦。	1	2	3	4	5
44. 我是一个固执倔强的人。	1	2	3	4	5
45. 有时候，我并不是那么可靠和值得信赖。	1	2	3	4	5
46. 我很少感觉忧伤或沮丧。	1	2	3	4	5
47. 我的生活节奏很快。	1	2	3	4	5
48. 我对思考宇宙规律或人类生存状况没有什么兴趣。	1	2	3	4	5
49. 我尽量对他人做到体贴周到。	1	2	3	4	5
50. 我做事情总是善始善终，是一个很有做事能力的人。	1	2	3	4	5
51. 我经常感觉无助，希望有人能帮助我解决问题。	1	2	3	4	5
52. 我是一个十分积极活跃的人。	1	2	3	4	5
53. 我对许多事物都很好奇，充满求知欲。	1	2	3	4	5
54. 如果我不喜欢某一个人，我会让他知道。	1	2	3	4	5
55. 我好像总不能把事情安排得井井有条。	1	2	3	4	5
56. 有时我会感到十分羞愧，以至于只想躲起来，不见任何人。	1	2	3	4	5
57. 我宁愿自己独自做事，而不是领导指挥别人。	1	2	3	4	5
58. 我喜欢研究理论和抽象的问题。	1	2	3	4	5
59. 如果必要的话，我会利用别人来达到自己的目的。	1	2	3	4	5
60. 对于每件事，我都力求做到最好。	1	2	3	4	5

大五人格量表共有60题，采取五级评分，包括五个分量表，每个分量表各有12个条目，主要内容如下：

(1)神经质(Neuroticism)量表：评估的是情感的调节和情绪的不稳定性。神经质得高分的个体倾向于有心理压力、不现实的想法、过多的要求和冲动以及不适应的应对反应。虽然这个方面的高分并不预示着存在临床上的障碍，但患有临床综合征的个体往往会在这个量表上得高分(Costa & Widiger，1994)。其中1、16、31、46为反向计分。

(2)外向性(Extraversion)量表：表示人际互动的数量和密度、对刺激的需要以及获得愉悦的能力。这个维度将社会性的、主动的、具有个人定向的个体和沉默的、严肃的、腼腆的、安静的人作对比。这个方面可由两个品质加以衡量，即人际的卷入水平和活力水平。前者评估个体喜欢他人陪伴的程度，后者反映了个体个人的节奏和活力水平。

(3)开放性(Openness)量表：对经验的开放性是评鉴对经验本身的积极寻求和欣赏以及对不熟悉情景的容忍和探索。这个维度将那些好奇的、新颖的、非传统的以及有创造性的个体与那些传统的、无艺术兴趣的、无分析能力的个体做比较。在大五因素中，这一维度是最充满争论的，对它的探索也是最少的，就其在语言上的描述而言，对它的解释也是最少量的。

(4)宜人性(Agreeableness Facets)量表：考察个体对其他人所持的态度，这些态度既包括亲近人的、有同情心的、信任他人的、宽大的、心软的，也包括敌对的、愤世嫉俗的、爱摆布人的、复仇心重的、无情的。

(5)严谨性(Conscientiousness)量表：评估个体在目标导向行为上的组织、坚持和动机。这个维度把可信赖的、讲究的个体同懒散的、马虎的个体作比较。同时反映个体自我控制的程度以及延迟需求满足的能力。

分量表	正向计分项目	反向计分项目
神经质	6、11、21、26、36、41、51、56	1、16、31、46
外向性	2、7、17、22、32、37、47、52	12、27、42、57
开放性	3、8、13、38、43、53、58	18、23、28、33、48
顺同性	4、29、34、49	9、14、19、24、39、44、54、59
严谨性	5、10、20、25、35、40、50、60	15、30、45、55

(本测验结果仅供参考，若有需要请咨询专业人员)

参考答案

一、单选题

1. A 2. D 3. B 4. A 5. C

二、辨析题

这个说法是错误的。由于学生心理的健康发展受学校教育及其以外的许多因素的制约，因此单靠学校方面的力量开展心理健康教育是不够的。学校应该与家庭、社区密切联系，协同开展，建立一种以学校教育为主导，家庭、社区共同参与的一体化心理健康教育网络。

第一，学校首先要将教师心理健康辅导工作置于学校心理健康教育工作的优先地位，至少也应与学生心理健康教育同步开展，并通过各种途径强化全体教师对自身心理健康重要性的认识，提高他们的职业修养和心理健康水平，尽量减少乃以至杜绝对学生心理健康的师源性伤害。这是学校心理健康教育能否取得成效的重要保证。

第二，要发动、指导家庭开展心理健康教育，家庭教育以其固有的优势在青少年的心理成长中发挥着重要而独特的作用，学校应加强与家庭的沟通和联系，不仅要通过各种方式让学生家长了解学校正在开展的心理健康教育工作及其成效，而且要通过学校的力量指导家庭心理健康教育的开展。同时，还要帮助家长及其他家庭成员提高自身的心理素质和心理健康水平。

第三，要充分发挥社区教育的作用。学校也要加强与街道居委会、关心下一代协会等社会、群团组织以及其他社区热心人士、志愿服务者的联系，充分利用和挖掘社区资源，建设社区高雅文化和校外心理健康教育活动基地，净化社区环境，发挥社区高雅文化的辐射作用。条件成熟的社区应该设立由学校、家长、社区代表共同组成的学生心理健康教育工作委员会，定期或不定期召开有关会议，加强三方联系，形成“人人有责”的局面，从而共同促进学生心理的健康发展。

三、简答题

1. 简述青少年学生出现学习困难的原因。

引起学习困难的原因有很多。有的学生是因为先天的生理原因引起。还有部分学习困难可能是因为心理原因而导致的暂时性的能力缺失，比如:

(1)自信心不足。(2)不能掌握正确的学习方法。(3)学习态度不端正。

2. 简述心理咨询的原则。

在心理咨询中能否遵循心理咨询的原则，关系到心理咨询工作能否顺利开展，也决定咨询工作的成败和效果。

(1)保密原则

可以理解为心理咨询中最为重要的原则，它既是咨访双方确立相互信任的咨询关系的前提，也是咨询活动顺利进行的基础。但保密原则并不是绝对的，有时需要咨询者的智慧的判断和能力。

(2)时间限定原则

必须遵循一定的时间限制。咨询时间一般规定为每次 50 分钟左右，原则上不能随意延长时间或间隔。电话咨询原则上以 30 分钟为限。

(3)来者不拒、去者不追原则

原则上讲，到心理咨询室求询的来访者必须是出于完全自愿，这是确立咨访关系的先决条件。

(4)感情限定的原则

咨访关系的确立和咨询工作顺利开展的关键，是咨询者和来访者心理的沟通和接近。但这也是有限度的。来自来访者的劝诱和要求，即便是好意的，在终止咨询之前也是应予以拒绝的。

(5)重大决定延期的原则

心理咨询期间，由于来访者情绪过于不稳，原则上应规劝其不要轻易作出诸如退休、调换工作、退学、转学、离婚等重大决定。在咨询结束后，来访者的情绪得以安定、心情得以整理之后作出的决定才往往不易后悔。

(6)伦理原则

必须以一定的伦理规范为约束力。我国目前尚未制定，但已提上了议事日程。从事这一专业工作时，必须把尊重来访者的权利放在第一位，不得抱有任何个人的、组织的、经济的、政治的目的。另外，不得强制。

第十二章　心理辅导、评估与测验

引言：

心理测验起源于对个体差异的研究。1796 年，英国天文学家 N. 马斯基林发现其助手金内布鲁克观察星体通过的时间比自己迟 0.8 秒，认为他不够认真而将他辞退。此事在 20 年后引起另一天文学家贝塞尔的注意，他随后通过研究认为，这是一种不可避免的个人观察误差。就此开启了学者们对个体差异的研究。人们后来发现在人的心理和行为的各个方面都存在着广泛的差异。心理测验正是由此迅速发展起来的。

所以我们在对学生进行心理辅导的过程中，非常有必要对个体提供个性化的心理评估，也就是我们要拿把“尺子”把心理特征(能力、气质、性格等)给量出来。在这整个过程中可以提供更加科学、权威的数量化指标的心理测验就是这把“尺子”。

学习目标：

1. 理解心理辅导的含义。
2. 了解心理辅导的原则。
3. 学会运用常用的心理辅导方法。
4. 识记心理评估的概念。
5. 掌握心理评估的方法。
6. 理解心理测验的概念。
7. 了解心理测验的类型。
8. 了解常见的智力测验、人格测验、临床测验。

第一节 心理辅导

一、心理辅导概述

心理辅导，是指在一种新型建设性的人际关系中，学校辅导人员运用其专业知识和技能，给学生以合乎其需要的协助与服务，帮助学生正确的了解自己、认识环境，根据自身条件确立有益于个人发展和社会进步的生活目标，使其能克服成长中的障碍，在学习、工作及人际关系等各方面，调整自己行为，增强社会适应，作出明智的抉择，充分发挥自身潜能的活动。

可见心理辅导是一项高度个性化的教育服务，在心理辅导的过程中，非常有必要使用心理评估和心理测验的方法来进行恰当的辅导和帮助。从而为心理健康教育提供正确辅导与咨询方案。

二、心理辅导的原则

要做好心理辅导工作，必须遵循以下基本原则：

(一)全员参与，全方位考虑，面向全体学生原则

学校心理辅导是通过对学生的引导、指导、协助和服务，来促进学生的成长和发展。重视心理健康教育工作，全员参与，在制定辅导计划时要着眼于全体学生，确定心理辅导活动内容时要考虑大多数学生共同需要与普遍存在的问题，组织团体辅导活动时要创造条件，让尽可能多的学生参与其中，特别要给那些内向、腼腆、害羞、表达能力差、不太引人注目的学生提供参与和表现的机会，使全体学生都得到有效的心理辅导。

(二)矫治、预防与发展相结合原则

学校心理辅导兼有矫治、预防与发展三种功能。矫治，是矫治学生不适应的行为，帮助学生排除或化解持续的心理紧张或各种情感冲突。预防，则是帮助学生掌握有关知识和技能，学会人际交往；学习自主地应付由挫折、冲突、压力、紧张等带来的种种心理困扰，减轻痛苦、不适的体验，保持正常的生活秩序与学习效率。发展，是指导学生树立有价值的学习与生活目标，认清自身的潜力和可利用的资源，承担生活责任，发挥个人潜能，使生活过得健康、充实、有意义。

(三)尊重与理解学生原则

尊重，就是尊重学生的人格与尊严，尊重每个学生平等的权利。理解，则要求教师以平等的态度，按学生的所思所想、所作所为去了解学生。建立平等尊重的咨访关系，是心理辅导能否取得成效的前提和基础。首先，要尊重来访学生的人格和身份，形成良好的信任和依赖关系，这是取得圆满咨询结果的重要保证。其次，要理解角色差异，善于换位思考。对学生进行心理辅导，要出自真诚的理解，体现老师对学生的爱心和关怀，做到一视同仁，人格平等。

(四)学生主体性原则

教师在心理辅导过程中要尊重学生的主体地位。这是因为心理辅导的目标是要促进学生的成长与发展，而成长与发展从根本上说是一种自觉的和主动的过程。心理辅导是一种助人自助的过程。“助人”只是手段，让学生“自助”才是目的，目标是发展学生自我理解与自我指导的能力。在心理辅导中充分发挥学生的主体作用，使学生形成独立个性的需要得到满足。

(五)个别化对待原则

重视学生的个别差异，强调对学生的个别化对待，是学生心理辅导的精髓。心理辅导是一种颇具弹性的助人活动方式。灵活的应用心理辅导的通用原理，找出适合每个学生的处置方法，才能做到事半功倍。

(六)整体性发展原则

心理辅导追求学生人格的整体性发展。从社会价值取向看，它重视学生德、智、体、美、劳的全面发展；从满足学生自我完善的需求看，它注重学生知、情、意、行几个方面的协调发展。心理辅导的对象是完整的活生生的人，而不是人的局部。

在进行心理辅导时，不论采用何种方法，都必须以建立良好的辅导关系为前提。辅导教师与受辅导学生之间要建立一种新型的、建设性的、具有辅导与治疗功能的人际关系，其主要特点是积极关注、尊重、真诚与同感。同感是指辅导教师设身处地地去体会受辅导学生的内心感受，进入他的内心世界之中。

三、学校心理辅导的途径

(1)建立心理咨询室接待来访的个别学生；

(2)开展心理健康课程；

(3)组织室外的团体心理辅导活动；

(4)邀请专家结合学生身心特点进行心理学知识主题讲座；

(5)组织心理活动周、心理活动日宣传活动，普及心理卫生知识；

(6)用专业量表对学生进行心理健康普查，并建立档案。筛选出有心理问题的学生。

四、常用的心理辅导方法

(一)聆听法

聆听法是指咨询者认真、耐心地倾听来访者诉说的技巧，包括耳闻与目睹。耳闻即用耳听，目睹即观察来访者的体态语言，从而听出来访者的心声。咨询者在与来访者的交谈中，主要是听，而不是说；咨询者与来访者之间不是师生关系，而是朋友关系。咨询者对来访者要平等相处，热情接待，要做到这一点必须会听。交谈时咨询者与来访者需保持适当的距离，这个距离是一种心理距离。听来访者讲话时，目光的运用很重要。在听的过程中，咨询者要不时有简短的鼓励对方讲下去的反应，如“嗯”，“是这样吗?”，表示自己是在关注他的讲话。在听对方的讲话时，咨询者自己的情感和体态语言也要与对方一致。在聆听时，咨询者的身体要微微前倾，并不时适时点头。聆听法的关键是用心去听。

(二)移情法

移情(Empathy)的意思是能体验他人的精神世界，就好像是自己的精神世界一样，来理解和分担来访者的各种精神负荷。如一个来访者谈到自己在班里当众受辱一事时说：“我当时气极了，真想拿马刀把他捅死。”咨询者则可以说：“在当时的情况下，你的这种心情是可以理解的，你是不是感到这件事对你的伤害太大了?”

(三)认知法

认知法又称 ABCDE 理论，它是指发生了事件 A，由于有 B 的想法，便产生了心理障碍的后果 C。如果通过心理咨询，将 B 的想法改为 D(新的想法)，就会有 E 这个新的后果，C 这个心理障碍就消除了。这个方法接近于日常的个别思想教育。

(四)移置法

移置法是指一个人的一种奋斗目标惨遭失败，心理上受到了严重挫伤，如能将其奋斗目标加以转移，从而改变其痛苦的方法。如司马迁受宫刑而著《史记》。转移自己的注意力和奋斗目标，另辟蹊径，前面就会柳暗花明。

(五)暗示法

暗示是一种常见的、奇妙的心理现象，人们可以通过它得到积极暗示和消极暗示。暗示法是指咨询者通过自己的语言或行为，让来访者接受积极的暗示，治好心理问题的方法。暗示法对增强自信心，克服考试焦虑、比赛怯场、自卑心理等都有很好的作用，其关键是来访者要相信这种暗示，否则收效甚微。

(六)松弛法

松弛法是指在暗示的作用下，使人的全身肌肉从头到脚逐步放松的方法，顺序为几句语言表达的公式：①我非常安静；②我的右(左)手或脚感到很沉重；③我的左(右)手或脚感到很暖和；④我的心跳得很平稳、有力；⑤我的呼吸非常轻松；⑥我的腹腔感到很暖和；⑦我的前额凉丝丝的很舒服。这个公式最早是由德国精神病学家舒尔茨提出的，以后各国心理学家根据这个公式，编制了放松训练的指导和暗示语，制成录音带让来访者进行松弛。一般一次 20 分钟左右，一个疗程为 10 天。经过训练后，来访者掌握了这套松弛技术，会迅速使自己的肌肉松弛下来。除了这种方法，也可以用深呼吸或冥想的方法使人放松。冥想就是让来访者回忆起自己经历过的最愉快的一件事的经过，越具体形象越好。此法对因紧张而引起的各种焦虑以及恐慌，尤为有效，还可改善人的记忆力，提高学习能力。这个方法通常与系统脱敏法结合起来使用。

(七)系统脱敏法

系统脱敏法是指有步骤地、由弱到强地逐步适应某种引起过敏反应的刺激源的方法。

首先，来访者能在实际生活中运用自如随意放松后，建立恐怖或焦虑的等级层次：把恐怖或焦虑事件按等级程度由小到大排列。

其次，想象脱敏训练：首先应当让来访者想象着某一程度小的刺激物或事件。能清晰的想象并感到紧张时停止想象并全身放松，之后反复重复以上过程，直到不再对想象感到焦虑或恐惧，那么该等级的脱敏就完成了。以此类推做下一个等级的脱敏训练。一次想象训练不超过 4 个等级，如果训练中某一等级出现强烈的焦虑，则应降级重新训练，直到适应时再往高等级进行。当通过全部等级时，可从模拟情境向现实情境转换，并继续进行脱敏训练。

最后，现实训练：这是治疗最关键的地方，仍然从最低级开始至最高级，逐级进行放松、脱敏训练，到不引起强烈的情绪反应为止。为求助者布置家庭作业，要求每周在治疗指导后对同级刺激自行强化训练，每周2次，每次30分钟为宜。

(八)厌恶法

厌恶法是采用条件反射的方法，把需要戒除的目标行为与不愉快的或者惩罚性的刺激结合起来，通过厌恶性条件反射，以消退目标行为对求助者的吸引力，使症状消退。

厌恶疗法主要适用于露阴症、窥阴症、恋物症等，对酒瘾和强迫症也有一定的疗效，也可以适用于儿童的攻击行为、暴怒发作。

包括：电击厌恶疗法、药物厌恶疗法、橡皮圈疗法、想象厌恶疗法。如咨询者可指导来访者，当自己一有“坏”念头时，就用橡皮圈弹痛自己的手腕，使“坏”念头与手腕的疼痛建立起条件反射：一有“坏”念头，就感到手腕痛，以此来戒除恶习。这种方法，一定要在来访者本人有克服这个心理障碍的迫切愿望时，才能进行。

(九)疏泄法

疏泄法是指将沉郁在体内的不愉快感受，如悲愤的情绪等排出体外的心理过程。疏泄法有以下几种：一是让其痛哭一场。成果表明，哭不仅可以缓解不良情绪，还有利于人的生理健康。二是向知心好友诉说自己的烦恼或悲痛。第三，可向报刊或自己信任的有关机构写信，以疏泄自己心中的不快。咨询室就是很好的疏泄场所。

(十)领悟法

又称认知领悟疗法，是中国式的精神分析方法，由钟友彬等创立。钟友彬认为，成年人产生神经症的根源不在现在，而在于幼年时无意识的创伤体验，如父母离异、缺少母爱、各种躯体病痛和灾难、体罚、严重的情绪刺激、剧烈的惊吓等，由此产生的焦虑为初级焦虑。成年人处在困境中或受到严重的心理创伤而产生的焦虑，为次级焦虑。次级焦虑经过心理机制的加工被变成种种神经性的症状，但当事人本身并未意识到。所谓领悟，就是通过当事人对病因的回忆和咨询者的解释，使当事人醒悟到发病的根源，从而治好他的心病。

(十一)激励法

激励法是指激发个体追求某些既定目标的愿意程度的技术，包括激发动机、鼓励行为、形成动力等因素。咨询者要密切注意来访者身上的闪光点，要肯定这个闪光点，鼓励它燃烧起来，以挖掘来访者的心理潜能。激励要讲究方法，它要求咨询者要有敏锐的观察力、明确的目标、诚恳的态度和娴熟的技巧。激发对方的自尊心和自信心是此法的关键。

(十二)代币奖励法

代币法就是运用代币并编制一套相应的激励系统来对符合要求的目标行为的表现进行肯定和奖励。代币是一种象征性强化物，筹码、小红星、盖章的卡片、特制的塑料币等都可作为代币。当学生作出我们所期待的良好行为后，我们发给数量相当的代币作为强化物。学生用代币兑换有实际价值的奖励物或活动。使用代币法，可以促使某种行为的增强，也可以使某种行为减少或消退。

(十三)强化法

强化法用来培养新的适应行为。根据强化原理，一个行为发生后，如果紧跟着一个强化刺激，这个行为出现的可能性就会增加。

强化有两种，一是在我们期待学生做出的行为出现后，给予一个愉快的刺激(糖果、奖品、称赞、允许参加某项活动等)，这叫作正强化；二是在我们期待学生作出的行为出现后，撤销一个厌恶的刺激，这叫负强化。

(十四)消退法

消退可分为经典条件反射的消退与操作条件反射的消退。在经典条件反射消退的过程中，条件刺激因得不到强化而失去信号意义；在操作条件反射的消退的过程中，某种习得的反应因得不到强化而减少或停止。

(十五)角色扮演法

实施角色扮演时，需要设定某种情境，让学生扮演某一角色，练习在这种情景下应该怎样去做，再将其运用于实际生活中。

角色扮演的作用是：便于发挥当事人的主动性、自发性和创造性；在扮演角色过程中可以显露当事人行为、个性上的弱点与矛盾之处；给当事人宣泄压抑的情绪提供了机会；使其学会合理而有效的行为方式。此外，作为观众的学生也可能对扮演者身上获得启发。

角色扮演有不同的表现形式：集体角色扮演，即心理剧的形式；个别形式的角色扮演，让学生轮换扮演两个角色(如学生和校长)；固定角色扮演等。

第二节 心理评估

一、心理评估的概述

（一）心理评估的定义

学生心理健康教育中的心理评估（psychological assessment），是指依据用心理学方法、工具和技术搜集得来的资料，对个体的心理状态、行为等心理现象作出全面、系统和深入的客观描述、鉴别、分类与诊断的过程。包括自我概念、认知、个性与情绪情感的评估等。发现个体心理方面中现存的、潜在的健康问题，以制定有针对性的计划和方案进行心理疏导与治疗。心理评估一般采用标准化的方法，如各种心理测验和量表。也可以采用非标准化的方法，如观察法、自述法、评估性会谈等。

（二）心理评估的两种参考架构

心理健康教育的对象应以正常学生（包括心理健康的学生和有轻、中度心理健康问题的正常学生）为主，因而心理评估的功能就不应只是进行心理症状或心理病理学诊断，也应重视对学生自身发展潜能、自我实现程度的正向测量与评定。现有的评估手段就是基于这两种参考架构制定的，即疾病模式与健康模式。疾病模式的心理评估旨在对当事人有无心理疾病以及对心理疾病的类别进行诊断。健康模式的心理评估旨在了解健康状态下的个体的心智能力及自我实现的倾向。健康模式的心理评估关注的是人的潜能、人的自我实现的程度以及人的心理素质改善的程度，因此在学校心理健康教育中应高度受到重视。

（三）心理评估的目的

（1）作出心理或医学疾病的诊断，并协助临床心理学家制定相应治疗方案。

（2）指导制定心理障碍或疾病的防治措施。

（3）为心理障碍或医学疾病的预后提供依据，并作为判断治疗方法有效性效的指标。

（4）作为人才选拔的方法，预测个体未来成就，以及作为司法鉴定的方法等。

(四)心理评估的意义

(1)了解被评估者心理特征，是有针对性地开展心理健康教育的基础。

心理健康教育是一项高度个别化的教育工作，为了有针对性地开展工作，制定正确的辅导与咨询方案，必须找出个体的问题症结所在，了解他所处的环境，准确地把握他认识世界的独特观念与态度。

(2)心理评估是检验心理健康教育效果的手段。

心理评估不仅是了解个体行为表现及其心理健康水平的工具，也是评价心理健康教育绩效的工具。心理健康教育的成效需要从学生个人或群体的心理症状减轻程度、心理素质的改善水平来加以确认。

(3)心理评估可以发现被评估者心理活动方面现存或潜在的健康问题，还可对常见心理问题进行量化和分级。

通过心理评估可以发现被评估者心理活动方面的健康问题，而且通过有关的科学测验可以对其心理问题进行定量分析，直观地用数据说明问题。

二、心理评估的方法

心理评估工作者研制了各种系统的评估方法，从生理、心理和社会诸多方面了解个体以及群体的心理健康状况，以增强对精神疾病与心理缺陷的预防、研究和治疗，维护世界各国人民的心理健康，进而增进全人类的幸福。其中，常见的评估方法有：

(一)调查法

调查法除一般询问外，还可采用调查表(问卷)的形式进行。

包括历史调查和现状调查两种方法。历史调查主要包括档案、文献资料和向了解被评估者过去经历的人调查等内容。现状调查主要围绕与当前问题有关的内容进行。调查对象包括被评估者本人及其周围的“知情人”，如同学、同事、父母、亲友、老师、领导、兄弟姐妹等。例如，调查大学生的兼职情况，就可以从大学生的兼职次数、兼职目的、兼职途径和兼职工作等方面展开调查，从而从较大范围内获取有关资料，以提供分析研究。调查法的优点是可以结合纵向和横向两个方面的内容，搜集得到的资料广泛而全面。不足之处是调查常常是间接性的评估，材料真实性易受被调查者主观因素的影响。

(二)会谈法

会谈是心理咨询与辅导的基本方法。教师通过会谈既可以了解学生的心理与行为，也可以对学生的认知、情绪、态度施加影响。因此，会谈可分为评估性会谈与影响性会谈。但二者很难截然分开。与其他方法比较起来会谈法的优点是：在会谈中可以当面澄清问题，以提高所获得资料的准确性；通过观察会谈过程中双方的关系及学生的非言语行为，可以获得许多重要的附加信息。为了使会谈富有成效，除了要注意建立良好的人际关系外，辅导教师还要运用一些专门的技术。如倾听、鼓励、询问、反映、澄清等技术。

会谈包括：结构式会谈和非结构式会谈两种形式。

(1)结构式会谈

是实施者按所需资料的要求，以比较固定的方式和次序，编制出会谈的提纲，并且主动发问，要求求助者按问题回答。例如："你现在存在哪些主要的问题或麻烦？""这些困难是从什么时候开始的？"

结构式会谈的优点：有目的且有重点地进行追问和检查；有助于系统的收集资料；方法固定，易于操作；节省时间。

结构式会谈的缺点：查问过于主动、互动性差；易于引起求助者的反感或只能得到"是"与"否"的简单回答。

(2)非结构式会谈

实施者与来访者自由交谈，让其自然而然地说出他想要说的话。

优点：方法上比较灵活，互动性强，可以使来访者在谈话中较无戒心地吐露出内心的真情实意。

缺点：由于没有一定的重点与方向，需要的时间较多，且易出现顾此失彼。方法操作难度较大，经验不足者难以把握。

(三)观察法

弗洛伊德(S. Freud)说过："用眼睛看，耳朵听，相信无人再能保守他的秘密。"

可见，在心理评估中，离不开对被评估者的观察，这是评估者获得信息最常用的手段。这里所指的观察法是通过对被评估者的行为表现直接或间接(通过摄影录像设备)的观察或观测而进行心理评估的一种方法。观察法可分为自然观察法与控制观察法两种方式。前者指在自然情境(如家庭、学校或工作)中，被评估者的行为不受观察者干扰，按照其本来方式和目标进行所得到的观察。后者指在经过预先设置的情境中所进行的观察。也可以分成参与式观察与非参与观察。观察法的优点是材料比较真实和客观，对儿童的心理评估以及对一些精神障碍者的评估而言，观察法显然尤为重要。不足之处是，观察法得到的只是外显行为，不易重复。观察结果的有效性还取决于观察者的洞察能力、分析综合能力等。

使用观察法时应注意：

首先，观察必须有明确的目的和计划。

其次，是必须客观和精确，反复多次，不可轻易根据某些偶然现象就做出结论。

再次，必须做到详细的、准确的观察记录，必要时可利用一些辅助工具如照相机、录像机、录音机等。

最后，观察的结果需要经过科学而正确的描述加以记录和量化。

对观察得到的事实进行记录常用的方式有：

1. 项目检核表

将要观察的各项心理特质或作为项目列于表上，所观察的学生具有某种特质时，就在对应的项目前作出标记。

2. 评定量表

将被观察的目标行为列于表上，研究者将被观察的表现与表中项目对照，并根据符合的程度进行等级评定。如仪表、体形、打扮，人际交往风格、言谈举止、注意力、兴趣、爱好、各种情境下的应对行为等。实际观察中，应根据观察目的，观察方法及观察的不同阶段选择观察目标行为。对每种准备观察的行为应给予明确的定义，以便准确的观察和记录。

3. 轶事记录

教师对学生观察后，及时对所观察到的重要事实，以叙述性文字所做的一种简明的记录。包括：被观察者的姓名、年龄、观察的时间与观察者姓名，观察事实及其发生情景的描述，观察者的解释与建议。

(四)作品分析法

作品分析法也称自述法、产品分析法，是指通过被评估者书面形式的自我描述来了解被评估者生活经历及内心世界的一种方法。其中，日记、周记、作文、自传、内心独白都是作品分析法的具体形式。通过分析这些作品可以有效地评估其心理水平和心理状态，并且可以作为一个客观依据留存。

(五)心理测验法

在心理评估中，心理测验占有十分重要的地位。心理测验可以对心理现象的某些特定方面进行系统评定，并且测验一般采用标准化、数量化的原则，所得到的结果可以参照常模进行比较，避免了一些主观因素的影响。心理测验的应用范围很广，种类繁多。如人格量表、智力量表、症状量表等。

(六)实验法

是对某一心理行为变量进行客观的直接的测量，获得绝对的量化记录。但是，在心理社会和行为领域，这种方法受到客观的限制，往往仅作为临床工作中的辅助工具。

三、心理评估中的规范

(一)注意问题

为了使评估的过程更加科学、规范，达到评估目的，在评估时无论使用哪种方法都应该注意以下几点：

(1)重视心理评估的理论和实践意义，以便及时、全面、准确评估。

(2)注重心身同时评估：提高评估效率。

(3)注意主客观资料相结合。

(4)避免评估者的态度、观察、偏见等对评估结果的影响。

(5)定量与定性评估相结合。

(6)评估与教育、辅导、咨询、治疗相结合。

(二)评估者要具备的条件

(1)技术方面：具备心理学、病理心理学及健康和疾病关系的知识，以及与人交往的经验。

(2)心理素质方面：要有健康的人格，乐于助人，对来访者能做到有接纳性和通情，具有人际交往能力。

(3)建立良好的协调关系：要做到通情、接受和尊重来访者。

(三)心理评估者的职业道德

(1)严肃对待心理评估的整个过程；

(2)保守被试者的利益和个人隐私；

(3)正确管理、选择心理评估的工具。

阅读专栏 12-1

心理评估报告

编号：NO. JCS0005

测评机构：北京市×××心理咨询职业技能中心

SCL-90 症状自评量表

……………………………………………………………………

姓名：JCX　　性别：女　　年龄：20

文化程度：大学　职业：学生　婚姻状况：未婚　测查日期：2015-12-10

注意：检查结果需要在心理专业人士的指导下使用。

各因子分及分数解释：

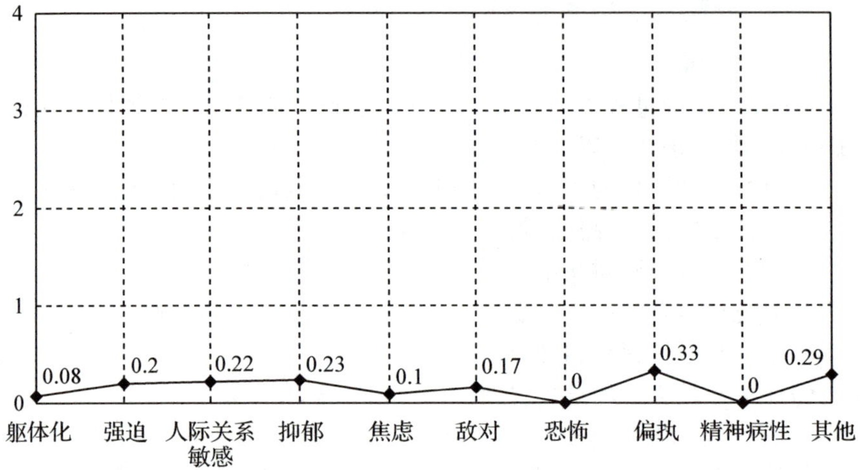

第三节　心理测验概述

一、科学心理测验的起源

心理测验产生的最初原因是社会发展的需要，在西方的一些国家，工业革命成功后，对劳动力的需要急剧增加，工厂需要大量采用童工，许多地方官与工厂主规定，每雇用 20 个童工，必须带雇一个低能者，因此有必要开发适当的工具以便识别并训练低能者。

在 19 世纪以前，智力落后者(mental retardation)和精神异常者(insane)常常被关禁闭，甚至被拷打虐待。后来，随着人道主义思想的传播以及医疗技术的发展，人们对精神疾病患者及智力落后者的态度有所好转，有些国家还建立了特殊的医疗机构来收容医治他们。出于对智力落后的低能者和精神病人的帮助与治疗的需要，这就急需建立一种客观的分类标准来鉴别智力落后者和精神异常者。

另外，随着工业技术的发展，社会分工日趋精细，因而有了专才训练与就业指导的需要，这也是促使心理测验发展的重要原因。特别是当今各种特殊能力倾向测验更是迎合实践的需要而产生的。

二、心理测验的代表人物

(一)冯特

1879年，德国心理学家冯特(W. Wundt)在莱比锡大学建立世界上第一所心理实验室。他本来的目标是想发现人类行为的一般趋势，然而在研究中却发现：对于同一刺激，被试每个人的反应常常不同。他起初以为这是由于实验程序所造成的错误，但经过长时间的实验才逐步认识到，这种差异是由于个体间能力上存在差异导致的。这就为个体差异测量学的发展提供了方向，并由此推动了测量运动的开展。

阅读专栏12-2

人物介绍：第一位心理学家的成长

冯特1832年出生于德国西南部曼海姆附近的内卡劳，他父亲是村里的牧师，他当孩子的时候，唯一的好朋友是一个弱智男孩，在学校里，他习惯性地走神，神情恍惚。冯特读一年级的时候，有一天他父亲来学校看他，发现他心不在焉的样子，盛怒之下当着同学的面扇了他几记耳光。冯特永远也忘不了这件事，可这并没有改变他什么。后来，冯特的父母送他去海德堡的学会，他成绩平平地度过了中学时代。毕业时，因为父亲已经去世，母亲也只有很少的养老金，他只得准备找一份工作，以保持住体面的生活。他选择了医学，并报考了图宾根大学；他瞒着母亲玩耍晃荡了一年，什么也没有学到。

可当他年终回到家里，意识到家里几乎没有钱可以供他读完3年大学时，他发生了令人吃惊的变化。他在这年秋天去海德堡大学重新学习医学，带着满腔热情一头扎入学习，竟在3年时间内完成了学业，并在1855年的医学全国会考中获得第一名的成绩。1855年拿到硕士学位。1857年被指定为海德堡大学的生理学讲师。次年，当著名的赫尔曼·亥姆霍兹来到该校建立生理学研究院的时候，冯特申请当他的实验室助手，并得到了这份工作。他为亥姆霍兹所做的工作进一步发展了他对生理心理学的兴趣。这时，他才20出头，尚未婚娶，冯特已经完全变成了一个工作狂。冯特于

1875 年去了莱比锡大学，1883 年，大学增加了他的薪水，给他的实验室一个正规的地位。

【资料来源】莫顿·亨特，李斯等译．心理学的故事[M]．海口：海南出版社，2002：1.

(二)高尔顿

弗兰西斯·高尔顿(F. Galton)作为优生学创始人、英国生物学家和心理学家，开创了个别差异心理学研究，并且采用了定量研究的方法。

1869 年，他出版了《遗传的天才》一书，他指出人的能力是由遗传而来的，并设想人的能力水平分布是常态的，其差异是可测量的。1884 年他在国际博览会上设立了一个人类测量实验室，参观者可以测量到某些身体素质和视听觉的敏锐性、肌肉力量、反应时以及其他一些简单的感觉——运动机能。他用这种方法收集了 9337 人的有关生理、感知觉方面的资料。高尔顿还设计了许多简单的测验，用于研究个体差异，如判断线条的长短与物体的轻重等。他在研究中发现，智力低下者对于冷、热、痛鉴别能力较低，他认为，感觉辨别能力基本上是心智能力中最高的能力。

高尔顿还是应用问卷法、等级评定量表及自由联想法的先驱。高尔顿在 1893 年出版的《人类能力及其发展的研究》一书中，首次提出了“心理测量”和“测验”这两个术语，堪称直接推动心理测验产生的第一人。

(三)卡特尔

卡特尔(J. M. Cattell)是另一位推动心理测量产生的重要人物。卡特尔早年留学德国时师从冯特。不顾导师的反对，完成了《反应时的个别差异》的博士论文。1888 年，在剑桥大学任教期间，与高尔顿交往密切，并深受其影响，回美国后，在宾夕法尼亚大学任教，用各种心理测验来研究个体差异。他于 1890 年在《心理》杂志上发表论文《心理测验与测量》，在这篇论文中，他首次提出了“心理测验”(mental test)这一术语。他提出，心理测验需要建立统一的普遍标准，并且还应与常模比较，以充分实现测量的科研价值。

阅读专栏 12-3

论文《心理测验与测量》中介绍的测验如下：

1. 握力测验；
2. 动作速度测验；

3. 触觉的两点阈限测量；
4. 引起痛觉的最低阈值的测量；
5. 辨别重量最小可觉差别的能力测量；
6. 辨别声音反应时的测量；
7. 说出四种混合在一起的颜色的速度测量；
8. 把一根 50 厘米的线平分为二，测其精确性；
9. 对 10 秒钟时间判断的测量；
10. 复述听过一遍的字母数目的测量。

(四)艾宾浩斯

艾宾浩斯(Ebbinghaus)开创了用实验的方法研究记忆的先河。1897 年，艾宾浩斯用算术运算、记忆广度、句子填充测验施测于小学生，最复杂的是句子填充，其测试结果与学业成绩十分相符。

(五)比奈

1904 年法国教育部委派许多医学家、教育家与科学家组织一个委员会，专门研究公立学校中学业成绩落后的班级的管理方法。比奈是其委员之一。1905 年，比奈(A. Binet)与助手西蒙(T. Simon)合作，在《心理学年报》上介绍了他们编制的世界上第一个智力测验量表：比奈—西蒙量表(Binet-Simon Scale)，史称 1905 量表。该量表由 30 个由易至难的问题构成，可用来测量理解、判断、推理等各种能力。此后他又对量表进行了两次修改。

比奈的成功并不是偶然的，他是费了许多工夫，试了许多方法，才得到成功的。在此之前，他曾经测量过人的头盖骨，研究过面相、手相和字相，积累了许多关于测量的原始经验。目前世界上的智力测验很多，但其基本原理和主要方法都是由比奈奠定的。因此，比奈又被称为“心理测量的鼻祖”，以及“发明智力测验常模量表的第一人”。

三、心理测验的概念

心理测验是为心理辅导、心理评估搜集数量化资料的常用工具，是测量一个行为样本的系统科学的程序。通俗地讲，心理测验依据一定的心理学和教育学理论，通过测量人的少数有代表性的行为，对贯穿在人的全部行为活动中的心理特点(智力、人格、态度等特征)作出推论和数量化分析的一种科学手段。

可见：

首先，测验测量的是被试做测验时的行为。

其次，一个测验不可能包含所要测量的行为领域中所有可能的题目，它所包含的只是全部可能题目中的一个有代表性的样本。

最后，在编制、施测、评分和解释方面需依据一套系统的程序。这种按照严格的科学程序去编制和使用的测验称为“标准化测验”。

四、标准化测验的基本特征

科学的心理测验不但要通过统计分析等科学程序编制出符合测验目的的题目，并且有严格的测试实施程序与计分方法，而且要有关于测验的信度、效度以及如何解释分数等方面的说明。只有通过标准程序建立测验内容，制定评分标准，规范实施方法，而且具备主要的心理测量技术指标，并达到了国际上公认的水平，才能称为标准化测验(standardized test)。标准化测验的主要技术指标有：

1. 常模

它是指某种心理测验在某一人群中测查结果的标准量数，即提供了可比较的标准。一个人心理测验的得分，必须与常模比较才能显示它的意义。例如，某人在考试中得分是 93 分，93 分本身不能说明其成绩是好还是差，只有与他所在的班级的平均成绩相比较才能确定其优劣。

(1)常模的适用范围

常模的适用范围取决于取样的范围。若从全国取样，所得的常模是全国常模；若从地区取样，所得的是地区常模。全国常模的适用范围广，但制定难度大；地区常模适应范围小，但制定容易些。

(2)常模的形式

①均数：是标准化样本的平均值。某被试在测验中的直接得分(粗分或称原始分)与之相比较时，才能确定其分数的高低。

②标准分数：原始分的意义非常有限，不具可比性，而心理测验的基本目的就是比较差异，要实现这一目的，需要运用标准分数。Z 分是最基本的标准分数，是以标准差为单位表示一个分数在团体中所处的相对位置。

③百分位：将成绩差的排列在下，好的排列在上，计算出常模样本分数的各百分位范围。将被试的成绩与常模比较，例如，被试者的成绩相当于百分位为 25，说明 25%的人成绩不如他。

④划界分：如教育上用100分制时，60分为及格，60分即划界分。一般入学考试的划界分因录取比例而异。

⑤比率：例如智力测验中使用的比率智商。

2. 信度

它是指测验分数的一致性、稳定性和可信程度，是心理测验稳定性的标志。没有信度的测验量表，就好比一把橡皮筋尺子，测验的结果会随着测验者掌握的松紧不同而变化。因此，一个可靠的测验必须具有较高的信度。

信度是以测验分数的一致性为标准来确定的。例如用一套测验对一组被试前后施测两次，如果两次得分接近，说明其信度高；反之，说明其信度低。

信度结果用信度系数表示，其数值在 ＋1～－1 之间。绝对值越接近1，表明误差越小，测验结果越可靠；绝对值越接近0，表明误差越大，测验结果越不可靠。信度要求与测验性质有关，通常，能力测验的信度要求在0.8以上，而人格测验的信度要求在0.7以上。凡是标准化的测验手册，都需说明其测验的信度。

常见的信度值有：分半信度、再测信度、重测信度、评分者信度和一致性信度。

3. 效度

指测验结果的有效性，即某种测验是否测查到所要测的心理品质，在多大程度上测查了所要测的心理品质。如果一个测验测到了、也测准了所要测的东西，这个测验的效度就高。例如，一把标准的木尺量课本的长度，得到了课本具体的长度，不管谁、什么时间测量都是这个结果，说明测验的效度高；反之，效度低。1966年美国心理学会在《教育心理测验值标准》中将效度分为三大类：内容效度、结构效度、准则关联效度。

需要注意的是，各种标准化的心理测验，特别是智力测验的施测与解释，都要求由经过专门训练的施测人员来进行。教师在选择测验时，必须充分考虑测验的意图、测验的适用被试范围(如年龄、性别等)、测验的方式和检测性质等，特别是在对测验结果的解释上，更是要谨慎从事，不能盲目迷信测验分数，反对“唯分数论”即不能把某一次测验的分数当作教学决策与评判学生的重要依据。而应当把测验看成一种检测学生心理特质的辅助工具，它只有与其他信息综合结合在一起，才能充分发挥出心理测验的功效。

五、心理测验的类型

心理测验是心理评估中判定个体差异的重要工具，个体差异包括许多方面，这些差异还可放在不同目的和不同情境中去研究，这就使得心理测验有很多不同的分类方法。

常见的分类方法有：

(一)按测验的功能分类

1. 能力测验

包括智力测验、发展量表和特殊能力测验等。

智力测验是测量人的一般能力，在临床上用途很多，不仅在研究智力水平而且在研究其他病理情况时都是不可缺少的工具，智力测试常用的有韦氏量表、斯坦福—比奈量表等。

发展量表主要是指各种儿童发展测量表，0～3 岁的幼儿大多采用发展量表测查智能水平。

特殊能力测验多为学生升学、职业指导以及一些特殊人员的筛选所用，常用的有音乐能力、美术水平、体育素质水平、机械制造能力、飞行素质以及写作能力测验。

2. 学绩测验

主要用于测量个人(或团体)经过某种正式教育或训练之后对知识和技能掌握的程度。因为所测得的主要是学习成绩，所以被称作学绩测验。最常见的是学校中的学科测验。

3. 人格测验

人格测验主要用于测量性格、气质、兴趣、态度、品德、情绪、动机、信念等方面的个性心理特征，亦即个性中除能力以外的其他部分。常用的人格测验有明尼苏达多相人格测验、艾森克人格问卷、卡特尔 16 项人格因素问卷等。

(二)按施测对象分类

1. 个别测验

个别测验是每次仅以一个被试为对象进行的测验。此类测验的优点是主测者对受测者的行为反应有较多的观察与控制机会。个别测验的主要缺点是时间不经济，不能在短时间内经由测验收集到大量的资料，而且个别测验手续复杂，主持者需要较高的训练与素养，一般人不易掌握。

2. 团体测验

在同一时间内对一群被试施测称为团体测验。优点是短时间内可收集到大量资料，因此在学校中被广泛使用。团体测验的缺点是受测者的行为不易控制，容易产生测量误差。

(三)按测验方式分类

1. 纸笔测验

受测者在纸上作答测验内容，所以其缺点是容易受被测者文化水平的影响。但是便于团体施测。

2. 操作测验

测验是对图形、实物、工具的操作，无须使用文字作答，所以不受文化因素的限制，可用于学前儿童和不识字的成人。此种测验的缺点是大多不宜团体实施，在时间上不经济。

3. 口头测验

主试口头提问，被试口头作答。非常便捷，但有时不太适合团体施测。

4. 电脑测验

测验项目在电脑上呈现，被试按键作答。现在这种测验形式已经很普遍。

(四)按测验的难易程度和时限分类

1. 速度测验

题目数量多，并严格限制时间，主要测量反应速度。此种测验题目较为容易，一般都没有超出被试的能力水平，但因时限较短，几乎每个被试都不能做完所有题目。

2. 难度测验

包含各种不同难度的题目，由易到难排列，其中有一些极难的题目，几乎所有被试都解答不了。但作答时限较为充裕，每个受测者都有机会做所有的题目，并在规定时间内做完会做的题目。

(五)按测验的要求分类

1. 最高行为测验

此种测验要求受测者尽可能作出最好的回答，主要与认知过程有关，有正确答案。如能力测验、学绩测验。

2. 典型行为测验

此种测验要求受测者按通常的习惯方式作出反应，没有正确答案。如人格测验。

(六)按测验的解释分类

1. 常模参照测验

将一个人的分数与其他人比较，看其在某一团体中所处的位置。

2. 标准参照测验

将被试的分数与某种标准进行比较来解释。看其是否达到指定的分数线，来作出解释。

(七) 按测验的应用分类

1. 教育测验

教育部门是测验应用最广的领域，许多能力和人格测验都可在学校中应用，但用得最多的是学绩测验，平时说的教育测验，主要指学绩测验。可用于：能力甄别、测定学生的潜能、指导学生、超常儿童的鉴别。

2. 职业测验

主要用于人员选拔和安置。可以是能力和学绩测验，也可以是人格测验。如飞行员招飞、运动员的选拔测验等。

3. 临床测验

主要用于医疗部门。许多能力和人格测验可用来检查智力障碍或精神疾病，为临床诊断和心理咨询工作服务。

心理测验的数目很多，约有 5000 余种。其数量之多，显然不能被每个人全部掌握，大多数人都是知道多种，精通少数。以上几种分类都是相对的，同一个测验采用不同的分类标准，可能归为不同的类别。如期末考试按照不同的分类标准可归为不同类型。

第四节　心理辅导和评估中常用的心理测验

一、智力测验

(一)智力测验的含义

“智力”一词来源于古拉丁词 intelligence，其意义是代表一种天生的特点及倾向性。总结了很多专家学者的观点之后，我们认为智力是指人们认识、理解客观事物，并运用知识、经验等解决问题的一般能力，它包括观察力、注意力、记忆力、思维力、想象力、操作能力等。简单地说，智力测验就是在一定的条件下，使用特定的标准化的测验量表对被试施加刺激，从被试的反应中测量其智力水平的高低。

(二)经典智力测验简介

在智力测验发展史中影响力最大的智力测验有：比奈智力测验、斯坦福—比奈智力测验和韦克斯勒智力测验。

1. 比奈智力测验

1905 年比奈—西蒙编制了世界上第一个智力测验。用智龄(即智力年龄)来代表个体的智力水平。

早期的比奈智力测验把各种难易不同的题目按年龄顺序加以排列，一组题包括 3～6 个测题，如果一个 6 岁的儿童，通过了 6 岁组的全部 6 个题目，他的智龄就是 6 岁。此测验 1922 年被译成中文传入我国，我们现在使用的比奈量表是 1982 年由吴天敏先生第三次修订的版本，共 51 题，主要用于测量小学生和初中生的智力水平。

2. 斯坦福—比奈智力测验

1916 年推孟教授修改的斯坦福—比奈智力测验中，其测验内容仍是拼图、数数、理解和判断等问题。但在计算方法上，它使用了比率智商来代表个体的智力水平。从此有了智商(Intelligence Quotient，IQ)这一术语。

比率智商是智力年龄与实际年龄之比，为了避免计算中的小数，将商数乘以 100。计算公式是：

$$IQ = MA/CA \times 100$$

公式中，MA 代表智龄(mental age)，是某一儿童智力所达到的年龄水平，即在智力测验中取得的成绩；CA 代表实龄(chronological age)，是测验时的实际生理年龄；如果 MA 与 CA 相等，智商为 100。这种用智龄和实龄的比率代表的智商叫比率智商。

例如，一个 6 岁的儿童，如果智龄也是 6 岁，那么他的智商是 $IQ=6/6\times100=100$，即表明这个儿童的智力发展水平与他的年龄相当，处于中等智力水平；如果智龄是 7 岁，那么他的智商是 $IQ=7/6\times100=116.7$，高于一般水平；如果智龄是 5 岁，那么他的智商是 $IQ=5/6\times100=83.3$，低于一般水平。智商在 90～110 之间，属于中等水平；若在 70 以下，即属于智力落后或低能；智商在 120 以上，表明智力优秀，若在 140 以上即属于超常或天才。经过对大量被试的测验和统计处理，结果表明，人类的智力水平呈正态曲线分布，即智力水平极低和极高的人都是少数，中等的最多。如智商为 100±16 分左右的人约占全人口的 68.2%。

比率智商有一定局限性，它的计算公式是建立在智力与年龄成正比的基础上，这在低年龄范围内是正确的，但到一定年龄后便不再是这种关系。人的实际年龄逐年在增加，而他的智力发展到一定年龄阶段就会稳定在一个水平上。因此，比率智商适用最高年龄限制在 15 岁左右。

3. 韦克斯勒智力测验

韦克斯勒智力测验包括韦氏成人智力测验、韦氏儿童智力测验、韦氏学前儿童智力测验。韦克斯勒智力测验属于成套测验，分为言语测验和操作测验两大类。

韦克斯勒智力测验计算的是离差智商。它避免了比率智商的局限性，把测量分数按照正态分布曲线标准化，把原始分数转换为平均分为 100、标准差为 15 的标准分数，用来描述一个人的智力水平在同年龄组中所处的位置。它的计算公式是：

$$IQ=15Z+100$$

公式中的 Z 是将测验原始分数转换成的标准分数。

韦氏智力量表不仅能算出一个人总的离差智商，还能算出言语测验、操作测验等各种分测验的离差智商，因此，对一个人的智力结构的各种因素可以进行比较和分析。

二、人格测验

（一）人格的概念

由于人格的多面性与复杂性，不同心理学家对其定义的观点也不尽相同，迄今为止还没有公认的定义。目前，我国多数心理学教材将人格定义为：人格是个人在适应环境的过程中所表现出来的系统的独特的反应方式，主要是指人所具有的与他人相区别的独特而稳定的思维方式和行为风格。它是个人在其遗传、环境、成长、学习等因素交互作用下形成的。

需要注意的是：日常生活中有人从伦理角度出发，使用“人格”对人进行道德评价，如说某人的人格高尚，某人的人格卑劣等，虽然也含有心理学中人格的部分含义，但它不是心理学的科学概念，需要我们加以甄别。

（二）人格的特征

1. 独特性

不同的遗传机制、生存环境，造就了每个人独特的人格特征。所谓“人心不同，各如其面”，这就是人格的独特性。

2. 稳定性

人格的稳定性表现在两个方面：一是人格的跨时间的持续性。在人生的不同时期，人格持续性首先表现为自我的持久性；二是人格的跨情景一致性。

3. 整体性

人格是由多种成分构成的一个有机整体，具有内在统一的一致性，受自我意识的调控。人格整体性是心理健康的重要指标。

4. 功能性

人格决定一个人的生活方式，甚至决定一个人的命运，因而是人生成败的根源。当面对挫折时，坚忍者能奋发图强、锲而不舍，脆弱者却悲观失望、一蹶不振，这就是人格功能性的表现。

（三）人格的结构

人格是一个复杂抽象的结构系统，它包括许多成分，其中主要有气质、性格、认知风格、自我调控等方面。其中自我调控是人格中的内控系统。

气质和性格在前面章节中已阐述，在此我们仅对认知风格和自我调控两个方面进行分析。

1. 认知风格

认知风格是指个人所偏爱使用的信息加工方式。认知的方式主要有：场独立型和场依存型；冲动型和沉思型；同时型和继时型。

(1)场独立型—场依存型

所谓场，就是环境，心理学家把外界环境描述为一个场。美国心理学家赫尔曼·威特金(Herman Witkin)认为有些人知觉信息时较多地受他所看到的环境刺激的影响，有些人则较多地受身体内部线索的影响。他把个体较多依赖自己内部的参照，不易受外在因素影响和干扰，独立对事物做出判断的称为场独立型；个体较多地依赖自己所处的周围环境做出反应，称为场依存型。

(2)冲动型—沉思型

冲动型的特点是反应快，但精确性差。冲动型学生面对问题时不能全面细致地分析问题的各种可能性，不管正确与否就急于表达出来，甚至有时还没弄清问题的要求，就开始对问题进行解答。他们的信息加工策略多是整体加工方式，在完成需要做整体解释的学习任务时，学习成绩会更好些。

沉思型的学生阅读能力、记忆能力、推理能力、创造力等方面都表现较好。沉思型的特点是反应慢，但精确性高。这种学生总是把问题考虑周全后，再作反应，他们看重的是解决问题的质量，而不是速度。沉思型学生的信息加工策略多采用细节性加工方式，所以他们在完成需要对细节做分析的学习任务时，学习成绩会更好些。

(3)同时型—继时型

达斯等人根据脑功能的研究，区分了同时型与继时型的认知风格，他们认为，左脑占优势的个体表现出继时型加工风格，而右脑占优势的个体表现出同时型加工的风格。继时型认知风格的特点是：在解决问题时，能一步一步地分析问题，每一个步骤只考虑一种假设或一种属性，提出的假设在时间上有明显的前后顺序；同时型认知风格的特点是：在解决问题时，采取宽视野的方式，同时考虑多种假设，并兼顾到解决问题的各种可能。同时型和继时型不是加工水平的差异而是认知方式的差异。

2. 自我调控系统

自我调控系统(self-regulatory system)是人格中的内控系统或自控系统，由自我认识、自我体验和自我控制(或自我调节)三个子系统所构成，因此也叫自我意识，其作用是对人格的各种成分进行调控，保持人格的完整、统一、和谐。

(1)自我认识

自我认识是对自己的洞察和理解，包括自我观察和自我评价。

自我观察是指对自己的感知、思想和意向等方面的察觉；自我评价是指对自己的想法、期望、行为及人格特征的判断与评估，这是自我调节的重要前提条件。

(2)自我体验

自我体验是伴随自我认识而产生的内心体验，是自我意识在情感上的表现。

自尊心、自信心是自我体验的具体内容。自尊心是指个体在社会比较过程中所获得的有关自我价值的积极的评价与体验。自信心是对自己的能力是否适合所承担的任务而产生的自我体验。自信心与自尊心都是和自我评价紧密联系在一起。

(3)自我控制

自我控制是自我意识在行为上的表现，是实现自我意识调节的最后环节。它包括自我检查、自我监督、自我调控等。自我检查是个体在头脑中将自己的活动结果与活动目的加以比较、对照的过程。自我监督是个体以其良心或内在的行为准则对自己的言行实行监督的过程。自我调控是主体对自身心理与行为的主动掌握。自我调节是自我意识中直接作用于个体行为的环节，它是一个人自我教育、自我发展的重要机制，自我调节的实现是自我意识的能动性质的表现。

(四)常见的几类人格测验

1. 自陈量表

让被试按自己的意见，对自己的人格特质进行评价的一种方法。比较有名的是：明尼苏达多相人格测验(MMPI)、卡特尔 16 种人格因素测验(16PF)、艾森克人格问卷(EPQ)、爱德华个性偏好量表(EPPS)、加州心理问卷(CPI)。

2. 评定量表

通过观察他人的某种行为或特质，然后为其确定一个分数或等级的方法，称为评定。评定量表是以观察为基础，通常由一组描述个体特征的词或句子组成，要求由他人经过观察对某个人的某种行为或特质作出评价。例如，莱氏品质评定量表、猜人测验。需要注意的是：对于外国学者编制的评定量表，要先进行本土化，才能对中国被试进行施测。

3. 投射测验

“投射”在心理学上指个人把自己的思想、态度、愿望、情绪、性格等个性特征，不自觉地反映于外界刺激的一种心理作用，由此可以看出他隐藏着的人格特征。投射法就是向受测者提供一些意义比较含糊的刺激情境，让他在不受限制的情境下，自由地表现出他的反应，分析反应的结果，便可推断他的人格结构。把利用这种方法编制的测验称作投射测验。例如，罗夏墨迹测验(RIT)、主题统觉测验(TAT)。

4. 情景测验

把被试置于特定的情境中，由主试观察其在此情境下的行为反应，从而判断其人格。如性格教育测验和情景压力测验。

三、临床测验

又称诊断测验，主要以简便地鉴别精神症状为目的。广义地说，有助于临床诊断之用的测验都可称为临床测验。一般来说，临床测验是指专为医学临床诊断而设计的测验，常用的有神经心理学测验、儿童心智缺陷测验、心理健康测验等。

(一)神经心理学测验

它是在现代心理测验基础上发展起来的用于脑功能评估的一类心理测验方法，是神经心理学研究脑与行为关系的一种重要方法，主要用于评估人类脑功能的特征，包括感觉、知觉、运动、思维、言语、注意、记忆等脑功能。它既可用于正常人，也常用于脑损伤病人，由于其在临床诊断、治疗康复、预后评价及能力鉴定方法方面有广泛的用途。因此它是神经心理学研究的重要方法之一。

1. 脑功能失调的检测

(1)记忆量表

如韦克斯勒记忆量表、本顿视觉保持测验。

(2)视结构能力和视知觉测验

最常用的是本德视——动格式塔测验。

(3)认知障碍测验

例如，戈尔斯坦—舍勒的抽象思维和具体思维测验、符号—数字测验。

(4)病态言语行为测验

临床常见的有：霍尔斯泰德—韦甫曼失话症筛选测验、明尼苏达失语症测验、斯普林——本顿失语症测验、表征测验。

2. 综合性神经心理学测验

例如，霍尔斯泰德—瑞坦神经心理成套测验、鲁利亚—内布拉斯加神经心理成套测验。此外，在人格测验中提到的MMPI也可以使用。

(二)儿童心智与行为障碍测验

1. 学习障碍的检测

学习障碍是指听、说、读、写、推理或数学等方面的获取和运用上表现出显著困难的一群不同性质的学习困难者的通称。其中最早且应用最广泛的测验是伊利诺伊心理语言测验，此外普氏儿童沟通能力指标也很受欢迎。

2. 儿童多动症的诊断

多动症全称为注意缺陷多动障碍，是儿童注意力缺乏、唤起过度、活动过多、冲动性和延迟满足困难等一系列心理行为问题的总称。

儿童多动症的诊断有三个方法：神经生理测验、行为检查和心理测验。

(1)神经生理测验

最常见的是用脑电图来检测多动症。

(2)行为检查

例如，康纳斯行为检查表、阿肯巴赫儿童行为检测表。

(3)心理测验

例如，比纳量表、韦氏儿童量表、注意划消测验等都可以使用。

3. 儿童适应性行为测验

适应性行为是指人适应外界环境赖以生存的能力。儿童适应性行为评估是智力残疾诊断与干预的必要依据，它可以通过许多方法来测定。比较出名的有：AAMD适应性行为测验、文兰社会成熟测验。

(三)心理健康测验

1. 心理健康评估的含义

心理健康评估的对象不仅涉及病人，也包括健康的人。心理健康强调生物医学、心理、社会模式，其评定的内容涉及这三个方面的相互影响。心理健康评估的方法有很多，如健康史自我报告、个人档案、观察、晤谈、生物医学检查、心理测验等。其中使用心理健康问卷进行测验是最主要的标准化手段。

2. 常见的心理健康测验

(1)康奈尔医学指数(Cornell Medical Index，CMI)

康奈尔医学指数是美国康奈尔大学 H. G. Wollff 和 R. Brodman 等编制的自填式健康问卷。

CMI 全问卷分成 18 个部分，每部分按英文字母排序，共有 195 个问题。问卷涉及四方面内容：①躯体症状；②家族史和既往史；③一般健康和习惯；④精神症状。男女问卷除生殖系统的有关问题不同外，其他内容完全相同。

CMI 适用于 14 岁及以上的成人。可用于正常人，也可用于医院里轻中性精神病患者。

(2)症状自查量表(SCL-90)

《症状自评量表》是世界上最著名的心理健康测试量表，是当前使用最为广泛的精神障碍和心理疾病检查量表。

该量表共有 90 个项目，包含比较广泛的精神病症状学内容，从感觉、情感、思维、意识、行为直至生活习惯、人际关系、饮食睡眠等，均有涉及，并采用 10 个因子分别反映 10 个方面的心理健康状况。本测验适用对象为16岁以上的所有人。

(3)焦虑自评量表(Self-Rating Anxiety Scale，SAS)

焦虑自评量表由华裔教授Zung编制(1971)，是一种分析病人主观症状的相当简便的临床工具。适用于具有焦虑症状的成年人，具有广泛的应用性。国外研究认为，SAS能够较好地反映有焦虑倾向的精神病求助者的主观感受。而焦虑是心理咨询求助者中较常见的一种情绪障碍，所以SAS是咨询门诊中了解焦虑症状的常用自评工具。

(4)抑郁自评量表(Self-rating Depression scale，SDS)

抑郁自评量表是含有20个项目、分为4级评分的自评量表，原型是Zung抑郁量表(1965)。其特点是使用简便，并能相当直观地反映抑郁患者的主观感受。主要适用于具有抑郁症状的成年人，包括门诊及住院患者。只是对严重迟缓症状的抑郁，评定有些困难。同时，对于文化程度较低或智力水平稍差的人使用效果不太理想。

阅读专栏12-4

抑郁自评量表
(Self-rating Depression Scale，SDS)

【指导语】下面有二十条文字，请仔细阅读每一条，把意思弄明白。然后根据您最近一周内的实际情况选择适当的答案，分别为：

1. 偶尔或从无　2. 有时　3. 经常　4. 持续

题目：

1. 我觉得闷闷不乐，情绪低沉；
2. 我觉得一天之中早晨最好；
3. 我一阵阵地哭出来或是想哭；
4. 我晚上睡眠不好；
5. 我吃的和平时一样多；
6. 我与异性接触时和以往一样感到愉快；
7. 我发觉我的体重在下降；
8. 我有便秘的苦恼；
9. 我心跳比平时快；
10. 我无缘无故感到疲乏；
11. 我的头脑和平时一样清楚；
12. 我觉得经常做的事情并没有困难；

13. 我觉得不安而平静不下来；
14. 我对将来抱有希望；
15. 我比平常容易激动；
16. 我觉得作出决定是容易的；
17. 我觉得自己是个有用的人，有人需要我；
18. 我的生活过得很有意思；
19. 我认为如果我死了别人会生活得更好些；
20. 平常感兴趣的事我仍然感兴趣。

【资料来源】郑延平．抑郁自评量表简介[J]．临床荟萃．2009(05)：383.

知识点检测

一、名词解释

1. 心理测验　2. 信度　3. 效度　4. 常模　5. 人格测量　6. 成就测验

二、单选题

1. 最早的智力测验是由________编制的。

A. 卡特尔在 1805 年　　B. 卡特尔在 1905 年

C. 比纳在 1805 年　　D. 比纳在 1905 年

2. ________是人格测验。

A. 韦氏量表　B. 罗夏墨迹　C. SCL-90　D. SAS

3. 研究者通过感官或借助一定的仪器，有目的、有计划地考察和描述人心理活动的表现，收集研究资料。这是教育心理研究中的________。

A. 问卷法　B. 观察法　C. 经验法　D. 访谈法

4. 有目的地严格控制或创设一定条件，人为地引起或改变种心理现象并加以记录的心理研究方法，叫作________。

A. 观察法　　B 调查法

C. 实验法　　D. 教育经验总结法

5. 班主任了解学生最基本的方法是________。

A. 观察法　B. 谈话法　C. 问卷法　D. 实验法

6. 心理评估的对象是________。

A. 学生的心理特征和行为表现　　B. 学生的异常心理

C. 学生的异常行为　　D. 学生的心理状态

7. ________是指将沉郁在体内的不愉快感受，如悲愤的情绪等排出体外的心理过程。

A. 消退法　　B. 疏泄法　　C. 强化法　　D. 角色扮演法

三、辨析题

1. 世界上第一个智力量表是斯坦福—比奈量表。

2. 作品分析法是心理评估中常用的方法。

3. 明尼苏达多相人格测验(MMPI)、卡特尔16种人格因素测验(16PF)是人格测验中的投射测验。

4. 多动症全称为注意缺陷多动障碍，是儿童注意力缺乏、唤起过度、活动过多、冲动性和延迟满足困难等一系列心理行为问题的总称。

5. 系统脱敏法是指让求助者直接接触过敏源直到适应为止。

四、简答题

1. 什么叫心理评估？心理评估的常用方法有哪些？

2. 按照不同的分类方法心理测验可以分成哪些类型？

3. 试述观察法中的评定量表？

4. 简述常见的智力测验？

5. 试述常见的人格测验？

6. 简述临床测验可以分成哪些类型？

7. 简述强化法、正强化、负强化的含义？

8. 简述代币奖励法的含义和优点？

9. 简述消退法的含义？

10. 简述全身松弛法的含义、操作方式和要点？

11. 试述系统脱敏法的含义、步骤？

12. 简述角色扮演法的含义、作用和表现形式？

实践应用

心理评估案例分析讨论

一、个案描述

小丽，7岁，小学一年级学生，是长着一头秀发的漂亮女孩。她的学习成绩中等，但她母亲认为她能取得更好的成绩。小丽的上学期语文成绩为65分，但她母亲认为，她能达到90分以上。她把女儿描述为反应快，有创作故事的能力。问及特殊能力时，母亲说小丽解数学题准确，为同学所不及。她领小丽来做智力评估，以了解孩子的智力水平。

在本案例，心理评估人员除了要做必要的心理测验之外，还可能通过课堂观察和对其课堂与竞争中行为观察表明，她的社会适应力良好，与同学关系很好，如被邀请加入谈话及游戏等；当听到噪声或发生活动变动时，她的注意力就会从眼下的任务离开；做作业时，她还分心了几分钟，注意外面的事情，不知下面该做什么了；她用几分钟完成后面的作业，听到噪声后起来看一看发生了什么，交作业时，剩下几道题还没有做完。证实了教师关于她学习时注意力分散和粗心大意的报告。

小丽被认为语言表达能力强，并在艺术与音乐方面有创造力。她的老师报告说，小丽阅读水平偏低，数学水平偏高，其他科目中等。教师还说，在阅读时学习新词有一定的困难，在阅读遇生词时试图猜测词，而不是发音。她试图记住新词，但总是记不住。她注意力不够集中，很快就忘记了新的概念。教师说，小丽的思维总是跳跃式的，不能专心做作业。她算术很快，尤其是解决口头问题。但她运算过程马虎，教师曾试图通过表扬她作业的认真来纠正她的马虎。

前一年的幼儿园记录表明，她各方面居中等，入园时，一项智力测验表明她的智商为120。

二、测验的实施

案例中选用了：

麦卡锡智力测验；

韦氏儿童智力量表；

瑞文推理测验；

TAT测验；

语句完成测验。

三、测验中的行为观察

小丽在测验中想支配情景，在拼积木时，没等检查者说明，她就说我要这样拼，但在测试者的要求下，她还是服从指导，没表现出类似的行为。

她对手工操作很喜欢，对词汇部分表现出焦虑和担忧，常问自己的反应是否正确。她说自己累了，要求原谅她不知道答案，她害怕失败，尤其是完成词汇任务时。

听觉记忆任务方面，她听几次后才能跟着发音，但她视觉较为灵敏，这是一种听觉短时记忆的补偿。

在笔纸测验过程中，小丽粗心大意，在完成迷津作业时，她没有事先的计划和思考，有很强的冲动性。

四、测验结果及其解释

在麦卡锡智力测验中，7 岁的小丽 109 个普通认知项目中通过了 75%，韦氏测验中，语言智商为 124 分，操作智商为 118 分，总分为 123。这些测验说明，小丽可被认为是智力极为正常，甚至是出色的。

总体上说，小丽非语言推理方面有突出的能力，在画小人、解决图画迷津和解释图画概念关系方面达到了 8 岁的水平。在一项非言语的推理任务迷津测验中，她在操作中表现出了粗心大意和冲动性。

在机械记忆方面，记字母或数字时，仅达到 5 岁半的水平。这一点可参照教师的报告，教师说她很难记住新词，忘事很快。看来小丽没有构成意义的材料的短时记忆，很有可能是导致她不能长时间记住课堂上新概念和所读新词的原因。

此外，小丽记忆方位能力较差，记不住左和右，运动能力如打球等只达到 5 岁的水平。

考虑到她母亲的关于小丽能够在学校中学习更为出色这一感觉，而她的推理和概念形成能力又属于中上，这说明她有这个潜力。然而，小丽的不足：即对无意义材料不善记忆，作业时粗心大意和好冲动，对失败的焦虑，这些都影响了她的操作表现。

五、教育与改进建议

(1)评估结束后，建议心理咨询师、学习咨询专家和教师与小丽母亲一道讨论建议。

(2)帮助她掌握使无意义材料变成有意义材料的方法，如学会联想法、配对法等。

(3)帮助她在行为之前学会思考。首先，向她指出她的作业中错误来自无思考的活动，然后，当她活动前思考时或做作业认真时给予奖励。让她在交作业前，检查一两遍。

(4)重视小丽语义方面的特长部分，鼓励她使用这些技巧阅读新材料。帮助她先读一个词的一部分，对自己陈述这个部分，然后再把这些部分合成一体。

(5)测试结果应告诉她的母亲，以使其鼓励女儿的学习，而不是施加压力，拔苗助长。

(6)告诉小丽一个人不可能期望什么都知道，任何人都要犯错误，以此来帮助她理性接受失败。

(7)教师应更细致地监控小丽学业成绩，学习咨询专家应提出合理地建议和心理辅导。

请同学们分析讨论：

1. 根据她的具体情况可以选择哪些心理测验进行心理评估呢？

2. 整个辅导、评估的过程包括哪些环节？通过阅读本案例你的收获是什么？

参考答案

一、名词解释

1. 心理测验：通过测量人的少数有代表性的行为，对贯穿在人的全部行为活动中的心理特点(智力、人格、态度等特征)作出推论和数量化分析的一种科学手段。

2. 信度：信度即是测验结果的稳定性程度，也叫测量的可靠性。

3. 效度：指测验结果的有效性，即某种测验是否测查到所要测的心理品质，在多大程度上测查了所要测的心理品质。

4. 常模：根据标准化样本的测试分数，经过统计处理而建立起来的具有参照点和单位的测验量表，是关于原始分数、导出分数和常膜团体的有关具体描述。

5. 人格测量：通过一定的方法，对在人的行为中起稳定调节作用的心理特质和行为倾向进行定量分析，以便进一步预测个人未来的行为。

6. 成就测验：对个体在一阶段的学习和训练之后的知识、技能的发展水平的测定，亦称学绩测试。

二、单选题

1. D 2. B 3. B 4. C 5. A 6. A 7. B

三、辨析题

1. 错误。世界上第一个智力量表是比奈—西蒙量表。

2. 正确。

3. 错误。是自评量表。

4. 正确。

5. 错误。系统脱敏法是指有步骤地、由弱到强地逐步适应某种引起过敏反应的刺激源的方法。

四、简答题

1. 什么叫心理评估？心理评估的常用方法有哪些？

心理评估，是指依据用心理学方法、工具和技术搜集得来的资料，对个体的心理状态、行为等心理现象做出全面、系统和深入的客观描述、鉴别、分类与诊断的过程。包括自我概念、认知、个性与情绪情感的评估等。发现个体心理方面中现存的、潜在的健康问题，以制定有针对性的计划和方案进行心理疏导与治疗。

心理评估的常用方法有：调查法、会谈法、观察法、作品分析法、心理测验法和实验法。

2. 按照不同的分类方法心理测验可以分成哪些类型？

(1)按测验的功能可分为：能力测验(包括智力测验、发展量表和特殊能力测验等)、学绩测验和人格测验；

(2)按施测对象可分为个别测验和团体测验；

(3)按测验方式可分为纸笔测验、操作测验、口头测验和电脑测验；

(4)按测验的难度和时限可分为速度测验和难度测验；

(5)按测验的要求可分为最高行为测验和典型行为测验；

(6)按测验的解释可分为常模参照测验和标准参照测验；

(7)按测验的应用可分为教育测验、职业测验和临床测验。

3. 试述观察法中的评定量表？

将被观察的目标行为列于表上，研究者将被观察的表现与表中项目对照，并根据符合的程度进行等级评定。如仪表、体形、打扮，人际交往风格、言谈举止、注意力、兴趣、爱好、各种情境下的应对行为等。实际观察中，应根据观察目的，观察方法及观察的不同阶段选择观察目标行为。对每种准备观察的行为应给予明确的定义，以便准确的观察和记录。

4. 简述常见的智力测验？

在智力测验发展史中影响力最大的智力测验有：比奈智力测验、斯坦福—比奈智力测验和韦克斯勒智力测验。

(1)比奈智力测验

1905 年比奈—西蒙编制了世界上第一个智力测验。用智龄(即智力年龄)来代表个体的智力水平。

(2)斯坦福—比奈智力测验

使用了比率智商来代表个体的智力水平。比率智商是智力年龄与实际年龄之比，计算公式是：$IQ = MA/CA \times 100$

公式中，MA 代表智龄，是某一儿童智力所达到的年龄水平，即在智力测验中取得的成绩；CA 代表实龄，是测验时的实际年龄。

比率智商有一定局限性，它的计算公式是建立在智力与年龄成正比的基础上的，这在低年龄范围内是正确的，但到一定年龄后便不是这种关系。

(3)韦克斯勒智力测验

韦克斯勒智力测验计算的是离差智商。它避免了比率智商的局限性，把测量分数按照正态分布曲线标准化，把原始分数转换为平均分为 100、标准差为 15 的标准分数，用来描述一个人的智力水平在同年龄组中所处的位置。它的计算公式是：IQ＝15Z＋100。

韦氏智力量表不仅能算出一个人总的离差智商，还能算出言语测验、操作测验等各种分测验的离差智商，因此，对一个人的智力结构的各种因素可以进行比较和分析。

5. 试述常见的人格测验?

(1)自陈量表测验

让被试按自己的意见，对自己的人格特质进行评价的一种方法。比较出名的有：明尼苏达多相人格测验(MMPI)、爱德华个人兴趣测验(EPPS)、卡特尔 16 种人格因素测验(16PF)和艾森克人格问卷(EPQ)。

(2)评定量表

通过观察他人的某种行为或特质，然后为其确定一个分数或等级的方法，称为评定。评定量表是以观察为基础，通常由一组描述个体特征的词或句子组成，要求由他人经过观察对某个人的某种行为或特质作出评价。例如，莱氏品质评定量表、猜人测验。

(3)投射测验

向被试者提供一些未经组织的刺激情境，让他在不受限制的情境下，自由地表现出他的反应，分析反应的结果，便可推断他的人格结构。如罗夏墨迹测验(RIT)、主题统觉测验(TAT)。

(4)情景测验

把被试置于特定的情境中，由主试观察其在此情境下的行为反应，从而判断其人格。如性格教育测验和情景压力测验。

6. 简述临床测验可以分成哪些类型?

神经心理学测验、儿童心智缺陷测验、心理健康测验等。

神经心理学测验：脑功能失调的检测、综合性神经心理学测验。儿童心智缺陷测验：学习障碍的检测、儿童多动症的诊断、儿童适应性行为测验。心理健康测验，包括：康奈尔医学指数、症状自查量表(SCL-90)、抑郁自评量表、焦虑自评量表等。

7. 简述强化法、正强化、负强化的含义?

强化法：用来培养新的适应行为。根据强化原理，一个行为发生后，如果紧跟着一个强化刺激，这个行为再次发生的概率就会增加。

正强化：是在我们期待学生做出的行为出现后，给予一个愉快的刺激(口香糖、奖品、称赞、允许参加某项竞赛等)，这叫作正强化。

负强化：是在我们期待学生做出的行为出现后，撤销一个厌恶的刺激，这叫负强化。

8. 简述代币奖励法的含义和优点?

代币是一种象征性强化物，筹码、小红星、盖章的卡片、特制的塑料币等都可作为代币。当学生做出我们所期待的良好行为后，我们发给数量相当的代币作为强化物。学生用代币兑换有实际价值的奖励物或活动。

代币奖励的优点是：可使奖励的数量与学生良好行为的数量、质量相适应，代币不会像原始强化物那样产生“饱足”现象而使强化失效。

9. 简述消退法的含义?

消退可分为经典条件反射的消退与操作条件反射的消退。在经典条件反射消退的过程中，条件刺激因得不到强化而失去信号意义；在操作条件反射的消退的过程中，某种习得的反应因得不到强化而减少或停止。

10. 简述全身松弛法的含义、操作方式和要点?

全身松弛法，或称松弛训练，是通过改变肌肉紧张，减轻肌肉紧张引起的酸痛，以应付情绪上的紧张、不安、焦虑和气愤，即通过肌肉的放松达到精神上的放松。

11. 试述系统脱敏法的含义、步骤?

系统脱敏的含义是：当某些人对某事物、某环境产生敏感反应(害怕、焦虑、不安)时，我们可以在当事人身上发展起一种不相容的反应，使对本来可引起敏感的反应的事物，不再发生敏感反应。

步骤：(1)进行全身放松训练；

(2)建立焦虑刺激等级表；

(3)焦虑刺激与松弛活动相配合。

12. 简述角色扮演法的含义、作用和表现形式?

实施角色扮演时，需要设定某种情境与题材，让学生扮演一定角色，练习某种行为方式，再将其运用于实际生活。

角色扮演的作用是：便于发挥当事人的主动性、自发性、创造性；在扮演角色过程中可以显露当事人行为、个性上的弱点与矛盾之处；给当事人宣泄压抑的情绪提供了机会；使其学会合理而有效的行为方式。此外，作为观众的学生虽不扮演角色，也可能对扮演者发生认同作用。

角色扮演有不同的表现形式：集体的角色扮演；个别形式的角色扮演，让学生轮换扮演两个角色(学生和校长)；固定角色扮演。

参考文献

陈琦，刘儒德主编．当代教育心理学．北京：北京师范大学出版社，1998.
陈仲庚，甘怡群主编．人格心理学概要．北京：时代文化出版社，1993.
董纯才主编．中国大百科全书·教育学．北京：中国大百科全书出版社，1985.
樊富珉主编．大学生心理咨询案例集．北京：清华大学出版社，1994.
樊富珉主编．大学生心理健康与发展．北京：清华大学出版社，1997.
胡德辉等编．心理学教学参考资料．北京：人民教育出版社，1981.
胡佩诚，宋燕华主编．心理卫生和精神疾病护理．北京：北京医科大学出版社，1999.
黄希庭主编．心理学．上海：上海教育出版社，1997.
黄希庭，郑涌等著．当代中国大学生心理特点与教育．上海：上海教育出版社，1999.
季建林主编．医学心理学(第 3 版)．上海：复旦大学出版社，2003.
津巴多等著，王佳艺译．普通心理学．北京：人民大学出版社，2008.
津巴多等著，王垒等译．心理学与生活(第 16 版)．北京：人民邮电出版社，2004.
克鲁捷茨基著．赵璧如译．心理学．北京：人民教育出版社，1984.
赖文龙．大学生自我意识研究．心理科学，2009(2).
李济才，周丹．集体促进青少年自我教育的社会心理机制．教育科学，1991(2).
李幼穗主编．儿童发展心理学．天津：天津科教翻译出版公司，1998.
梁宁建主编．心理学导论．上海：上海教育出版社，2006.
林崇德主编．发展心理学．杭州：浙江教育出版社，2002.
皮连生主编．学与教的心理学．上海：华东师范大学出版社，1997.
全国十二所重点大学联合编写．心理学基础．北京：教育科学出版社，2004.

沙莲香主编．社会心理学．北京：中国人民大学出版社，2002.
王登峰主编．大学生心理卫生与咨询．北京：北京大学出版社，1992.
吴天敏．论智力的本质．心理学报，1980(3).
叶浩生主编．心理学通史．北京：北京师范大学出版社，2006.
张春兴著．现代心理学——现代人研究自身问题的科学．上海：上海人民出版社，1994.
张大均主编．教育心理学(第2版)．北京：人民教育出版社，2004.
张日昇主编．咨旬心理学．北京：人民教育出版社，1999.
郑日昌主编．大学生心理卫生．济南：山东教育出版社，1999.
朱智贤．有关儿童智力发展的几个问题．北京师范大学学报，1981(1).